珍藏本
纪念版

汉译世界学术名著丛书

论当代革命

〔英〕拉斯基 著

朱曾汶 译

2017年·北京

Harold J. Laski
REFLECTIONS ON THE REVOLUTION OF OUR TIME
New York
Published by The Viking Press
1943
根据美国维京出版社 1943 年版译出

汉译世界学术名著丛书
（120年纪念版·珍藏本）
出 版 说 明

2017年2月11日，商务印书馆迎来120岁的生日。120年前，商务印书馆前贤怀揣文化救国的理想，抱持“昌明教育，开启民智”的使命，立足本土，放眼寰宇，以出版为津梁，沟通中西，为中国、为世界提供最富智慧的思想文化成果。无论世事白云苍狗，潮流左右激荡，甚至战火硝烟弥漫，始终践行学术报国之志，无改初心。

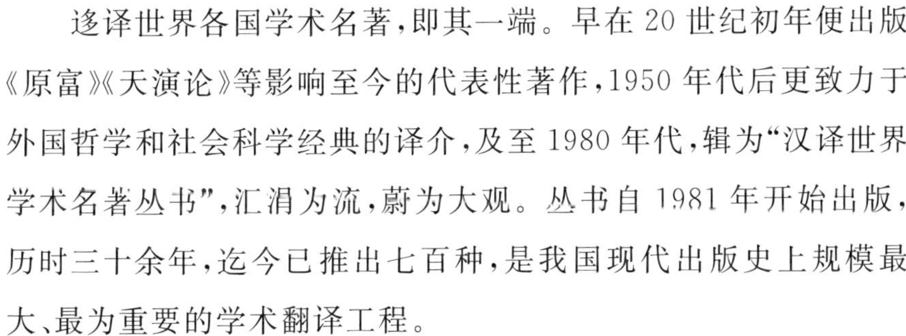

逐译世界各国学术名著，即其一端。早在20世纪初年便出版《原富》《天演论》等影响至今的代表性著作，1950年代后更致力于外国哲学和社会科学经典的译介，及至1980年代，辑为“汉译世界学术名著丛书”，汇涓为流，蔚为大观。丛书自1981年开始出版，历时三十余年，迄今已推出七百种，是我国现代出版史上规模最大、最为重要的学术翻译工程。

丛书所选之书，立场观点不囿于一派，学科领域不限于一门，皆为文明开启以来，各时代、各国家、各民族的思想与文化精粹，代表着人类已经到达过的精神境界。丛书系统译介世界学术经典，引领时代思想，为本土原创学术的发展提供丰富的文化滋养，为推动中国现代学术和现代化进程做出了突出的贡献。

为纪念商务印书馆成立120周年，我们整体推出“汉译世界学术名著丛书”120年纪念版的珍藏本，寄望既利于文化积累，又便于研读查考，同时向长期支持丛书出版的译者、编者和读者致以敬意。

两甲子后的今天，商务印书馆又站在了一个新的历史时间节点上。我们不仅要铭记先辈的身影和足迹，更须让我们的步伐充满新的时代精神。这是商务人代代相传的事业，更是与国家和民族的命运始终紧密相连的事业。我们责无旁贷，必须做好我们这代人的传承与创造，让我们的努力和成果不仅凝聚成民族文化的记忆，还能成为后来人可以接续的事业。唯此，才能不负前贤，无愧来者。

商务印书馆编辑部

2017年10月

译 者 前 言

《论当代革命》，是英国工党“理论家”拉斯基(1893—1950)的一部重要著作，出版于1943年，到1946年，仅战时发行的所谓“经济版”就销了四版，是拉斯基著作中销行较广、影响也较大的一本，被美国《哥伦比亚百科全书》列为拉斯基的代表作。同时，从这本书所阐述的理论和立场观点来看，也最集中、最露骨地反映了拉斯基的思想全貌，可以说是集拉斯基后期的反动思想的大成。

拉斯基写此书，是在第二次世界大战的头两年，那时法国败降，英国面临德军进攻的危险，正处于生死存亡千钧一发的关头，国内的阶级矛盾由于强敌压境而暂告和缓，出现了“举国一致”御敌的虚假局面。统治阶级为了延长自己的寿命，不得不向人民作一些微小的让步。就在这种情况下，拉斯基提出了他写本书的主旨，那就是：从战争开始到胜利结束的那段时期，是实现改革的“千载难逢的好机会”，在战争的压力下，可以不经过剧烈的内部冲突就实行种种根本改革。

然而，凡是稍有政治常识的人都会明白，拉斯基的这个“主旨”，是建立在多么荒谬和主观唯心主义的基础之上的！因为在战争时期，英国的生产关系不仅没有丝毫有利于人民的改变，而且战争的需要反而使生产大权更加集中在少数垄断资本家的手中。在这种情况下，鼓吹统治阶级会同意实行损害他们根本利益的改革，那只能是欺骗。

贯穿全书的一个中心思想，是“同意的革命”。拉斯基最害怕暴力的革命，认为一使用暴力，民主和自由就没有了，而他心爱的社会秩序也就完蛋了。所以他拼命诋毁伟大的十月革命，把十月革命后的苏联描绘成一个恐怖世界（这一点在拉斯基的最后一部著作《我们时代的难题》中表现得尤其明显）；同时刻意抬出一个“同意的革命”来与十月革命相对抗。所谓“同意的革命”，概括地说，就是“用和平方式、以协商而不是以暴力来改造国家的各项基本原则”，在“各阶级人民充分合作”和“一致同意下重新确定共同的伟大生活目标”。这种“同意的革命”由谁来领导呢？统治者！因为拉斯基自己说，如果领导人不利用人民要求重新确定国家目标的激昂情绪，就是怯懦，子孙后代不会饶恕他们。“革命”而竟要得到统治阶级的同意，由统治阶级自己来领导和实行，这不是荒乎其唐的奇谈怪论吗？

因此，究其实，所谓“同意的革命”，主要是站在英国资产阶级统治者的立场上，为统治阶级说话，维护现实的统治。显而易见，拉斯基的真正意图，只是想实现一些温和的社会改革，企图给人民一些小恩小惠，借以麻痹他们的革命意志，使他们甘愿做资本家的忠顺奴仆。他在书中强调说：“从历史意义说，对付革命的威胁只有一策，就是实行革新，给人们以希望和鼓舞，不然的话，革命者对于这些人就会具有一股不可抗拒的吸引力。”这段话，也就是拉斯基的“理论”的全部奥秘了。

总之，《论当代革命》用了大量的革命词句，掩盖着反革命的真面目。拉斯基主张战后的世界应由英、美两国来共同领导；更异想天开地建议到中国全境进行石油等重要资源的勘探，而美其名曰"帮助开发落后国家"，于此，他的帝国主义的嘴脸，也就暴露无遗了。凡此种种，都需要我们予以严肃的批判。

本书是根据美国维京出版社（Viking Press）1943 年版译的，但曾根据英国乔治·艾伦和昂温书店（George Allen & Unwin）1946 年版校正。

译　者

1964 年 9 月 1 日

目　　录

序　言

本书之所以能够完成，应大大归功于我的朋友们，特别是归功于在克拉克森大街 17 号所进行的那些无穷的辩论，在那里，自从战争爆发以来，同居的疏散者们和我逐点地讨论了本书的各种问题，直到听了午夜的新闻，我们从分析原则转到估计局势为止。其次，本书之所以能够完成，我的学生们也有不少功劳，他们在伦敦经济和政治学院的研究班里力图了解他们正在为之奋斗的东西以及怎样才能使后代的学生免遭战争的灾祸。书中很多地方是由全国各地的工党会议上向我提出的各种问题和批评所决定的，还有就是我在兵营和飞机场所作的讲演，在那些兵营和飞机场里，陆空战士们的坚决诘难使我懂得，克伦威尔的铁骑军如何成了一件不可战胜的工具，一支有思想觉悟的军队。我还要补充说，本书相当一部分理论乃是我国每一个公民在闪电战期间成天目击人民表现出无比的英雄气概和刚毅精神时以及看到俄国人在一次仿佛几乎使文明灭亡的威胁面前所做的英勇卓绝的抵抗时油然而生的那种自豪感的产物。此外，我还留心观察了罗斯福总统怎样巧妙地教会美国人民懂得他们只有为自由服务才能够当家作主这一教训，这自然也使我得益匪浅，但愿我没有误会他在日本偷袭珍珠港使问题的性质昭然若揭之前那么出色地与之战斗的反对派的重要意义。

我必须指出我从 E. H. 卡尔教授的著作，特别是从他的《和平的条件》一书，还有从马克斯·勒纳教授、伦纳德·胡尔夫和金斯莱·马丁的著作中学会了多少东西；其次，从我同我的朋友路易·列维、安德烈·拉巴特和费利克斯·格旺的谈话中，我也懂得了不少造成出卖法国的原因以及法国将据以革新它的人民曾大力帮助形成的文明传统的那种精神。

本书开始写作于战争的第二个月，完成之日，议会刚开始讨论复兴问题，威廉·贝弗里奇爵士关于社会服务的报告至少提供了一个重要标准，我们可据以判断英国政府究竟在什么程度上真正打算使四大自由成为下一代的部分遗产。对于书中所写的一切，我只消补充一句：在我看来，威廉爵士的精辟分析的全部主旨加强了本书所作的结论，即我们必须在从现在到取得胜利为止的这段岁月内作出重要决定，我们能否用胜利来实现伟大目标就要以这些决定为转移。如果我们等到胜利以后再来选择，那就会把历史上一个千载难逢的好机会付诸东流。

我把本书献给两个朋友，这些年来，我曾经和他们在一起度过许多忧愁和欢乐的时刻。我要特别着重说，我们的国家对 E. R. 默罗先生感恩不尽，我知道铁钦纳先生是不会有异议的。从战争爆发以前直到现在，默罗先生孜孜不倦地做了只有勇气和正直才能做到的一切，以便使他的美国同胞对我国所发生的事情有深刻的了解。不少英国人从他对我国人民的忠实和信任中获得了一种新的坚持到底和希望的力量，我不过是其中的一个罢了。

最后，和过去一样，在本书写作过程中，如果不是得到我的妻子的帮助，这本书就完成不了。其他我就不再多说什么了，因为她不会允许我多说。但我至少可以记下我的一点体会，那就是：患难相共，情爱弥深。

哈罗德·J.拉斯基

1942年11月27日于

埃塞克斯，小巴德菲尔特，庄园别墅

第一章　论时代精神

一

我们目前正处在一个大变革的时期，它也许将是人类近代史上最最深刻的一次变革。除非我们承认它实际上和罗马帝国崩溃的时期、宗教改革后资本主义社会诞生的时期或如在1789年中产阶级引人注目地上升为统治阶级的时期同样重要，那我们就将无从理解它的本质。

这不是一次由思想家们制造出来的革命，虽然他们当中有些人曾预知它的到来，甚至画出了它的方向的巨大轮廓。这也不是哪一帮政治家们一手造成的革命，尽管他们当中有些人曾有意无意地加快了它的到来，助长了它的声势。它的本质，恰如它的不可避免性一样，在于使我们的社会具有目前的性质的那一切事物。我们当然能够觉察它的到来并为它作好准备；如果那样，我们就能够建立一种比以往任何一种文明更加丰富多彩和牢固可靠的文明。要不然，我们也可以拿定主意打退它；如果那样，我们的子孙后代就会以为我们这代人宁肯抗拒时代的潮流而不敢违抗人的法令了。

在每一个革命时期，实行基本改革总免不了要发生瓦解和冲突；而且这些瓦解和冲突总是被归诸坏人的一意孤行，而不是归诸那些较深刻的客观原因，这些原因是坏人所掌握不了的，而且坏人只不过暂时体现了它们而已。同样，我们总是不肯动脑筋去找出那些客观原因，却一味寻求某种现成的和不三不四的药剂，这种药剂至少对于我们这个时代来说，会把疾病的那些明显的和更痛苦的症状暂时掩盖起来。从《凡尔赛和约》迄 1939 年 9 月 3 日[①]为止，“après nous le déluge”[②]一直是英国每一任首相的座右铭。他一直满足于喊几句有魔力的口号，其实他却至少应该实施无情的诊断才是。因为，只有了解了疾病的性质之后，才能够担负起治病救人的艰巨任务。

据说，我们时代的毛病，是出在坚持已经过时的国家主权原则上面；如果政治组织单位和经济生产单位取得一致，我们就一步登天啦。也有人说，救治之道在于改良教育；据说，我们是在训练我们的人民在一个垂死的世界上生活，而不是设法训练他们的头脑，使他们到那个挣扎着要诞生下来的世界上去生活。有人告诉我们，只要我们能够使人们了解他们的遗产的意义，一种更新更好的精神就会统辖人类的命运。另外有些人认为，我们的病根在于宗教精神的衰退。他们断言，不恢复信仰，就无从确定文明行为的准则，只有这种准则才能在人们中间维持一个文明的目的。还有人以为，“ne pas trop gouverner”[③]这句著名格言是我们获救之道；我

① 按这一天是第二次世界大战中英、法对德宣战的日子。——译者

② 法文：“在我们身后，管它洪水泛滥！”这句话相传出于荒淫无耻的法国国王路易十五之口。在路易十五当政时期，一面是宫廷中的穷奢极欲、歌舞升平的生活，一面是战火四起，民不聊生。这句名言深刻地暴露了他只顾自己享乐，不管人民和国家的命运。——译者

③ 法文：“别管得太多”。——译者

们的病根在于政治家们过分热衷于控制国家的每一部分。只要政府重新恢复商人做买卖的自由，我们就能进入一个创造性的新时代，战争和不安全都能永远消除了。

当然，上述这些救治方案，每一种都有点道理，尽管它是片面的和支离破碎的。诚然，一个享有主权的民族国家，从战略意义上说，是和世界市场水火不相容的；因为它为了自卫，不得不限制世界市场由于其固有性质而提供给我们的物质利益的可能性。在经济方面，有主权的民族国家使我们重新犯下重商主义时代的大多数显著错误，从而当我们的机器的内在逻辑要求我们为丰富产品订计划时，反而订出了限制性的计划。但是，订限制性的计划就是奉行一项必然不利于我们邻邦的政策。邻邦一定会抵制，而且，如果力量够得到，也一定会千方百计把它的影响缩小到最低限度。但是，从主权方面说，如果它们力量够得到的话，它们使用的手段就不外是以战争相威胁，或者真正动手打，这样一来，那些把国家主权原则和战争联系起来的人，就有了有力的例证了。

然而那不过是一个片面的例证而已。因为，即使对我们生产制度的外部压力由于取消国家主权而告去除，罗马和美国的历史仍然清楚地表明：在没有其他基本改革的情况下，内部压力还会继续存在下去，而且将导致深刻和剧烈的冲突。毋庸否认，一个没有主权国家毒素的世界，无论从哪方面来看，都比我们目前的世界强。但它仍旧没有解决摆在我们面前的种种重要问题，仍旧要去决定把它的力量用在哪些目标上面。

我们需要更多地和更好地适应于现代特征的教育。一个人只要有一点点公民观念，就不会否认这种需要。我们人口的绝大部分是和我们的文化遗产风马牛不相及的。他们活在世上根本不知道那些决定他们命运的势力，在危急关头，他们很容易就上了随便哪一种大事宣扬的骗人政策的当，只要告诉他们毛病出在哪一个人或哪一帮人身上，他们马上就向那个人或那帮人开火了。他们几乎没有受过训练来明明白白说出自己的要求。他们浑浑噩噩过日子，那条把他们的心理习惯同那些统治他们的人分隔开来的鸿沟，意味着他们彼此间多半不能互相了解。

可是，新的教育精神并不是一个和物质环境无关的因素。人们不能指望它在真空中实现。他们必须准备承认缺乏这种精神所引起的弊害，而具备这种精神后所带来的改革又必须保证能受到欢迎。这种精神之所以迟迟没有产生，是因为恰恰在这两点上存在着疑问。既得利益蓄意要使愚昧永久保存下去，而愚昧却正是我们文明的痼疾。除非我们决心向既得利益进攻，就无法摆脱愚昧；而种种迹象表明，如果我们着手进攻的话，既得利益是会顽抗到底的。

宗教精神的衰微是普遍存在的。但我们如果想恢复宗教信仰，就必须郑重其事地给我们所用的名词下一个精确的定义。如果我们指的是恢复对神的信仰，那么事实证明，特别是在各种具有历史意义的教义形式方面，这是办不到的；因为它们那种提出合理凭据来证明自己确有资格被信仰的能力，正随着人们对宇宙的科学了解的每一进展而愈益削弱。此外，在人类经验中，没有一种残酷的方式是宗教精神所适应不了的；有人指责教徒们，基本上一直满足于眼看宗教对人民起鸦片烟的麻醉作用，这种指责是很有道理的。还有，人类知识中任何一种伟大的进展，都遭到过古典宗教的竭力反对，直到这种进展的真理如此明显，非想出某种羞答答的

通融办法来不可。如果宗教精神指的是某种宗教教义影响常人的社会行为的能力，那么对这种主张的回答很干脆：他们作为教徒的行为假使不比一定时代中一般人的行为坏些，至少也不见得好些。

但如果宗教精神指的是坚持人们除了个人满足之外，还要献身于一个目的，那么回答肯定是：当代一切伟大的运动都能激起一种以宗教精神为主的为事业奋斗到底的品质。我们无论研究社会主义的历史也好，研究使中国和印度、西班牙共和国和捷克斯洛伐克等国复兴的民族主义运动的历史也好，必然会发觉使这些运动能够存在的根源都不外是：尽管它们犯有许多错误甚至罪行，它们却能够博得人们的热烈信仰，使人们发挥一种极端大公无私的精神，这种能力始终是一切宗教获得成功的秘诀。除了在这一意义方面之外，宗教精神的衰微是各种历史原因的自然结果，现在已不可能大规模地加以改变。

当然，除非是世界重新退回到各种野蛮势力互相角逐的混乱时代。它可能会这样；那时候，一小撮信徒就可借助于五花八门的神秘教来逃避这个世界上的种种罪恶，这些神秘教的真相只有那些亲身体验过它们的意义的人才会明白。但如果我们的世界能够为它自己安排一种有秩序的合理生活，问题就在于怎样去设法利用各种伟大的宗教总是能够释放的感情上的力量，使之为那种有秩序的合理生活企图实现的目标服务。一句话，那些在历史上著名的宗教的信徒们所觉察到的衰微，乃是正在进行着的革命的结果，而不是原因。

一切政府之所以产生，是由于人们用敌对的手段来达到目的；只有无政府主义者才会否认：在我们所能预知的一切情况下，政府的存在乃是和平的社会关系的必要条件。但是，所谓我们被政府管得太多（特别是在经济领域内）的论调，却是叫人难以容忍的。只有在一个其基础为人们一致同意，而经济又普遍相当稳定的社会里，管得少些才意味着自由多些；在一个对其基础有严重的意见分歧，同时又存在着以大量失业为例证的经济不稳定的社会里，只有对那些掌握着经济命脉的人，管得少才意味着自由。

那些攻击政府干涉经济领域的人往往忘记了，实行干涉主要是由于体会到过去缺乏这种干涉所致。我们所知道的控制，无论是在劳动条件方面、证券市场发行证券方面或者营造权方面，都是出于私人利益自由竞争从未导致过良好社会秩序的经验教训。这种情况可能被掩盖相当长一个时期，例如当美洲大陆的广大资源破天荒第一次被机器操作开发出来的时候；但是，一旦社会成熟了，像别处一样，那充满机会的国土对于千百万人来说，就成了失败的国土，除非我们能控制住那种贪得无厌的心理，使它为一个一致同意的社会目标服务。商人们曾有过整整一个时代来行使他们的权力，为社会目标服务；即使今天，除苏联之外，商人仍然绝对是国家机器的主人。然而，在这个时代，他们的那种使人民相信他们要求不受政府管束是对人民有利的力量，在全世界范围内已经显著地削弱了。

商人们从来不埋怨旨在保护他们利益的政府干涉；关税、津贴、出口奖励、特种信贷，只消举出少数几个例子就够了，他们是绝对不会不赞成的。商人所反对的干涉，不是企图给消费者以保护，就是给劳动力市场中的非特权阶级以保护。为了反对这种干涉，商人们乞灵于那些“经济法则”，而且由于醉心自由，竟把它们和自然法则等同起来了。但是,他们忘记了,经济学的"法则"实际上只是从一个依稀地以我们当今的世界为蓝本的抽象社会的逻辑中推断出来的。在那个抽象社会里,竞争总是完全的,劳动力总是机动的;在这个幸福的概念世界里,一个矿工今天失业,明天就可以奉市场的命令当一家纱厂的经纱工,这个市场的作用他和他的雇主都总是同样地了如指掌。

商人们所依恃的经济学,实际上是一个别人为他们制定的战斗纲领,这些人代替他们抒述己见,反对腐朽封建社会的保卫者。他们确定了某些假设,这些假设,经济学家的权威从亚当·斯密[①]直到约翰·斯图亚特·密尔[②]都认为是天经地义,那就是:生产资料私有制神圣不可侵犯;政府机构无论经营什么都一定比私人企业经营得差;立法权是为公众利益着想;每个人都最熟悉本身的利益,而且最有条件来促进这种利益。

这种经济学主要制订在这样一个时代,那时眼界不断开阔,乐观主义不断增长,对"无形的手"的不可避免的恩惠充满了信心。这种经济学目睹新人们向权力的道路飞速前进,以致难得停留下来考察一下社会为他们的前进所付出的代价。它一点也不知道继承来的财富的影响,不懂垄断,更不懂金融公司的奥妙或者在我们时代业已支配经济舞台的金钱势力。它承认了金本位制的无可避免的效力;它确定了普通投资者获得秘传知识的能力,这种知识事

① 亚当·斯密(1723—1790),英国资产阶级古典政治经济学杰出的代表人物。——译者

② 约翰·斯图亚特·密尔(1806—1873),英国资产阶级哲学家、逻辑学家和经济学家。——译者

实上是少数特权分子的专利品。它骄傲地宣称，它的制度意味着消费者的主权，而不问它的分配方法对于社会有利到什么程度。它甚至扬言制度的魅力就在于每个合作者都能从大量财富中恰恰取得他所“值”的那一部分。

可是，透过这一切来看，问题就在于它的论据能说服成功者，却说服不了那些享受不到制度好处的人。只要它那生产赚钱的能力扩展开来，它就可以相当容易地奉行它的信条；政治家们被迫作出的让步限制了公开表示出来的不满情绪的数量。但一旦那种能力开始削弱，让步的政策威胁到成功者的特权，不满就逐渐扩大到革命的规模。那些享受不到好处的人就开始攻击，不是攻击所给与的让步的数量，而是攻击让步所依恃的那种制度本身。他们看到的社会，与其说是无形的手奇迹般制造出来的融洽，还不如说是傻子佩利（“Pigeon”Paley）所看到的社会。

在这种情况下，主张我们必须回到一个没有经济干涉的世界去，无异于对十九世纪中叶发展着的资本主义的代表者主张说，英国必须恢复封建经济的原则。历史不让人们舒舒服服地逃避遗产。商人别想再随心所欲地来统治国家，道理很简单：除了他们自己之外，再也没有人相信他们了。他们的全部臆测，都被活生生的事实的考验推翻了。他们明明有改革的机会，却偏要“复原”，可是，他们所谓的“复原”，指的是恢复那些恰恰造成了改革的必要性的那些条件。不能忘记，他们是贫民窟的制造者，他们的制度需要维持一支经常的失业大军，他们从一开始就反对每一种现在被视为文明传统主要部分的社会改革。

说他们真心诚意地相信“别管得太多”是句有关普遍福利的格

言，是无关宏旨的；每个人都信仰那些保护他避过生活风暴的学说。商人们曾有过整整一个世纪的时间去证明他们的哲学的社会效力。尽管这种哲学早期也有过不少成就，到头来却只落得个惨败；它奴役整个大陆，使之为贪得无厌的私人利润效命。商人们要求随心所欲地在经济领域中实行统治，对于这种要求，只消加这样一个注解就够了：在世界首富的美国，1939 年有一千两百万人依靠救济过活，而在第二个最富有的国家英国，每四个儿童中有一个营养不良。只有以彻底失败告终的剧烈冲突，才会说服这两个国家的人民大众把他们的命运重新托付给一个新的焦煤镇的庞得贝们和葛雷格莱德们。①

对于我们的病症，另外还有一种特效药，也值得花些时间来谈谈。一位著名的史学家说过，当代的危机是由于法治的崩溃。他写道："目前的危险是专制政治。一定要防止它，方法是向政府施加合法的限制……我们必须保持和加强那些没有一个自由政府可以逾越的范围，并且使它们成为没有一个政府能合法地逾越的界限。我们必须使政府的一切非法行为都成为越权。"②

没有一个懂道理的人会反对这个愿望。可是，作者没有告诉我们，无论在内政方面或国际事务方面，法治为什么会崩溃。作者也没有告诉我们怎样去向政府施加合法的限制。他没有交代清楚

① 庞得贝是狄更斯所著小说《艰难时世》中的冷酷无情的资本家，葛雷格莱德是个庸俗的现金哲学崇拜者，强迫他的女儿嫁给了庞得贝。——译者

② 《外交》(*Foreign Affairs*)季刊(纽约，1935 年版)，并请参阅《古代和现代的立宪制度》(*Constitutionalism, Ancient and Modern*)(1940 年)，特别是最末一章，在这一章中，麦基尔韦恩教授以特有的典雅的文笔和渊博的学识阐述了同样的观点。

那些"没有一个政府能合法地逾越的界限",没有提供一张应被认为越权的"政府的非法行为"的清单,也没有说明用什么方法能达到这个目的。

那些侈谈恢复法治的人忘记了尊重法律是恢复法律的条件。而尊重法律,决定于法律的作为,至少同决定于法律的形式上的来源不相上下。人们破坏法律,并不是由于对法律怀着无政府主义者的仇恨,而是因为他们认为某些重要的目标不能在现行的法律体系内实现。恢复法治,意味着创造出一种使人们愿意服从法律的心理条件。在社会非常不稳定,大多数人否认它所依据的基础的合法性的时候,是无从维持对政府的限制的。

恢复法治的问题是个双重问题。首先要研究出法治为什么会崩溃,其次要找出一种新的社会平衡来纠正所发现的缺点。我们都一致承认,条约签订者恣意撕毁条约的世界是个坏世界,或者,当一个著名的法学家竟把 1934 年 6 月 30 日之夜①当作正义的精华时,我们仿佛是生活在一场噩梦中。但是,仅仅痛哭流涕地宣告法律的毁灭的悲剧,对于恢复对法律的尊重是没有什么帮助的。

在那些认定法治崩溃是当代各种弊害根源的人们的头脑里,存在着某些基本程序的概念,这些程序决定了一切独特的法令的效力。事实上,我们必须记住,在人们为他们应该献身于什么目标而争执不已的时代里,没有一种程序能被认为是基本的。只有当人们感到他们具有共同一致的伟大生活目标时,法律的形式才会受到尊重。当代最显著的特点正就是目标迟迟未能取得一致。我

① 指希特勒上台后在这一天实行的一次血腥大屠杀。——译者

们正处于社会生活的前提遭到非难的时期。在这种时期，维持法治的能力总是最低的。只有当人们找到能据以对主要前提重新表示赞同的条件的时候，法治才能恢复。但是，像我们这样的时代，总是对程序的价值漠不关心，对于那些价值所服务的目标却争论不休。在争权夺利的过程中，生命本身尚且岌岌可危，法律是更不会受到重视了。只有当形势表明冲突各方有和解余地时，法律才能够恢复它的威信。

二

一般地说，我们这时代在历史方面没有独一无二的东西。它所显示的性质，也就是社会制度已断然进入没落阶段的其他每一个时代的特征。在中世纪快结束的时候，还有在法国革命爆发前的四十年中，这些性质十分明显。在沙皇制度崩溃前的半个世纪里，它们影响了大部分的俄国文学。它们丝毫没有什么神秘的地方，甚至就我们看不出它们的重要意义这一点来说，也是没有什么不可理解的；因为每一种没落的社会制度都习惯于向它自己强调过去的光荣，而不强调未来的希望。

这样的时代的主要特征是缺少安全。陈规已经被打倒了；传统的习惯好像过时了；人们害怕明天将会发生些什么。这并不是我们文明中突然出现的情况，并不是1914年战争的必然结果。因为1914年的战争本身就是不安全的结果；它的爆发只不过是除国际紧张局势以外还有其他许多紧张局势的表现，其强烈程度曾使1914年之前十年中的有识之士忧心忡忡。例如，在英国，老的政党适应不了工人的要求，就是一个重要的凶兆；同样耐人寻味的是，正常的政治谈判竟找不到解决爱尔兰问题的适当方法。回顾过去，我们现在可以看出，劳合·乔治先生之所以在1910年向奥斯丁·张伯伦爵士建议组织联合政府，就在于他已半自觉地意识到旧秩序的破产。

缺少安全，特别是在1918年以后的年代中，造成了严重的后果。人是靠惯例生活的，一旦这些惯例遭到非难，他们就失去了作出正常判断的能力，不能断定什么才是可以据以评价行为的标准。辩论成为挑战，新的思想仿佛是种威胁。他们开始被恐惧所支配，而恐惧就其本质而言，是思想的大敌。因此，人一旦害怕得晕头转向，就采取镇压，而不敢耐心调查研究。由于恋恋不舍老一套的东西，就硬说对老一套东西的挑战是渎神。他们不愿听取理智的劝告，即只有勇气才能应付（因为只有勇气才能理解）一次挑战的复杂内容。于是，理智的请求在他们看来无异于是叫他们投降。你请他们尝试一下，他们便像孩子怕黑一样弄得手足无措。每一项所要求的改革，在他们看来，都成了对他们最珍爱的价值的侵犯。他们什么都不肯放弃，生怕人家要他们一股脑儿把所有的东西都交出来。在这种情况下，他们不但对理智的呼声充耳不闻，甚至不愿跟着别人去探求明智的判断。他们除了自己的回声之外，什么都不要听；其他一切都成了危险的思想。他们向自己担保说，人民的心肠是好的，只是受了鼓动家和知识分子的骗，仿佛鼓动家和知识分子只要能够响应人民内心的某些迫切需要，就总是有人听他们似的。

他们害怕，却不知道为什么害怕。他们眼看自己的一切熟悉的价值都遭到了非难。学者们给他们的社会作了描写，由于摒弃

了他们的传统观点而使他们大为不乐。他们尖锐地感到阶级分化的压力，感到把青年和老年分隔开来的那种对抗性。他们处处感觉到失败的阴影；由于传统智慧已经不被重视，他们甚至连自身也失败了。他们习惯于领导的那些人也失败了，因为这些人愈来愈觉得崇拜旧的偶像没有意思。

一切趋向于没落的文明社会都悲叹缺乏信心；就是说对它们的传统信仰缺乏信心。它们的统治者成了赞美过去的人[①]；黄金时代愈来愈快地成为明日黄花。对于碰到的种种要求，他们连理解也怪吃力，反而说他们自己年轻时代的人要懂道理得多。他们已习惯于行使权力，几乎不知道、也很少考虑到那些被剥夺了权力的人的思想感情。但是，他们正因为害怕，就忘了权力的秘诀在于能不断使自己适应各种新的需要，在于能认识到，要适应需要，就得有源源不绝的新人。因为，在一个充满各种新的需要的时代里，新人的新思想在吓破了胆的他们看来便成了对他们的权力的威胁。

恐惧是革命的根源，因为它妨碍了适应环境的气魄，而这种气魄正是政治成功的要素。恐惧在多方面起着这样的作用。它不光是妨碍人去承认必要的改革，也不光是仇视思想。它无论在政治上或思想上都憎恨那些有远见的人。它只有和庸人在一起才感到安全，因为庸人是按照他所墨守的陈规的模子刻出来的。举例来说，从1920到1932年，美国有过一连串庸碌的总统，这不是偶然的；被1914年战争打破了常规的人们，都急于不顾一切地逃避新

① laudatores temporis acti（拉丁文）。——译者

事物和实验的危险。同样，在1932年，当灾难迫使美国选举一个实验性的总统时，他所奉行的各项政策（绝大多数是每个成熟的文明国家的老一套）就大受胆小者的非难，仿佛他把华盛顿并进了莫斯科，这也并不是偶然的。

美国的情况如此，1939年前英法两国的情况亦复如此。无论在英国或法国，一个实施温和改革的政府的经验，都足以使“稳坐交椅”的人们惊慌失措。无疑地，当他们眼看新人们拼命要执掌好政权的时候，曾经挺有兴趣地怀着期望，可是他们很快就确信只有他们自己才能安安稳稳地当家作主。正像法国旧制度觉得杜尔哥[①]那份温和的菜单太凶，消化不了，麦克唐纳政府和勃鲁姆政府所实行的温和改革的代价也使得英法两国的大老板们心惊肉跳。由于这种政府一定要有大老板的信心做靠山，老板一害怕就足以把新人撵下台。新人的地位被那些坚决奉行老格言的人取而代之，这些格言是“稳坐交椅”的人们信得过的。他们相信这样一来，就可以高枕无忧了。

他们使自己的亲信当了权，但其他什么都没有改变。一切新的问题原封未动，仍旧和以前一样突出。他们恢复不了对制度的各项原则的信心，尽管有选民支持，也不敢放手去做，就好比刺鱼对依附在自己身上的小动物那样无所作为。在旁人看来，他们仿佛已失去了原动力。他们碰到的问题愈严重，就愈是小心翼翼地把问题的规模对自己隐瞒起来，就愈是怒气冲天地对待批评家们

① 杜尔哥（1727—1781），法国政治家和经济学家，重农学派的代表人物，担任财政部长时期曾实行一些进步改革，树敌甚多。——译者

认为他们看问题不全面的责难。

我想，1931年以后英国的情况尤其是这样。国内没有什么大变动。就失业、萧条地区、住宅、营养、教育等等而言，问题的重点仍旧和政府上台前一模一样。在处理印度这个严重问题上，它不能当机立断，就跟它的前辈在十八世纪处理美国问题上和十九世纪处理爱尔兰问题上所表现的一样。看来，没有一件事情是它能够勇敢地或富于想象力地去应付的。1939年战争爆发时，它放弃了一个非常温和的刑法改良法案，因为建议废除鞭笞可能影响到它在下院的多数，这也许就是它的精神实质的表现了。

在处理内部事务时的这种胆小怕事的心理，在国际方面表现得有过之而无不及。英国政治家们碰到了新的问题，却不敢凭着自信或勇气去处理。一方面是苏联，它自知力量在不断增强，它的建立基础，对也好，不对也好，反正是跟英国的经验和英国的信仰背道而驰的；但苏联最最关心的却是和平，因为和平是它最最需要的。另一方面是德国和意大利，这两个国家都已推翻了民主，都热衷于改变世界地图，可能的话用谈判，必要的话用武力。德、意两国的统治者所以需要改变世界地图，一来是希望袭用故技，借国外的征服使人民对国内的专制政治觉得有了补偿，二来是为1914年战争失败和希望破灭报仇雪耻。

希特勒和墨索里尼马上对那些渴望维持和平的强国执行一项挑衅的政策。他们宣布了自己所需要的东西，一发现谁不是他们的对手，就老实不客气把要的东西拿了过去。他们的每一个得寸进尺的行动，都证明英国政府在接二连三的猖狂侵略面前胆小怕事，举棋不定。它把埃塞俄比亚和阿尔巴尼亚奉送给了意大利。它容许西班牙共和国成为法西斯独裁者的牺牲品。它把捷克斯洛伐克的民主献上了希特勒野心的祭坛，甚至胡说什么捷克斯洛伐克决心为防止灭亡而自卫是对欧洲和平的威胁，因而要为此负完全责任哩。

有人主张，只有奉行集体安全政策，才能拯救欧洲，免得它被独裁者们蚕食光，但英国政府对这种主张却置若罔闻。它使得苏联确信英国不复有反抗侵略的意志。英国政府的政策优柔寡断，其结果便是德苏签订了互不侵犯条约。当时，唯一可能阻止希特勒冒险发动征服欧洲的战争的因素，是害怕在两条战线上受敌；和苏联缔结的条约正好消除了这种害怕心理。希特勒向波兰提出了荒谬的要求，而在捷克斯洛伐克灭亡以后，英国曾保证使波兰不受到侵略。1939 年 8 月 31 日，希特勒向波兰进攻；两天之后，英法对德宣战。这样，全部"绥靖"年代就以绥靖政策原来一心要避免的一场浩劫而告终了。

人们不禁要问：特别是在希特勒当权的六个年头中，英国政府为什么从未制订过一种足以制止侵略者的首尾一贯的行动方针？这至少部分地是因为政府首脑们天然惧怕任何一项由于包藏着威胁而可能导致战争的政策。不管你怎样责备张伯伦先生，他反正有一个重要的护身符，就是他把和平保持了好久，甚至比可以合理地指望的还要长久。尽管如此，英国政治家们在 1931 年以后几年中的罪状，仍旧是极其严重的。他们宽恕了日本在"满洲"的侵略及此后的侵略行径。他们宽恕了意大利的每一侵略行动，甚至对侵略者给予大量令人作呕的赞美，对他在国内的暴虐行为也绝口不提。同样地，他们宽恕了德国的每一侵略行为，甚至默许捷克斯洛伐克国土被瓜分。所谓的对西班牙不干涉政策，不可避免地摧

毁了一个新生的民主国家，它的友谊对于英国在地中海的战略利益是非常重要的。他们存心对苏联冷淡了五年，而在这五年中，苏联满可以动员起来，保卫英国所渴望维持的和平。在那些年头中，他们露骨地表示：对于德国进攻苏联，他们即使不欢迎，至少也会漠不关心；这样，人家自然要疑心他们会坐视苏联毁灭了。英国政府对两个民主国家的命运漠不关心（两者都是在它的首肯或默许下灭亡的），而对波兰、罗马尼亚和希腊这些半法西斯国家却作出庄严保证，我们不能不把这两种情况加以比较。

就算英国政府仇恨战争这一点是有莫大功劳的。可是，很明显，至少从1935年开始，他们在和那些不像他们那样讨厌战争的国家打交道，这些国家准备在赌博仿佛是合法的时候，有意利用战争作为实现国家政策的一种手段。在那些年代里，防止战争爆发只有一法，就是在战争刚露出苗头的时候，坚决反对把战争作为改变现状的方法。如果这样做到的话，不管是在"满洲"还是在埃塞俄比亚，侵略者肯定要完蛋的，而侵略者的完蛋对于他以后的同伙也会有深刻影响。显然，张伯伦先生和他的同僚办事有个限度，超过限度就不打算再"姑息"下去了。但是，他们的态度的逻辑表明：在达到这个限度之前，必须对侵略者大肆恫吓，使侵略者不但懂得他所冒的危险，并且知道这种恫吓不是虚张声势。

踌躇、容许进行赌博、向独裁者献殷勤，特别是在对付一个法西斯强国的时候，实际上就是表示软弱和游移。在张伯伦先生及其同僚所玩弄的复杂的实力政治把戏中，软弱和游移是主要的过失。艾登先生和罗伯特·范西塔德爵士被解职，摒黜丘吉尔先生而任用一帮名不见经传的庸碌之辈，这些做法在罗马和柏林当局

看来，除了软弱和游移之外，就再也没有别的含义了。张伯伦先生并不是没有获得警告，他自己党内也好，反对党也好，都曾经警告过他。他的政策，他自己也很明白，在美国引起了极大的怀疑和愤怒。它直接促使斯堪的纳维亚各国以及荷兰和比利时放弃一项积极的外交政策，这些国家眼看局势日益恶化而毫无办法，只求逃避一场他们事实上万难幸免的浩劫。这种政策的结果便是国际联盟的道德威信扫地。

这种政策一开始就注定要完全失败。为什么偏要采取它呢？我认为，唯一的答案是：张伯伦先生和他的同僚害怕奉行另一项集体安全政策所可能带来的后果，因为集体安全政策的要点必然是联合苏联共同御敌。他们的全部人生观是建基在仇恨苏联的哲学之上的。他们可能会对希特勒和墨索里尼的更其野蛮的行径表示遗憾。但是法西斯独裁者并没有触动他们社会的阶级结构。冒推翻法西斯独裁者的危险——这是集体安全政策的含义——等于在德、意两国冒革命暴乱或共产党暴乱的危险。如果和平是张伯伦先生的主要目标，那么他的另一个目标就是避免任何一种可能促成社会主义到来的政策；只要英国的利益仿佛没有受到直接侵犯，看来其他随便什么东西他都肯牺牲。如果希特勒在签订《慕尼黑协定》以后适可而止，如果他打算用谈判而不用战争吞下波兰那块肥肉，就没有理由不设想英、德之间会达成协议。在战争爆发前夕，英国驻柏林大使就曾向希特勒这样担保过。战争之终于爆发，并非由于张伯伦先生嫉视在德国发生的那些“坏事”。他眼看它们的恶势力日益向外扩张，却不过提出一些形式上的抗议；即使捷克斯洛伐克最后被吞并，也不过引起他为时已晚的抗议罢了。直到

他不得不了解这原来是一个包括打败英国在内的征服世界的策略的重要部分,他才谴责它们是坏事。

事实上,张伯伦先生从上台伊始就玩弄实力政治,而丝毫不了解实力政治的基础是恐惧。他为两件一开始就水火不相容的事着急。第一,他急于保全英国在历史上遗留下来的既得利益;第二,他急于和这样一些人媾和,殊不知英国的既得利益假使能够保全,这些人就当不成独裁者了。他唯一可以逼他们言和的方法,是结成一个联盟来反对他们,这个联盟的应变力量那么强大,他们万万不敢冒险来突破。但是,由于两个原因,他没有能够结成那种联盟。第一,他害怕独裁者们垮台的后果;第二,他害怕苏联威望的提高。由于害怕,他使两个世界都糟糕透顶。他既失去了和平的希望,又使苏联陷于这样一种境地,就跟对独裁者保守仁慈的中立没有什么两样。的确,苏联领导人以为张伯伦先生会迁就任何一种牺牲别国利益的侵略行为,这种看法是错误的,其所以错误,是因为苏联领导人误解了——不习惯于民主政治关系的人难免会有这种误解——英国人民的个性以及英国人民迫使政府注意他们的见解的力量。但是苏联领导人没有完全误解一位英国首相的个性,这位首相能一面心安理得地坐视捷克民主制度被毁灭,一面忙不迭地向一心一意在慕尼黑替希特勒做帮凶的波兰这个半法西斯国家保证领土完整。

张伯伦先生之流的真正不幸,是当前这样一个革命时期的历史学家所熟悉的。他们深深感到事情有点不妙,正因为感到不妙,才觉得不安全到了极点。但是他们已和命运讲好价,由于恐惧的驱使,他们唯一知道的政策是盲目地保卫现状,而不敢去试着做一

些新的实验。即便是战时编制强加给他们的集体主义，他们对之也战战兢兢，三心二意。他们几乎不敢说明自己需要什么样的世界，因为，对于他们来说，那些正在塑造着一个新世界的力量徒然使他们产生恐惧和疑虑。我们可以直截了当地说，他们对政策是有强烈的责任感的。但是他们并不把自己的环境及其挑战和危机看作复兴的良机，却看作是一种维持现状的警告。对未知的东西怀着恐惧，是他们故步自封的主要原因。对于正在为我们形成着的新世界，他们没有富于想象力的真知灼见。

对于他们和像他们这样的人来说，俄国革命在本世纪所起的作用，恰如法国革命在一个半世纪以前所起的作用一样。他们既不把俄国革命看作是年代悠久的秕政的必然结果，又不看作是两百年产业革命和三百年科学革命的合理结果，却只看到了俄国革命所附带着的那些罪恶和愚行，只看到这些罪恶和愚行主要由那些和他们同阶级的人负担了去。他们企图在俄国革命周围筑一条“防疫线”，就像他们的祖先 1789 年在法国所做的一样。他们不了解，这种做法肯定会造就当代的斯大林，犹如它在 1789 年造就了罗伯斯庇尔[①]；他们不了解，迄今为止，还没有一个人能够在思想的周围筑一条“防疫线”。从历史意义说，对付革命的威胁只有一策，就是实行革新，给予人们以希望和鼓舞，不然的话，革命者对于这些人就会具有一股不可抗拒的吸引力。

然而，胆小者是不能从事大规模革新的。他们的懦怯培养不

① 罗伯斯庇尔（1758—1794），十八世纪末法国资产阶级革命的杰出活动家，1793—1794 年雅各宾专政革命政府的首脑。——译者

出大规模实验所需要的品质。他们比谁都饱尝着“给一点点就是丧失一切”这个谬见之苦。他们偏听本阶级中代表每一种微小利益的人所提出的反对，这些人坚持说，一让步就会一发不可收拾。他们把全部精力都用来扭转事件发展的方向。他们一味依赖老经验，其实此时此地依赖老经验，恰恰给他们带来了目前所遭遇到的困难。他们害怕新思想，对新的品质迷惑不解，对老一套的生活方式竟会遭到非难而万分吃惊。他们对待自己所亲眼目睹的种种变化的态度，正就是路易十六在和拉罗什弗科公爵[①]的著名谈话中所流露出来的那种惊奇。他们当然会振振有词地说，他们已充分准备好从事必要的改革，只不过人民所要求的一切巨大改革，在他们看来并不是必要的罢了。他们深信，正如他们的祖先在1789年所深信的那样，我们的社会制度的大纲已经永久确定了。制度的细枝末节倒可以稍微变更一下，但是对于触动社会制度基础的改革却既怒且惧。

任何作为一个阶级而掌惯了权的人，都害怕那种可能顶替或限制他们的权力的改革的后果。查理一世如此，路易十六和他的朝廷如此，尼古拉二世和他的谋士也是如此。他们被训练来过一种刻板生活，把这种生活看作天经地义，不能想象世界竟会往和他们的惯例相反的方向发展。起初，当惯例遭到非难的时候，他们还觉得有趣；新的激进主义甚至会成为时髦，怪有吸引力的。但是，

---

① 拉罗什弗科(1747—1827)，法国政治活动家、“慈善家”、“改革家”。据说巴士底狱陷落前两天，路易十六对他说，巴黎人民造反闹事。他答道：“不，皇上，那是革命！”——译者

一旦怀疑增强到战斗性的程度，他们就不安起来了，而不安很快就转化为恼怒。但恼怒并不能消除怀疑，反而使他们分外难受。因此，恼怒本来在最初的时候可能会屈服下来进行辩论，现在却由于恐惧之故，一部分转变为镇压，一部分转变为对那种无忧无虑的过去的留恋。在这种关头，几乎每一个革新的建议都激起愤怒，哪怕它就像罗斯福总统所实行的社会立法一样，根本没有丝毫激进主义色彩。因为，在恐惧心情的支配下，每一种革新都是个凶兆。这是初看渺小而结果重大的事情。必须记住幕后的真相。表面的温和掩盖了阴险的意图，万一这种建议得逞，这些意图马上会暴露出来。有人主张现在必须立刻采取行动，否则明天就后悔莫及了。在这种气氛之下，恐惧就成了那些当权者的终身参谋啦。

这种恐惧的心理，可能在积极敌视革新方面表现得少些，在消极等待形势转变方面表现得多些。举例来说，这是 1920 到 1932 年美国的显著特点，也是鲍尔温爵士担任首相时期英国的特点。他们的假设是：事情听其自然的话就会好转，见怪不怪，其怪自败。我们用津贴拖延了煤的问题，但并没有解决煤的问题。我们用明文规定禁止总罢工，但一点没有设法去消除造成总罢工的原因。在繁荣时期，无论柯立芝总统也好，胡佛总统也好，都没有订出计划去对付人们经常预言着的经济危机；他们宁愿听那迷人的声音向他们担保，用胡佛先生的话说，1929 年 3 月的美国业已“解决了穷困的问题”。

消极默认的理论之所以产生，一是由于满足现状，二是由于害怕创新。其结果永远是回避积极行动的需要，同时，可能的话，把造成这种需要的事实真相隐瞒起来。鲍尔温爵士对英国重整军备的需要久久地保持沉默，便是个绝好的例子，说明了日后为这种回避所付出的代价。在重整军备的过程中，由于让希特勒德国占了两年先，其规模姑置不论，他就至少给了德国两年侵略的权利，在实力政治体系下，这几乎是一定的道理。当他的继承者着手处理这宗遗产时，实际上是被迫（尽管自己不知道）处理一种已挽救不及的恶劣局势。

我的论点很简单：恐惧蒙住了人们的眼睛，使他们看不清政治关系的真相；而处于像我们当前这样的时代，总是特别需要看得清。心里一害怕，理智就绝少影响人的头脑的机会了。因为，人们在害怕的时候，所追求的便是安慰而不是批评；他们把那些肯定不会持异议的人拉拢到自己的周围。这样，一种可怕的逻辑就促使他们甚至去拒绝他们的良心劝他们接受的革新，免得人家管这个叫软弱。惊慌失措的人总是比那些能耐心说理的人暴虐得多。这样，他们就丧失了作出妥协的能力，而这种能力正是政治成功的要素。如果当时保守党接受了葛莱斯顿先生 1886 年提出的地方自治法案，就不会有 1939 年 9 月的中立和不可靠的爱尔兰自由邦。如果自由党在 1874 年之后承认工人有权在下院占有充分议席，现在就不至于没落得那么惨。如果魏玛共和国在早期勇敢地对付纳粹运动，它就不会可耻地崩溃。历史给人们机会去卓有远见地行动。但是他们的个人利益被恐惧蒙蔽了；因此，当机会来临的时候，恐惧蒙住了眼睛，机会也就白白错过了。

恐惧的悲惨后果的末一个事例，也值得来考察一下，因为它从一个不同的角度说明了我的论断。苏联从 1917 年建立以来，一直害怕资本主义国家联合起来向它进攻。内战和严酷的外国干涉年

代，当然使它满有理由怀着这种恐惧。因此，苏联的政策是建基在它的安全在于敌人的分裂这个假设之上的。所以，从 1919 到 1934 年，它把注意力主要集中在同那些自以为是 1914 年战争的牺牲者的国家（特别是德国）保持友好关系；如果它受到攻击的话，就可以指望这些国家即使不支援它，至少也会守中立。1934 年以后，德国自封为反苏力量的急先锋，苏联就完全改变了它的外交方针。它参加了国际联盟（它先前曾骂国际联盟为强盗的同盟），并且成了那些想组织集体安全以反对侵略的国家的领袖。慕尼黑事件发生之后，就可以明显地看出，苏联关于集体安全的想法绝少成功的希望。苏联政府作出最后的努力来和英、法妥协。经过谈判，确信英、法都没有协商诚意，苏联就转向那个六年来一直被它大加指责的德国，和希特勒妥协，这种妥协向苏联提供了德国至少暂时守中立的保证。就这样，苏联政府为了谋求安全，就放弃了它从希特勒上台以来一直保持着的反法西斯力量的领导地位。

晚近条约本身是非常不可靠的。因此，苏联就利用它那因战争增强了的实力来保证自己不受侵犯。它首先在爱沙尼亚、拉脱维亚和立陶宛取得了战略基地，然后强迫它们的政府辞职，把它们并入了苏联。它占领了波兰的废墟，大致以 1920 年的寇松线为界，然后以战争相威胁，强迫罗马尼亚归还它自己在 1918 年被迫放弃掉的比萨拉比亚。所有这一切都是用外交手腕达到的，而幕后便是赤裸裸的武力威胁。以上国家中没有一个抵抗得了。因此苏联得以不战而恢复沙皇时代这些地区的俄国边界。

苏联同芬兰的经验却有所不同。对这个国家，就像对日后被它吞并的波罗的海沿岸各国一样，苏联提出了战略基地的要求。

芬兰答应了苏联的绝大部分要求，但没有全部答应。过了不久，苏联政府便仿效著名的希特勒方式制造了一系列边境事件和挑衅。它拒绝了芬兰提出的调查和调停的建议。它宣称芬兰的态度是对苏联安全的威胁。一个傀儡政府，主要是由一些二十年没有回过国的芬兰亡命者组成的，获得了承认；苏联政府就以它的名义进一步和芬兰开战。当然，苏联政府一口咬定说，它并没有开战，因为它是代表它一手制造的伪政府行动的，尽管事实很明显，那个伪政府的权力只是跟着苏联军队的推进而逐渐扩大开来。经过三个月的英勇抗战，芬兰投降了，伪政府也就隐退了，苏联进而强迫它那战败了的敌人接受比原来更加苛刻的要求。

我想，一个四百万人口的国家，不可能对一个拥有一亿八千万人口的国家构成严重威胁，这种假设是合乎情理的。苏联从建立以来，一直是国际和平的主要倡导者之一，是什么原因促使它去消灭一个在战争爆发前夕同它订有互不侵犯条约、仅仅几个月前还曾对其向社会主义迈进表示过祝贺的国家呢？苏联在芬兰的冒险行为的每个细节，在性质上都和法西斯的侵略伎俩不谋而合，过去六年来，苏联政府一直带头痛骂这种伎俩。同样是制造边境事件，同样是诬赖合法政府为匪帮和反动派，同样硬说和平友好的人民构成了暴行的威胁。当芬兰抵抗的时候，同样一口咬定是苏联的敌人在幕后操纵。战争开始后，同样拒绝直接误判或调停。甚至同样对苏联人民提出保证，就像希特勒向德国人民做惯了的那样，说什么这种行动只不过是警察行动，不必对它过分重视。

苏联在芬兰的冒险，只能用四个理由中的一个或几个来加以辩护。第一，强权即公理；第二，苏联绝对错不了；第三，那些分享苏联制度好处的人，就像卢梭的乌托邦的公民一样，是“被强迫变得自由”的；第四，苏联的战略上的需要使它不得不封闭波罗的海的一个缺口，否则，强大的敌人就会通过这个缺口直捣列宁格勒。

这四个理由当中，只有最后一个还值得讨论一下，虽然应该指出，热心为苏联辩护的人们是拿所有这四个理由做根据的。这条理由证明，自从 1917 年以来，苏联一直是多么害怕敌人入侵，甚至苏联实力的巨大增长也极少消除这种害怕心理。同样，这条理由也反映在对芬兰政府的大量指责中；我们最恨的莫过于那些被我们侮辱过的人。这条理由证明苏联政府实际上对它和希特勒缔结的条约是多么不信任；因为唯有强大的德国才能够利用芬兰作为基地向苏联进攻。因此，苏联的政策若不是旨在保证免受德国胜利后所给予它的威胁，就是出于下面这种恐惧心理：在西欧经过暂时的和平以后，资本主义列强可能会重新纠合起来反对苏联，说不定会利用已同它们握手言和的德国充当进攻的急先锋。

恐惧促使斯大林和他的同僚奉行一项可耻的暴力政策，这种政策恰恰是他们多年来一直带头加以谴责的。没有一个国家像苏联那样，由于坚决谴责侵略而获得了进步舆论的有力支持；向芬兰进攻却严重威胁了这种支持。苏联的朋友们为它辩护，他们实质上是说，苏联这样做是可以允许的，但任何其他国家假使也想这样做，就该挨苏联骂了。一个公正的观察家是不愿意这样分辩的。事实上，这种分辩使苏联的敌人有了借口向它进攻，避免冲突的机会真是少极了。在苏联进攻芬兰之前，工人阶级所反映的对苏联的舆论会使任何一个民主政府难以参加反苏同盟，或对这个同盟表示默许；恰如工人阶级的舆论曾迫使 1920 年的武装干涉结束一

样，这次也可能再度制止它。但是，在苏联进攻芬兰和希特勒进犯苏联之间这段时间内，斯大林的政策却大大促使各民主国家内工人阶级的舆论分化和迷惑了。列宁坚持和平的领土割让，斯大林却用武力提出领土要求，这两者之间的对照非常鲜明，只有那些认为苏联的一切作为都具有宗教教义性质而用不着辩解的人，才会替它辩护。这种对照又附带着一种谩骂性的伪善（如果《苏德互不侵犯条约》缔结前希特勒这样做的话，斯大林准会率先谴责他，各国共产党也准会恭顺地同声附和），恐怕也未必会使社会主义者好受些。凡此一切都是千真万确的，决不因为希特勒进犯苏联时芬兰成了他的帮凶而有所改变。据说，孟纳兴[1]和芬兰反动派奉行那项政策所必不可少的支持，是斯大林在向芬兰发动进攻时给予他们的，这话的确值得我们玩味。那些恭维斯大林的对芬政策英明的人忘记了，如果没有这项政策，芬兰人民一定会起来反抗孟纳兴，忘记了这次进攻损害了工人的诚意，而这种诚意乃是 1917 年以来俄国最重要的资产之一。

我所以不厌其详地研究了这个事例，是因为它证明了人们一旦被恐惧所支配，就会背弃他们当初曾昭告天下的誓言。恐惧是批判性分析的致命伤，因为它瘫痪了合理判断的机能。一个社会的统治者只要心里一害怕，理智就仿佛成了他们的死对头。那些认为他们的政策错误的人马上被当作敌人看待，甚至连不拍手叫好也被猜疑为居心不良。恐惧愈深，它造成的残暴行为也愈厉害。

① 孟纳兴(1867—1951)，芬兰陆军元帅，1939—1940 年苏芬战争期间指挥芬军。——译者

统治者在一种疯狂逻辑的驱使下，为了掩饰自己最初犯下的错误，行为愈来愈残暴。他们不敢耐心思考，这样做等于使他们的顽固观念受嫌疑。他们对自己的困难熟视无睹，对任何有关这些困难的警告都置若罔闻。到头来，连报告坏消息的人也使他们受不了。就这样，他们成了谄媚者的俘虏，这些家伙帮他们建立一个排斥现实的魅魑世界。当他们困守樊笼的时候，仿佛不是彻底胜利，就只有一败涂地。他们既然驱逐了理智，也就失去了采取折中办法的机会，由于意识到最坏的事情可能发生，就只好采取预防措施，而政治也就成了一个波耳查[①]阴谋，只有先下手的人才安全。生命操在告密者和秘密警察手里，这些人最终决定了政策的要点。在这种情况下，思想不再在政治中起作用；宽大被视为恶意或软弱的证明。只有那些善于奉承、博得领导欢心的人，才飞黄腾达。

在恐惧的驱使下所采取的行动，除了其本身的意志而外，是不懂得什么叫法律的。它的根源遮蔽了任何明辨是非的能力。在这种制度下，既然成功是好不好的唯一标准，原则也就没有了用处。人们必须把自己的真情实意隐瞒起来，生怕公开表示出来会吃亏，这样就等于是鼓励人弄虚作假。老百姓不再有公德心；他们被迫把自己在老一套的私人关系中隐藏起来。狂热者和暴徒掌了权，把伪君子和趋炎附势的小人当工具。他们的作风当然会引起反对，但由于人民没有办法公然表示反对，就只好搞阴谋。然而，当一个政府害了怕，阴谋就要招致报复，而报复必然远远超出阴谋者

① 波耳查(1476—1507)，意大利红衣主教和军事领袖，为人阴险毒辣，杀人无数。——译者

的队伍。这就使政府有借口把暴力作为政策的永久性手段;既然暴力肯定会引起仇恨,就像罗伯斯庇尔和斯大林都觉察到的,那就益发难于减轻使用暴力了。

一个建立在恐惧基础上的政府必然暴虐不仁;自从亚里士多德以他特有的精确性详述了它的特征以来,已经过去快二十五个世纪了。就是这种恐惧经常出没在我们的时代,并且规定了这个时代的前景。这是一种传染性的恐惧,因为,在许多国家的大集体中,头脑清醒的人必须设法对付疯子,如果这些疯子是一国的统治者的话。由于他们非和疯子打交道不可,他们会发现恐惧所引起的疯狂已感染给了他们本国的人民;现在有些英国人就把希特勒当做英雄,根据他的癖性来确定自己的野心。一句话,恐惧是疯狂的根源。它必然要迫害,不管这种迫害是采取对内镇压还是对外战争的形式;受害者的反抗徒然使得迫害日益变本加厉。这一点见之于德国人对待犹太人的方式,同样也见之于对被希特勒蹂躏的国家的野蛮袭击。那些把暴力作为夺取政权手段的人当了权以后,就进一步乞灵于集中营和机关枪。他们哪怕在戒严状态下也不知道该怎样统治。

三

笼罩着我们的文明社会的恐惧,是一种形势的结果,在这种形势下,越来越多的人民觉得它的原则是不公平的。在每一个具有类似革命性质的时代里,都能看到同样的现象。此外,在每一个时代里,消除恐惧的方法,不是取得一种人们所一致同意的新的社会平衡，就是在旧制度下找出一条新的繁荣捷径，劝告人们把未改变的基础继续接受一个时期再说。例如，谁要是研究三百年前清教主义对英国统治者的影响，或者十九世纪宪章运动者的影响，就能看到统治者和被统治者彼此都有相同的心情。统治者惧怕人民大众的心情，从中看出对法律和秩序的挑战；被统治者则要求实行彻底的政治改革，只有当一种新的繁荣局面向他们提供新的福利机会时，才能说服他们断绝这种改革的念头。

这些例子可以更进一步加以概括。一个政府，只要能满足人民的根深蒂固的愿望，就总是能使他们忠贞不贰。有了这种能力，那么贫富生活悬殊的情况在短时期内就不致酿成巨变。仇恨和忌妒是免不了的，它们会造成恐慌；但它们照例程度不深，也没有组织，不至于构成严重的威胁。但假使不满足人民的愿望，就会引起不满；除非社会制度赶紧知趣地让步，不满又会成为异议。因为，异议必然会直捣它所反对的社会制度的基础。它把制度的种种不合理地方作为自己郁郁不得志的原因。除非那些受到制度好处的人能够证明它们确实合理，异议转眼就会变成对不满从中产生的社会制度的构成原则的攻击。

这种情况，在十七世纪清教主义方面表现得特别明显。卡特赖特[①]及其后继者为李尔本[②]和温斯坦莱[③]开辟了前进的道路。批

① 托马斯·卡特赖特(1535—1603)，英国清教领袖。——译者

② 约翰·李尔本(约1614—1657)，1648年英国资产阶级革命时小资产阶级平均派领袖，主张实现普选，建立共和国，屡遭迫害，其一生大部分时间在监狱和流放中度过。——译者

③ 杰腊德·温斯坦莱(约1609—1652)，十七世纪英国资产阶级革命时掘地派领袖。——译者

评教会仪式成了对社会原则的攻击；像约翰·戈德文[①]那样的人发现：精神获救之道在于通过政治的门户。[②] 在像我们这样的政治上民主的国家中，情况更其如此。因为在这样一个有组织的社会里，选择统治者的权力名义上是属于人民大众的；任何一个政府都必须经常去满足他们那根深蒂固的愿望，免得遭受失去权力的惩罚。

在像英国、法国和魏玛政体下的德国这些国家里，这种情形越来越变得普遍了。在那些国家里，党组织的重要基础是经济上的，而一个发展着的工人阶级的政党（它的存在理由主要是分配的不恰当）正在和它的对手争夺工人阶级的选票。在成熟的西欧民主国家中，在没有战争和革命的情况下，这必然意味着工人阶级政党获得选举胜利，除非它的对手能给予人民大众以不断增长的物质福利，使得那种胜利看来并没有什么特殊的必要。

事实上，每一个经济已臻于成熟的民主国家都会感到有这种必要。一到了那个地步，不但个人的种种机会一定会缺少，而且正因为机会缺少，还会要求利用国家的权力来减轻社会不平等的后果。我们可以看到这种局面正在美国发展起来，并且改变着美国的面貌。那几十年严重不景气所造成的深刻影响，对于我们来说，已由将近四十年的努力比较平均地分摊开来了。

---

① 约翰·戈德文（约1594—1665），英国独立教会牧师，曾为克伦威尔服务。——译者

② 参阅其《公理和强权势均力敌》(*Right and Might Well Met*)(1649 年)一书，并请参阅 A. P. 伍德豪斯所著《清教主义和自由》(*Puritanism and Liberty*)(1938 年)，第 89—90 页。

但动力还是一样的。国家已由放任主义的国家变成社会服务的国家；只有那些愿意把国家政权用于这个目的的人，才能够有效地行使政权。不过，他们要成功地做到这点，必须具备两个条件。第一，国家的积极行动万万不可侵犯社会上一般所有主的利益；第二，它万万不可影响做买卖赚钱的能力。因为我们的经济制度是靠所有主对自己赚钱能力的信心而维持着的，如果这种信心受到损害，使人们易于同意巨大社会改革的代价的心理气氛也就随之消失了。那时就出现这样一个局面：贫富之间的对照，还有它们的思想方式之间的差别，就变得无比突出。富人不得不为他们享有的特权辩护，但他们用来保卫特权的论据，在那些享受不到特权的人看来，却是不适当的。这样一来，那些认为不适当的人，就只好向那些特权所依恃的基础进攻了。

因此，他们就谋求一种新的经济体系的基础；他们愈是能取得人民大众的信任，特权分子就愈难对自己的地位保持信心。这种信心的丧失在罗斯福执政时代的美国表现得特别明显，它本身又削弱了经济制度想办法来满足群众要求的能力。投资停止了，失业增加了，甚至会出现资本“罢工”这类怪现象。多数人的政治主权与少数特权分子的经济主权之间的矛盾威胁着社会安宁的基础。在这种情况下，恐惧就迫使人们采取违反宪法的行动。

这种恐惧，在较老的文明国家中，被各阶级间深刻的社会分化加深了——但在新世界中却没那样厉害。各阶级人们的生活方式截然不同，思想也就不同。他们难得交换看法。他们很少有机会来了解对方的思想和希望。在他们一生的大部分时间里，他们之间的联系是那么稀少，简直可以说他们是属于不同的种类的。比方说，在英国，他们各进各的学校，在大多数情况下，也各进各的大学。教会和国家中一些永久性的重要职位，是单独一个阶级的专利品，而且为了担任这些职位，基本上是和穷人分开来进行培养的。就拿已故的巴尔福爵士[①]这样一个杰出的政治家来说吧，他在祖国的政治生涯中度过了五十多个年头，然而当别人为他写传记，要提到他和工人阶级的接触时，唯一有案可查的记录，却仅仅是和他的男仆及汽车司机的接触而已。职工大会[②]成立都七十年了，但当大会主席被带去觐见英王的时候，居然被当作一件天大的事情，各报纸发表社论，大肆宣扬。事实上，在过去四十年中，民主政治的进步很少触及我们的不平等的深处，以致可以不夸张地说，英国目前仍然分裂为两个民族，它们之间几乎没有共同的文化。富人对民主政治的信仰极严格地决定于这样一个可耻的假定，即民主原则不适用于经济领域之内。

事实上，从历史观点看，在全部西方文明内，民主政治乃是中产阶级与封建贵族争夺权力时为了获得人民大众的支持而不得不付出的代价。在胜利成定局之前，中产阶级欢迎那种支持，但以后却一直对它的后果抱怀疑。中产阶级获得胜利以后，就到处与被它击败的阶级勾结起来，并利用它的胜利来制订法律，以保卫他们对重大权力中心的共同把持。法国革命以来的民主政治的历史，乃是在人民大众不企图把民主推广到经济生活和社会生活领域去

① 阿瑟·巴尔福(1848—1930)，英国保守党领导人之一，反动政客，历任各部大臣、首相等职。——译者

② 英国职工大会成立于 1863 年，为英国最大的工会联合组织，和工党关系密切。——译者

的条件下承认民主政治的历史。民主原则要想推进到这些领域之内，就遭到了坚决的抵抗，恰像封建贵族与上升的中产阶级斗争时所表现的一样。事实证明，如果靠资产为生的人必须从维持民主和维持所有权两中择一的话，他们是会选择维持所有权的。他们甚至还会颇有诚意地说，这样做是为了全社会的福利呢。

正因为我们已经到了最后关头，非作出那种选择不可，我们时代的气氛才充满着恐惧。因为，照麦迪逊[①]所说，财产是宗派活动最经久的原因；为了财产，人们会毫无怜悯或节制地自相残杀。法国革命和俄国革命证实了这一点，希特勒攫取政权后滥用权力也证明了这一点。如果说这些例子是反常的，其中一种新的平衡正在形成，那只消研究一下劳资之间的斗争，就能看出：革命的暴力与人们因害怕失去财产而作出的极端行为之间的不同，与其说是质量上的，不如说是数量上的。只有在人们的基本愿望获得满足的时候，才有和平地保有财产这一特征。一旦不满的情绪广泛散播开来，恐惧就应运而生；恐惧一产生，人们就又无从理智地讨论各种革新的念头了。

因此，目前我们的争执的主要原因，是没有什么不可理解的。被打破了的，是法国革命使中产阶级掌权后所建立起来的平衡。从许多方面来看，中产阶级的政府具有许多优良的品质：积极、勤勉、稳健甚至于宽大。它不能算是一个富有想象力的政府，因为想像力不是中产阶级的特性。它基本上也是一个胆小怕事的政府，它最最关心的是避免作出重要的决定，因为这些决定会破坏安全

① 麦迪逊(1751—1836)，美国第四任总统。——译者

感，破坏久经考验的陈规常套，而这两者正是中产阶级成功统治的标准。它把它处理私事的手段也用来处理公事；即使中产阶级的至尊无上的使命，实质上也被看作一个庞大的商业企业。使自己的观念具体化，还有在它与它所治理的那些人之间建立一种友爱关系，这两种能力本来一直是中产阶级政府的特点，现在却越来越削弱了。任何事情，哪怕是在艺术范围之内，它都如卡莱尔[①]所说，从现金交易关系来考虑。它不了解，这样建立起来的关系，只有在较穷困的那一部分人也经常有生活安定和发财致富（这两者是中产阶级自己的目标）机会的条件下，才能够维持下去。

自从上次大战以来，特别自从严重不景气以来，大家都懂得，尤其在民主政治方面，现金交易关系提供不出能建立继续握权希望的可靠基础。现制度的矛盾一直是深刻的。心怀大志的人很多，而容纳他们的地位却极少。老年人对青年的抱负缺少同情，不肯让位给他们。工人不但大量失业，而且已受过充分的教育，以致痛恨失业，把失业当作社会不平等的凭据。政治上的怀疑主义大大增强了，而这个时候各种难题的规模和强度恰恰需要我们团结一致，抱有深刻的政治信仰。中产阶级的政府勉强存在了下去，但是得不到任何热烈的信任。普遍感到执政者不能胜任地应付当前的问题，激进党派的努力也没有获得相应的成果。如果说，至少在英国不曾有过真正的骚乱，那么事实是骚乱的观念早已深深印入人们的头脑。两次世界大战以及它们的种种复杂现象（迄今为止，俄国革命仅仅是其主要事件），已经把中产阶级的政府建立起来的

① 托马斯·卡莱尔（1795—1881），英国资产阶级历史学家和政论家。——译者

一套传统价值和传统方法改造了。根本改革的风暴已经刮起来了;中产阶级的统治是脆弱不稳的。

因为中产阶级仿佛不明白,处在当前这样的时代,必须理解一个事实,即形势已使我们的社会结构的根本性质遭到了非难。工人们确信目前的财富分配是不公平的,他们组成了一个大政党,宣称现行的私有制不仅不公平,而且和他们可能分享到的潜在财富不相容;所有西欧文明社会的人民愈来愈深信他们遭受着的穷困是不必要的,乃是现行的经济制度造成的:帝国的臣民愈来愈痛恨自己的屈辱地位,而中产阶级霸权在很大程度上正是建筑在臣民们的这种地位上的;工人们坚称他们已试图改造一切政治机构的形式和精神,却没有能够使社会条件合理化;宗教精神的衰微使人们不能希望来世享福以补偿今世受苦;在这一切情况下,就可以说进行根本性革命的时期已经到来了,宗教改革便是近代一个最突出的例子。

不过,这里就牵涉到我已经提起过的中产阶级缺乏想象力的悲惨后果。它不能了解它的批评者的心情,把由于不信任而产生的现象归咎于忌妒。它根据自己的前提说明它的资产负债表不允许它作出巨大的让步,这就暴露出了一个受到挑战的制度所固有的弱点;不知道该怎样让步和在什么时候让步。它害怕实行根本性的改革,一是由于,像每一个长久以来习惯于统治的阶级一样,它相信同历史的交易已经做定了,二是由于,还是像这种阶级一样,对未知事物的恐惧妨害了它大大方方讲道理的能力。结果呢,当它本身的安全需要它领导全国人民跳出它一向以为安全的框框时,它却偏偏下定决心留在这些框框里,简直把它们和一切阶级的

福利等同起来了。换言之,除非根据它自己的条件,它想象不出还有什么安全之可言;甚至连俄国、德国和法国中产阶级的命运都不能使它了解:根据它自己的条件来保持安全,实际上是再也办不到了。

因为,要保持安全,必须做三件事中的一件。它必须能实行大规模的复兴,借以消除对它成功地统治的能力的怀疑,这是现制度的条件不容许它做到的。或者,它必须消灭一直是它的政治表现的主要形式的民主,以便攻击工人阶级的历史性机构,对统治能力的怀疑便是通过这些机构组织起来而变为行动的。或者,它本身必须实行根本改革,使生产关系适应于生产力;换言之,它必须促使产生一个最罕见的历史现象:一次同意的革命[①]。

迄今为止,在德、意、法三国,中产阶级所采取的是这三个方法中的第二个。为此,它同那些以希特勒和墨索里尼为首的政党结成了同盟。但是,中产阶级把他们捧上台以后,却发现自己再也作不得主了。因为,希特勒和墨索里尼代表着社会上的恶势力,他们一旦掌了权,就死也不肯放,同时拼命使国家机器适合于把持权力的需要。他们必须(不管愿不愿意)立刻满足手下一帮人的要求,而且早晚还要满足在他们夺权过程中既被他们讨好、又被他们践踏了的人民大众的要求。他们首先需要同法西斯主义分不开的那种强盗统治,而这很快就恰恰造成了原来想借助同盟来避免的不安全的条件。其次,如我们的痛苦经验所昭示的,他们需要奉行一

① 作者鼓吹"同意的革命",以与暴力革命相对抗。所谓"同意的革命",就是经统治阶级同意后进行的革命,实即"和平革命"、"和平过渡"。——译者

项国际侵略的政策，这种政策最终便意味着战争。但是，由于现代规模的战争是剧烈的社会改革的必然根源，它就恰恰造成了同盟所要防止的内部分裂。

结果必然是：一种为充满剧烈动乱的时代所特有的行为猖獗一时。它不仅是战争的产物，尽管战争也加强了它；因为战争本身是我所说到的那种情绪的产物。正在崩溃着的是对法律观念的尊重，因为中产阶级所制定的法律已不再能包含人民大众认为对社会有利的各种目标。我们正处于历史上这样一个转折点，迫切需要一份巨大改革的菜单。但正因为这样的一份菜单是对中产阶级的安全概念的威胁，中产阶级生怕它对社会消化力有不良影响。因此，就像在美国十分显著的那样，中产阶级拿复兴来和改革对抗；医生愈是把病情诊断得细致深入，它就愈是害怕。我已经说过，恐惧导致心地褊狭，它发展到了一定程度，必然会导致镇压。我们陷入了一个恶性循环，人们既要求根本改革，又拒绝根本改革，因为这些人不研究，更谈不到能够尊重彼此的先决条件的意义。在这种情况下，他们之间势必会发生猛烈的冲突，除非他们能及时意识到大难临头的危险。

一句话，我们现在需要的不是东定一条法律，西定一条法律，而是需要彻底改变政府的整个精神面貌。那些目前当权的人假使不协力来做到这一点，客观事实就会迫使他们所统治的社会的原则发生巨大改变。我并不信口说这种改变会是朝好的方面的改变（理由以后再谈），比方在德国，那些新贵们将会使我们的社会陷入新的黑暗时代。可是，即使情况如此，新的统治者仍旧会碰到同样的严重问题，而且和他们的前任一样无法用和平手段来解决。因

为，魏玛共和国所解决不了的问题，新德国也一个没有解决；由于统治者用种种方法回避这些问题，他们到头来还会受到可怕的报复哩。

在路易·菲利浦倒台前两天，托克维尔[①]对法国议会说："制造伟大事件的不是法律的机构，而是政府的内在精神。"在全西欧和美国，政府的那种内在精神拒绝顺应新时代的要求。它的失败，如同封建贵族统治的失败一样，是由于它不能在它的各项原则范围内挖掘生产潜力。它不得不压制发明，挖空心思想出种种限制手段，并且因技术进步而造成愈来愈多的失业。在当前形势下，有三件事非常突出。第一，当代的商业豪富使为其效劳的人们变成赤贫，又降低他们的身份，然后听任他们去接受公家救济。第二，在我们的文明中，分配力普遍跟不上我们所掌握的生产力；企业家不得不要求国家帮助，为了他们的利益而限制人们迫切需要的供应品。第三，我们的阶级关系的特征，使得科学发明既成为它所顶替的工人的仇敌，又成为被它报废了的工厂的老板的仇敌；这样，它就破坏了科学的重要含义，即用人力向自然索取丰沛的产品。此外还必须加上这样一个后果，就是在这种形势下，我们的教育制度造就了大批这样的人，他们的机会和他们的抱负不相称，因此他们就被合理的失望变成了社会的敌人。

这些问题一个也没有解决，反而由于摒弃作为国家体制的民主而恶化了。因为，我们已经看到，摒弃民主意味着拒绝言论自由，而拒绝言论自由必然不利于科学发明所需要的精神。像我们

---

① 托克维尔(1805—1859)，法国资产阶级历史学家和政治家。——译者

这样既复杂又脆弱的文明社会，必须把科学发明的需要作为它生存下去的主要条件。据此，一种建立在否定民主基础上的社会制度必然很快就会恶化，除非它同样很快地学会把它的高压手段变为和平手段。但是，要这样做，它必须学会消除不满，而消除不满的唯一办法就在于言论自由。我已经说过，言论自由是安全所产生的，而安全又只有在绝大多数人感到他们具有共同一致的伟大生活目标时才会来临。目前他们可没有这种感觉，就因为这个缘故，我们的社会才处于剧烈动乱的深渊边上。在这种时刻，动乱的表面原因一去除，就暴露出了主要的事实：我们的社会制度的病根是它的种种荒唐的不公平。我们必须齐心协力来取消这些不公平，否则马上就会为它们发生冲突。换言之，中产阶级必须在重要的改革方面和工人合作，就像一个世纪前贵族阶级在选举法改革案方面相当明智地做过的那样，哪怕是在最后关头才做的，否则就会发生暴力的革命，所采取的手段很可能使冲突双方所抱定的目的改变掉。这是我们所面临的最后选择。至少让我们心里有数，我们是不得不去作这种选择的。

第二章 俄国革命

一

从历史关系方面说，俄国革命之于二十世纪，就好比法国革命之于十九世纪。两者都经历过长时期的思想分析准备，在那个准备过程中，拥护当权者的人总是抵挡不住那些否认当权合法性的人的挑战。两者都是长时期秕政的结果，在那个时期中，统治者的无能几乎比他们的暴虐更加令人吃惊。两者开始时都充满乐观和欢欣鼓舞的情绪，仿佛提供了广阔的自由天地的前景。但是，在所有权的处理问题上，两者都马上遭到了非常猛烈的反对，以致内部的倾轧引起了专政。同样地，在每一情况下，所有权方面的争执在国外造成了怕感染的心理；外国政府为了维护他们自己的社会制度，就横加干涉，以扼杀他们所惧怕的新事物。同样地，在每一情况下，革命性的变化产生了两个深刻的后果。非特权阶级的心理状态受到了永久性的影响；到处的特权阶级不得不承认那种新的心理状态，把他们的要求加以调整。不过，在 1790 年之后，这种调整遭到了强烈抵抗，直到经过一个世代的战争，它才基本上成了政府的日常习惯。这样以后，就可以明显地看出，尽管人们为这种调整付出了巨大的代价，它却大大提高了满足的水平，并且在那个水平上对普通人的要求给予回答。

我们目前正处在俄国革命意识形态的反作用时期，因此我们那种公正地判断它的能力也就受到了它所引起的各种激烈情绪的影响。在某些人看来，它的好处那么明显，成就那么伟大，以致他们一点都不去考虑它们的代价；然而在另一些人看来，这种代价却是十二万分的丑恶和巨大，以致根本谈不上什么好处和成就。对于俄国革命的无论哪一种极端主义的看法，就好比对于法国革命，或者它那真正的前驱宗教改革的极端主义的看法一样，都是既愚蠢又危险的。我们研究俄国革命的性质，其任务就在于找出使它具有目前的面貌的各种原因。俄国革命所干出的笨事情和犯下的错误，甚至于罪恶，是极其严重的，关于这一点，它的最高缔造者列宁就曾经比谁都直率地承认过。在这些笨事情、错误和罪恶当中，有不少是俄国革命的内外敌人奉行的政策所造成的，这一点也是明显得叫人痛心的。我们要了解俄国革命，就一定要把它看作彻底改造西方文明的社会原则的最初阶段，否则就会把它的性质完全弄错。

当然，即使作为最初阶段，这个改造也不是一下子就完成的，或者单靠俄国人完成的。从某种意义上讲，我们称之为近代史的整个思想运动都有助于它的完成。没有十六和十七世纪的科学革命，就不可能有今天的它；同样，没有十八世纪所谓的产业革命的影响，也不可能有今天的它。霍布斯和洛克、卢梭和黑格尔，还有以马克思为杰出代表的社会主义传统，逐渐肯定了各种观念和方法，而终于发展成了俄国革命。不过我们还要记住，那些播下布尔什维克种子的人是雅各宾代表的嫡系子孙，这些人通过美国革命

中的通讯委员会同克伦威尔军队的鼓动员相提携，而当时的清教巡回传教士的习性又使这些鼓动员受惠无穷。俄国革命尽管发生于一个领土广及欧亚两洲的国家，主要却是一次欧洲的革命。它之所以首先发生在俄国，是因为俄国在战败的形势下对它的重要原则的抵抗太薄弱，无法组织力量来反对这些原则所提出的要求。但是，促使革命发生的各种原因却影响到了整个欧洲文明（尽管方式不同），而且在那些原因被同它们的深度相称的救治方法消除之前，它的锋芒将不会有所收敛。

长时期的秕政传统；由于那种传统而看不出大量不满情绪的正当性；统治者因而下定决心宁肯用镇压手段对付不满而不设法加以补救；镇压失败后又坚持加强镇压的严厉程度而不肯谋求宽大的妥协；人民由于统治者对内贪污纳贿，暴虐不仁，对外战争失败而不再信任他们的能力和善意；以上这些便是俄国革命产生的原因。政体的愚蠢使得稳健分子心灰意懒，极端分子不顾死活。受制度好处的人的数目比起吃制度苦头的人来是那么少，以致当他们的传统权威的魔力丧失以后，他们就再也没有办法把政权保牢了。让我们记住：在1917年的俄国，就像在1789年的法国一样，早在革命者接收国家政权之前，潜势力的道德基础就已经被暗中破坏了。当政权已不再有一项精神上的原则使它可以标榜尊严的时候，它就改组了。

这是因为，沙俄的统治者和人民脱离得那么久，以致不知道人民的需要是什么，尽管他们明明看到了这些需要的表现。俄国的贵族阶级，同法国的贵族阶级一样，也许是欧洲教养得最好的；可是，也正如法国的贵族一样，他们只是长年累月地纸上谈兵而不履行作出决定的义务，这就使他们变得麻木不仁，因此，一旦大难临头，就不知道怎样去制定政策，更别提怎样去执行政策啦。这样，他们自然就要让位给列宁这样的人，这些人既有订计划的智慧，又有行动的决心，而且，他们的计划是建立在对他们力求控制的文明社会的结构和功能的真知灼见之上的。布尔什维克党之所以在革命中获得胜利，是因为在十足的无政府状态时期里，只有它知道怎样去从中取得一个政府要成为政府所必不可少的坚定的方针和牢固的控制。他们的敌手们却什么办法都没有，除了乞灵于一种已经被打破的传统服从习惯，以及乞灵于一种被以前的暴虐行为瓦解了的历史爱国主义。布尔什维克却知道怎样去恢复这两样东西。他们提供秩序来代替混乱，提供希望来代替恐惧。对于那些被朝不保夕、土崩瓦解的形势吓破了胆的人，他们使之恢复了日常的生活习惯。他们用两个法宝把舆论吸引到自己方面来，其一是他们判断人民需要的本领，其二是他们行使权力时所发挥的精力。

布尔什维克当时无疑有着千载难逢的好机会。政府机关已多半停止行使职权；虐待和战败已使国防军不再向合法的统治者效忠；革命性的不满遍布全俄国，似乎要把传统的服从习惯一举打破——虽然如1905年的事件所表明的，这种不满事实上早就一直准备着要这样去做。布尔什维克党是个具有铁的纪律的党，天才的列宁教导党员要密切注意舆论的最微小的变动。只有他们才知道人民群众需要些什么。只有他们有眼光，去向群众提供所需要的东西。他们获得了群众的爱戴，因为他们意味着和平和面包的前景，而任何其他政党都不。他们的敌手们彼此利害关系不同，方针也不明确。当这些人在争吵的时候，他们却可以放手去干。他

们之所以夺取了政权，是因为在那些争夺政权的人当中，只有他们一贯懂得夺取政权的方法以及把政权用在什么目的上面。

当然，夺取政权是一回事，保持政权又是一回事，两者是颇不相同的。任何人阅读苏联内战以及外国武装干涉的严酷历史，一定会被布尔什维克当权后在各方面表现出来的成就深深感动。布尔什维克得临时成立一个政府，建立和组织一支军队，还得对付普遍的饥馑和疫疠。在他们领土的广大地区内，交通都告断绝；凡是受过大俄罗斯压迫的民族又都宣告有权独立。他们还得和德国周旋，而沙皇从前的盟国则占据了他们的领土，供给他们的内部敌人以武器和资金。国际贸易几乎全部停顿，各国还实行严密封锁来反对新政权。在新政权刚成立的最初几个月里，维持政权的能力一定是显得微乎其微的，尤其是在那些负责它的命运的人看来。

然而他们毕竟成功了，他们之所以成功，可以说主要是由于三个原因。第一个也是最主要的一个原因，是他们给了俄国人民以掌握自己命运的希望，而这在百年秕政中还是破天荒第一次。任何人研究了布尔什维克政府在其历史上第一个重要年头所颁布的各项法令，必然会对它的领袖们肃然起敬。不光是他们对人民的需要洞察入微，不光是他们的行为所根据的概念宏伟无比。更重要的是，他们为有才能的人开辟了一条广阔的道路——这一点和1789年像极了——而且也和1789年一样，天才地求助于他们所遇到的最强烈的创造性冲动。他们并不脱离他们统治下的人民，并不高高在上，而是和人民打成一片，是人民的一分子。他们目光远大地把他们的事业同那些新的社会阶层、即工农联合起来，这些

人在田地里和工厂里，在军队里和苏维埃里，都学习到必须为行使权力负责，并且由于亲身参加国家管理工作而对政治发生了兴趣。还有，大地产的瓦解，资产阶级财产的大规模没收，使工农觉得以前从来没有掌握过自己的命运，现在却掌握了。在十月革命初期的内战和饥荒的废墟当中，观察家们不断报道人民情绪无比欢欣鼓舞，这是十分值得注意的。他们觉得自己生活在一个伟大的时代，渴望实现伟大的目标。甚至在行刺列宁不遂后跟着实行的专政，好像也没有使他们失去拥有新的和更广泛的自由的信心。

我认为，以上就是布尔什维克得以维持政权的第一个原因。第二个原因是外国干涉。事实上，值得怀疑的是，这种干涉到底有没有达到过足以推翻新政权的规模；这一点是非常重要的，因为其所以不能达到，特别是在英国，无疑是因为有组织的工人们对它的反抗愈益加强，范围愈益扩大。他们满腹狐疑地眼看政客们向世界上第一次行之有效的社会主义革命进攻，而政客们的主要动机不外是保护私有财产。苏联政府迅速积累起工人们大量的好感（这种好感只有它自己犯下的错误才能打消），这个因素是每一个资产阶级政府、尤其是民主政府应该经常考虑到的；因为从来没有一个外国政府曾在其他国家的工人中间引起过同样的兴趣或热情。外国干涉反而对布尔什维克大大有利，因为它在俄国人民中间，甚至在许多有顾虑的或抱敌意的人中间，激发了一种强烈的民族优越感，也就是爱国主义精神，只要一想到外国人一手制造的政府就几乎会本能地激起这种感情。即使没有外国干涉，布尔什维克也很可能会站稳脚跟的。如果这种干涉的规模徒然使人愤怒，

而并没有决定性作用，那么它对于布尔什维克来说，倒反是帮助而不是障碍了。

布尔什维克成功的第三个原因，是俄国反革命代理人的特性。对于列宁和他的同事们的天才，垂死的社会只能用一帮可怜的冒险家来对抗，这些冒险家除了在某种形式上恢复被革命所坚决反对的旧制度之外，提不出任何纲领，而且除了兽性的屠杀和野蛮的流血之外，他们也根本没有办法来完成旧制度的恢复。他们无论到哪里，那里的人民就对他们所代表的东西充满仇恨；在全国广大地区内，他们的行径使人们坚信布尔什维克将替他们报仇雪耻。布尔什维克可能代表赤色恐怖，但这种恐怖是同人民大众的常识所能够理解的伟大创造性目标联系在一起的。白色恐怖却仿佛除了恐怖本身，什么目的都没有。如果白色恐怖竟能永久保持下去，那就很可能恢复以前的奴役状态，千百万人将为他们短暂的自由时刻付出昂贵的代价。哪怕在法国革命最坏的时刻，反动派也不若俄国内战期间的反动派那样野蛮或丑恶。冒险家们的活动，就同 1871 年巴黎公社失败后梯也尔[①]和加利菲[②]对巴黎人民实施的报复一样可怕，而且规模还要巨大得多。反革命以他们自己的政策使人相信革命确实是深得人心的。他们为革命贡献了一种精神上的力量，这种力量使革命得以克服在向胜利迈进道路中遇到的一切混乱、饥荒和疾病。

① 梯也尔（1797—1877），法国反动政客和历史学家，屠杀巴黎公社起义人民的刽子手。——译者

② 加利菲（1830—1909），法国将军，1871 年镇压巴黎公社的刽子手之一。——译者

二

俄国革命的历史，在内战结束以后，自然而然可以划分为三个时期。第一个时期迄1924年列宁逝世为止，在那个时期中，列宁主要是提供了巩固革命的方法。第二个时期是从1924到1927年，在此期内，有效的进展停顿了，斯大林和托洛茨基争权的派系斗争震惊了布尔什维克党人。第三个时期是从1927年开始，此时，随着实权集中于斯大林一人之手，苏联开始实行集体化和工业化的宏伟纲领，其速度之快，规模之大，为任何其他社会所望尘莫及。的确，在那些年代中，除了北美大陆的广大资源被开发出来以外，再没有其他东西比它改变得更快了。

我们必须避免把这些阶段去同以前历次革命史上的那些阶段相比较的诱惑，因为俄国革命的条件使得它的性质独一无二。要对付众多的人口，其中绝大多数是文盲，不习惯于机器工艺；要把许多不同的民族团结成一个有效的整体，其中许多民族甚至不懂西方文明的意义；要建立一支能击退敌国利用社会弱点来实施的进攻的强大国防军；要迅速查勘和开发俄国的资源而避免依赖外国资本；要使人民群众对政权保持忠贞，却不让他们具有哪怕在沙皇时代也习惯有的消费水平；也就是说，要制造出对未来的巨大福利的坚强信心，借以说服人民，使人民把目前的享受放在次要地位；要打破（特别是在有严重个人主义的农业人口中）一个贪得无厌的社会的根深蒂固的习惯；要经常在很可能犯错误从而影响安全的规模上实行改革和试验；要随时从错综复杂的外交关系中找

出路，这种关系轻则是不友好的，重则包含着敌对行动；由于那种危险，所以要使大半个世界上的工人阶级相信俄国革命的利益也是他们所必须保卫的；要为新国家建立一个能够信得过的行政机构；要按照事业的规模来挖掘人才和培养人才；在培养出人才以后，又要取得他们的忠诚，使他们能够建立布尔什维主义的原则所固有的新文明；以上一切，不论从哪个角度来看，都是极其艰巨的任务。只有像列宁那样敢想敢干、足智多谋、意志坚强的人，才能够设想出这些任务的基本结构。同样地，不论从哪方面来看，他毕生的成就此之任何一个革命的政治家所能够辛辛苦苦地实现的理想毫无逊色。它使得他无愧为近代史上最杰出的人物之一。

我认为，俄国革命的实验已确凿证明了某些事情。当然，其中有些事情是早在俄国革命之前就知道了的，革命的经验只不过使它们获得了证实；另外有些事情却是新的，可能这次革命的真正意义就在于这些事情的新奇。它再次肯定了一项老经验，即一次革命能挖掘出大量新人才，否则这些人才就会英雄无用武之地。正如没有十七世纪的英国内战，克伦威尔和艾尔顿[①]、李尔本和温斯坦莱甚至不会列入史册，因此没有俄国革命，列宁和托洛茨基就只能是凄凉的亡命者，在欧洲各国的首都流浪，斯大林也不过是个默默无闻的反叛者，报纸至多只会花半寸篇幅来刊登他大胆破坏所有权法纪的消息。

但是还不止这样。俄国革命不光显示了以前默默无闻的人当

① 艾尔顿(1611—1651)，英国资产阶级革命时的将军，克伦威尔之婿，曾帮助克伦威尔镇压爱尔兰民族运动。——译者

领导的巨大能力；那是每次革命的家常便饭。更重要的是，它显示了这样一个事实(这又是老经验的一个重要证实)：扩大社会上权力基础的改革一经实现，马上就可看到人民中有不少人能够从事创造性的活动，他们的数量要比旧的生产关系使人们猜想的多得多。自从 1917 年以来，可以明显地看到，苏联每一个民族都能在工作的机会中激起一种巨大的响应力，只要机会存在下去，这种力量分明是无穷尽的。在 1917 年以后的那一代中，苏联几乎每一个村庄都根据它的特殊需要造就了它自己的、能激发全村人埋头苦干的汉普登[①]，而这在过去是想也不敢想的。这种响应的能力并不局限于生活中某一个特殊行当。它激起得越广泛，也表现得越充分。

因为，说实话，一种从来没有发展机会的人民，一旦感到为他们开辟了无限广阔的天地，其精神中最好的东西就一定会被激发起来。这一点大规模发生在苏联，是不容否认的。无数事实证明，在激发人民精神的同时，还想出种种方法，使最最卑微的人以及最最落后的地区都感到有了新的机会。例如，创办教育的规模不仅使千百万人感到他们继承了过去无从接近的文化遗产，而且还使他们能够表白自己的心愿，说明他们需要的是什么，那就是自由的本质。值得注意的是，这种教育上的努力已推广到高加索和北极圈各民族，它们原先甚至不懂得文字的好处哩。苏联在这方面的成就，是殖民地行政管理史上没有一件事能够比拟的；相形之下，

① 汉普登(1594—1643)，十七世纪英国资产阶级革命活动家，是长期议会中反国王的反对派领袖之一。后组织军队，积极参加内战，负伤而死。——译者

英国在印度的努力简直微不足道，尽管那儿在一个多世纪中也有过同样的机会。只有下面这种论据才能说明差别，即布尔什维克的社会哲学使他们千方百计要提高他们统治下的落后人民的文化水平，而英帝国主义的社会哲学却促使它把印度文化上的每一个进步看作对它以外国身份在那儿作威作福的暗含的挑战。

现代没有一件事情，能够稍稍接近苏联在教育方面的进展的规模或速度。英国花了一百多年工夫，才建立了教育制度的一套现代机构，而享受它的先进水平的仍旧只限于极小一部分人口。事实上，英国的例子清楚地说明，国内多得多的儿童能够从一个更先进的教育制度获得好处，唯一阻碍他们获得这种好处的，只是英国所有制的经济的和社会的复杂内容罢了。苏联的教育思想却完全没有那些复杂内容，而且，我认为，可以正确地说，除了北美合众国的十来个州之外，目前俄国在教育方面的机会要比世界上任何一个国家都好得多。它们不仅意味着以一种更巨大的力量来培养人才，为社会建设事业服务，而且还意味着失意者的比例大大缩小。它们意味着苏联的统治者急于培养和利用人民的才能，这种才能远远超过现代任何一个国家所显示出来的。

教育上的成就是和其他社会领域内的重大成就并驾齐驱的。妇女被从下等地位解放了出来，规模之广着实惊人。工农的保健、卫生和安全，从质量上说，也许并不超过最先进的西方国家；可是，已有的成绩不但质量合乎要求，而且其速度之快，也是任何资本主义社会想象不到的。在资本主义社会里，也许每个发展阶段都得经过艰巨的斗争，例如英国曾为工厂条例斗争过，美国目前还在为废除童工斗争着；教授和其他学者们会绞尽脑汁来证明某种成就本身是不足取的，或者纵有可取之处，经济条件却使得大规模的试验成为不切实际。

为社会消费安排的生产计划也获得了杰出的效果。它是在既有利也不利的特殊情况下进行的。地主和资本家财产的没收，意味着资本主义世界所知道的既得利益并没有阻碍生产力的发展；这就意味着一种开发速度，除了美洲大陆的开发之外，什么东西也比不上它。此外，没收了地主和资本家的财产，就能使社会不再依赖赢利的动机，不再把它作为刺激生产力的手段。

这种摆脱赢利动机的结果，无疑具有莫大的社会利益。它意味着，在安排生产的时候，注意力可以不必集中在有效需求上，而可以集中在社会需要上。尽管在进行这样巨大的试验时要实施许多限制，但是说实话，在苏联的经济发展中，最重要的事情总是获得优先照顾的。生产不决定于能够吸引私人资本家的贪欲的超额利润。人不仅以他们所拥有的财产而显得重要。如果引用一句社会主义的名言，说对人的权力已被对事物的控制所代替，那当然是不确实的。但如果说，在狭隘的经济范围内，苏联人民群众比任何时候都更有真实的基础来享受经济上的自由，这却是千真万确的。

这方面的理由是双重的。第一个理由是，国家资源的开发速度已消除了人们生活中经常发生的失业的恐惧；当资本主义文明社会中简直有千百万人怀着这种普遍的恐惧的时候，苏联不但没有这种恐惧，而且根据理论，也没有理由假定它会重新成为一个必须加以考虑的因素。第二个理由我认为是，千百万工人农民都贡献力量来创造他们的生活条件；工业方面的民主管理已行之有效，这是资本主义国家所办不到的。一个企业的章程不是由拥有这个

企业的雇主擅自制定的，他只要服从工会的某些规定，就可以独断独行，为所欲为。章程十足是由工人和行政双方协商出来的。由于没有普通所理解的那种赢利动机，协商无疑就真正是为了谋求共同的满意，这种和解使人们感到自由，因为他们发现自己的意志既体现在所获得的解决办法中，又贯彻在据以获得解决办法的程序中，这一点，哪怕先进资本主义国家的劳资谈判也是万万及不上的。苏联想解决争端的动机，要比英美想解决工农业中的争端、调停英国煤矿工业劳资纠纷或加利福尼亚州英佩里尔盆地工人纠纷的动机高尚得多。

在这方面，苏联政府还有一个了不起的地方。传统的赢利动机已经没有了；尽管工资相差悬殊，但这是对工作的酬报而不是对所有权的酬报。可以名正言顺地说，赢利动机的取消业已被那些代替它的东西补偿而绰绰有余。这一来是由于实行了一种完全同职务和产量相称的工资报酬制度，二来是由于前所未有的尊重劳工神圣，还有就是由于在工农业中立大功是政治上获得地位的重要手段。在资本主义经济下，财富是权力的占压倒优势的尺度，能够用其他机会获得权力的人，为数就不多了。在苏联，财富作为享受和权势的来源，至少得和其他五六种至少具有同样吸引力的获得权力的手段相抗衡，这样就可以很容易地激起维持社会宗旨所必不可少的努力，而不必像每个成熟的资本主义体系那样非把社会划分成许多等级不可。

制度的其他几个优点也必须着重指出。不论从哪方面来看，苏联没有科学的厄运这回事，而那正是资本主义经济在其紧缩时期的特征。苏维埃制度，不管它实行什么样的限制，总之能够为丰富产品而不是为限制产品而订出计划;它不必在每个生产阶段为个别资本家的利润操心,这些资本家的利益不仅和整个社会的利益不同,而且往往是敌对的。即使我们估计到这个事实,即公众对苏维埃制度的可能性的新的体验,使它可能具有在十七世纪的欧洲存在过的可能性所具有的那种令人敬畏的地位,我觉得仍旧可以正确地说,科学的社会功能以及科学为人类服务的使命,在苏联要比在资产阶级社会实现得充分得多,而且范围也比资本主义社会中已有的或甚至可能做到的广泛得多。由于工人不觉得工业技术的进步威胁到他们的安全,故而对新发明也就不敌视,而敌视新发明却是资本主义社会的通病。同样,在苏联对压制科学发明也不感兴趣,而靠利润为生的企业家却必然对此发生兴趣。鼓励科学家的例子俯拾皆是,而向科学家提供的发展机会,无论就其规模或重要意义来说,都是资本主义国家所难以望其项背的。

苏联情况的另外一个方面也值得一提。凡是亲自研究过苏联司法(政治犯罪除外)的人都会承认,无论在实验主义方面,或者人道主义的待遇方面,它都远胜绝大多数其他国家。如果法院和监狱的管理是一种文明的质量的重要标志,那么,上述情况是最最重要的。

苏联的做法,是把犯罪行为的各个方面同经济环境联系起来,因为犯罪行为十之八九是经济环境的表现。这就可以少把罪犯当作社会的敌人看待,多把他们当作社会的牺牲者看待,并且可以着手大规模改革监狱,从这些改革的社会效果来说,其重要性远远超过旧文明的一切作为。在苏联,一个普通刑事犯恢复过正常生活的机会,要比在任何其他国家多得多;在法律前人人平等的历史性要求(政治犯罪仍旧除外),在苏联实现得比我所知道的任何一个国家都更彻底。法官也好,律师也好,都关心改善诉讼程序,比西欧自从杰里米·边沁[1]以来随便哪一个人都积极主动得多。在这方面,说世界各国应当向苏联好好学习也不为过。

三

我认为,不论从哪个角度来看,这些都是了不起的成就,一笔抹煞对我们并没有什么好处。如果我们既要正确了解俄国革命,又要懂得它所以获得各国工人阶级热烈拥护的道理,就非适当重视这些成就不可。无疑的,为了这些成就必须付出巨大的代价,我将考虑到那种代价的性质和后果。但即使必须把这一点作为成就的背景,我们仍然必须承认巨大成就的事实,不然的话,政权面临着国内外的无数困难,是肯定维持不下去的。

因为,千真万确的是,政权的许多最严重的错误和罪恶,并没有使人民群众抛弃两个信念。第一,他们相信自己是生活在这样一种制度之下,其主要原则比旧文明的原则来得优越。第二,他们相信自己有资格对制度的前途抱乐观。这两个信念的重要性是不言而喻的,决不仅仅因为它们和英法两国革命后曾经有过的类似的心情十分相像而已。我认为,这两个信念表明,不管苏联个别领导人的作风或命运如何,革命的最终目的已成为人民大众的愿望

---

① 边沁(1748—1832),英国资产阶级法学家和道德哲学家,功利主义的代表人物。——译者

的一个永久不变的部分，不管谁来当苏联的领导，都非得充分考虑到那些愿望不可。同样的情况是，在查理二世复辟时，克伦威尔革命的政治制度尽管崩溃了，他的社会目标和经济目标却保存了下来。同样，在1794年以后，法国任何一种政体假使不大大地满足雅各宾传统的要求，就休想传诸永远。

要了解苏联必须为它的成就付出的代价，就得对苏联的缔造者们当时所处的形势有清楚的认识。他们那时所治理的，是一个只习惯于半拜占庭式、半东方式的专制政治而其人民几乎全是文盲的半欧化的国家。工业的中产阶级只占全国人口的极小部分；都市无产阶级同占压倒多数的农民比起来，只是一小部分。沙俄才刚开始实行它的产业革命；它的技术知识有不少是依靠外国指导和管理的。

那些制造革命的人决心应用马克思主义原则。他们认为必须有一个马克思主义式的铁的专政时期。不过他们认为那将是工人对有产阶级、特别是对资本家的专政，并深信专政的必要性只不过是暂时的；一旦社会所有制奠定了牢固基础，工人的民主政治自然就会实现。另外一个重要事实是，他们确信西欧各国即将发生跟他们的一模一样的革命。这些革命的发生由于它们包含着的安全不但能巩固苏联的基础，还能减轻新政权刚诞生下来时的阵痛，这是任何其他因素所减轻不了的。他们确定了一种能导致全世界工人统一行动的统一心理学。

同样，我们必须认识到，布尔什维克领导人的作风和习性跟西欧社会党领导人有多大的不同，他们怎样由于形势所迫而不得不致力于阴谋的传统。列宁和托洛茨基是第二国际执行委员会所熟悉的，但是他们在历次代表大会上都默默无闻，甚至从来没有获得过一点点控制多数票的权力。许多布尔什维克领袖们，特别是斯大林，根本不了解西欧的社会主义，不懂得一个建立在宪法传统内的运动意味着什么。他们当中很少有人了解民主政治的重要性，就因为民主政治的势力，无论在理论上或实践上，从来没有深刻影响到他们直接参与的经历。他们只不过看到它的表面，并且如列宁的情况所清楚表明的，他们是最透彻地按照马克思和恩格斯所体会的严重失望来看待它的，因为两人对迫在眉睫的革命的期望总是经常落空。最后但不是最不重要的一点是，他们跟马克思和恩格斯一样，一点不懂得自治习惯的生命力和重要性。他们自始至终倾向于根据大不相同的俄国经验来看待西欧的特别是英国的社会主义运动。

那项经验对于布尔什维克的策略来说，是极其重要的。它使得他们不去依靠党的民主组织方法，而是依靠一批恪守纪律、毕生从事密谋活动的职业革命党人来有效地领导他们的运动。他们难得抛头露面地活动，他们的一生就是同秘密警察进行长期斗争，他们对于夺取权力具有坚强的意志，任何见解只要和他们自己的有丝毫出入就会引起他们的极度怀疑。他们习惯于立即服从，把思想上的错误当作严重的罪行。他们的著作中表现得最普遍的一种决心，就是知道自己万万不能重蹈巴黎公社的覆辙，他们认为巴黎公社的失败主要是由于民主的弱点。他们是一支革命军的参谋本部；受他们指挥的队伍的任务是服从。

必须指出，在沙俄统治下，他们抱有这种见解是理所当然的。他们在对付一种没有自治习惯的人民。内战的历史表明，他们是在同那样的人作战，只要他们略一畏缩，就会被那些人残酷地清算掉。我认为，他们不得不要么放弃社会主义革命的理想，要么放弃专政。在 1917 年，他们的主要问题不是夺取政权，而是巩固政权。为此，他们（尤其是列宁）把希望寄托在一次没有实现的欧洲革命上。欧洲革命之未实现，具有莫大的后果。它鼓励了俄国国内一切反对他们的势力，从而大大加重了经济复兴的任务。欧洲革命之未实现，还造成了他们同西欧社会主义运动的决裂。它助长了他们的“分裂战术”；既然他们不能依靠社会党首领，就只好自己来搞一个运动。他们的学说和战略已经被他们获得的成功证明是正确的；社会民主党的首领们由于不肯采纳这些学说和战略，就背叛了马克思主义，结果在他们看来，就成了资本主义的客观拥护者。他们因此到处分家，另行成立共产党，同历史性的社会党对抗，甚至于（就像在希特勒上台前的德国）帮助了社会主义的敌人，相信自己将会继承后者的政权。共产国际成立后，他们强使他们创立的各国共产党接受同样精确的正统学说和严格纪律，这两者正是他们自己取得权力的特征。由于害怕资本主义国家干涉苏联，他们使得那些党成为资本主义国家最头痛的东西，特别是在其经济条件和心理条件有利于那些党发展的国家中。在十月革命的最初几个月里，布尔什维克很可能确实是准备实行民主政治的。很明显，在 1918 年谋刺列宁未遂后，也许除了在 1936 年新宪法颁布后那段极短暂的时期之外，就从未认真考虑过将苏联专政改为民主。布尔什维主义一向强调西方民主的虚伪性，从来不强调西方民主的优点。

为什么会这样呢？我认为答案是复杂的。第一，这是由于西欧国家尤其是德国的社会党首领们在1918年年末没有利用布尔什维克认为他们应该可以利用的机会。这就使得布尔什维克认为有必要使苏联孤立起来，不让它被另一个世界玷污，在那个世界里，连公然自认的马克思主义者也腐败透顶。第二，这是由于布尔什维克自命为他们有责任去创造的那种历史的先锋。第三，这是由于布尔什维克在较进步的社会主义者中间获得了威信，这种威信使他们相信：列宁对马克思主义的运用是社会主义获得成功的不二法门。当他们眼看法西斯主义在欧洲崛起，民主软弱无能的时候，这种见解自然分外有力了。

不过，我认为真正的理由还在于苏联内部的历史。它的孤立在很大程度上是资本主义国家造成的，这意味着苏联政府必须依靠自己的力量来发展经济；它要么继续奉行1921年的“新经济政策”，那多半意味着大规模恢复资本主义，要么放弃那种政策，而在现代基础上实行俄国的全盘工业化。但是，假使它走第二条路的话，那么，在一个绝大多数人都是不识字农民的大国里，就势必要对人民实施一种只有专政才办得到的纪律。由于工业化（如果不依靠外国资本来实现的话）的代价是严格限制消费品和实行农业集体化（因为没有农业集体化，就无法限制消费品），那么这种专政就更加不可避免了。一个强大的富农阶级将在十年内成为工业化政策的致命伤，因为富农阶级不会接受工业化带来的种种限制。这些需要还因必须大力加强国防力量防止外国的可能侵略而加重了。加强国防的需要又加快了工业化的速度，扩大了工业化的范围。它需要对消费品的生产力加以限制，那一直是每一个访问苏联的外国人印象最深的事情之一。

一句话，苏联是要努力在不到三十年时间内完成一个发展阶段，这个阶段连美国也花了一个半世纪，而且还是依靠大量外国资本的帮助才完成的。再说，这种努力又是通过对所定目标多半没有受过训练的人民进行的，他们非常可能（至少是在农民中）不懂目前吃苦为了将来享福的道理，如果听凭他们自由选择的话。我认为只有一个专政政府才敢这样去做，而且这个专政政府又必须对其信念的绝对正确性抱有强烈的宗教信仰，为这种信仰所驱使。谁要是记得西欧为产业革命所必不可少的纪律付出了多么巨大的代价，并且读过那种变革所引起的激烈的抗议文章，就能想象得出苏联领袖们要完成的尝试的规模。尽管有尝试的决心，我可并不以为它可以用民主的方法来实现。因为，随便哪一个政府如果在布尔什维克强迫人民作出的牺牲的基础上重新参加大选的话，管保会被撵下台来的。

因此，目标既经确定，仅仅为了内部的原因就非实行专政不可，更何况另外还有许多外部的原因，这点我下面就要谈到。专政是由共产党实行的（这又是出于不得已）；因为，既然目标已经确定，只有那些接受这个目标的人才有资格参与行使统治权。这就说明了为什么苏维埃在政权的早期是个半独立的权力来源，到后来却沦为共产党意志的注册机构。因为，如果允许苏维埃真正独立自主的话，基本目标遭到非议已经算是好的，最糟糕的是，苏维埃的意图很可能和共产党的意图闹对立，到头来可能会酿成内战，特别是在像清算富农那样的危机中。

事实上，无产阶级专政必然变成共产党专政；因为，实际上，党和国家机器是一而二、二而一的。但是党的专政并不意味着普通党员的专政。在一切政治组织中，党的官方机构总是最重要的。但是在苏联共产党中，却是日益变本加厉地把寡头政治强加于党的民主。因为党员与那些不同意它的见解的人之间的争执，已代替了议会制民主国家中普通的党争。还有，更重要的是，共产党各个派系之间对经济政策某一原则或细节的斗争有一个重要的结果，即那些得胜的人实际上总是代表国家的。

因此，意见的分歧必然是争夺国家领导权的斗争。如同斯大林和托洛茨基的斗争或者斯大林和布哈林的斗争所表明的，失败往往意味着为争取利用政权来实现一个根本不同的重要措施而斗争。斗败的派系必然被开除掉，因为它既然威胁党的团结，事实上也就威胁国家的团结；而一个国家由于它所固有的逻辑使然，绝对不会允许任何人来威胁它的团结。因此，一个领导人失败以后，要么必须退出政治舞台，要么就必须和独揽大权的党进行斗争。事实上，在民主国家只不过是违反纪律的事，在苏联却成了叛国行为。由党内斗争成败来决定的目标太重要了，非那样不可。

我认为，这就是苏联实行的那些使得它在民主国家中的朋友们大惑不解的清党和处决的根源。失败了的派系不屈服，就谋反；制度使他们没有第三条路好走。由于他们即使在屈服以后，仍旧是对胜利者掌权的一个公开的或潜在的威胁，因此胜利者总不免要千方百计不让他们有机会得势。一党专政哪怕在党内也不会发扬民主，因为这样就等于为反对派夺权大开方便之门。因此，多数派就利用他们所拥有的一切手段来加强对权力的把持。他们垄断了各种宣传工具。公民投票——从历史上说，它是独裁者们特有的武器——被定期用来证明他们深得人心。由于他们必须镇压异己，就一定要扩大利用秘密警察，而且如果发现不了什么，就往往无中生有，捏造事实。当权者必须设法使他们的对手受到憎恨或蔑视。由于利害关系重大，他们必须要么根本不举行选举，要么每选必胜。威望往往促使他们采取后一种做法。因此，他们必须设法使所有选中的候选人都是他们能够赞同的，这就意味着吸收那些肯支持他们的人入党。他们必须防止一切他们自己晓得吃不消的辩论。这样发展下去，国家大权必然落入一小撮既有权又有本领来操纵和控制党的机构的人之手。只要他们控制着全体党员，军队又拥护他们，那就只有人民群众大规模地有组织地起来反抗，才能够剥夺他们的权力。由于宣传的巨大影响(特别是在最近才有了文化的人民中间)，更由于秘密警察的主要任务是防止有组织的反抗，因此就只有在像战争失败那样最极端的情况下，才能够把这一小撮意志坚强的人赶下台。

除这种内部的结果之外，还得加上国外形势的重要影响。自从 1917 年胜利以来，布尔什维党一直相信外国资本家执意要破坏革命的实验。武装干涉和内战使他们有充分理由抱这种看法；而且从那以后，他们经常有根据相信这种看法会获得证实。但是这也意味着对居住在苏联的外国人的怀疑，最明显的证明是苏联政府对外宾和所谓的侨民百般刁难，哪怕后者只不过是想来参加一个科学会议。苏联总是唯恐它的政策所引起的责难和外国有关，或者是外国干涉的先声。这是苏联人最害怕的，布尔什维克当权派就利用这种害怕的心理来达到两个目的。第一，利用它来激发人民群众的狭隘的和强烈的爱国心，使他们感到列强都眼红他们所取得的革命成果，所以他们必须不惜一切牺牲来加以保卫。第

二，爱国心被激发之后，再蓄意利用这种害怕心理作为武器来攻击批评者；谁要是不遵循党的路线，就被断定私通外敌，甚至像托洛茨基那样，被咬定是外敌的真正代理人。

既然私通外敌就其性质来说近乎叛国，因此党的内讧，尤其是在1936年以后，就甚至比法国革命时的那些更加剧烈。反对派如果真想组织力量来搞一下子，那简直是拿脑袋来赌博。不仅如此。反对派的成员，就像托洛茨基，往往是革命的英雄，人民一直被教导来尊敬他们。直到失势之前，他们一直享有无上的威望。因此，任何一个控告他们叛国的政府，由于害怕公愤，非将他们定罪不可。结果不但是必须实行大规模的侦查，将人们的思想置于监视之下，同时秘密警察也发展成了一个独立王国。它保护当权派所制定的党的路线，不让它受到攻击，也就是防止政府被推翻。这样一来，秘密警察就成了当权派把持权力的一个重要工具。不用说，既然外国对苏联抱着敌意，那就总有足够的事实可以使秘密警察成为重要的工具。但是，把秘密警察的权力增强到简直惊人的地步的却是下面这个事实：它是单独一个党内的一帮人的工具，这帮人把自己和国家等同起来，任何反对党哪怕提出批评都在所不许。

从这个角度上，我认为就发生了三件事，它们很能够说明苏联的内部和甚至外部的作风。第一，以高速度实行工业化的决心意味着要人民作出巨大的牺牲；第二，它也意味着强迫农民实行集体化；第三，不允许正常的反对方法，因为它们会延迟从而危及工业化的过程。这三件事之外，再加上害怕外国侵略，因此必须从事巨大的扩军来击退可能的进犯，以及扩军所需要的更高的工业化速度，就清楚地表明：任何方法都不能挫折斯大林就社会主义可能在

单独一个国家内胜利的问题达成协议后所下定的从事试验的决心。他必须使政策的每一细则适应那种试验。绝对不许同外国有任何往来，除非它们能加强这项政策。绝对不许有内部批评，除非它宣扬成功的希望。任何其他往来，任何其他批评，必然显得本质上是反革命的；因为听其自然的话，它们肯定会阻碍整个结构所依恃的中心思想的实现。此外，还永远有这么一个危险（它最突出地表现在斯大林和托洛茨基之间具有历史意义的斗争上）：如果批评一往直前，很可能会把当权派撵下台去。

根据这个假设，我们就可以了解苏联的政策为什么改变得那么快。政府脱离了党和群众，就因为它作出了一个最初的决定，这个决定阻止它去冒和党或群众自由讨论的危险。因此，它不得不越来越依靠掌握军队和利用秘密警察作为它的主要工具，虽然它时而向这部分人、时而向那部分人让步的能力也是十分重要的，因为这样就能保护自己，防止心怀不满的人联合起来打倒它。整个党，在列宁生前是真正民主的，现在等于是其内部官僚的意志的形式上的注册机构。再也没有那种导致《布列斯特和约》或者制定新经济政策的生动活泼的辩论局面，在那种局面下，胜利者和失败者都具有充分的相同意见来继续合作。他们的斗争是为了独揽政权。这个斗争必须适当地戏剧化，使得它强迫人作出的牺牲能为那些破天荒第一次既有了文化又关心政治的广大人民所理解。

我认为，向人民群众解释这些问题的努力说明了苏联政治的偏激程度。凡事都得过分简单化和过分戏剧化。每个领导人不是英雄便是坏蛋。既然工业化是政治的灵魂，每个经济问题便都是政治问题。一个无能的经理破坏了计划；他的无能是技术上的还

是政治上的，是力不胜任还是故意捣蛋？一群发怒的农民可能影响到周围所有的人，他们的怒气是不是强烈到可以认为是反革命？一个兵士对扩军问题的看法可能提出抓住对外政策要点的工业机器问题，他的看法可能预示着内部主管人没有事先准备好的方针的转变。面对着诸如此类的问题，斯大林和他的同事不但只好使每一个问题成为政治问题，而且还必须把每个批评者当作敌人。从这个角度来看，那些大规模的审判和清洗等于向人民提供了许多次胜利，这种人民的政治修养仍旧很低，但他们能懂得和看重对“敌人”的“胜利”，因为敌人是反革命，而反革命就意味着 1917 年他们从其中解放出来的万恶的旧制度。

必须附带说一句，这样的策略需要有大批的牺牲者；军队和干部特别受害不浅。由于一支强大的军队和得力的干部是政权获得成功所必不可少的，因此每次清洗必然意味着经济上的动荡，从而影响到计划的顺利推行。在这方面，当局显然竭力鼓励人民抱正统的见解；怀疑政府的政策，极容易成为“反革命”。此外，一定要不断设法使怀疑不容易产生。于是就拼命宣传政府不会犯错误，对斯大林的颂扬与其说适合于一个人，倒不如说适合于一个神道。这种宣传和颂扬使得人们益发难以回过头来再作批评，特别是对于像拉狄克那样的曾经参与其事的人来说是这样，因为有把他原来的赞许当作蓄意欺骗而一股脑儿给他算在账上的危险。它们还使人民群众对统治者的关系平添了一种宗教感情的气氛。这种感情越深，统治者对人民的忠诚也掌握得越牢，而要客观地分析人民的要求也就越发难了。

我认为，即使苏联有着大量“自我批评”，甚至于有着大规模的从最低下的工人直至重大叛国案中大人物所作的关于消极怠工和积极破坏的坦白，也动摇不了这种见解。从小处讲，自我批评对于政权来说是非常宝贵的。它可以让统治者知道行政次要方面的一些缺点，这非但不会影响他们对政府的控制，反而能通过纠正缺点加强这种控制；而从大处讲，由于那些人承认背叛，这就能使人相信政权面临着广泛的危险，揭露敌人的狡诈和顽固，并且叫朋友们必须不断提高警惕。整个过程显示一个事实，增强一个信念：在仿佛最天真的怀疑中，可能隐藏着强烈的反革命情绪，必须时刻警惕，不让它抬头。这种情绪可能出现于乌克兰图画展览会，那些图画没有用恰当的欢乐气氛描绘出农民和他们的住宅。《真理报》写道："全部展品只能被认为是乌克兰资产阶级民族主义者的猖狂进攻。"同样，在 1936 年，著名作曲家肖斯塔科维奇的音乐也被指摘为"强调丑恶的一面"。韦伯夫妇[①]已证明这种"正统病"可以严重到什么程度。

这种情况，当然是和 1936 年苏联宪法所许给的关于民主的漂亮诺言不一致的。这部宪法具有这种特性的原委之一，是宪法颁布时苏联对外政策的重点。苏联政策的历史显然可以划分为四个时期，每个时期都有双重目的。从 1917 年到列宁领导结束为止，它的目的之一是煽动一次世界性的革命。从 1924 到 1934 年，它的主要目标是阻止资本主义列强纠合起来反对它；由于这个缘故，它把重心放在像德国那样力量较弱的欧洲国家上。从 1934 年直到 1939 年《苏德互不侵犯条约》缔结为止，它的目标是拉拢各民主

① 韦伯夫妇，英国改良主义组织费边社的主要人物，经济学家。——译者

国家以谋求安全，反对纳粹的威胁或日本的可能的侵略。自从《苏德互不侵犯条约》缔结之后，苏联的对外政策主要是力求利用当时的战争来保卫它的战略上的利益，必要的话，就像在波兰和芬兰那样，不惜使用武力。

这就是说，在所有这些时期中，苏联跟任何关心本身领土完整和利益的大国一样，充分玩弄了实力政治。可是，每个时期也都有一个次要的目的（尽管趋势愈益减弱），它出自十月革命的原来的理想，而共产国际是实现这个目的的重要工具。俄国革命是一次社会主义的革命，原来以为世界各国的革命会接踵而至。那里的革命所以迟迟没有发生，据信是由于社会民主党首领们的背叛，因此就建立共产国际来促成国外革命的爆发。共产国际通过建立和援助各国共产党，成了世界革命的总参谋部。它旨在削弱各国工人阶级的敌人的力量，助长列宁认为被社会民主党的首领们出卖了的群众的革命意志。

可是，在1924年前后，形势很明显，对世界范围内的革命的热情至少暂时是消耗完了。共产国际马上安心下来，成了苏联外交部的一个附属机构，而且地位越益重要。其所以重要，一来是因为它尽力宣告苏联的领袖们对世界范围内的革命始终抱有信心，二来是因为苏联的领袖们能通过这个机构对外国的工人阶级施加影响，有时甚至是相当大的影响。共产国际对于苏联的领袖们所以特别重要，就像1939年的战争所表明的，是因为它使他们能够控制各国共产党，为苏联的对外政策服务。唯有这种控制才能说明各国共产党人事的巨大更动，最显著是在德国；也唯有这种控制才能真正说明1939年9月3日后共产党对英法的政策以及共产党

的对德政策。在那些国家里，就像在世界各地一样，苏联发展的性质，在斯大林独揽大权以后，需要有大批能毫不犹豫地遵循他所制订的政策路线的人。

把这一点表现得最清楚的时期是1934到1939年。在此期间，苏联迫切需要防御希特勒的突然侵犯。就是这种需要使苏联参加了国际联盟，而在那以前，苏联却一直骂它是强盗的同盟。还有，也就是那种需要，使得苏联担负起指导世界反法西斯力量的责任，反对任何满足侵略者欲望的企图；因为它正确地看到，希特勒一和西方国家达成协议，就会向苏联进攻。它就是以反法西斯力量的盟主身份援助西班牙共和政府的，哪怕气派相当小。同样，也是由于需要防御法西斯主义，才使得共产国际不但强使各国共产党接受"人民阵线"政策，抨击社会党人的和平主义的历史性倾向；大家总还记得，1936年以后，苏联驻伦敦大使是怎样拼命进行"院外活动"，促使英国工党投票赞成扩军计划的。

这项政策的目的是联合一切进步舆论来反对威胁苏联安全的法西斯力量的任何增长。这种见解的真挚性是不容怀疑的。苏联最关切的是和平；如果和平是能够取得的话，那么强大而团结的、决心制止侵略的国联仿佛提供了最好的和平前景。但是英国，还有法国在大部分这个时期内，却宁愿尽可能讨好希特勒而不愿向他挑战，特别因为那种挑战可能包含着社会革命，至少在中欧和东南欧是如此。直到1939年3月以后，形势很明显，除了接受希特勒统治就无法讨好他，英法才急欲和苏联结成同盟；甚至迟到那年夏天，如果希特勒愿意把他的野心用在征服苏联领土方面，英法恐怕也不会反对哩。但是，英法一本正经想和苏联结盟，斯大林和他

的同事反倒不那么欢迎了。因为，第一，英法对波兰的保证实际上是确定：假使战争爆发，其主要压力将落在西方国家身上，因此那就无疑是对苏联边境的间接保证。第二，英法的保证给了斯大林同希特勒谈判的本钱，即他可以使希特勒避免像1914年那样在两条战线上作战的危险；他清楚地知道他将为此获得巨大的报酬。斯大林对集体安全的原则没有责任感，他像张伯伦先生和达拉第先生那样有资格任意利用它。有充分的证据使他相信英法对他都不怀好意；即使开头不相信，1939年夏天英苏谈判的傲慢性质也会使他相信的。此外，和希特勒缔结条约给了他两大便利，这是他和英法结成联盟所享受不到的。第一，和希特勒缔结条约使他——这是苏联的重大需要——至少在短时期内能避免一次大战，从而使他的国内政策能按部就班地进展。第二，和希特勒缔结条约使他能够为他的中立勒索到一笔报酬，这是无论法国或英国都无法提供的。

因此，他同希特勒妥协了。希特勒奉行这样一种政策，战争是其必然结果；在波兰和波罗的海沿岸各国，而后在东南欧，斯大林都获得或取得了报酬。他的态度究竟在多大程度上是由于他确信英法企图搞一个超慕尼黑阴谋以牺牲苏联，这就难说了；他的行动严守秘密（比方说，就连苏联驻伦敦大使也肯定是直到行动的结果公布后才知道的），就使得对他内心的看法的估计只能纯粹是猜测罢了。这种“变卦”对各国共产党的影响是明显的，并表明共产国际已在多大程度上成为仅仅是苏联外交部的一个附属机构而已。因为，各国共产党在过去五年中已经那样习惯于把希特勒当作工人阶级的头号敌人（这种看法是正确的），以致它们的领袖在解释对英法资产阶级政府的敌意时，还热烈保证对击败希特勒给予支援。

但斯大林并不需要一次大战。没有人能说明战争会在什么地方发生和怎样发生，没有人能估计战争可能给与苏联的负担。避免大战危机自然是他的当务之急。因此，在1939年9月这一个月内，各国共产党都完全改变了他们的见解。战争成了"帝国主义"的战争；希特勒胜也好，他的敌手胜也好，对工人来说都没有什么两样。工人唯一关切的是和平。甚至对芬兰的进攻，尽管性质上和希特勒的侵略毫无二致，共产党人也拼命为它辩护，说什么它对苏联的安全是必不可少的，故而显然是正当的。

这就是说，客观上斯大林使各国共产党变为希特勒的辩护士，理由只有两个：斯大林自己需要和平，需要战略上的防御。他使各国共产党宣布：国际行为的一项标准适用于苏联，另一项标准适用于其他各国。由于顺应斯大林的需要，各国共产党从大声疾呼要求不惜一切牺牲抵抗法西斯侵略的党，一变而为坚持非姑息法西斯侵略不可的党。我们的确没有合情合理的办法来解释这种一百八十度的大转弯，除非是说它和苏联的需要有关。各国共产党把下面这个教条当作宗教原则加以接受，即苏联的一切作为都是为社会主义的需要服务。这样，它们就相信布尔什维主义的头号敌人与苏联讲和是莫名其妙地对全世界的工人有利的，哪怕这有导致世界大战以及西欧各国遭受希特勒奴役的危险。

下文我还要讨论这种见解的惊人的错综复杂关系，这里只要说明一下，这种不问后果如何而一味利用共产国际为苏联效劳的做法，乃是苏联决心不顾其他国家的经济发展条件而单独建设社会主义的必然结果。因为，如果苏联卷入一次大战，对它经济的压力当然是严重的，可能是灾难性的。不光是它的工业生产的重点必须改弦易辙，从而影响到农业，因为供应农民以消费品的能力在战争的重荷下将会被削弱；而且战争失败还会使目前的执政者垮台。因此，斯大林不得不在1939年制造他自己的慕尼黑阴谋，尽管他能为它勒索到一笔报酬。因为他不能冒那在与法西斯主义进行的世界性斗争中把持领导权所包含的经济上或心理上的危险。

四

我认为，只有根据这些事实，才能很好地理解俄国革命的意义。不论从哪个角度来看，俄国革命代表着重要的收获；但无可否认，这些巨大的收获是用巨大的代价换来的。当然，布尔什维克夺取政权之后，显然不能马上就实行民主政体；布尔什维克的目标以及他们继承来的遗产的性质使这一点成为不可能。容许那些准备发动内战来反对那些目标的分子享有传统的反对权，给与他们言论自由和结社自由，就等于把革命断送给它的敌人；魏玛政权的历史便是最好的证明。专政是布尔什维克当时所面临的形势的必然结果。没有专政，就肯定会走回到资本主义的老路去。

我认为，真正的问题还在于另一方面。有些人认为布尔什维克一恢复法律和秩序就必须建立传统的民主程序，我不同意这种看法。我认为，这是把这些程序绝对化了，没有把它们的可能性同特殊的历史条件联系起来。俄国历史条件的特殊性当然是不容争辩的。俄国是一个经济落后的国家，都市无产阶级只占人口的极少数；农民数目众多，而且绝大多数是文盲，具有强烈的个人主义人生观；许多民族是半开化的，极端迷信，根本没有政治修养；总之是一个毫无民主经验、被蓄意想颠覆它的政府的敌人团团包围着的国家；认为应该让这样一个国家的人民自由决定其生活方式，像具有高度政治修养的英法人民一样，那简直是拿历史传统和经验的意义开玩笑。每次深刻的革命都证明，一国的人民一定要逐渐学会享有政治上的自由，决不能在过惯了半野蛮的和反动透顶的专制政治生活，受尽苦难之后，马上就充分享受自由。

然而，那并不是说继续不断地加强民主经验是不重要的；列宁曾一再强调指出使越来越多的人行使实际责任的重要性，就说明他看到了这一点。两件事妨害了脱离专政的发展。第一是苏联的孤立——资本主义国家对此负有严重责任，第二是布尔什维克党的专政发展为它的官僚机构的专政，这是从列宁晚年开始，而在他死后迅速发展起来的。1924 年之后，尤其是 1927 年之后，斯大林和他的同事，但主要是斯大林，在权力方面取得了一定的利益，怎么也不肯放弃。由于那种既得利益，党内民主以及这种民主会逐渐导致的更大的党外民主，就都被牺牲掉了。同样，由于那种利益，德国、中国和西班牙也都被牺牲掉了，而这些国家本来可以对俄国革命的迅速成功所依靠的世界范围内的革命作出很大贡献。

我们只消把列宁领导下的共产党的情况和斯大林领导下的共产党的情况比较一下，就可以知道事实的确是这样。列宁并不最喜欢人家反对他，但在他生时，他的意见却经常受到热烈的讨论，党内批评他的人并没有因为反对他而被放逐或处决。但是，自从斯大林从他的对手那里夺得领导权以后，党的性质却完全改变了。反对斯大林的意见等于提出反革命主张。实行了大批清洗、大批放逐和大批处决。尽管1936年的宪法提供了保证，实际上除了斯大林的追随者之外，根本谁也没有言论自由、出版自由或集会自由。尽人皆知，选举只不过是出滑稽剧；反对党的路线的人根本没有候选资格，甚至连选票读起来也像一支对斯大林的颂歌。迁移自由是受到严格限制的。和外国人的来往受到莫大嫌疑。任意抓人，不经过审讯就判处长期徒刑甚至死刑。非经官方批准，就难以弄到外国文学著作，报纸尤其难上加难。在苏联的外国新闻记者的报道受到严格检查，尽管1939年的某几个月内曾一度撤销检查，但却以报道有损苏联令誉的消息的人将被驱逐出境为条件。人民没有政府许可就不能出国旅行；谁要是看见过出席科学会议的苏联代表团，必然觉得自己在注视着一个团的分遣队参加“资产阶级”科学的葬礼。尽管宪法规定由于为工人阶级服务而被通缉的外国人在苏联有居留权，但绝少由于法西斯恐怖而逃亡国外的共产党人被允许享有这种权利；仅有的一些享受到这种权利的人，多半也后悔莫及。绝大多数政治犯罪——它们的可能范围极其广泛——都是秘密审讯的；在所谓的政治犯罪中，没有人身保障法，没有传讯证人的权利，没有职业律师为之辩护的权利，也没有充分的时间来反驳罪状。损坏或盗窃公共财产可能被判处死刑；甚至连“取笑、挖苦和虐待”一名突击工人，根据《刑法》第58条，也可能是“破坏性的”，故而应处以死刑。1938年审讯雅果达（他在被捕前是秘密警察头子)时,可看出秘密警察的权力有多么大,多么可怕。人质制一直被利用着;相当年幼的儿童因告发他们的父母而受到鼓励和称赞。

我认为,所有这些事情,没有一件是说得通的。只有那些认为苏联的统治者绝对不会错的人才以为它们是正当的。他们要采取这种看法,就只能对苏联应用一种评价标准,而对于存在着同样的镇压的其他国家,例如希特勒德国或墨索里尼意大利,却拒绝应用这种标准。一个社会主义者尽可以率直承认,在某些时期中停止法治是不可避免的;他要正当地为斯大林所建立的官僚独裁制度的广度和强度辩护,就只能一口咬定说,只要目的好,手段再狠也无妨。但如果他当真这样主张,就会碰到一个问题:那些使用这种手段的人会不会因此而忘记了目的。当然,我们不能不感觉到,苏联专政的广度和强度,较少是为了社会主义的目的,更多是为了使斯大林和他的亲信不顾一切地把持权力。否则就难以解释为什么要把反对他的意见的人横加镇压,其次也难以解释为什么要把大量东方式的颂扬集中于他一身。对斯大林的个人崇拜的确已成了一种名副其实的宗教,政治局是布尔什维克教皇的大主教团,秘密警察则是宗教法庭法官。脱离正统派就像一个好战的宗教派系所做的那样,要处以徒刑或死刑。

这种作风主要产生于 1924 到 1927 年托洛茨基失败的时候;通常把那次失败比作俄国革命的"热月"[1]。其实所有这些比拟都

[1] 热月,法兰西第一共和国新历的第 11 月,公历 7 月 19 日至 8 月 17 日。1794 热月 9 日,罗伯斯庇尔被杀,资产阶级组织了"热月党"来对付革命群众。——译者

挺勉强。所谓专政,是一小撮人维持个人的权力。但我认为没有真凭实据能证明他们维持个人的权力仅仅是为了自己,尽管他们犯了许多严重的错误。革命的伟大目标始终存在着,对它的控制的丑恶转变是由各种必须分别加以探讨的原因造成的。值得注意的是,专政的作风在千百万苏联公民看来,好像远远没有局外人看来那么可恶。这一来是由于俄国人民从来不懂得民主立宪政体的心理含义;二来是由于,如我已经指出过,专政在某些重要领域的成就是非常巨大的,而且是为人民大众所公认的;第三,若是不实行专政,就很可能造成旧制度复辟,旧制度的罪恶已经由将近二十五年连续不断的宣传深深印入目前一代苏联人的脑海。全体人民对苏联政府的成就感到自豪,这种自豪心理只有巨大的灾难,也许只有外来的灾难才能摧毁,至少在人民普遍相信政权已无受到进攻的危险之前是这样。我可不认为他们目前已相信政权已经没有这种危险。

因为苏联人民已经受过经验和宣传的教导,相信苏联是社会主义革命的国家,被内外敌人团团包围。他们对它的成就和前途抱有坚定的信心,就好比早期的基督徒相信基督再临是一定的一样。对于人民大众来说,拥护政权是个神圣义务,而背叛政权之难,犹如叫一个早期的基督徒向异教的神烧香顶礼。信仰政权不光是他们本身获得拯救的保证,而且还为全世界尚未获得解放的人类高高举起旗帜。在他们看来,对政权的责难绝大多数来自那些公然对政权不怀好意的人,其余则来自这样一些人,他们的反叛将被诸如集体审讯之类的有组织的戏剧所证明,因而也同样是无足轻重的。当老百姓发现自己能相当自由地批评有关他们的日常生活(例如工作条件)的事情时,当他们发现自己拥有改善处境的无穷可能性时,他们就会相信十月革命有足够具体的东西来证明他们对革命最终必将实现的信心是正确的。生活是艰苦的,但什么时候曾经是不艰苦的呢？专政是残酷无情和百折不挠的,但假使放松了专政,资本家和地主会不会卷土重来呢？宽大、宪政、言论自由,这些东西是最容易在动乱时代忘掉的;而在一个从来不知它们为何物的社会里,就更加不容易实现了。我们必须记住,英国花了一百五十年工夫才适应了信教自由观念,而且那还是长期艰苦斗争的结果。我们万万不可只按照我们自己政治上成熟的标准来评价苏联的历史。

我并不打算为苏联专政的广度或强度辩护,因为我相信这两者是跟产生它们的问题完全不相称的。我认为,斯大林和他的同事也好,任何其他专政者也好,都是由于行使极权而堕落得不可救药的。但我认为必须把那种广度和强度解释清楚,而个中原因又比一般想象的要复杂得多。第一,就像我已经论证过的,它是那种不顾别国的经济发展而单独在苏联建成社会主义的决心所造成的。那种决心意味着党内一切意见分歧都必然是夺取国家政权的斗争,所以非加强专政不可。第二是苏联在国际上不安全的结果;那意味着必须大大加快苏联工业化的速度,而这反过来又增强了党争的重要意义,因而也增强了夺权的斗争。第三是由于工业化是一下子强加于一种不习惯于机器操作的人民的。除非能强使人民对机器工艺作出响应,斯大林及其同事就休想在他们自知能保有的时候里获得机器工艺的好处。我们能通过阅读了解我们自己的产业革命的黑暗时代的人,要在这里作出判断,必

须特别审慎；而一个美国评论家如果记得赫伦[①]和加斯托尼亚[②]，记得拉弗勒特委员会[③]对公民自由的可怕揭露，记得斯坦贝克先生对裘德[④]一家人的令人难忘的描绘，至少就不会那么心安理得地痛加谴责了。

凡此一切，无疑都要根据斯大林及其同事的个人心理来加以认识，而要了解斯大林及其同事的心理，首先又必须认识布尔什维克的哲学。我们是在对付这样一些人，他们对也好，错也好，反正是抱定一种强烈得像宗教一样的信念，即他们正在促使那不可避免的未来早日到临。他们对未来的性质有先见之明，深信那是无限宝贵的。他们相信，只要达到那个目的，任何牺牲都值得。很明显，他们是在以使这一代人吃苦为代价，求得他们自信正在争取的下一代的彻底解放。他们相信唯一的罪恶是软弱，错误则是对胜利的严重威胁，犹如异端之对于早期的基督教那样。他们的努力具有发动一次十字军远征的一切因素。要了解他们的品质，就必须了解使得历史上一切伟大的革命者，例如穆罕默德、路德、加尔文和克伦威尔在具备了行动的必要条件之后勇往直前的内心冲动。对他们来说，任何危及他们的革命思想的东西，就好比罗马之

① 赫伦，美国伊利诺伊州南部一城市，煤矿区中心。1922 年发生“赫伦大屠杀”，引起全国煤矿工人大罢工，结果死亡二十五人。——译者

② 加斯托尼亚，美国北卡罗来纳州西南部纺织业、轮胎业中心，曾发生大规模工人罢工，有多名工人被判刑。——译者

③ 美国总统 F. D. 罗斯福在任时参议院内所设的教育与劳动委员会，专事调查侵犯工人权利、言论与集会自由的事项。该委员会主席是参议员小拉弗勒特，故称拉弗勒特委员会。——译者

④ 美国作家斯坦贝克所著长篇小说《愤怒的葡萄》中的主人公。——译者

对于英国和苏格兰的清教徒以及对于美国移民中的清教徒一样，是既可恶又不道德的。叫他们宽大，无异叫清教徒同罗马妥协。他们持有真理，宁死也不愿放弃宣扬真理。

我想，任何一个英美人，如果没有潜心研究过十七世纪清教主义较有战斗性的一面的文献，就断难充分理解布尔什维主义的精神实质。同样具有上帝选民的意识，同样认识到恩德的无限价值，同样蔑视人性的正常习惯，同样具有清教徒的信念：任何否定其重要真理的东西都是魔鬼的谬见，它的影响必须尽早肃清才好。布尔什维克和清教徒一样，是由他的内心思想所支配的，这种思想促使他非达到目的不可，哪怕他一路上刺痛了世界上半数人的心。布尔什维克具有光辉的信念；一种切身的体会使他摆脱了传统错误的压力而热衷于个人忏悔；他快活地知道最后胜利必属于他；他能为了理想而忍受一切尘世的痛苦；深信凡是不出于他自己的思想范畴的见解都一无价值；最突出的也许是，他相信自己是那注定了的东西的先驱；从这一切方面来看，他和十七世纪的清教徒简直像极了。谁要是参加过布尔什维克代表大会，就会从中看出早期运动的历史性希望；莫斯科最高苏维埃主席团会议的心理条件，必然近似克伦威尔的铁骑兵的“浦特尼讨论报告”[①]，这些报告多亏《克拉克档案文件》为我们保存了下来。连布尔什维克对“资产阶级”学问的蔑视，也和“机械传教士”对俗世学问充满怀疑如出一辙。布尔什维克倚赖马克思、列宁和斯大林的原著，也和清教徒仰

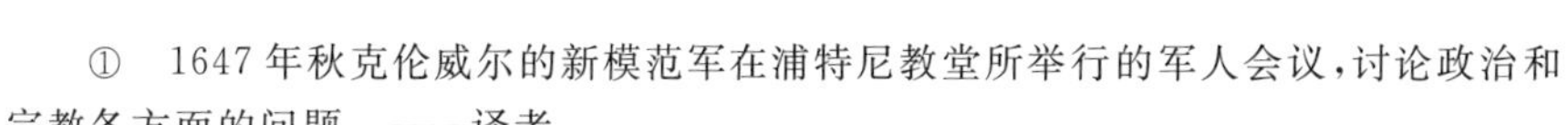
①　1647年秋克伦威尔的新模范军在浦特尼教堂所举行的军人会议，讨论政治和宗教各方面的问题。——译者

仗引证圣经一模一样。

给布尔什维克造像，如果不着重指出他热衷于迫害和密谋的传统，并从中学会蔑视个人危险和以殉节自傲，那么这个形象就不是完整的。比方说，谁要是读到季米特洛夫 1934 年在国会纵火案上的口供，就不难设想自己是在听取约翰·班扬[①]不得不提供的证据。两种典型都受过严酷的经验教训，惯于服从铁的纪律，这种纪律的教诲是：福音的胜利最最重要，个人只有忠实于它的各项要求才能得救。同样值得注意的是，清教徒对待一个敌对政府的策略，和布尔什维克的策略有异曲同工之妙。他带头骂人家对他不宽容，可是一旦他自己掌了权，却照样坚决拒绝对别人宽容。他们确信自己掌握着真理，认为有责任使它划一不二。他们把主义的变异看作精神上犯错误的必然原因，故而也是行为混乱的原因，因为人们如果拒绝接受一定的真理，便是对秩序和社会的威胁。清教徒狂信者力图使个人蒙神恩，布尔什维克却仿佛要强使集体得救。但两者都有三种重要的品质：谦让、忏悔和坚信荣耀将归于他们，这三种品质造成了一个信念，即信仰者的使命是改变人类行为的性质，使它对宇宙中一种更高的地位准备有素。清教徒相信他的使命来自神宠，而布尔什维克则坚称他的使命来自他对历史规律的掌握，这种情况并不能改变灵感所产生的效果是相同的这一事实。

我认为，领会下述见解也是十分重要的，即布尔什维克和清教

① 约翰·班扬(1628—1688)，英国作家，热心的清教徒，著有《天路历程》等宗教书籍。——译者

徒一样，对主张采取姑息手段的人深恶痛绝。就像在具有冉森教派[①]的无限堕落感的巴斯卡[②]看来，蒙田[③]的那种鲜明的温和危及人类的得救；就像普林[④]能够发现“爱发[⑤]之不可爱”是人类沉沦的道路；同样地，布尔什维克也从对党的学说的最细微的偏离中看出反革命的苗头，而反革命之对于布尔什维克，犹如沉沦之对于清教徒。两者都抱定宗旨，要么什么都有，要么什么都没有。两者除了对其最高目的范围之内的东西而外，对生活的其他方面都熟视无睹。两者都觉得，宽恕一个酒肉朋友，要比宽恕一个公开的敌人难得多。两者都把他们的敌手骂得狗血喷头，这在信徒们看来，是绝对有效地代替了对学说的客观分析。两者都立志要彻底改造社会；很容易看到，对这个目的稍有动摇，就会被当作缺少恩德。布尔什维克对待敌手，就和清教徒一样，用他们的圣经和下流的詈骂当武器；一个恨罗马教会，一个恨资产阶级社会。总之，普林对付劳德大主教[⑥]，犹如列宁对付考茨基；清教徒引证圣经，就和布尔

① 冉森(1585—1638)，荷兰罗马天主教神学家，主张人性堕落论，蔑视意志自由，认为神力无可抵抗，与耶稣会派之教义相反对。他所创立的教派，世称冉森教派。——译者

② 巴斯卡(1623—1662)，法国科学家及哲学家，后摒弃科学，潜心宗教，著有《致外省人书》，攻击耶稣会派。——译者

③ 蒙田(1533—1592)，法国人文主义作家，著有论文集，以怀疑主义精神否定中世纪神学思想，对欧洲思想界影响极大。——译者

④ 普林(1600—1669)，英国政治家和论文作者，极端的清教徒。曾全力攻击共和政治，为斯图亚特王朝复辟效命。——译者

⑤ 爱发，伊丽莎白女王及詹姆士一世时代流行的风俗，上流男子在耳边用丝带结扎下垂的头发。——译者

⑥ 劳德(1573—1645)，英国坎特伯雷大主教，曾帮助查理一世驱逐一切担任教职的清教徒，后被处决。——译者

什维克引证马克思一模一样。同样,就像班扬会议的记事录和共产党小组的坦白经验所表明了的,两者都过着这样一种生活,其行为的每一细则都对和他们合作以谋求得救的伙伴负责,并且大家也是据此判断其正确与否。就像清教主义成了一种运动,给无权者带来希望和鼓舞,答应他们将来分享生活的真正财富,布尔什维主义的吸引力也在于保证使无产阶级当选。由于它有权不让胸怀大志者获得好处,从而引起了那些渴望分享财富的人的恐惧,所以,正如从前的清教主义一样,它既造成了许多英雄和圣人,也养成了许多谄媚者和伪君子。恐惧是布尔什维主义用来达到目的的重要工具,但单单恐惧还不能说明它的威权。弥尔顿和克伦威尔、李尔本和班扬对清教主义的忠顺并不出于恐惧,犹如列宁和托洛茨基、斯大林和伏罗希洛夫为布尔什维克事业服务决不由于恐惧一样。

因此,我并不以为苏联的专政是轻易取消得了的,当然不能单靠斯大林及其同僚的愿望来取消。其所以不能,就因为这种突如其来的变化不但会影响到斯大林的政权的整个基础,而且甚至会影响到苏联的整个基础。取消专政,就意味着把目前用在苏联经济建设上的精力和决心集中到争夺权力的斗争上去,而不可能顺利地用在其他方面。那是从承认党内民主的党的专政变为压制一切不被它认为正统的主动精神的狭隘官僚专政而付出的部分代价。举个例子,假使工业化过程受到斯大林和托洛茨基争夺领导权所发生的争执的阻碍,那么重要商品和消费品的生产显然就会大受影响。因为那种斗争意味着对信仰起疑心;而只有保持信仰才能不断执行命令。除非专政能提供内部和外部安全的远景,谋

求自由并且给与自由，那么继之而来的很可能是混乱而不是自由。

因此，我认为苏联专政的削弱，主要取决于对苏联安全的普遍信心的增强。这一点决定于苏联国外的情况，至少和决定于苏联国内的情况相等。人民普遍相信资本主义列强打算进攻苏联多久，专政就会存在多久，因为这样它就能利用人民的民族情绪来为自己辩护。同样，只要进攻的可能性存在一日，苏联的一切持反对意见的人都会指望外国援助，而我们有充分理由可以同意苏联的见解，即这种指望难得会落空。苏联人民除非看到一个强国的侵略力量遭到了集体力量的制止，才会感到安全。他们一有了那种信心，马上就会要求专政向民主让步。但我深信国际安全的气氛是这种信心的必要前奏。

因为，事实证明，没有一种专政能长时期地强制实行为维持专政所必不可少的控制。即使有了外部的安全，在现代的交通条件下，也不可能在整个文明周围筑起一条万里长城。教育的发展，甚至于工业化本身的影响，必然会提出非专政所能安然拒绝的要求。如果一意孤行，就会招致内部的分裂。因为这会使人们心怀不满，越来越感到自己丧失权力，越来越怀疑那些使他们失意的人的动机。目前，斯大林及其同僚对任何这种愤懑有一个极有力的答辩。他们可以说，假使接受民主的传统原则，就会给苏联的敌人提供求之不得的机会和手段，就像当年给魏玛共和国的敌人提供过的一样。他们可以坚持说，每一种濒于危险的政体都不得不把大权集结在自己手里，防止它们受到滥用。如果一个像英国那样，其议会制度两个半世纪以来从未受到过挑战的民主国家尚且如此，那么，一个企图建立新的文明生活的政权经过不到三十年的以国内外战

争为特色的体验而感到不安全，就更加没有什么好奇怪的了。

我认为，这种论调不论从哪方面来看，都是非常有力的。不可忘记，工人阶级姑置不论，我们绝大多数人都仇恨俄国革命，甚至比我们的祖先仇恨法国革命更加厉害。我们也不可忘记，在从1933到1939年那些紧急的年头中，欧洲各民主国家的政治家们曾想尽一切办法避免和苏联结成它所提议的同盟，甚至在战争前夕，英国驻柏林大使还看不出有什么理由来反对英德同盟，只要波兰问题能够和平解决。同样非常重要的是，在斯大林犯了进攻芬兰的严重错误以后，广大舆论都赞成同德国妥协，以便以“基督教”文明的名义发动从心理上看来要令人满意得多的对苏联的共同进攻。一句话，我们得经常记住，苏联进行的试验获得成功，就会威胁到现行资本主义制度的整个社会和经济结构。巴望苏联垮台，担心它成功，这种心理一直是当代社会思想中最最得势的；经济学家们甚至断言，根据先天的理由，苏联非垮台不可，甚至不屑装模作样来研究一下苏联已有了哪些成就，而他们的这种主张居然还大受欢迎呢。

俄国革命的丑恶，它的残酷（这两者都是十分严重的），还有它的错误，万万不可蒙蔽我们的眼睛，使我们看不到这样一个事实，即迄今为止，它仍然是宗教改革以后历史上最最伟大的事件。因为它和宗教改革一样，正赶上文明的总危机。如果它在其发展过程中能证明生产资料私有制对于有效地组织经济生活是不必要的；如果它能证明有一样东西能恰当地代替赢利动机并最终消灭失业现象；如果它能证明文化遗产能为一国的人民群众接近，科学对工业技术的影响不至于经常威胁到工人的经济安全；如果它能

做到这一切，那么，很明显，俄国革命将会在人类经验中开辟一个无比重要的创造性新时代。当然，以上所说的一切分明都只是可能发生的事情。但是，谁要是忽视这种可能的前景的存在，就不能恰当地判断俄国革命的复杂内容。

但是，十分肯定，它们目前还只不过是可能的前景而已。它们可能被战争毁掉；因为把任何相当大的力量转移到战争的代价上去可能轻易地破坏人民对革命目标的信心，更何况战争还可能败北。同样十分明显的是，实现革命目标所要求作出的牺牲，在苏联这样一个工业落后的国家，要比在像美国这样的先进国家中期限长得多；生产量增加的巨大数字并不能掩盖这样一个事实：苏联每个工人的产量仍然远比先进的资本主义国家为低，最终的考验在于苏联的工人能否远远超过资本主义国家的工人。如果这些事情能够实现，俄国革命的影响就显然会迫使资本主义迅速改造。无论哪里的资本主义必须适应新的生活方式，就像十六世纪后封建主义不得不适应个人主义的资本主义那种巨大得多的潜力一样。

无论如何，法国革命的历史就是这样的；它在世界范围内强使各种观念和制度适应于它所体现的目的。它尽管犯了不少错误和罪行，可还是起了这样的作用；尽管向它发动了战争，它还是起了这样的作用，尽管在当时的大财主看来，它的观念仿佛是毒蛇猛兽，它还是起了这样的作用。法国革命的影响，在它发生后的半个世纪内，决定了欧洲历史的明确内容。它使千千万万卑贱的人有了前所未有的希望和抱负，这就形成了一种新的社会评价标准，统治阶级不得不日益迁就这种标准。它把“新的社会阶层”的要求捧上了天，而十九世纪的欧洲政治家们不得不估计到它的影响。

我认为俄国革命的影响在性质上也是相同的。它主要是对中产阶级文明基础的挑战，主张一个人不能仅仅因为没有生产资料就被剥夺掉享受文明的主要成果的权利。这种主张已经获得了全世界普遍的欢迎，不光是在直接提出这种主张的选区。的确，这种主张之被接受，乃是任何一种以普遍平等的公民权为基础的代议政体的必然结果。

因为，在一个以贫富悬殊为特征的不平等社会里，人们必然会力图利用他们的政权来恢复那种悬殊中所包含着的平衡。他们一旦相信仅仅由富人向穷人让步的政策并不能满足他们那根深蒂固的愿望，就会力图这样去做。而他们一着手这样做，就必须实行一系列重大的社会改革和经济改革以证明正在有意识地不断恢复平衡，否则国家的性质就会被强迫改变。换言之，各阶级必须通力合作来改变基础，否则它们之间的鸿沟就会扩大到使冲突成为不可避免。

正因为这种概念在俄国革命中表现得无比鲜明，才使得革命具有生气勃勃的甚至爆炸的性质。它如此突然和尖锐地加强了对现制度的挑战，以致既引起了极端的希望，也引起了极端的恐惧。其所以引起极端的希望，是因为布尔什维克相当容易地夺得了政权，使得世界各国的极端分子低估了他们会遭到的抵抗的力量以及一旦取得政权后巩固政权问题的复杂性；同时也是因为革命的乐观主义总是夸言根深蒂固的习惯可以轻易改变。其所以引起极端的恐惧，是因为一切本身利益受到俄国革命威胁的人不但没有得出必须抓紧时机从事改革的教训，反而认为必须保护自己，防止传染的危险。处理不当的话，其结果便是扩大各阶级之间的鸿沟；

革命引起的信心愈深刻，人们对鸿沟的宽度也愈敏感。这就使得可能的妥协的情绪更难产生，同时又使斗争双方的极端主义的意见过分有力。

事实上，俄国革命和它的法国先驱一样，已成为这样一个主题，绝少有人能头脑冷静地加以研究，因为对它的结果抱有的希望和恐惧实在太强烈了。希望使那些抱有它的人断言苏联的领袖们不管做什么事绝对错不了；恐惧使苏联的敌人断言即使它那最明显的成就也是虚假的。希望如果不听理智的忠告，漠视旧习惯的力量，就总是使社会上各种思想的斗争分外激烈；就好比在同样情况下，恐惧使人对最明显的必要改革的呼声充耳不闻。俄国革命最迫切的问题不是它应得的赞美或责难，而是必须了解它；而这是最最难得的。因为，如果对这样一个重大的事件缺乏了解，就容易使双方的领袖们把自己武装起来，以保证自己的见解获得胜利。

正就是俄国革命所引起的希望和恐惧的这种可能结果，使得莫斯科在 1917 年之后所作出的两个决定成为灾难性的决定。第一是列宁决定分裂世界工人阶级的力量，建立共产国际，同时建立各国共产党；第二是苏联决定强使各国共产党对 1939 年的战争抱一种看法，这种看法使他们成为反对希特勒和墨索里尼的那些国家的革命失败主义的代表者。第一个决定之所以是灾难性的，有几个原因。它使各国共产党一心一意去搞阴谋。它使一种革命策略具有唯我独尊的正统地位，这种革命策略的效力几乎完全基于这样一个假定，即俄国的独一无二的经验是千百年来历史条件完全不同的一切国家的典范。它使得苏联之外的一切共产党成为狭隘的宗派，其活动的速度不决定于它们所面临的形势，而决定于苏

联在国际方面的需要。它还使得各法西斯党趁机自封为爱国主义和秩序的代表，尽管这事实上并不存在，却使它们得到了本来得不到的同盟者。由于各国共产党的组织仿效俄国，实行严格的中央集权制，而且日益变本加厉，这就使他们看不起普通人。他们无疑是在为一个抽象的无产者的未来工作，但对于人性的现实却几乎一无所知。

在俄国革命当时所面临的历史条件下，中央集权是理所当然的；不实行中央集权，就不会有布尔什维克的纪律和锐气。但是，这首先就需要列宁的天才来使中央集权具有在战场上作战所必不可少的机动性；其次，中央集权和那些长期以来在政治方面熟悉于议会民主的国家的习惯是不一致的。的确，中央集权的起源远比列宁为早。我认为，它的一部分可直接追溯到卢梭关于立法者强使还没有下决心接受他的主张的人民接受主张以实现理想国的观念。那种见解（对于加尔文的日内瓦子孙来说是十分自然的），连同他那关于人们被社会制度败坏的深刻信念，一股脑儿传给了巴贝夫[①]及其密谋的参加者们。他们眼看自己对法国的希望被坏人毁掉了，就想把密谋的专政当作强制实行美德的方法。这个观念又从巴贝夫通过邦纳罗蒂[②]以及十九世纪最初四十年欧洲各新兴民主国家的秘密社团，传给了马克思和社会主义运动；不难看出，马克思怎样在痛苦的流放中把它变成了无产阶级专政，其目的和

① 巴贝夫(1760—1797)，法国革命家，空想平均共产主义的代表人物，“平等派”密谋的组织者。后计划暴动推翻政府，事败被杀。——译者

② 邦纳罗蒂(1761—1837)，意大利革命家，巴贝夫的战友，《为平等而密谋》(1828年)一书的作者。——译者

卢梭的立法者相仿，在于“强迫人们变为自由”。这个观念和黑格尔辩证法的那种暧昧的形而上学相结合，就使得党的官僚机构比整个党更加能够（如他们所断言的）以历史的真实声音说话。他们断言：只要无产阶级知道什么东西对它自己最有利，它的“真正意志”就会要求什么；它使得党能够压倒那些暂时的和眼前的甚至于不合理的利益，这种利益向群众蒙蔽了党所掌握的真理。的确，它还含有这样一个意思，即无产阶级仿佛需要的东西并不就是它真正需要的，如果它仿佛需要的东西跟党认为对它有利的东西背道而驰的话。如果其他无产阶级性质的政党拒绝接受共产党的卓越见解，那就必须痛骂它们，说它们客观上是工人阶级的敌人。

的确，对于一个深信拥有永恒的真理，确信它的一切敌人或批评者永远错误的极端分子集团来说，辩证法是种理想的哲学。它给了他们一种不可摧毁的信念，使他们疯狂地蔑视一切不了解（而他们了解）目标的无比重要性的人。但是，它也促使他们运用一种战术，在那些不完全相信目标像他们所说的那么肯定的人看来，这种战术是荒谬绝伦的。它使得他们轻视任何一个拿不定主意和他们始终一起走的人；由于轻视，就容易相信：消灭他们所控制不了的一切社会主义势力是获胜的先决条件。为此，他们甚至准备和他们那些公然自认的敌人合作，相信自己到头来一定能从敌人手里接管权力。事实上，他们的策略的真正结果当然是在世界无产阶级中制造出极度的混乱，受惠的不是工人而是工人的敌人。只有热衷于一种漠视现实的学说的人才会偏爱希特勒统治下的工人的前景，胜于魏玛共和国统治下的工人的前景。我想，如果列宁没有建立共产国际，致使工人阶级的力量陷于致命的分裂，希特勒就

绝对不会取得政权，墨索里尼恐怕也不会。他们获得成功的先决条件是：由于共产党执迷不悟，工人阶级有组织的力量涣散了，退缩了，而事实上它们是应该可以团结一致，强大无比的。

第二个灾难性的决定在1939年10月之后造成了各民主国家共产党内革命失败主义的发展。我已经解释过，为什么苏联由于充分的理由，在这次战争中采取了中立政策。无疑地，这项政策使共产国际各成员党万分震惊。一定要把这种大转变交代清楚，而且一定要这样交代，使各民主国家的共产党似乎并不巴望法西斯分子获得胜利，或者为法西斯胜利效劳。要达到这个目的，唯一的办法就在于硬说这次战争是“帝国主义”战争，是1914年战争的翻版，其结果同工人的真正利益无关；并进一步主张（像列宁在1914年所主张的那样）：有阶级觉悟的无产者会尽力推翻“资产阶级”政府，并成立人民政府来代替它。为这种见解辩护的精心制作的诡辩休想骗得了克里姆林宫的现实主义者，无论它在国外多么吃香。它是苏联惧怕德国的结果，而且除非是根据惧怕的观点来看，客观上是令人难以理解的。我认为，也有一部分必须归因于斯大林及其同僚中了无限制的权力的毒。

因为他们已经肃清了他们自己的集团之外任何一个能够以同等地位和他们说话的人。他们不再把重要的决定让大家提意见。他们已经那么习惯于不管发表什么声明，都获得由衷的热烈赞许，以致把对他们的决定所提的批评当作反革命情绪看待。人们如果只需看重自己的意见而不必考虑别人的意见，就肯定会犯严重的错误，不管这种情况发生在什么样的国家中。这种情况使他们产生一种关于不谬性的致命错觉，再没有比这种错觉更危险的神话

了，而更可怕的是，那种神话导致对那些不以为然的人的迫害。到了那种地步，一切有利于人与人之间的和平关系的东西就都受到了威胁，就因为那些具有不谬性错觉的人不再把自己当作凡人，更糟的是，不再把他们的人民当作目的而当作了工具。

在这方面，我认为，苏联之外的各国共产党把斯大林惯坏了。当然，他们可以分辩说，他们对苏联的每个发展阶段都毫不知情，事后才晓得，也可以说他们不可能奉行一种可能意味着进攻苏联的方针。但回答肯定是：一个追求世界性影响的世界性运动决不可容许它的一个成员党处于其决定不受批评的地位；其次，要不是各国共产党过去的因循苟安使得苏联政府有权认为不管它制定什么政策都会获得拥护，它就绝对不会硬性规定一个方针出来叫各国共产党遵循勿误。

这种放弃批评的责任是一切专政对其人民犯下的真正的罪恶；它也是不论左派或右派的一切专政必然要冒的巨大危险的来源。因为专政之下的人民，特别是它的信徒放弃批评的责任，必然意味着它很快脱离它统治下的群众的心理。因此，它必须千方百计维持它的威信；而维持威信就在于要么使每一项政策都获得成功，要么在政策失败后找一个煞有介事的替身。因此，斯大林不但必须放弃李维诺夫[①]从 1934 年以来一直奉行着的政策及其复杂内容，而且还必须收回 1936 年以来对芬兰民主进展所作出的大量赞美。这种态度的突然大转变必须被当作天才的远见加以接受。

① 李维诺夫（1876—1951），苏联政治家，1930—1939 年任外交部长，1941—1943 年任驻美大使。——译者

但是，我认为，这种转变的真正结果是：那些不相信布尔什维克不谬性神话的人从1917年以来第一次深刻怀疑到苏联的利益是否和全世界无产阶级的利益相一致。假定英国获得胜利，那种怀疑的结果一定是斯大林必须和胜利者缔结某种暂时性的条约，而那将是对他自己的不谬性神话的致命伤。

这样的突然转变是一个专政无论如何非避免不可的。列宁由于两件事而避免了这种情况。第一，他总是虚心接受重要的批评；第二，他总是竭力不让那些他有理由指望获得他们支持的人有机会向他群起而攻之。唯其如此，他才能接受《布列斯特和约》那样的失败而不丢脸，也唯其如此，他才能实行像新经济政策那样巨大的退却，并且相信自己能卷土重来。斯大林的手法的严重缺点，就在于把他的专政建立在排除这些可能性的基础上。他总是非胜利不可；他总是非对不可；他总是非成功不可。他总是要有一批人挨骂，而且非要骂得使人信服不可。但是，这就意味着，即使他最亲密的同事的地位也不是永远稳固的；反过来说，他所依恃的忠诚，即使在重要的事务方面，也绝少是出于合理信念的自发的忠诚。谁要是了解苏维埃政权的内幕，或者观察到政权内部拜占庭式的谄媚风气盛极一时，就知道这种忠诚是多么缺少。

苏联的制度将来一定会受到这些情况的牵累。因为这些情况既威胁了制度在国内的成就，又损害了它在国外的威信。在国外，它需要有一种权威，这种权威不光出于深信它是全世界社会主义力量的领袖，而且还出于深信能依靠它来坚决反对像希特勒那样从根本上威胁着工人阶级前进力量的政体。从这个角度来看，《德苏互不侵犯条约》是个可耻的策略，尽管共产国际千方百计为它辩

护，却赤裸裸暴露了斯大林完全不把苏联以外的各国工人阶级的命运放在心上；而对芬兰的进攻，就像吞并波罗的海沿岸各共和国一样，则是先发制人战争的直接传统中帝国主义战略的实例。两项政策对苏联的内部形势都有不利影响。

因为这些政策的结果必然是延长专制政体的权力，而过去就揭露专制政体是工人死敌这一点来说，再没有比斯大林和他的同僚更卖力的了。因此，由于延长了那种权力，尤其是因为斯大林一定知道希特勒只会在他认为有利的时期内遵守条约，他就有陷于孤立的危险，而这种危险正是他的战略首先应当避免的。过去，他主要是想使苏联成为国际事务中的一个因素，他对和平的热心和对侵略的仇恨连他最不共戴天的敌人也是否认不了的。那是他在实力政治的恶劣气氛（这种气氛被希特勒的政策弄得分外恶劣）中的重要心理防御武器。但当他决心和纳粹主义妥协，并且按照纳粹方式从妥协获得好处时，他就不可避免地严重损害了俄国革命的声誉，哪怕对于革命的最亲密的朋友来说也是这样。

事实上，依我看，1917 年的目标能不能保牢，目前取决于苏联内部的因素少些，取决于外部的因素多些。首先要看纳粹政府是不是很快就垮台。因为只要纳粹政府一垮台，就有机会重新组织反侵略的集体安全，从而获得对于文明无比重要的喘息时间。这种喘息时间使苏联不用害怕外来进攻，而战后的欧洲将遇到的经济问题的性质又会使西方国家加速向社会主义发展。真要是这样，这种情况必然会大大促进苏联的内部民主，因为在我们这一代人必须考虑的时期内，再没有其他东西能使苏联人民感到安全，而安全感的结果一定就是恢复自由。

我疑心自由未必很快就能恢复，除非俄国共产党的结构和习惯发生若干剧烈的变化；因为，像斯大林那样已习惯于独断独行的人，除非到了山穷水尽的地步，是不会轻易改掉这些习惯的。再说，要打破一个官僚机器（其中许多人由于奉承而获得了特权地位）的权力，也总是很难的：外加斯大林那样的专政者对和他意见不合的人一直实施最残酷的刑罚，这就益发难上加难了。这里有报复的危险，担心新的恐怖会代替旧的。在政治的动力学里，正如在自然界的动力学里一样，作用与反作用是相等的。苏联必须为它的试验的规模付出的部分代价，以及在困难条件下进行试验的速度，使它发觉从集体经济过渡到民主政治的道路要比它的缔造者们当初设想的险峻和艰难得多。但是，这个代价却是那些一味追求目标而不择手段的人必须付出的，哪怕他们追求的是最伟大的目标。

最后对俄国革命还有一个意见，也值得一提。毫无疑问，它的专政的强度，甚至它的残酷，对于那些切身经受到的人们的影响，要比对于像我们这样具有根深蒂固的民主政治传统的人小一些。归根到底，俄国历史上没有一样东西能够和英国的工会、独立教会、消费合作社以及地方政府中的自治经验相提并论，这种经验使得英国的工人日益迫切要求掌握自己的命运。苏联的专政，掌握在斯大林手里，继续奉行着沙皇制度的拜占庭传统；在某种意义上说，它的结果之近似彼得大帝，更甚于近似西欧的解放者。我们不能不认识到，除了军事失败以外，那些结果到头来必然成为专政者的权力的致命伤；单单教育方面的错综复杂关系，过了一个时期后，保证会起这样的作用。凡是了解苏联的人都相信，那些结果必然会激起某些行动方式，在没有外患的条件下，这些行动会提出质难，并且会要求一种自下而上的团结而不是一种从上面布置下来的团结。那些行动方式什么时候才能发展起来，这点我以为谁都回答不出；但是，说它们发生的时期十之八九决定于国际形势，这却是从我们的经验得出的合理结论。危机总是使一个处于高压下的民族团结一致，而俄国革命面临着的危机毫无疑问是实在的。它给了斯大林一件心理上的武器，而过去十年中，英美若是采取一种比较明智的政策的话，就能从斯大林手中夺下这件武器。如果英美的统治者，特别是，如果英美的人民从这次战争中吸取一个重要的教训，那么我认为，他们就能够使俄国革命恢复那种使个人自由和社会安全获得平衡的能力，而那正是一切政治努力的目的。恢复那种能力的第一个条件是战胜法西斯主义，第二个条件是创造性地利用胜利。但是，要懂得这些条件的含义，首先必须了解法西斯冒险的性质。下面我就来把它分析一下。

第三章　法西斯主义的意义

一

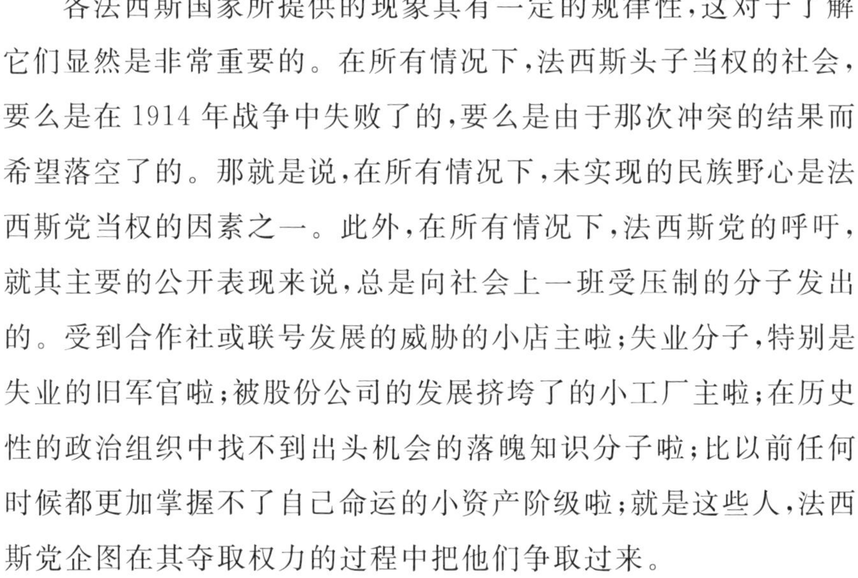

各法西斯国家所提供的现象具有一定的规律性，这对于了解它们显然是非常重要的。在所有情况下，法西斯头子当权的社会，要么是在1914年战争中失败了的，要么是由于那次冲突的结果而希望落空了的。那就是说，在所有情况下，未实现的民族野心是法西斯党当权的因素之一。此外，在所有情况下，法西斯党的呼吁，就其主要的公开表现来说，总是向社会上一班受压制的分子发出的。受到合作社或联号发展的威胁的小店主啦；失业分子，特别是失业的旧军官啦；被股份公司的发展挤垮了的小工厂主啦；在历史性的政治组织中找不到出头机会的落魄知识分子啦；比以前任何时候都更加掌握不了自己命运的小资产阶级啦；就是这些人，法西斯党企图在其夺取权力的过程中把他们争取过来。

但是，在所有情况下，各法西斯党的正式纲领却都只是用来掩饰与上述表面情况非常不同的关系的官样文章罢了。他们的一大部分资金来自和大企业的勾结；他们能当上领导，主要也由于一开始就保证反对无产阶级的雄心壮志。他们打进了国家的统治机关，或至少和统治机关有默契；国防军军官啦，警察啦，甚至文职官员都纵容法西斯分子横行不法。取得权力之后，他们都不约而同地不光是撕毁已公布在案的纲领，而且还利用一种多多少少和他们害怕抵抗的心情相称的恐怖手段来消灭他们的敌手，取缔将来可能成为反对行为的根源的一切组织。他们都不约而同地建立起一个一党专政的国家，其实质是使党组织和国家政权机关等同起来。这就是说，反对党也就是反对国家，结果国家生活的每一方面——文化、政治，经济、社会——很快就都服从于党把持权力的唯一需要。这当然意味着要废除议会民主从法国革命以来千方百计培养起来的立宪习惯；而这种做法又意味着否认人本身是目的——正因为是目的，故而人天生就有权利。相反，个人已成为一种达到目的的手段。

要达到的目的就是不断增强国家的威力，把它看作民族目标的具体表现。但既然在一切重要目标上国家就是法西斯党，那么，在国家的发展过程中，个人便非服从法西斯党不可。法西斯主义的内外政策就都是建立在这个基础上的。在国内，它不得不实行干涉主义，生怕不满情绪积聚起来，从而威胁到它的权力；由于取缔了资产阶级民主国家中人民群众用来争取改善生活的各种组织，就得给群众补偿。在国外，既然法西斯主义是被未实现的民族野心哺育大的，它就必须倾全力奉行侵略性的外交政策。这项政策为几个目标服务。它想通过在国外追求“光荣”使国内的不满转移目标。追求“光荣”，就得按照这种“光荣”所需要的野心来扩充军备，而扩军作为公共工程的一种形式，具有减少失业的效果，从而可以作为法西斯政权在经济领域中获胜的凭据。但是，追求“光荣”一定要有具体的成就才行。所以法西斯国家不但必须用侵略

行动相威胁，而且还必须获得“在阳光中的一个位置”[①]。为此，它就选择这样一个对手，这个对手或者由于力量薄弱，只好屈服，或者，如果它抵抗的话，会使战争看来至少是合法的赌博。由于战争或者战争的威胁总是加强一个国家的心理团结的手段，因此，至少在吃败仗的当口，就使人益发难以反对政权，而如果打胜仗的话，就能提高政权的威信。国家由于这种征服而兴旺起来，就有助于满足过去被挫败了的或未实现的民族野心。凡是不坚决反对政权的人，都会因它成功地使用了帝国主义扩张手段而感动。

马克思主义者对法西斯主义的批判，不外是把它当作腐朽的垄断资本主义的表现。他们正确地指出，法西斯主义并不破坏它所统治的任何一个社会的重要阶级关系；除了对个别的人或者像犹太人那样特殊的集体以外，它所起的作用的特点是：富的照样富，穷的照样穷。马克思主义者还正确地指出，在每一个法西斯国家里，非但大垄断企业的地位是巩固了，而且答应给“小人物”的保护事实上就从来没有实现过。他们用充分的证据表明，工会和社会党这类组织被取缔，使得工人在雇主的强求下束手无策；生活水平降低是和法西斯主义发展分不开的。因此，马克思主义者认为，法西斯主义的本质是用赤裸裸的垄断巨头专政来代替资产阶级民主。资本主义不再能够既保持统治阶级的特权又向人民让步，就只好到法西斯主义那里去避难了。

① 西方成语，指大有发展前途的有利地位或理应享受的一份权利。1911 年 8 月 27 日德皇威廉二世在汉堡发表演说，曾说“我们应得的在阳光中的一个位置是不容争议的”，以后此语即被广泛引用。——译者

这个分析的确很有道理，尽管我认为它实质上还不够有力，没有能够涉及所包含的全部事实。任何人只要研究一下墨索里尼和希特勒取得政权的过程，一定能看出他们基本上是大企业的佣兵队长[①]。两者都从大企业那里获得大部分的财政支持，两者都通过为大企业摧毁工人阶级的重要自卫组织来报答那种支持。但是，要了解法西斯主义的意义，另外还有两个重要因素不可不提，而这两个因素却被马克思主义者忽视了。

第一个因素是：墨索里尼和希特勒都擅长搞群众运动。他们善于把一切被剥夺权利的人，无论是罗姆[②]之流的失业军人，或者卢森堡[③]那样的落魄知识分子，还有不满现实的青年和小资产阶级商人，都团结成一个强有力的组织；他们对于妇女也显然很有吸引力。这种能力的奥秘似乎有两个来源。第一，它依靠着巧妙地利用民族主义感情。它答应给被失败和不团结弄得焦头烂额的各族人民以成功和团结。它用行动向人民提供扩张，而遭到法西斯主义反对的政权这时却似乎不可能有什么发展，也不可能采取什么行动。第二，组织得像支军队一样，它向那些参加进来的人提供有指挥权的事业机会；他们意识到自己在向什么地方行进。他们有了事情做，而且任务一完成，就此身价百倍。尽管他们只不过在一条黑胡同里攻击一个孤掌难鸣的工会会员，或者殴打一个犹太

① condottieri（意大利语）。——译者

② 罗姆（1887—1934），纳粹党冲锋队头目之一，1934 年被希特勒以反党罪名杀死。——译者

③ 卢森堡（1893—1946），纳粹党头目之一，法西斯“理论家”，战后由纽伦堡法庭判处绞刑。——译者

老头，他们总之是在打败那些他们被教会当敌人看待的人啊；使他们的敌人成为国家蒙耻受辱的原因，是再便当也没有，这样就可以把敌人的失败当作国家的胜利了。在1918年后的意大利和德国的病理条件下，有好些人急于摆脱失败的情绪，并且认定暴力是最好的报复手段。由于受他们攻击的人绝大多数不是企业家深恶痛绝的工会会员，就是仍然被当作国家生活中异己分子看待的德籍犹太人，所以法西斯暴力几乎被感恩不浅地当作对未来秩序的贡献，在那个秩序中，工会运动将被肃清，犹太人保有的职位和财产将被移交给那些无法和他们在同等条件下竞争的人。如果所有这一切发生在经济萧条、各个党派的倾轧使得政府晕头转向的政治空气之下，就显然有大量爆炸物等着被组织起来。如果意大利或德国的政府在墨索里尼或希特勒刚开始活动的时候就坚决反对他们，那就不难摧毁他们所领导的运动。可是，反对他们的各种势力从来就没有很好地团结起来，因而就达不到这个目的。

原来稳健的资产阶级不相信工人的心情，对于那些暗中向他们保证愿意消灭这种心情的发源地的人抱着同情。工人主要是被赞成共产国际和反对共产国际的两派人的倾轧弄分裂了；他们甚至互相仇恨，比仇恨他们的共同敌人还厉害。工人面对着一支有组织的、训练有素的军队，这支军队向不问政治的群众说一不二，而工人自己却从事于无穷无尽的和复杂的理论上的争论，对于这种争论，群众只懂得一点点或根本一点不懂。其次，不管左翼政党许下什么愿，也多半被法西斯主义明确肯定下来，而且后者在进行宣传的时候，从心理上利用民族传统的手法要高明得多。左翼给人的印象是从民族传统的主流中分裂出来的一个支流；对于墨索里尼和希特勒说来，恢复传统的力量是他们纲领中的一个重要因素。对于一个处在痛苦的幻灭中的国家，夸大了的民族主义几乎是样必不可少的奢侈品。当法西斯分子念念不忘于它过去的光荣时，左翼却要求同许多被奉若神圣的记忆决裂。在这方面，法西斯的宣传手法无疑和根深蒂固的愿望相符合得多，因而也比他们的对手的宣传容易接受。强调他们一获得权力就采取行动来补偿过去的失败，我认为正说明他们的聪明，而左翼的宣传却一向见不及此。

左翼还有一个巨大的失策非常重要，必须加以指出。它当时在鼓吹革命的学说，却从来不去认真钻研一下权力的动力。这种情况在 1920 年意大利工人们占领工厂、革命情绪暂时爆发时表现得很清楚。工人们要么从占领工厂进而夺取政权，要么就承认失败，而失败必然会引起传统秩序的一切分子的深刻敌对情绪。他们采取了后一个办法，这就等于告诉敌人说他们夺取不了政权，他们的愤怒与其说是一种运动，倒不如说是一时冲动，其次也说明只要实行强硬的统治，他们就会对之屈服。就是这个发现使得墨索里尼同意大利的统治阶级勾结了起来。从那以后，他只消在一种小心地戏剧化以使他显得无敌的气氛下把权力拿到手就是了；在他偷偷摸摸搞专政把戏的头两年中，他的对手们没有一个胆敢向他的权力挑战。在他放手干的时候，他们却满足于夸夸其谈。

如果德国的情况比较复杂的话，它给人的教训却还是一样的。不仅是魏玛政权由于必须统治一个因战败而民情激昂的德国故而一开始就不得人心。也不仅是这个政权从 1918 年以来的许多政府中没有一个曾设法建立一批真正忠诚可靠的文职官员或国防

军;1923年起义后希特勒同巴伐利亚政府的关系就是充分的证明。其次,也不仅是这个政权遭受了通货膨胀的悲剧和经济风暴的巨大灾难,不仅是在希特勒上台之前它一直被英法两国当作弱国看待。在魏玛政权十五年的历史中,从未有过一个政府有足够的权力去奉行一项强硬的或哪怕首尾一贯的政策。德国共产党由于玩弄革命而使它大伤脑筋,也使资产阶级吓破了胆,其实共产党从来没有物质力量来打败它。德国社会党人把他们的时间一半用来斗共产党——共产党的挑衅确实要对这种态度负重大责任——一半用来维护顽强的合法性,结果却被他们的法西斯对手充分利用了去。举一个单独的然而有决定意义的例子:谁要是研究了1932年普鲁士社会民主党政府向弗兰茨·冯·巴本[①]乖乖投降那回事,就会认识到,这个党不管形式上组织得多么完善,却根本不懂权力的原动力。从放弃权力那时起,魏玛政权除了采取革命行动,就毫无希望了。社会党人的最大利益应该在于不惜一切牺牲来保卫政权,然而他们却不敢行动起来,这个事实说明、而且也只能说明他们甘心自取灭亡。

他们希望统治却又害怕统治;我认为,那就是墨索里尼和希特勒上台前意德两国社会主义者的经验的意义。他们拒绝行使国家大权,但他们的对手却决意尽量利用国家的高压力量。这就使我联想到法西斯主义的第二个方面,马克思主义者对其本性的分析我认为是有缺陷的。尽管上文已经说过,法西斯主义所以能够掌

① 弗兰茨·冯·巴本(1879—1969),希特勒德国的政客、外交官和特务头子。——译者

权，的的确确是因为它的头目们同被他们摧毁的资产阶级民主的统治者们勾结在一起（这是后来才知道的），但是从它行使权力这方面来看，它却不仅仅是垄断资本主义手中的一样简单工具而已。

原来法西斯主义由于其内在逻辑使然，非毁灭历史性的自由资本主义不可。既然法西斯主义面临着许多难题，那么，作为一个有组织的运动，由于它的首领们（无论是意大利还是德国）要把持权力，这一点就是不可避免的。因为他们必须做两件事。第一，他们得尽力设法解决失业问题；第二，他们得恢复民族传统，消除战后年代所产生的强烈的失败感。要做到第一件事，搬用资本主义的典型公式是不行的；布吕宁[①]博士在德国的经验已清楚地说明了这一点。同样，他们也不能借助于通货膨胀；法国侵占鲁尔区后的经济危机依然记忆犹新。因此，他们需要一个公共工程纲领，依靠它还可以奉行一项强硬的对外政策。前者能吸收失业的人，后者则能把注意力从国内的不满情绪转移开。

但是，强硬的对外政策要想获得成功，就必须以重整军备为基础；政治家提出巨大要求，一定要有实力做后盾才行。一个被解除武装的德国，一个弱小的意大利能够争辩、恳求和哄骗，可就是不能坚持。因此，一项大规模的重整军备政策就分明有许多好处。它可以作为公共工程的纲领；它可以使法西斯头子们随着军事力量的增强而不断提高自己的要求。很明显，欧洲列强一定会尽力避免战争，这样就可以用威胁手段逼它们让步，从而恢复国家的威

① 布吕宁（1885—1970），德国资产阶级政治活动家，1930—1932年曾任总理，后至美国哈佛大学当教授。——译者

望。重整军备能吸收失业者；这不但能平息旧政权所克服不了的不满情绪，而且还能按照成就的大小抬高法西斯主义在工人中的声望，甚至多多少少还可以作为对工人失去自由的补偿。我们不可忘记——就像法西斯领导人没有忘记一样——苏联对于工人之所以有魔力，就在于它是已经消灭了失业的国家。

但是，在资本主义经济下，这样的纲领是不可能大规模地实行的。它需要由国家来控制投资，由国家来管制进口，由国家来限制利润，以便把剩余利润投资于军火生产来不断促进扩军。此外，随着重整军备的进展，接近充分就业必然产生两个危机：工资的增加和继之而来的物价上涨；另外还有一个附带的危机，就是工人流入工资最高的企业和每个企业内工资最高的公司。所以政府就必须限制增加工资的可能性，同时为了防止不满，还必须限制物价，而限制物价（特别是为了把利润投资于军火生产）又不得不限制消费。德国到1939年为止，还有意大利在较次程度上，都已摒弃了自由资本主义经济的一切特征。

这种发展还有其更进一步的影响。如果它是由于取缔工会（这使得任何争取较高生活水平的斗争都不可能）而促进的，那么，人民大众的消费必然会迅速降低。消费降低使小店主阶级受到严重损失，他们发觉自己再也维持不下去了，到头来只好加入工资劳动者的队伍。从这个角度看，法西斯主义无疑增强了大企业单位的力量。但它同时也削弱了大企业，因为大企业的权力由于服从重整军备纲领的需要而被该纲领的目标即重振国威所限制。但是，由于法西斯主义的政治制度是党的独裁，因此国家威望到底需要什么就要由党的领导人来决定。既然他们的目的，跟一切佣兵

队长一样，只是继续保持权力，他们的决定就会是按照他们认为最有可能使他们当权的条件作出的。

既然他们必须(一)一鸣惊人地解决失业问题，(二)重振国威，他们就不得不重整军备，从而不可避免地要彻底控制生产体系。经验告诉他们一定要避免通货膨胀。因此，他们一方面提高生产力，一方面却又不得不防止生活水平的提高。明知道长时期内不断降低生活水平肯定会引起不满，他们就必须另外再做两件事。他们必须限制利润，免得工人把他们自己的处境去和老板的处境相比；何况，为了取得必要的重整军备的资本，这一点也是必不可少的。但是，单单限制利润还不够。它可能防止愤怒和忌妒心理的高涨，在心理上收到消极恩惠的效果，但它并不能引起希望，而一个政权要想保持久远和巩固，非善于引起希望不可。因此，法西斯领导人就必须进一步使重整军备成为帝国主义侵略政策的基础。他们必须善于许诺巨大的未来利益以补偿目前的牺牲。除非侵略能提供资源，使无论德国或意大利都受到好处，他们就既满足不了工人也满足不了资产阶级。其所以不能满足工人，是由于生产的大部分都用在重整军备上了；其所以不能满足资产阶级，是由于撤销对利润的限制会激怒工人阶级的舆论。他们又摆脱不了重整军备的需要，因为如果摆脱了，就只好放弃那项能使他们自命为正在恢复民族传统的强硬的对外政策，而另找公共工程之类的东西来代替重整军备，以防止大量失业再度发生。正因为意大利和德国处于这种左右为难的境地，侵略就成为它们的政策的无可避免的目标，而到了一定的阶段，侵略当然非导致战争不可。

二

以上所谈，当然是把法西斯主义所安排的复杂的经济过程极端简单化了。我所要强调指出的，是无论哪个国家的法西斯党领导人都利用国家政权来使他们自己成为既是工人阶级又是资产阶级的主人，以便他们自己的权威永久保持下去。他们由于解决了失业问题和限制利润而获得了工人阶级的一些好感；另外也由于取缔了工人阶级的进步组织和使工业机器开足马力而获得了资产阶级的好感。他们由于使其他国家害怕他们各自的国家而获得了所有人的好感；这又被说成是等于重振国威。别国的害怕造成了每个法西斯国家领土的扩张，而扩张结果又有不断获得利润的希望。有了利润就可能在一定时期内提高生活水平；生活水平一提高，人民生活就能安定，政权也就巩固了。

这个策略的弱点是一目了然的。它依靠对外的侵略来维持对内的统治。它在国外的恫吓抵得过它在国内的恐怖行为，这些恫吓使得那些受到威胁的国家不得不武装起来，以防不测。这儿我用不着来总结战后时期国际关系史，资本主义列强努力“姑息”法西斯主义是尽人皆知，用不着细加分析。那种努力的历史再清楚也没有地告诉我们：“姑息”的目的决不可能实现。因为法西斯主义勒索的代价会使英法遇到许多难题，对于维持它们本身的经济福利会有致命打击；此外，也没有一个事实能证明英法屈服以后，法西斯国家就会奉行和平政策。因为和平政策将会威胁到法西斯领导人的权力，很快会成为他们的致命伤。和平意味着注意力从国外的冒险转移到国内的不满。这样，他们将不得不面对工人的生活水平问题、把战时经济转变为平时经济的问题，以及资产阶级要求放松管制的问题。因此，就像在迅速发展着的德国一样，他们势必要提出愈来愈多的要求，使他们的邻国相信，只要他们当权，欧洲就休想太平。一旦他们的邻国明确地相信了这一点，如同在布拉格被占领以后已经明确了的那样，唯一的问题就是看促使战争灾难到来的意外事件哪天发生了。

那么，法西斯主义的本质究竟是什么呢？它是腐朽的资本主义的产物。它是有产者对于企图超越资本主义社会所包含的生产关系的民主的反击。但它不仅是消灭民主而已。它还利用民族主义的感情来为对外冒险政策辩护，希望借以消除作为资本主义腐朽标志的不满情绪。法西斯主义无论在哪里得势，总是以实业家反对工人增多要求为基础。为了使那种反对行之有效，实业家们就和某一个出名的佣兵队长及其雇佣兵勾结起来，后者同意镇压工人的权力，作为获得国家政权的交换条件。但是，佣兵队长一夺得了政权，必然发觉他不能光是恢复资本主义的老一套办法就算数。不光是他自己的部队有许多打算。掌握国家权力之后，他就必须利用这种权力来解决许多问题，当初正因为存在着这些问题，他才被扶植上了台。他除了迫切希望继续当权之外，没有真正的政治主张。他的好的标准纯粹是实用主义的成功标准。他必定发现，要获得成功，就得利用国家权力来统治人民，用威逼利诱使他们老老实实接受他的统治。使人民接受他的统治，就是他使用的种种手段的唯一的目的和唯一的理由。他唯一器重的价值乃是那些能帮助他获得成功的价值。

事实上，他是（而且是从最坏的意义讲）身体力行的马基雅维里笔下的君主[①]。要继续执政，他必须消灭任何可能把他撵下台的宪法程序；因此，他必须是一个拥有无限权力和无限任期的专政者。但是，无限制的专政只能靠压服，故而必须取消法治而代之以恐怖行为。可是，单靠恐怖行为并不能保持永久的权力，因此专政者必须设法使人们默认他的威权。他可以利用宣传，但宣传必须用来满足哪怕专政者也必须予以抚慰的各方。为此，他主要有两个行动原则。第一个原则是尽量利用民族主义感情；他弥补真正的不满，同时又制造出一些可以要求加以清算的虚假的不满。然而，要这样做，他又非武装起来不可。武装自己，就是既要控制国家的经济，又要轻视由于弥补不满而对其他国家构成威胁所带来的危险。武装自己，也就是使国防军经常有事情做，并且提高他们在国家生活中的地位，这就消灭了国防军的权力可能会大得不听他指挥的危险。第二个原则是社会组织或经济组织都没有固定的原则，建立管制还是放松管制都不是国家的永久性特点，而要根据他所面临的变化莫测的需要来随时加以决定。

墨索里尼和希特勒都是按照第二个原则办事的，这可以从他们奉行的各项政策中清楚地看出来。工人抱怨生活水平降低，他们就可以回答说他们已经限制了利润，控制了投资范围，同时他们的重整军备政策自然会造成充分就业。资本家埋怨做生意不自

---

① 马基雅维里（1469—1527），意大利政治思想家，共所著《君主论》（*The Prince*）一书，阐述了君主专制国家的治理原则，认为当权者应该安全摒弃道德，采取纯粹的权术，一切收买、背叛、暗杀之类的方法都是正当的。——译者

由，他们就可以回答说，第一，工会的取缔已提供了驯良的劳动力，第二，经济渗透和征服的新帝国主义提出了可供有投资力的阶级开发的未来奴隶殖民地的前景。至于他们在当权前所依靠的落魄知识分子大军，那只要让他们在政界和实业界担任一些或多或少重要的职位就容易满足了，因为他们不然就无从通过这条捷径获得权势和荣华富贵。

人们曾经花过不少气力来探讨法西斯主义的哲学。其实这是白费气力。法西斯主义是一种建立在恐怖手段上的权力，这种权力是靠人们害怕恐怖手段和侵略别国所产生的希望组织起来和维持着的。它训练社会保持战争状态，在那儿，戒严令永久存在着，因为国家被迫把任何短暂的和平时期都用来备战。在平时，它由于厉行恐怖活动而存在下去；在战时，只要打胜仗就也能活命。在和平时期，它的威望一半依靠它能防止反对者组织起来，一半依靠它能激起对唾手可得的利益的期望。在战时，它的威望依靠着不断打胜仗，还依靠全国人民的这一认识，即战败的代价必然是沉重的。

一句话，我们所知道的无论哪种形式的法西斯主义都没有哲学之可言。法西斯分子向我们提供的一切夸大其词的理论，只要加以审核，就会暴露出是宣传，除了给这一政权捧场以外根本没有意思。北欧人种优越论在德国吃香；拉丁天才论在意大利吃香；排犹主义则是每一个需要有敌人可供利用、有财产可供分配的统治者的历史性武器，在经济困难时期，它总是能获得没教养的民众的欢迎。强调国家的“明白的命运”，无论德国或意大利，实际上只不过是谋求新的资源来剥削，借以使人民支持政权罢了。征服意味

着地盘、投资以及在政治上加以控制的市场。领导人由于要为自己行使极权辩护，就非向民主原则进攻不可。如果法西斯主义真有一个基本原则的话，那就只能是这么一个原则：权力是唯一的美德，只有那些能保持和扩大权力的手段才有价值。

三

事实上，法西斯主义的百般狡辩，无一不是亚里士多德在他对希腊僭主政治的描写中所预见到的；唯一的新花样只是实施的规模以及现代科学提供给它使用的武器的性质而已。这当然并没有使法西斯主义所引起的许多问题比较不重要些。我们必须了解法西斯主义为什么能夺得政权；我们也必须了解用什么方法可以消灭它。因为，在无论哪一个文明国家中，消灭法西斯主义的必要性是不言而喻的。一种政体，把除了权力之外的一切价值都消灭得干干净净，并且决心利用战争作为执行国家政策的自然工具，这样的政体必须被消灭掉，否则人类就会遭受它的奴役。非此即彼，折中办法是没有的。

在某种意义上讲，法西斯征服意大利是没有什么好奇怪的。那儿的议会政治一直不成功，文盲普遍；意大利人的扩张观念与实际成就也完全不相称。各阶级间势均力敌；半封建传统在农业地区仍旧根深蒂固。意大利想装出一副强国姿态，却没有当强国所必不可少的资源。在欧洲政治的特殊结构中，无论在 1915 年或 1939 年，意大利都仅仅拥有着敲诈者的实力。由于长时期的暴政和异族统治使它习惯于传统的暴力行为，由于它的经济在资产阶

级民主的条件下满足不了任何一个阶级，更由于缺乏议会政治的深厚传统，再加上战争破坏了内部的团结以及战后的种种困难，这一切就使它完全有可能成为墨索里尼式的佣兵队长的牺牲品。意大利人轻易地就承认他是波耳查的历史性继承人。还没有五十年历史的议会民主就此退避三舍，成了两个独裁时期之间的一段滑稽插曲。

然而，纳粹征服德国，却提出了比较意味深长的问题。在现代国家中，要数德国的文化最高；就教育水平、工业技术的成熟以及科学成就的质量而言，五十年来它一直执世界之牛耳。它的社会主义运动组织得十分完善，它的工会的基础也似乎很稳固。在智力的威望方面，它不输于法国；它的公民享受自由愈充分，那种智力的威望的范围也愈广泛。这样一个了不起的国家竟会轻易屈服于希特勒和他的军团的压力之下，实在是十分令人吃惊的。它居然听凭几乎一切使德国名扬四海的人亡命国外，而留在国内的学者又乖乖地接受一种被文明世界绝大多数人一致谴责的对人和对方法的拜占庭式的谄媚，这种情况如果不是已经成为事实，简直是叫人难以相信的。一种在自由选择时期从来没有能够获得多数选民的制度，竟能硬要全体人民俯首贴耳地拥护它，这不论从哪方面看都是个十分突出的现象。此外，数十万生活在各族的自由人民当中、没有遭受过希特勒奴役下的德国人民所正在遭受着的种种压迫和束缚的德国人，竟会接受新政权及其主义，甚至向它效忠，这个事实也是十分惊人的。

从德国人的民族特性中去找寻答案是诱人的，但同时也是愚蠢的。据说，德国人喜欢被管头管脚，他们本能地敬重统治者；他

们天生就习惯于服从。但是，这种解释，就好比解释时钟为什么按照钟表学原理走，同样不能令人满意。他们忘记了德国工人阶级长时期为争取自由而奋斗。他们忽视了一个事实：在国外的德国人处于较有利于自由制度和思想的气氛下，就不再保有俯首听命的机能。他们忘记了马克思表达得非常出色的那个重要原则，即一个国家的占统治地位的思想乃是该国的统治阶级的思想。先天的和不可改变的民族特性观点是个不科学的神话。把希特勒当权归因于和其他人类迥然不同的德国人的天性，不但荒唐无稽，而且还妨害人们去研究能使问题迎刃而解的其他各种因素。

就像意大利的情形一样，希特勒当权应归因于德国很晚才获得统一，而统一主要是在外国反对下依靠军事胜利实现的这个事实也有很大作用。一百年来，德国有名无实，具体的成就只是依靠刀剑的严格纪律取得的。另外还有个缘故是，德国和英法不同，它从未有过一次中产阶级的革命。和日本一样，德国的工业化是以实业家为一方，以军人、贵族和官僚为另一方之间的联盟的产物，而且在这个联盟中，实业家总是屈居下风。因为在整个帝政时期，国家的重要职位始终操于在十八世纪掌握着这些职位的同一个阶级之手。事实上，德国到第一次世界大战结束为止，乃是一个拥有现代工艺威力的十八世纪国家；在十九世纪和二十世纪中，德国历史上最伟大的事件是革命没有实现。

在某种意义上讲，全部德国历史都促成了1848年革命的失败。它之失败，第一是由于中产阶级和工人阶级没有结成联盟，而这种联盟正是资产阶级革命获得成功的条件。第二是由于德国在成立帝国前工业不够发达，没有能够把各种反封建势力团结成一条攻不破的阵线。第三是由于德国的政治结构所固有的狭隘观念，不可能把那些谋求巨大改革的人的打击力量团结起来，只有这些力量才能保证革命获得成功。帝政、团结、经济现代化，所有这一切都是从上面硬布置下来的，而主其事者恰恰就是资产阶级革命所要打击的对象。当1871年新的德国建立以后，它的发展和强盛的机会被确定在由同一些人为它安排和控制着的范围之内。德国的中产阶级发了财，但总是以大权始终掌握在那些曾在十八世纪统治国家的人手中为条件。他们保持着统治阶级的权力和威望。德国资产阶级的目的总是服从于他们的目的。德国资产阶级甘拜下风，以此作为对物质利益巨大增长的报答。

1919年帝国的失败，促使资产阶级和工人携起手来，打击那些要为失败负责的人的威信；凡尔赛逼他们为法兰克福失败[①]雪耻复仇。但是魏玛共和国从来没有完成它所欲完成的革命。这一来是因为革命发生得太迟了；在民主体系下，德国中产阶级刚拿到权，它的好日子就已经过去了。魏玛共和国的缔造者们所以不能完成革命，另外还有两个原因。第一，要完成革命，工人和中产阶级就得打内战，但他们无论在心理上或学说上都没有打内战的准备。第二，革命所以不能完成，是因为英法不允许它完成，唯恐遭到布尔什维主义的感染。他们希望德国成为法国那样的资产阶级立宪共和国，却不愿意它成为一个工人的共和国。他们掌握了封

① 1848年5月在法兰克福召开全德制宪会议，在资产阶级自由派把持下，会议陷于空谈和争论，没有解决德国革命的主要问题，即消灭封建残余，实现民族统一。1849年6月被解散。——译者

锁这一可怕武器，就帮助产生了一个没有机会生存下去的德国。

因为新的德国不仅仅继承了惨痛失败这笔遗产。它不仅要在鲁尔区被占领的耻辱下去赢得人民的爱戴。它眼看广大的中产阶级被通货膨胀陷于穷困。它面临着长时期的大量失业，而这又是它在资产阶级民主体系下所挽救不了的。在那种体系下，普选必然意味着人民会用投票来发泄他们内心的愤慨；希特勒和共产党获得的数百万张选票主要就是那种愤慨的表现。此外，魏玛共和国的缔造者们在匆忙设计一种能使他们的敌人满足的政治制度时，犯了一个可以理解的然而十分严重的错误，就是把军政大权和民政、司法方面的人事管理权一股脑儿交给了旧政权的一帮痛恨新政权的人。魏玛共和国时期的多数官员有一件事可以断定，就是他们不忠于共和国，念念不忘帝国的权力和光荣。还有，在共和国时代，经济发展停顿了，企业家无论大小，对于不给他们以旧时代曾有过的任何希望的政权都不再信任。战胜国强迫实行的裁军，殖民地的丧失，意味着有相当多数的人空有抱负却没有施展机会，因此，对他们说来，承认魏玛政权垂诸永远无疑又是一次挫败。被损害了的民族自豪感，再加上连续不断的经济灾难，使得共和国四面楚歌。大企业痛恨它，因为它提供不了帝国时代曾经有过的扩张；在旧帝国时代统治国家的文武官员痛恨它；小资产阶级痛恨它，因为他们眼看通货膨胀和经济不景气使自己经济失去保障；数百万工人痛恨它，因为在他们看来，1919 年的事件只不过是他们急欲实现而没有能够实现的希望罢了。

希特勒主要就是被捧上台来结束这些内讧的。要保持权力，他必须做三件事。第一，恢复德国在国际上的威望。第二，恢复人

民唯命是从的习惯。第三，给千千万万失意的野心家提供出头机会，这些人没有身价也没有原则，只晓得要权要物质享受，但是在魏玛政权下却只能望洋兴叹。希特勒之所以获得了权，就因为他答应做到这一切，并且完全不理会德国的每一个社会团体对他的诺言持有不同的看法。由于他不受任何学说的拘束，而且如《我的奋斗》所表明，主要是个不把合理原则放在眼里的机会主义者，他夺取权力，只是为了保持权力罢了。他不用恐怖手段就当不了权，因此他就用了。他需要恐怖手段，一来是，像每一个失意的人一样，实施强暴是对于在正常世界中受歧视的一种报复，二来是，要向自己表明自己确实握有权力，而最容易的办法莫过于使他的对手失去抵抗力。此外，他需要恐怖手段，也是因为他没有一种能表现为生活方式的学说，就只能用恐怖手段来一意孤行了。

这第一步迈出以后，其余一切也就自然而然地接踵而来了。希特勒是来破坏，而不是来建设的。历史上也有过不少独裁者，像拿破仑，他们是革命的继承人；他们制造战争，使用恐怖手段，但他们是一种思想的传道士。希特勒除了对他在其中郁郁不得志的文明社会表示痛恨之外，没有什么思想好宣传；他的天才在于把一切对文明社会所建立的社会制度不满的分子组织起来，去推翻这个文明社会。他利用那些分子使自己成为德国的主人以后，除了拿他的权力去攫取更多的权力，就不可能再有任何别的作为。因此，他首先得消灭国内的一切反对派。这一步做到以后，就得把权力扩张到国外去，理由有二。第一，这样一来，他就可以在国内获得一种虚假的光荣，这能防止或至少延迟新的反对派的兴起。第二，他那政权的本质就是对外部世界已固定的现状施加威胁。他要强

大，因为他迟早得跟外部世界算账。实力的增强意味着他将成为军国主义的提倡者，那样又暂时加强了他的权力。军国主义为失业者提供工作，满足了军队是国家命根子这个德国传统。还有，既然他对付的是一个越来越痛恨战争的世界，因此他发现他在国际冒险方面所采取的一些最初的措施并没有遭到抵抗。这个发现既增强了他的野心，又使他能够向国人证明，受《凡尔赛和约》奴役的时期已经过去了。希特勒用恐吓手段重新激起了德国人那种类似暴发户的民族自豪感。他把全部组织手腕和工作能力（这两者当然是德国人最负盛名的）都用来为这种自豪感服务。他建成了世界史上最强大的战争机器。但是，建成之后，他必然就当了战争机器的俘虏。

因为，他只有两条路好走：要么停止开动战争机器，要么开动战争机器。在前一种情况下，他就将碰到大量失业的难题，而失业难题正是促使他当权的重要原因。在后一种情况下，到了一定时候，战争将是不可避免的，因为，尽管一些弱小国家，例如奥地利，在他的恫吓下投降了，强国却肯定不会让他称霸欧洲。但假使他停止开动战争机器，就得有某种原则来据以组织德国国内生活；但是，无论从他自己还是从他的高级官员的发言中，都能极明显地看出他没有这种原则可资利用。因此，既然和平对他继续当权是致命伤，他就只好继续开动战争机器了。和平会揭他的底，说明他知道恨什么，却不知道爱什么。他从来不代表随便哪一种积极思想。他只知道怒骂那些使德国遭殃的人，硬说他只要有了权，就能纠正过去在内外政策上所犯的错误，惩罚罪魁祸首。一连串复杂的阴谋诡计使他终于当了权。但是，他除了用权力来消灭敌人之外，徒然暴露出不知道该拿权力怎么办。德国军事力量薄弱，他就使之强大起来。那个目的达到之后，他就得逐步向外扩张，就跟他在国内逐步取得权力一样。他可以拿扩张做本钱，向那些拼命干活以满足他那军事机器的要求、既吓破了胆又吃不饱肚子的德国人保证说：只要扩张一完成，他们就能永远富有，有希望不再做牛马了。

因此，他必须拿战争来作孤注一掷。希特勒的真正了不起的破坏本领，在他利用外部力量来备战这一点上表现得再充分也没有了。在这方面，有三点必须着重指出。第一，他善于把他的阴谋诡计的范围和性质掩盖起来。第二，他善于和其他国家中那些同他自己的运动性质相仿的运动结成同盟（有的公开，有的秘密），在斗争还没开始前就利用像汉伦[①]和佛朗哥那样的小希特勒来暗中破坏对手的力量；第三，对于每一个可能卷入反对他的斗争的国家，他善于利用该国内部暴露出资产阶级民主的深刻矛盾的那种恐惧心理。

他那关于他一心一意要和平的声明，使那些觉得任何姑息都比战争强的和平主义者正中下怀。他一口咬定他的敌人是布尔什维主义，这就引起了绝大多数民主国家中大部分特权阶级的兴趣，由兴趣而产生了对他的盲目崇拜，这些人唯恐战争会引起社会革命，而布尔什维主义将坐享其成。他对“富豪民主”的攻击，使那些轻率的社会主义者听起来怪受用的，因为在他们看来，“资本主义”政府所发动的任何一次战争都必然是“资本主义”的战争，工人对

① 汉伦（1898—1945），第二次世界大战前捷克斯洛伐克苏台德区德侨中的纳粹头子，希特勒利用他制造纠纷，借以出兵侵略。纳粹德国战败时自杀。——译者

之不感兴趣。一句话,他善于在还没有必要和他的敌人作战之前很久,就不断加强那种妨害现代战争所必不可少的举国一致的恐惧心理,使敌人的力量涣散。利用这些方法,他获得了两个莫大的好处。第一,在准备一次以充分利用工业技术为主要武器的战争方面,他比别人占先了几乎六年;他的空军的实力和坦克的数量就是衡量那个好处大到什么地步的尺度。第二,他暗中破坏了甚至最强大的敌人对自己事业的信心,而那时维持信心的力量——如法国的例子所表明——是十二万分重要的。那就是说,他使敌人还没上阵就失去了抵抗的意志。他在尚未投入战役之前,就已经为胜利作好心理上的准备。

他为胜利作好了心理上和物质上的准备。但是,在作这些准备的时候,他在他的国内政策中恰恰暴露出一个弱点,这个弱点妨碍他找到使高压手段转化为和平手段的关键,而这个关键在一切革命中是最重要的。他为胜利作好了准备,但胜利除了大大扩张他的权力之外就没有其他意义。要胜利,他不但得用战争手段蹂躏欧洲,而且还得用恐怖手段压服他侵占下的一切国家。但是,要用恐怖手段压服它们,就不免要做两件有致命危险的事。第一,继续奉行军国主义,也就是把巨大的人力从社会的建设性服务岗位上撤下来;第二,把广大人民群众变成经济上的奴隶,不但做苦工的受损失,就是强制人做苦工的也占不到便宜。一句话,希特勒的手法是使千百万享受过自由和物质福利的人陷于虚弱和贫穷。对于做牛马的人也不给予补偿,除了假惺惺地保证说,那是希特勒称雄欧洲所必不可少的条件,这种条件被伪装成北欧人种优越论。

我已经根据希特勒的活动阐述了这种发展;它大致上也适用

于墨索里尼。总而言之，轴心国的建立，只不过是两个强盗勾结起来，利用战争来取得胜利，妄想坐地分赃。墨索里尼的发展和行径也就是希特勒的发展和行径，只不过不那么有力和引人注目，其差别只是豺狼和老虎之间的差别罢了。两者都代表社会上的失意者，这些人因为没有出头机会，所以处心积虑想破坏社会的组织形式。两者都把社会上的一切坏分子拉拢到自己这边来。两者都善于利用社会上的矛盾来引起希望，为夺取政权铺平道路。两者在取得权力之后，都不知道怎样行使权力，只知道继续保持它；两者作为国家的元首，都进一步把他们据以取得合法权力的强盗手段用来巩固他们的权威。他们用恐怖手段来对付挑战；解决不了夺得政权后所碰到的种种难题，就乞灵于帝国主义的扩张。同样，要扩张就势必要做两件事。第一，彻底打破国际贸易的常规，其结果就是世界经济复兴愈益无望。第二，否定国际关系的一切准则，相应地采用最粗暴的强权政治手段。由于所使用的粗暴手段必然会加重国际关系中包含着的紧张和恐惧，强权政治的速度也就大大加快了。

四

文明主要依靠两件事。第一，它依靠理性力量把它的绝对统治权扩展到人的心灵和习惯方面；第二，作为理性力量的功能，它依靠着我们能够用已经确立的法律原则来代替任何一个人或一帮人的专横决定，把他们的活动控制在法律原则范围之内。法西斯主义——无论德国式的或意大利式的——最大的罪状，就是它本质上否认这两件事的合法性。由于否认它们,法西斯主义就肯定自己是文明的敌人。

法西斯主义是理性的敌人。其所以是敌人,因为它硬说无原则的暴力是取得权力的正当手段。它不能说服就压服。它把任何一种反对它当权的学说都视为无效,原因就在那种学说不应该反对它。因此,法西斯主义是和过去四百年间西方文明的根本主张背道而驰的。在法西斯分子看来,一项原则的力量不在于它所体现的经过核实的重要的人类经验,而在于它能组织起来供自己利用的巨大肉体力量。纳粹分子说:"我一听见'文化'这个字眼就伸手掏枪",这句话充分暴露了法西斯思想的本质。

法西斯主义是法治的敌人。1922 年以后的意大利和 1933 年以后的德国的经验便是明证。两者都以对内压迫对外侵略为张本。两者都唯我独尊,无论什么内容的主张都不许加以讨论。我们知道,墨索里尼所布置的马特奥蒂谋杀案[①]以及 1934 年 6 月 30 日的清洗[②],证明了他们蔑视内部事务中的法治,这一点现在已经成为每个独裁者的老规矩了。对于国内的意见分歧,独裁者高兴把它当作背叛看待就这样看待,爱怎么处分就怎么处分。为了防止产生意见分歧,就大规模利用秘密警察和集中营的野蛮机构,相形之下,沙俄的残暴及其效率就显得微不足道了。

法西斯主义在国内废除已经确立的法律原则,在对外关系方

① 马特奥蒂(1885—1924),意大利社会党领导人之一,1924 年被墨索里尼暗杀。——译者

② 指希特勒上台后为清除"冲锋队"反对派所实行的大屠杀。——译者

面则漠视条约和国际公法，其程度较之在内政方面有过之而无不及。独裁者们总是随心所欲地背弃他们的誓言。他们提出了最庄严的保证，但人家还来不及研究一下这些保证所可能包含着的希望，保证已经被他们破坏了。他们每次举行外交谈判，背地里总是进行着动员。他们公然赞美战争，向人民宣传战争是解决国际争端的天然方法。在德意两国，青少年的教育都被有意识地用来为他们的帝国主义野心服务。独裁者们大规模地收买国外舆论的泉源。1933 年以来惨死在他们手下的人数之多，既说明了他们所引起的不安全之甚，又说明他们把全部力量都用来为之服务的那种野心之大。假定——这是个大胆的假定——独裁者们在获得胜利后能够讲好分赃条件，那么他们所着眼的显然是整个世界，其中至少欧洲和非洲将沦为奴隶殖民地，将被利用来为他们的权力服务。

我们要时刻记住，这种利用除了为独裁者的权力服务之外，就没有别的意义了。墨索里尼所谓的“自由之腐尸”，就是他们对人性的看法的反映。他们不尊重人性，否认人性有自制力。他们认为群众是绵羊，可以随意利用来为他们的任何目的服务。无论哪种威胁到他们权力的抱负或信念，都被他们视为无效。他们硬要人家奴颜婢膝地服从他们的意志，在这种情况下，养成一帮伪君子和马屁鬼还算是上上大吉，最糟糕是它使人尊严扫地，使大家也来仿效他们的残暴行为。的确，法西斯思想的胜利，也就是人的兽性战胜了超越野兽本能的那种能力。它使得人的智慧成为他最丑恶的欲望的奴隶。

学者们曾经费尽心机去从著名哲学家的学说中找寻这种人生

观的根源。有人说它来源于康德；有人把它归咎于费希特[①]的激烈的民族主义；有人说介绍这种对国家政权的盲目崇拜的是黑格尔；还有人硬说尼采那“超人”的毒素仿佛是每一个德国人的血管中所固有的。也有人叫我们注意索列尔[②]把清教主义和马克思混合起来而对墨索里尼所起的影响；据说，这些个，再加上帕累托[③]的丰富理论，就是意大利法西斯主义的真正来源了。还有些人埋头研究德国历史学家们的人生观，说这种可怕心理的始作俑者是特赖奇克[④]或亨利希·冯·济贝耳[⑤]，是蒙森[⑥]及其对凯撒的崇拜或德罗伊森[⑦]。

我认为所有这一切努力都是大错特错的。无论哪种形式的法西斯主义，归根到底都是一种无原则的虚无主义；想给它提供一个哲学基础，不过是一般学者想说明一样无中生有的东西或为这样东西提供一个来历的习惯做法罢了。要了解希特勒和墨索里尼这

① 费希特（1762—1814），德国主观唯心主义哲学家。在政治上，强调国家至上，鼓励德人抵抗拿破仑的侵略。但也有一些沙文主义的谬论，曾被希特勒分子利用来作为“理论根据”。——译者

② 索列尔（1847—1922），法国社会哲学家，认为“庸人”在民主中占上风，赞成工团主义和建立革命的精华。——译者

③ 帕累托（1848—1923），意大利庸俗经济学家和社会学家，洛桑学派的主要代表人。他用数理方法研究经济现象，发展“一般均衡理论”。他的某些理论曾被法西斯分子采用。——译者

④ 特赖奇克（1834—1896），德国反动历史学家，著作中颂扬暴力和侵略战争，宣传沙文主义和种族主义。——译者

⑤ 亨利希·冯·济贝耳（1817—1895），德国资产阶级历史学家，俾斯麦的追随者。作品中充满反动的普鲁士主义精神。——译者

⑥ 蒙森（1817—1903），德国资产阶级历史学家，重要著作为《罗马史》。——译者

⑦ 德罗伊森（1808—1884），德国资产阶级历史学家，主张用“铁血”方法统一德国。——译者

两个野心家在一个守法社会里实现不了奢望为什么不甘心失败而偏要去改变社会现状，是根本用不着精心制作的哲学的。同样也不需要哲学去了解他们怎样能使无数个和他们志同道合的人投奔到他们的旗帜下来，这些人反对确立了的行为规范，因为有了这些限制，他们就没有出头机会了。他们的为人和野心，就同卡彭[①]在芝加哥或“德国舒尔茨”在纽约的为人和野心一样，既简单，又明了。他们是任何社会组织中的一撮坏分子，靠违法乱纪为生，因为他们如果奉公守法，就休想达到目的。他们不需要一种哲学来为他们的行为剖白。他们的做法很干脆：能拿到手的就拿。他们破坏法律，希望能逃避法律的惩罚或夺围而出。如果社会人士仍旧充分守法，强使他们就范，那么，他们到头来就作法自毙了。

希特勒和墨索里尼所提出的问题并不是他们信仰什么的问题——那种信仰是社会上一切坏分子的老脾气——而是他们怎么能够使他们的信仰成为一种行为法则，硬要国民一体遵守。这里我要附带插一句，把希特勒和墨索里尼之流当作路德和加尔文、克伦威尔和华盛顿、马克思和列宁那样的革命家看待是错误的。后述这些人抱有一个目的，比满足他们的私欲更重要。他们想按照一定的原则来改变人们的行为，这些原则他们认为放之四海而皆准，只要加以奉行，世界就能变得更高贵。为了实现这个目的，他们把个人生死置之度外。可以说，他们是他们所信仰的学说的忠

① 阿尔·卡彭(1899—1947)，美国黑帮成员，他的集团于1920年前后在芝加哥猖獗一时。——译者

仆和宣传者，而不是主人。他们设法使新的原则成为法律，对于这些法律，他们和别人一样严格遵守；他们不想把个人的野心抬高到普遍原则的地位。把这些人去同希特勒和墨索里尼相提并论，等于把革命者和歹徒等量齐观。要了解法西斯主义的本质的话，弄清楚这个差别是极其重要的。

没有人会想到利用精心制作的哲学研究来为卡彭或“荷兰舒尔茨”的杀人放火行为寻找一种理论根据。但这两个人当中的一个如果杀进白宫当了总统，就肯定会有学者出来为他们强加于美国人民的那种行径找寻哲学的根源。希特勒和墨索里尼的情形就是如此。强盗成了一国之主；强盗当了权之后，必须为他的行为提供一个理论根据，因为如果没有这种掩护，他那赤裸裸的暴力就昭然若揭，而人们是不会甘心长久地服从赤裸裸的暴力行为的。因此，法西斯主义的重要问题不在于它的哲学，唯一简单而有力的理由就是它根本没有哲学。法西斯主义否定哲学，因为，它最主要是拒绝遵守法律和秩序，故而也拒绝接受它控制下的世界上的理性。居然有人为它提供一种哲学，这事实上并没有什么奇怪；纽伦堡节日就充分证明威廉·詹姆斯[①]所谓的“卖淫的成功女神”总是能找到拜倒在她脚下的信徒，如果这信徒是搞学问的，那他就会起誓拿满腹经纶为她效劳了。

法西斯主义的中心问题是一个非常不同的问题，那就是：社会上什么样的情况使得墨索里尼或希特勒这种亡命之徒能设法夺取

① 威廉·詹姆斯（1842—1910），美国资产阶级哲学家及心理学家，实用主义者。——译者

高压权，一句话，使他占有国家。只有弄清楚了这个问题，才能进一步研究他们所面对的问题。因为事情很明显，就拿帮助希特勒夺取权力的德国人来说，他们绝大多数人事先并没有料到会有这种下场，他们要么确信会有不同的结果，要么自以为等希特勒上台后可以收服他，叫他不为他个人的目的而为其他许多目的当差。就希特勒上台这件事来说，胡根堡[①]、提森[②]、劳希林[③]甚至连兴登堡等人分明都抱有这种信心。他们帮助制造了一个自己从来不相信的神话。他们创造出一个害人妖精，没想到它会长大得无法控制。这些人尚且如此，那些帮助希特勒的集团就更不用说了，例如犹太人以为捐款给他就能保证自身安全，企业家以为工会取缔之后赚钱就容易了，小资产阶级店主以为自己能摆脱联号的可怕竞争了，工人以为暴利将被取消而精神百倍，军人则以为有朝一日就能洗清凡尔赛的耻辱。所有这些人不是为了一个共同的目标而是为了许多互相矛盾的目标联合起来为那个亡命之徒的野心服务。他们全都糊里糊涂把他的野心当作了自己的野心。他们全都受了轻信的骗，一来是相信他上了台就会对他们体贴入微，二来是相信，在他有了负责治理国事的经验后，就不用再私下对他的恐怖行为怀着恐惧心理了。他们没有一个人了解他只有权力没有原则。

① 胡根堡（1865—1951），德国报业及电影业垄断资本家，德意志国家人民党主席（1928—1933），曾一度任希特勒政府部长，后退隐，但仍任国会议员。——译者

② 提森（1873—1951），德国钢铁垄断资本家，先与希特勒勾结，后意见不合，1939年逃到瑞士。——译者

③ 劳希林，德国资产阶级政治活动家，曾任政府要职。1940年流亡英国，后至美国。著有反纳粹书籍数种。——译者

他们没有一个人懂得他作为亡命之徒，根本就不把他们大家希望约束他的那种规章制度放在眼里。他们没有一个人意识到自己是在抬高对社会秩序的合理原则的否认，使这种否认成了根本性的统治原则。

然而，那些把希特勒和墨索里尼捧上台的人却实实在在是做了这样的事。我要提出一个非常重要的论点，即他们的这种做法，只有在人们不再抱有共同一致的伟大生活目标时才会成功。事实上，那是一个正在迅速土崩瓦解的社会的反映。它意味着恐惧的力量远远超过希望的力量，以致遵守法律的力量不再能获得赞许。社会的程序被丢弃了，因为人们对于他们将被利用来达到的那些目的不再能意见一致。法律的尊严丧失了，因为大家不再对法律的目的抱有共同的信心。社会上每一个集团都发觉自己万分重视的那些利益受到了威胁。安全感没有了。集团所遵循的那些传统惯例仿佛岌岌可危。它觉得自己已失去了立足点，正在向一个可能的目的地航行，对这个目的地充满了怀疑，觉得凶多吉少。它不知道该怎么办，只深深感觉到必须做些什么才好。如果这个集团属于右翼，它就确信传统的民族智慧已经衰退，只有强硬的行政权才能加以挽救；如果这个集团属于左翼，它的信念也相同，但它还要求改造国家，把一切价值重新加以估定。每个集团都反对它的对手的立场，认为那种立场是和社会秩序水火不相容的。或者还不如说，每个集团都把容许其对手活动的社会秩序当作一种不值得维持的状况。

事实上，社会是处于内战状态；国家治理国事的权力已经被破坏。不法之徒的权威大得无以复加，不但可以和一般的政党竞争，

而且还能够向国家挑战。因为，正如希特勒和墨索里尼的经验所表明，不法之徒已经把传统的权威破坏得那么厉害，甚至和传统权威所依恃的各种势力勾结得那么紧密，以致叫不法之徒去恢复国家和人民之间的传统关系似乎是理所当然了。那些相信他是达到各种实际上完全相反的目标的合式工具的人果然叫他去恢复了。他有了权以后，只有把全部法律废除掉才能维持权力。有了权力以后，他除了用来作威作福就没有其他用处。他首先需要唯我独尊，而唯我独尊的先决条件就是满足他所控制的并依靠其支持的其他不法之徒的要求。他其次需要消灭任何一种危险的反对的可能来源。这种来源显然是社会上每一个和他目标不同的集团。正因为唯一和他目标相同的集团是他自己的党羽，亦即被他组成一支军队的坏蛋们，因此也唯有那个集团才是他信任得过的。

因此，问题就在于怎样才能看出一个社会已不再具有共同一致的伟大生活目标；我在上面已经说过，那就是坏蛋能夺取政权的大好时机。我认为，回答是：当一个社会的生产关系和它的生产力处于矛盾状态时，这个社会就到了这个地步了。生产关系与生产力之间的矛盾造成这样一个局面，国家的活动不再能满足大部分人民的要求，所以他们也不再服从国家的法令。罢工、暴动、示威游行风起云涌，治安经常被破坏，到处人心惶惶。到处提出要求，在那些被要求的人看来简直是无法无天。这样的时期历史上也有过，例如宗教改革和 1848 年的法国革命。两者都伴随着战争和革命。两者结果都造成了生产关系与生产力之间的新的平衡。由于那种新的平衡，两者都刷新了权力机构，这种权力足够满足根深蒂固的愿望，即重新肯定奉公守法的习惯。在每一情况下，新的平衡

都与生产力的发展相一致，这是十二万分重要的。生产力有了发展，就有可能使那些不但嘴里喊，而且还以行动证明要为之奋斗到底的人有一种新的生活水平、一种新的权利和福利感。国家政权这时被用来为那些获得一致赞同的目标服务。社会重又感到它的成员们普遍有了共同一致的伟大生活目标。恐惧让位给了希望，新的价值的确定给了社会事业以新的鼓舞。

从长远的观点看，我认为不法之徒夺取政权后不会发生这种情况。他们由于没有哲学，就没有一条道路好沿之走向永久的和平关系。他们要保持权力，就必须使内战永远进行下去，而要避免内战失败，又必须使国际战争绵延不息。要不了多久，绝大多数抱着种种幻想把不法之徒拥上台的集团就会发觉他们根本没有恢复法律和秩序，因为永久性的恐怖手段不等于法律和秩序。需要实行恐怖主义这件事，就证明他们创造不出经济发展的条件。很明显，经济发展取决于安全感和信任感，而恐怖主义由于本身逻辑使然，却非排斥安全和信任不可。人们害怕，怕他们的统治者，怕他们的邻居，甚至怕他们自己和怕自己的思想。他们永远不知道明天会发生些什么。他们不敢互相信任；人家也不信任他们，他们从惨痛的经验知道他们那些不法的统治者们彼此间没有忠诚之可言。他们的统治成了一切人对一切人的战争[①]，忘了这样一个重要的原则，即要成功地统治人民的话，统治者决不可驱赶人民在前面跑，而必须劝导人民跟着他们走。

---

① bellum omnium contra omnes(拉丁文)，意即人人为敌。霍布斯等曾用以指原始的人与人的关系。——译者

有法西斯主义就不可能有经济发展。它本身的经济生活规律意味着把国家资源滥用于重整军备。它为此而控制了全部生产过程和对外贸易，这样就非得有组织地封锁国际贸易的途径不可。在战前时期，法西斯主义意味着不断降低本国人民的生活水平。战争爆发后，由于它的军队向前推进，破坏和糜烂必然接踵而至，大规模的饥荒的阴影也悄悄接近。对于被它征服的各国人民来说，前途一片黑暗，只有以低微的工资从事强迫劳动，为法西斯军事冒险效命。如果法西斯主义终于得逞的话，各国人民显然还得继续为军事冒险效命；因为法西斯主义必须维持大量的占领军，以镇压被剥夺了自由的人民。很明显，在这种情况下，也没有经济发展条件之可言。因为被奴役的各国人民生活水平降低的结果，必然是国际贸易普遍萎缩。这甚至会影响到法西斯控制范围以外的国家，例如美国和日本。为了自卫，这些国家不得不采取措施来保护它们的国内市场，这个步骤会使贸易量益发减少。一句话，即使法西斯主义能把它所侵占的土地组织成奴隶殖民地，残酷的条件也会妨碍发展的能力。法西斯主义无论在哪里得势，其结果一定是人民经济上越来越穷困，人民被恐怖手段变成了统治者的奴隶。

我认为，由此可以得出两个结论。第一个结论很简单：笼络不法之徒不是真正革新国家的权能，而只不过是延迟实现这种革新罢了。歹徒要人家服从他，并不是为了要建立法律的统治；他把社会变成了一个偌大的密谋，其中没有一个人是安全的。因为甚至连不法之徒自己也依靠着能够向他所直接仰仗其大力的徒子徒孙恩威并施；他的暴虐取决于善于先下手为强。他只有成功才能生存下去；一旦失利，他那实行恐怖手段的本领也就施展不出来了。

正因为如此，没有一个独裁者能经受严重的失败。也正因为如此，一旦他游移不定，人家就只记得他犯下的罪行，而不记得他的成就。也正因为如此，他不能决定自己的继承人。由于他的权力除了满足自己的野心之外没有其他用处，就只有不断挫败对手的野心才能把权力保牢。由于除了恐怖之外没有任何其他哲学基础，一旦他拿不定主意应该在何时何地动手，那些敌对的野心家们就肯定会乘虚而入了。

第二个结论，尽管比较复杂，我认为仍然是十分肯定的。那就是：法西斯主义是和历史的客观进程相抵触的。可以说，它阻挠历史发展而不是帮助历史发展。如果法西斯主义真能帮助历史发展，它就会提高生活水平和加强人征服自然的能力，就像生产关系和生产力之间每一新的平衡所做到的那样。我已经说明过，法西斯主义所以不能这样做，是由其本质决定的。因为它在实际行动中强调一切不利于生产力的因素。它扰乱和平，敌视法令，破坏信用，反对安全。它本身的确是毁灭的缩影。既然它否定一切价值，就不能使人们为任何一个经常性的目标服务。既然它是理性的敌人，因此除了那些加强破坏力的发明之外，一切发明也都是它的敌人。它不能允许人们思想，因为只有在赞同和自由的心理条件下，思想才有可能。它的整个气氛是恐怖气氛；即使它的信徒们也永远是阴谋家，时刻提防着匪首可能一举把他们毁掉。它不能建立一个其组织原则被群众认为合理的社会，因为，归根到底，一种制度只有满足人民的期望才能被认为合理，而满足期望的条件恰恰就是被法西斯主义否定了的那种安全。

因此，我认为，法西斯主义（无论是德国式的或意大利式的）乃

是历史上一个暂时的而不是永久的现象。它一定要发挥一种哲学才能达到目的，但这样一来，它就不成其为法西斯主义了。它最终必然失败的理由是很充足的。从心理学上说，人是不能经常处在极权主义制度所需要的那种紧张和速度下的。大多数人都希望过他们过惯了的私生活，法西斯主义却绝对不许。它必须使他们老是处于狂热状态，以免他们抱有那种它必须时刻提防的思想。但是，要他们接受那种紧张，就必须善于使他们相信它能够保证和平；而归根到底，产生那种信念的唯一方法就是切切实实地保证和平。过去的历史经验清楚地告诉我们，没有一个政府能永远进行战争或永远实行恐怖手段，哪怕这两者都有其思想基础；拿破仑和罗伯斯庇尔的历史便是明证。任何一种高压制度经过一个时期以后，假使要生存下去，就非转化为同意的制度不可。

但是，近代史上每一种同意的制度都需要有一种能够被人们接受的信念作为它的基础，而那种信念的根源就在于该项制度能满足它所遇到的种种要求，就像一家商行满足顾客的要求一样。这一点，法西斯主义由于其本质决定，又是绝对办不到的。的确，它并没有兴趣这样做，因为满足了的人民是不会屈服于坏蛋的统治的。我认为，谁要是研究了法西斯主义当权的情况，就会相信事实的确是这样。它使它所统治的各族人民分裂开来，其办法不是提供一个积极的纲领，而是善于唆使各个害怕未来或对未来不抱希望的集团中的人互相仇恨。它使那些不直属于它部下的拥护者们相信情况实际上并不如他们怀疑的那样。无疑的，即使在它掌了权之后，还有人对它的大胆表示尊敬，对它的成功表示钦佩。但是，我认为，值得注意的是，那些表示尊敬或钦佩的人，无论本国人

也好，观光的外国人也好，都总是明哲保身，不扯到法西斯政权的本质上去。他们反对迫害犹太人，不赞成集中营，自己骗自己说，目前吃的苦是最后的了。一句话，他们在期待情况恢复正常；他们知道，在否认文明生活基本原则的条件下，他们的生活是不值得过的。无疑的，一个法西斯国家只要能不断获得成功，只要一种共同的恐惧心理能促使坏蛋领袖们团结在一起搞实力的阴谋，那么这个国家的人民就休想冲破它的势力。但万一失败呢？万一形势发展成这样，即巴尔波①在夺权的斗争中用计胜过了墨索里尼，或者戈林怀疑是否必要做希特勒的下手呢？法西斯头子们永远处在万丈深渊的边缘，只要一步走错，就会不得好死。马特奥蒂在1924年被暗杀，但墨索里尼只要一不小心，就会有新的马特奥蒂出现。希特勒在血腥的6月30日之夜挫败了罗姆②，但只要领袖略一畏缩，新的罗姆仍会应运而生。

他们所以在罗马和柏林当权，是因为社会已失去了团结的条件；其所以会失去，是因为国家的和经济的失败合并起来，使得人们注意到他们的差别，甚于注意到他们的共同点。他们在欧洲当权，其实欧洲至少在他们活动初期是可以打败他们的，但由于打败他们的代价是战争而不肯这样做。有些人不相信他们是不法之徒，存心不去审查他们的习性，其故有二。第一，他们始终相信那些习性是驯服得了的；那就是所谓的“姑息”政策的由来。第二，在

---

① 巴尔波(1896—1940)，意大利法西斯头子之一。1929年任航空部长。1940年因飞机出事身死。——译者

② 见第101页注②。——译者

每个实行姑息的国家中，被法西斯主义消灭的势力主要是这样一些势力，其复杂含义使姑息者在自己的社会里伤透脑筋。假使他们打倒了法西斯主义，将会有什么东西来替代它呢？他们认为共产主义会坐享其成，而他们绝大多数人是特权阶级的职业代表，却认为共产主义比这些不法之徒更可怕。因为他们知道，共产主义道道地地是一种哲学，二十多年来，他们一直枉费心机想在它周围筑起一条万里长城。他们不是希望法西斯主义和共产主义——在他们看来，两者是半斤八两——互相残杀，两败俱伤，就是希望尽量扔些东西给法西斯主义，企图叫它听话，不要胡作非为。等到两个希望都落了空，法西斯主义已经变得那么强大，他们自身反而岌岌可危了。因为法西斯领导人只有权力没有学说，只好以越来越快的速度行动，他们为了自立，不得不按照自己问题的困难程度去掠夺战利品。这些战利品只能取之于那些从一开头就能打倒不法之徒的国家的势力范围之内。他们发现自己不可避免地成了不法之徒的野心的牺牲者，但已经太迟了。

迟迟不能了解的原因是很清楚的。向他们评述法西斯主义的本质的人，恰恰就是那些想在自己国内剥夺“姑息者”的政权的人。剥夺政权的目的，公然是重新确定社会的阶级关系。但是，对于“姑息者”来说，重新确定阶级关系是再可恶也没有的事。那意味着他们得放弃历史悠久的特权。那意味着，他们过去一直能够把民主思想的活动限制在纯粹政治范围以内，现在却非把它扩大到政治范围之外不可。那使得自由和平等这两个概念结合起来，而过去他们一直是坚决反对这样做的。他们的困难在于，尽管他们当中有许多人不喜欢，甚至看不起法西斯主义的各种伎俩，但总的

说来，对于法西斯主义取缔工会这类工人自卫组织以收拾工人的这种做法，他们倒很中意。在战争的炫目光芒中，回顾一下著名人士对法西斯分子处理劳工问题的方法的大量夸奖，是很有意思的。著名的政治家们写文章说，意大利没有工人闹事，足证墨索里尼已解决了国内的劳工问题。[①] 直到法西斯势力的高涨威胁到了那些政治家们必须维护的帝国利益时，他们才恍然大悟到，其所以没有闹事，实在是因为不法之徒必须压制对他们权力的一切可能的异议。那时当然已经来不及了，因为冲突的形势已经摆定了。

事实上，法西斯主义已在其发展过程中表明：当资产阶级民主失去扩张能力时，民主的要求一经提出，就立刻会遭到企业家们，还有那些同企业家们有利害关系的人的反对。反对的理由，托克维尔一个多世纪以前就预言过了。他写道："人民最初力图通过改革每一个行政机构来帮助自己，但经过每次改革以后，他们发觉自己的命运根本没有改善，或者改善得非常慢，和他们的迫切期望毫不相称。这样，人民早晚必然会觉悟，使他们困处这种境地的，并不是政府的组织，而是构成社会本身的一成不变的法律；这样，人民自然就会反躬自问：他们到底有没有力量和权利来改变那些法律，就像他们已经改变了其他一切事情一样？"[②]托克维尔看出私有财产制是他所谓的"人与人平等的主要障碍"，资产阶级民主国家中的普选必然使群众要设法利用他们的政治权力来使生产资料社会化。面对着这种必然性，企业家就去向不法之徒讨救兵，以减

① 参阅劳合勋爵所著《英国真相》(*The British Case*)(1939 年)。

② 《回忆录》(*Recollections*)，第 99 页。

轻民主的压力。不法之徒早就打算和企业家勾结起来。因为那等于把权力送上门，至于怎样使用权力，就将由他们自己来决定了。

原来，和法西斯主义私下勾结起来的企业家受不法之徒之骗，肯定不亚于那些灰心失望的落魄民众，这些人以为法西斯主义的口号反映了他们自己的经验和希望。企业家自以为至少能做合伙人，结果却发现自己是下属，要收拾不法之徒，就必须放弃当初把不法之徒捧上台的目的。因此他们只好低头服小，而一服了小，也就只好听由他们的新主子摆布了。因为，十分自然，正因为他们的新主子是不法之徒，才瞧不起个别的业主，正如他们的社会主义对手瞧不起资本主义制度一样。还有，新主子可能和业主们分享财产的特权，但是他们也得给群众一点好处，以维护自己刚获得的统治地位。这样他们就不得不大规模奉行重整军备的政策，一面用提供新的荣耀远景来取得军队的支持，一面处理对失业的愤怒情绪，正是那种情绪给了他们千载难逢的好机会。在这种形势下，企业家要么就反抗，要么只好被不法之徒牵着鼻子走。反抗是没有希望的冒险，因为他们名义上是领导，手中却没有军队；胡根堡和提森的命运表明他们的反抗会多么轻易地被摧毁。所以他们只好跟着他们的强盗头子沿着一条必然通往战争的道路走。路的尽头可能是胜利，那时一个新的欧洲将会出现，但这个欧洲是被饥荒和战争破坏了的，被征服者一定会起来反抗，形势分明是对他们追求的经济复兴不利的。路的尽头只可能是失败，那时他们的彻底灭亡就在所难免。因为，一个确定不移的事实是：不法之徒的失败将使那些同意他们的轻率的赌博行为的势力同归于尽。

追求和平却招来了战争；这就是想用特权阶级、军队和不法之

徒之间的三角联盟来消灭民主之累的真正教训。那是一个不可避免的结果。一个有秩序社会的心理基础是建立在群众对自己享有社会正义的信念之上的。如果他们缺乏这种信念,统治者不向他们让步,就得向他们开战。统治者选择了后一条路。但是,战争意味着暴虐,这只有通过对外战争的戏剧性事件才能在心理上被接受。使墨索里尼和希特勒当权的决定,当初好像是训练人民为资本主义效劳,事实上却是执行资产阶级社会的死刑。因为这个决定使社会处于戒严状态,从而暴露出每一种主要建立在利欲原则上的制度(例如资产阶级社会)所固有的严重腐败。安全的希望没有了,恐怖手段高于一切。因此它一举取消了资产阶级已有的智慧和道德发挥作用的能力。资产阶级在一无价值的人之前束手无策,就像他们想不出办法来对付那些怀疑他们的价值的合法性的人一样。由于不肯作出牺牲,他们就安排暗杀他们的敌手,没有料到他们同时也在安排自己的灭亡。因为他们把身家财产寄托给了这样一些人,这些人根本不顾他们的死活,只知道叫他们为自己对权力的贪欲效劳。不愿在社会正义方面做实验,德意两国的已得利益阶级就成了文明之敌的奴隶。

五

有两个较次要的问题值得一谈。德国和意大利的,尤其是德国的法西斯领导人用来从心理上掌握其统治下的人民群众的方法,是饶有兴味的。它是从多方面取来的做法的有趣混合。它一部分基于宗教的冲动——尊敬领袖和绝对服从领袖变成了一种崇拜，其强烈程度从表面上看来只有历史上有名的宗教狂热差堪比拟。比方说，希特勒是上帝的特殊选民，他绝对不会错，他无所不知，他是全国人民的父亲。他不受人类法律的拘束，具有独到的见识。他被一批亲信拥戴着，他们所享有的权力是他本身不可思议的魔力的作用。这个亲信可能像戈林一样残忍，希姆莱一样阴险，戈培尔一样狡狯，施特莱歇尔[①]一样好色；不管常人可能从他身上看出什么缺点，都由于他承认领袖和效忠领袖而一笔勾销了。领袖成了半神圣的人，不能用普通的标准来衡量。他是半统治者、半教士，在生时被奉若神明，要用最虔敬的口吻谈到他，怀疑他便是亵渎神圣。

我认为，说纳粹党存心要使希特勒成为人民心目中真正的神，可一点没有冤枉它；同时还当然可以得出结论说，既然党的全体官员都被神的委托同常人隔离了开来，他们就也都具有神的特性。官员们，如他们的演说的独特语言所表明的，至少都善于表白自己是一种信仰的传道士，这种信仰的力量是凡人所看不到的。正因为它是这样一种力量，正因为它的起源被包在神秘的外衣中，所以普通的理性方法就无从追究它，它也不受一般的民主程序的约束。强调这一点有个好处，就是什么都不用解释。服从就是对，怀疑领袖或其代表的智慧就是错。由于嘉奖服从是领袖的神秘性格，对不服从的惩罚也就不必讲道理；因此，像清洗罗姆及其同党那样可怕的刑罚，人们也坦然接受下来了。

---

① 施特莱歇尔，德国纳粹头子之一，原系反犹太人的色情杂志《突击队》编辑，1933年任弗兰可尼亚纳粹党部长。——译者

但是，除了强制实行这种几乎着迷的宗教信仰之外，还有一个方面也是颇堪玩味的。领袖必须大大高过他的门徒，但同时也必须是门徒的同路人和自家人，彼此的距离决不可妨害他们之间的亲密关系。因此，领袖既系神明，又是常人。他是在“富豪民主”中郁郁不得志而起来打倒它的小角色，因此所有在那种社会制度下郁郁不得志的小角色都可以把他看作自己的化身。他那可疑的战争记录发展到了史诗般的规模，因此他几乎可以说成了无名战士；每一个参加过上次大战或正在参加目前这次大战的人，都知道领袖感觉到并且分担着他的危险。他本是无名小卒，由于对祖国的光荣效忠而终于一跤跌在青云里；普通人被要求从中得出结论：只要他也肯效忠，前途是不可限量的。

这种做法，尤其是在战争气氛下，无疑给政权平添了无限的锐气和鼓舞。郁郁不得志的人能感到经常有资格充当社会名流；尽管不是每个人都有将帅的器量，小学教师却可以当阁员，体操教员可以当区党部部长，过去的锁匠而今是挪威省长。党组织拼命刺激对引人注目的机会的希望，这种机会的力量是无限的；在征服奥地利之前，德国有七十万政治领导，人人都想往上爬。制度中编进了像美国总统的圆木小屋那样的传说[①]，而且程度强烈得多；如果获得这种机会的主要是青年，那它们必然有莫大的吸引力。在1935年，纳粹党有百分之三十五以上的党员年龄未满三十岁，比

① 1840年美国总统选举中，辉格党以圆木小屋与发酵的苹果酒为标志，大肆宣扬其候选人哈里逊在战争中的汗马功劳。哈里逊果然当选为美国第九届总统。——译者

1931年社会民主党同龄党员几乎多一倍。[①] 担任领导职务的，多半不需要有技术方面或管理方面的资格。他们当中有百分之二十的人所以中选，是因为他们在党握权之前参加过党的斗争；他们绝大多数人在魏玛政权下找不到可靠的职业。对于其他许多人来说，是否称职的最大考验，在于能否盲目服从命令；那些爱挑眼的有主见的人是靠不住的。的确，党的师范学校的目的是培养一批厚颜无耻的盲信者，对他们说来，道德完全在于效忠领袖的能力；这种人的性质就跟纽约或芝加哥的强盗所雇用的保镖差不多。

下面这个事实我们必须永远铭记于心：不法之徒的统治机器是按照他们自己的不道德性设计的。它给予千万个没有担负过具体责任的人以无原则的权力。它使他们认为使用恐怖手段和暴力来控制人民生活是正当的。由于行使权力没有任何原则，就使那些掌权的人感到可以为所欲为。它满足了虚荣心，这种心理被各种各样的压力和个人利益合理化了，似乎是履行责任所必不可少的。它使他们不必依靠各种有历史意义的价值，一来是它善于把那些价值同德国人民过去的失败联系起来，二来是能够用事实证明那些价值令人得不偿失。人们开始习惯于他们的工作环境；在纳粹运动中，有无数青年党员根本不知道以理服人这个统治方法。他们从经验知道，他们要什么就可以有什么；任何一切行为，只要是成功的，也就一定是合法的。他们被训练来视暴力为强大，故而认为怀疑和争论是软弱的表现。他们从自己所醉心的那个世界知

① 关于纳粹党的组织，请参阅《美国社会学杂志》第45卷第517页所载汉斯·格斯的一篇精彩文章，它使我得益匪浅。

道，整个世界是属于他们的，可以予取予求，唯一能限制他们的权利的东西是缺少实力。对这个教条相信得愈充分，实现野心的希望也愈浓。由于他们一天到晚被谆谆教诲说，批评那个教条就是敌视国家；由于他们知道正是那些胆敢提批评的人使德国变得软弱和遭到失败；更由于他们亲眼看到，在目前的统治者的领导下，德国在军事方面和外交方面获得了惊人的胜利，因此他们之接受这个教诲，也就没有什么好奇怪的了。

除了这一切之外，还得加上全国人民必须一体奉行的巨大的和精心制作的仪式——无穷尽的集会、游行、在严密控制下的工人大军，他们为不法之徒的目标卖命。一切都被指望、而且常常是出色地被指望来击溃普通人对它的吸引力的抵抗。由于我们绝大多数人都是爱服从的，所以需要有很大的勇气才能叛变一支旗开得胜的军队；如果叛变的惩罚是死刑，那就非得有更大的勇气不可。不法之徒的神话必然是成功的，除非有人拼死来揭穿它。这种斗争要想获得成功，就非组织起来不可。孤零零一个人提抗议，尤其如果这种抗议来自国外，就会被不法之徒为了本身利益而组织起来的一片赞美声淹没，没有机会听到。在这种情况下，只有真正了不起的人才会留心倾听抗议的呼声，除非这种呼声能强使一般人注意。但是要强使人注意，就一定要有力量向不法之徒作威作福的权力挑战。换言之，只有不法之徒的统治垮台了，他们的权力才会随之而消灭。

我认为，所有这一切都意味着，法西斯主义的灭亡取决于两个因素当中的一个。要么是对外战争失败；要么就是在疲劳和不安全引起普遍幻灭的节骨眼上利用密谋制造内部的混乱。但是第二

个可能性本身又是对外战争失败的结果，因为向国家政权挑战只有在其领袖们的失败为大多数人民知道的情况下才有成功之望。因为法西斯策略的本质就是摧毁那些企图反抗它的人的意志；这种意志一定要具有成功的希望才能恢复其继续反抗的决心。否则，它就陷入了不法之徒所蓄意要助长的深深的失望，而处于失望中的人民是唯命是从的。反抗出自愤怒，愤怒则是由于觉悟到——说也奇怪，只有失败才能造成这种觉悟——人们一直相信着的神话原来是假的。

由此可见，一切证据都表明对外战争失败的必要性，其故有二。第一，墨索里尼掌了二十多年权和希特勒掌了十多年权这个事实，证明没有一种布朗基[①]式的密谋能有效地打击他们两人中的任何一人。既然他们拥有技术上的控制手段，那么要从内部推翻他们，就显然必须使他们不能依靠军队的忠诚。但同样明显的是，迄今为止，他们两人都由于使军人职业成为国内最主要的荣誉来源而保有着那种忠诚；军队假使反对不法之徒，就有失去荣誉之虞。没有军队的支持，任何密谋不但绝少成功的希望，甚至还有由于密谋失败反而使现政权得到巩固的危险，因为失败徒然使那些期望密谋的人更加失望，使全体人民分外心灰意懒。密谋失败会加强纳粹神话的力量，因为它证明纳粹拥有不断打败敌人的力量。

这就是说，一个反法西斯主义——无论是意大利式或德国

① 布朗基（1805—1881），法国革命家，空想共产主义者，密谋活动的倡导者。——译者

式——的密谋要获得成功,必须不光是一个密谋,还必须是一个运动。它必须能使法西斯主义的全部神话和机器破产,遭到怀疑。要这样做,必须善于揭穿法西斯主义的弱点,不但要使那些敢于积极反对它的人相信,而且甚至要使那些消极默认它的权力的人相信:它的权威正在被暗中破坏着。我个人的看法很清楚:当法西斯国家处于和平的时候,要做到这一点,就只有明白地表明他们休想用侵略来为所欲为。就是说,必须取消那项一直执行到慕尼黑协定,甚至在慕尼黑协定之后还在执行下去的致命的"姑息"政策;1939年3月后,这项政策算是取消了,却为时已晚,一来因为那时法西斯主义已组织好了它自以为和它所准备的冒险行动相称的物资;二来是由于到那时为止,法西斯的胜利记录已在国内和甚至在国外奠定了冒险行动所必不可少的心理基础。至少大多数德国人都接受了希特勒无敌的概念;而在那些战争正在迅速成为不可避免的国家里,重要的舆论界都深信希特勒的实力使得任何合理方式的和平都比战争强。就像法国的经验所表明,他们的失败主义是严重的,其所以严重,是因为不了解对法西斯主义作战必须动员民主的精神力量来反对它。但是要动员民主力量,特权阶级就必须在物质方面承担巨大的牺牲。特权阶级的人多半对这种必要将信将疑。他们需要胜利,却不了解必须为胜利付出代价。他们有些人,仍旧如法国的经验所表明的,至少并不打算按照那些条件来取得胜利。

如果这个分析是正确的,那就说明:法西斯主义的失败乃是它军事失败的必然结果。只有军事失败才能戳破它的无敌神话,揭穿它的神话的本质。我所说的军事失败并不纯粹是战场上打胜仗，尽管我认为这是非常重要的。我是说要利用法西斯主义遇到的强烈抵抗先引起对领袖的诺言能否兑现的怀疑，然后使人越来越觉悟到由于那些诺言没有兑现，就得好好考虑一下法西斯主义失败的后果了。我认为，只有这种形势才既能制止群众对不法之徒的屈从，又能在不法之徒自己队伍中引起猜疑和不忠，这种猜疑和不忠的情绪他们彼此间向来是存在着的，但在他们得势的时候是可以克服的。就像卡彭和“德国舒尔茨”只要能逃避或破坏法律就总是能够制服他们手下的一班狐群狗党，而一旦法律占了上风，这帮人顿时树倒猢狲散，希特勒和墨索里尼的情况也是这样。机关枪要强制人服从，只要没有更大的机关枪反对它就行；诡计和欺骗只要没有人揭穿，就总能得逞。只要使意德两国人民相信，在墨索里尼和希特勒的统治下，非但休想获得他们所保证的全面胜利，而且还一定会使人民遭殃，这样，那些国家内本来被墨索里尼和希特勒用恐怖手段镇压下去的反抗运动就会全面兴起。保障法律就在于保证它绝对不允许被违反，国内如此，国际方面也是如此。在法西斯主义发展的现阶段，这意味着在军事上打败那些控制它的发展的人。法西斯主义由于其本质决定，非发动冲突不可，这种冲突是没有回避余地的。它必须要么征服，要么失败。文明社会不能一半自由，一半由强盗称霸，就像美国过去不能一半自由，一半被奴役。有些生活方式是不能和它的对立面妥协的；法西斯主义便是其中之一。它是下流社会起来反对有秩序社会的习惯。它的严重性在于它决心破坏各种价值，这些价值不管多么不适当，究竟是那个有秩序的社会想在人民生活中实现的。

六

我已经说过，法西斯主义是下流社会的兴起。它居然能够兴起，就是人类历史上一整个时代快结束的重要证据。它不光兴起，而且还对那么大一部分欧洲文明发号施令，这就证明文明的结构基础有着致命的缺点。它证明：那些帮助不法之徒的统治者们关心自己的特权更多于关心社会制度所要实现的价值；或者还不如说，他们犯下了把自己的特权同维护那些价值等量齐观的严重错误。它还证明：一种用纯粹现金交易关系使人和人联结在一起的社会制度是和它所抱的目的不相称的。

因为，很明显，弄到这个尴尬地步，社会制度肯定是被一个严重的矛盾分裂了的。从中世纪世界的废墟中升起的文明已延续了将近四百年。对法西斯主义的战争暴露出这种文明的精神团结基础是多么脆弱。其所以脆弱，只是因为欧洲文明所宣扬的目的总是多半被它的实际成就否定了的。同一家商行一样，它的兴隆决定于它有多大能力去满足普通人的要求并不断提高他们。但是，只有在普通人的提高不影响到统治阶级的特权的条件下，它才肯这样做。它向人民让步，却从来不肯真正使人民掌权。相反，它全部精神面貌是以统治者唯恐普通人在社会上掌了权将会对他们不利为特点的。人民还是穷，文化程度低，多半不准参加能使他们满足自己欲望的那个组织。在太平时期，统治者向他们让步，但向来都是不公平地对待他们的。在经济发展时期，统治者相信自己所建立的大厦能够垂诸久远。但是，在经济不景气时期，统治者的政

策却总是以自己的恐惧而不是以希望为基础的。

统治者只要没有被民主的要求吓倒，就打算承接民主。但他们一旦受惊害怕，就会对民主的要求起疑心。等到他们必须在特权和民主两者中抉择其一时，他们千方百计要维护的就是特权。他们把不法之徒叫来替他们维护特权，就好比美国的一个大企业雇用大批看守、打手和挑拨分子[①]来防止工会运动在工人中发展起来一样。他们利用政权来制定法律，为他们自己的目标服务；但假使民众也这样，他们却认为不合理。他们所谓的“不合理”，实际上是指人民大众要肯定一种否认他们有永久当权资格的生活方式。当他们担心自己的权利受到侵犯时，他们宁可冒险和不法之徒勾结，却不肯和人民联合起来谋求各种可能性。

在那种选择中，最令人吃惊的也许是他们竟一点不知道所冒危险的严重性。不法之徒无疑是不把人民放在眼里的；在他们看来，人民是被训练来死心塌地过牛马生活的庸碌之辈。但不法之徒的立场的本质决定他们非全盘否定特权阶级所依靠的那套价值机构不可。正就是那种机构使他们成为不法之徒，正就是那种机构的范围他们没有外界的支持就休想逾越。尽管他们置身法律之外，总还受到某些法令的束缚。但不法之徒一接收了国家政权，就自己来制定法令了。既然他们的生活主要就是否认一切价值，他们制定法令的唯一目的就是巩固他们自己的权力。要这样做，他们必须使社会处于戒严状态。那是他们所习惯的唯一的生活方

① 参阅里奥·赫伯曼所著《劳工间谍内幕》(*The Labor Spy Racket*)(1937年)，该书是向美国参议院某委员会提出的证词的摘要。

式。在任何其他环境中，他们再也别想维持权力。使社会处于戒严状态，意味着内战和对外战争。事实上，这种状况对任何特权阶级都是致命伤。因为戒严状态意味着军法，军法根本就不是法律；既然特权是法律的产物，不法之徒的统治就意味着特权阶级不可避免地要屈从无政府状态，在那种状态中，他们的特权很快就不再具有任何重要意义了。

如果这种解释是正确的，那么，和法西斯主义斗争的唯一方法就是抱定一种信仰，这种信仰不怕法西斯主义对被它打败了的那些人所实施的恐怖行为。很明显，这种信仰扎的根必须比资本主义民主能够扎下的根更深；因为法西斯主义就是在资本主义民主崩溃的基础上当权的。其所以如此，我认为最重要的理由是：资本主义民主所奉行的原则总是资本主义成分多于民主成分；资本主义的动力总是和民主的动力相抵触的。可以说，资本主义民主总是在被资本家认可了的条件下的民主。它的地位总是以它不滥用资本家对民主原则的忠诚为条件。但是，一旦民主仿佛严重威胁到资本家们所积累起来的特权时，那种忠诚分明就被滥用了。要想改造的法律是他们的法律；要想废除的权利是他们的权利；遭到非难的价值是他们的价值。所有这一切对于他们来说，已成为牢不可破的习惯，以致被看成了文明本身。居然还有别的法律，别的权利概念，别的价值体系，这在他们看来是不可思议的。他们被挑战弄得惊慌万分，宁可斗争而不肯谈判。他们相信能按照自己的条件为自己的目标斗争，却不了解冲突永远是革命的导火线。

他们眼看民主在广大地区内被破坏；像但丁地狱中的居民一样，他们受到惩罚是由于他们本身的欲望获得了满足。但是欲望

的满足同时又使他们屈从于新的主子们，为了反对这帮人的习性，他们毕生都忙着构筑阵地。为了摆脱恐惧，他们进了牢笼，那时才发觉要挣脱新的枷锁就必须想办法和群众合作，而当初他们恰恰因为害怕群众才被赶进了牢笼。但是，要建立那种合作关系，就非放弃他们当初叫不法之徒来帮忙时所拒绝放弃的权利不可。他们必须向被他们斥责过的人讨救兵。他们必须保卫被他们否定掉的原则。他们必须承认许多新的价值，群众强调那些价值曾使他们既恐慌又气恼。为了缚住群众的手脚，他们使世界着了火。现在他们发觉，只有解放群众才有希望扑灭熊熊的烈火。

第四章　陷于困境的民主国家

一

在第一次世界大战结束到第二次世界大战之间的年代中，没有一个大的民主国家的情况是令人满意的。它们受到了直接敌视它们的构成原则的许多观念和人物的挑战。它们不但不敢应战，而且它们的多数领袖竟好像被敌人的挑衅弄得将信将疑了。因为，就拿德国和意大利这两个国家来说，它们几乎没有经过流血斗争，就向那些公然宣称要夺取权力并且为了反民主目的而保持权力的人投降了。不过，对于这个问题，民主的领袖们很可能会回答说，德意两国被摧毁了的传统都不够牢固，它过去一直是在非常不利的环境中求生存的。更严重的是，主要的民主政治家们一贯倾向于做两件事。一方面，他们竭力劝告群众要承认民主原则所万万不可逾越的界限；另一方面，他们公然对法西斯领导人的成就——事实上这些成就是经不起认真考察的——表示钦佩。英国保守党政治家们对墨索里尼及其制度的迹近阿谀的热烈赞美，简直可以编成一本厚厚的集子。

事实证明，在战争爆发前的时期内，对民主制度的怀疑已深入到民主国家本身。无论在新世界还是在旧世界，文学作品都开始揭露一种动向，它丧失了维多利亚女王晚年时代的乐观信心，而恢复了拿破仑垮台和1848年革命运动结束那个时期的恐惧和迟疑心情。那种动向在多方面表现了出来。它表现为重新强调群众的愚昧无知，硬说他们担负不了自治的任务；各种企图说明政治是社会名流的作用的论调风靡一时，而那些利用这些论调的人却又不能就一项可据以给名流下定义的标准意见取得一致：这两种现象几乎是同样引人注目的。它表现为埃利·哈列维[①]等人的可悲结论，即民主的社会主义倾向是和自由势不两立的。他认为，社会主义不免要实行计划，而计划的实质就是承认一项对个人自由有致命危险的独裁主义原则。那种动向也许在尤斯塔斯·帕西勋爵[②]的论断中表现得甚至更为露骨，他说政治肯定是少数人的事，而大多数人则必须从宗教冲动的满足中达到目的。帕累托和施本格勒[③]等人的著作的风行，以汤因比[④]为代表的反理性主义历史哲学的复活，都是同样心情的反映。此外，精神分析学家们的影响，还有那些热衷于心理测验并拿测验的结果来证明科学和民主是两个对抗性名词的人的影响，也全都是这种心情的反映。

对民主抱怀疑的有两派人，必须把他们严格区别开来。就右

① 哈列维(1870—1937)，法国资产阶级历史学家，著有《十九世纪英国人民史》等书，颂扬英帝国主义。——译者

② 帕西，英国保守党议员，曾任内阁大臣，著有教育、商业、政治等著作多种。——译者

③ 施本格勒(1880—1936)：德国反动政论家、哲学家，法西斯主义思想先驱者之一。——译者

④ 汤因比(1889—1975)，英国资产阶级历史学家，著有《历史研究》(*A Study of History*)十卷及其他作品。——译者

派而言，它的主要动机是恐惧；就左派而言，它的主要原因是失望。就右派而言，他们深信民主方法必然会导致对社会经济基础的重新审查，并且不安地认识到这可能会暴露出民主和资本主义的最终的不可调和性。这样，民主方法就难免会侵犯到以具有悠久传统的权力和威望为后盾的特权；事实上，在从右的方面攻击民主的人当中，大多数人要使一种维护那些特权不受侵犯的欲望合理化。

就左派而论，他们的攻击是托克维尔在将近一个世纪前向他的同时代人提出的警告中所预见到的那种感觉的结果，这个警告我已经援引过了。左派受到了俄国各种事件的深刻影响，总想相信两件事：第一，它的对手们只要一发现民主方法仿佛侵犯到他们的特权，就会马上不尊重民主方法；第二，苏联政府所采取的种种措施是民主原则的一种新的表现，其效力远远胜过资本主义民主，因为资本主义民主由于显然从属于“资产阶叔”的需要而大受限制。左派的需要使得他们能够相当容易地使他们对俄国生产关系的改变——这分明是用革命的专政手段做到的——所表示的热情合理化，并且强调说：从正确的观点来看，俄国的专政实际上就是民主。

两次大战之间的年代，就其各种相抵触的意识形态而言，和法国革命爆发后的六十年十分相似。就像对法国革命的倾心或厌恶奠定了人们对它的各项原则的态度的基础一样，在我们时代，对俄国革命的倾心或厌恶也就成了决定人们态度的主要因素，尽管这往往只是半自觉的。在这两个时期中，抽象的自由主义受到了一个事件的考验，这个考验证明：在严酷的现实动力面前，它的的确确是抽象的；人们发现，企图改变世界的哲学使人们分裂的力量，

要比那些只不过想解释世界的哲学厉害得多。前一时期的一切特点，后一时期也全都有。无限的热情变成了强烈的失望；迫切的希望成了严重的幻灭。观察家们只看到他们愿意看的东西；一个人看来是了不起的成就，在另一个人眼中却是对文明生活基础的侵犯。彷徨、愤怒、蔑视、恐惧，这些便是右派被阵痛中的俄国的奇观所激发的感情，它们使得保守党哲学的代表者们以宽大甚至热烈的心情眼看一种反民主的哲学兴起。但是，那种反民主的哲学获得的地盘越大，自然就越发使得左派相信：右派只要本身利益发生危险，就马上会对民主方法丧失信心。这样一来，双方都开始把自己武装起来，准备从事一次他们自以为不可避免的冲突；结果呢，由于武装了起来，他们对民主方法的信念也就益发衰退了。因为，人们武装起来是为了打仗，不是为了讲道理；而保持民主信念的力量，恰恰就在于要能够对说理的方法保持信心。

民主国家的生活的另一特点也造成了同样的结果。1914—1918 年的战争是以民主获得明显的压倒的胜利而告终的。但是它那引人注目的强烈程度却使人民大众产生了许多期望，这些期望仅仅在很小程度上获得了满足。严重的经济不稳定；大量的失业；把掌握政权和控制经济权分隔开来的那条鸿沟日益暴露；人民群众深深感到失望，各政党为了缓和这种失望情绪而提出的救治办法又不对头，两者之间的差距似乎无法弥补；任何政府都不愿从事任何重要的尝试；以上一切，我认为便是晚近各民主国家显著的政治特点。和 1914 年前的时期相比，社会立法的规模很了不起，这毫无疑问是实在的；问题的关键是，那些赐予的人自以为非常了不起，领受的人却并不觉得有什么大不了。

到 1919 年，以合理工资干合理时间的工作的权利，已成为民主社会里一个固定不变的信念，人民群众越来越倾向于按照政治制度和经济制度实现那个信念的能力来判断它们的有效性。至于经济学家就国家干预将来或目前会不会妨害全部就业问题而展开的学术性争论，人民群众是不感兴趣的。他们只牢牢记住一个事实：国家干预无论像在英国那样大规模实行也好，或者像在胡佛先生时代的美国那样小规模实行也好，人民群众反正得不到工作的权利。他们知道，当国家援助在相当可观程度上发展起来的时候，受援助的人们就成了那些交税以使这种援助成为可能的人的眼中钉。他们看到，在国家保护下蓄意对生产实行种种限制，而那时他们切身体会到的却是贫穷。

在英、法两国，人民群众使左翼政府重新上了台，希望它们以新的精力向贫穷进攻。他们发现，无论在英国或法国，这种进攻不但加深了使他们受苦的危机，而且还加重了富人对民主的怀疑。如果他们在愤怒和失望心情的驱使下，以罢工作为发泄愤慨的手段，人家就同样愤怒地指责他们企图压制社会。由于他们觉得自己并不是社会上无足轻重的一分子，难怪他们要被这种指责弄迷糊了，也难怪他们要痛恨政府决定用政权来庇护雇主，名义上是维持社会安宁，其实人民群众从来就不以为自己曾经威胁过它。拿一个民主国家来说，如果它的社会上的各个阶级的行为前提变得截然不同，那么这个民主国家的情况就决不能说是正常的，因为民主的实质就在于行为的重要前提必须各个阶级都相同。但是，在两次大战之间的年代中，在一切主要的民主国家里，情况却逐渐改变得不是这样了，尽管改变的方式不是公开的而是偷偷摸摸的。

造成这种情况的原因，就在我已经引用过的托克维尔的那段话里。仅仅回答说，各民主国家的人民群众的生活比过去任何时候都好，是不够的；或者仅仅回答说，国家政权从未像现在这样广泛地用来减轻贫穷的后果，也是不够的。因为比这两点更重要的是下面两个事实：第一，人民群众境况的改善与他们所期望的改善完全不相称；第二，由于他们开始受到过去四十年内所产生的新的教育水平的影响，他们开始更深刻地了解到贫富之间的对比的意义和重要性。毫不夸张地说，到战争爆发为止，在各主要的民主国家中，各阶级相互了解的能力比一个世纪以来更差。

我认为，这是因为，在这个时期中有两个重要的发展情况。第一是资本主义制度越来越不能利用生产力；到处都不得不实行限制来维持赢利原则。第二个发展情况来源于第一个，那就是机会的减少。机会的减少在像英国那样的社会里也许更加引人注目，因为英国在承认了政治平等的观念之后，迟迟未能承认社会平等，不若美国和法国到了十九世纪中叶，都已经使平等的一个方面和另一个方面相一致。只有英国才对富人实行一套教育制度，对穷人又实行另一套制度；只有在英国才真正能说，文官和国教方面的重要职位，还有海、陆、空三军的高级官衔，绝大多数都被中上阶级包办了去；此外，也只有在英国，甚至在1914年战争之后，一个工人的儿子当了阁员才的确能说是件稀奇事儿。到1940年，英国政治民主的各种形式只有极小一部分以社会民主的方式表现出来。

不过，值得注意的是，战前在法、美两国，坚持把政治民主稳定在不威胁经济基础的节骨眼上的倾向越来越占上风。在法国，这种心理的发展被1940年的崩溃暴露无遗；维希政府的成员们宁可

向希特勒屈膝而不愿尝试一下民主的动力。不过，在崩溃之前，这种心理就已经在许多重要方面暴露了出来。就拿大学教授的法国来说，它在第三共和国[①]之前，曾培养出不少具有米什莱[②]和米涅[③]的民主热情的学者，在 1870 年之后，却造就了这样一帮文人，他们的主要论点，就像法盖[④]和布吕纳提埃尔[⑤]一样，不是怀疑民主，便是公然反对民主的要求。在 1919 年之后，法国的财政可能是反德的；但是每届左翼政府之所以上台，都断然表明法国财政反德的程度还没有反民主那么深。它帮助搞了一系列法西斯运动，这些运动差一点儿没在 1934 年从内部颠覆了共和国。我们拥有的关于 1940 年法国崩溃的全部证据，都清楚地说明是领袖对不起全国人民，而不是全国人民对不起领袖。值得注意的是，那些企图使法国和希特勒携手合作的人，认为自己有责任去攻击 1789 年的学说上的和制度上的表现，也就是攻击那些推翻了封建法国，并使法国走上民主化道路的原则和方法。特权、纪律、信仰，这些便是新的口号。神秘地逃避理智及其后果被说成是锻炼和净化的良策。事实上，这种逃避的真正含义是：人民群众对充分参与行使权力的要

① 第三共和国，法国历史上第三个资产阶级共和国，1870 年 9 月革命后成立，第二次世界大战期间，由于法国向德投降，维希傀儡政府成立（1940 年）而告终。——译者

② 米什莱（1798—1874），法国文学批评家及历史学家，1838—1851 年任法兰西大学教授，因拒绝宣誓忠于拿破仑三世而被解聘。其名著有《法国史》多卷。——译者

③ 米涅（1796—1884），法国历史学家，资产阶级自由主义派。在其名著《法国革命史》中承认阶级斗争存在，但只把这一斗争看成为资产阶级和农业贵族之间的斗争；论证了资产阶级夺取政权的必要性，但反对人民群众的革命斗争方法。——译者

④ 法盖（1847—1916），法国文艺批评家及历史学家，著有《法国文学史》。——译者

⑤ 布吕纳提埃尔（1849—1906），法国资产阶级文艺批评家，拥护君主制，信奉天主教。——译者

求，由于他们用来满足自己要求的各种组织的取缔而被压制了。

美国的经验更复杂，尽管它是朝同一个方向发展的。具有决定性意义的当然是：在制度的范围以内，美国的经济吸收力在1914年就完结了；从那以后，它不得不强制实行许多大规模的管制（主要是出于工人阶级的压力），这表明机会已经没有发展的余地了。情况还表明，在上一个世代中，企业领导的圈子越来越狭窄了。在本世纪的头三十年，类似英国式的对富家子弟的私校制发展得非常迅速。其次，在美国还开始出现了一个有闲阶级（虽然它的发展被严重不景气制止了），它的许多习性，还有大部分人生观，都和英、法两国游手好闲的贵族社会十分近似，特别就唯恐自己的经济特权受到侵犯这一点来说，再像也没有了。又其次，资本家实行独裁，恐怕再没有比美国的资本家实行得更范围广泛或更彻底的了。像福特先生之流、匹兹堡的钢铁大王、肯塔基和宾夕法尼亚的煤大王，他们管理工业帝国权柄之大，不但往往向国家和联邦政府的权力挑战，有时甚至压倒了它。任何人读了有关二十世纪二十年代和三十年代的美国的文献，一定会觉得政治民主领域所遭受的威胁比美国历史上任何时候都来得严重。特别值得注意的是，迄1932年为止，标志着欧洲积极国家出现的立法，在美国甚至都还没有开始获得承认。

毫无疑问，造成这种情况的原因既是经济上的又是心理上的。边疆的顽强的个人主义、它的乐观主义和自信，在边疆的拓荒条件不复存在之后，还在美国久久地保持下去。但是，把美国民主所遭受的危险暴露得最彻底的，莫过于1932到1940年之间罗斯福政府的历史。它所采取的绝大多数措施，例如社会保险、失业公粮救

济、政府住宅计划、联邦公用事业管制、像在田纳西流域那样的少数几项重要的公有制实验、对工会有权代表会员举行集体谈判的强调，所有这些都和1906到1914年间英国自由党政府所采取的措施相差无几。“新政”之获得公众舆论支持，有罗斯福两次连任总统为证，这种连任打破了一个半世纪以来的根深蒂固的惯例。

“新政”获得了舆论支持。不过，恐怕从来没有一个美国总统曾经像罗斯福先生那样，由于他的施政纲领而招来了那么有组织的或那么恶毒的仇恨。“新政”是独裁，是共产主义，是非美的。攻击罗斯福的人几乎清一色是富人。他的各种措施所引起的对抗心理使得家庭失和，老朋友绝交。尽管这些措施由于他所面临的各种问题的严重性而是不可避免的；尽管它们绝大多数是早就该实行的改革；尽管他的对手们在1936年和1940年两度同他竞选总统时所提出的纲领的基本原则几乎和他自己的看不出有什么两样；但是所有这一切仍然不能减少特权阶级对他的政绩的仇恨。值得注意的是，在表示反对的人当中，有不少人急不待择地和美国政界的反动势力（如已故参议员休伊·朗[①]、科格林神父[②]、唐森博士[③]等人）勾结了起来。此外，在这个时期内，排犹主义在美国万分猖獗，这也是值得注意的，因为排犹主义总是一个社会里的民主力量削弱的重要标志。

① 休伊·朗（1893—1935），美国反动政客，曾任州长及参议员，后被刺身死。——译者

② 科格林（1891—1971），美国反动神父，反共排犹，后来也反对“新政”。——译者

③ 唐森，美国医生，曾发起养老金捐税运动，即所谓“唐森计划”，企图借以刺激当时极度萧条的美国经济。——译者

谁要是了解罗斯福执政前那个时代的特征，了解他为了限制一些实业家的权力而对他们的反社会习性进行广泛调查所获得的耸人听闻的证据，就会对罗斯福的施政经验特别感到吃惊。如果记得在罗斯福先生当总统的最初几个月中，连那些反对他最激烈的人也承认他使美国安然度过了内战以来最严重的一次危机，那就会更加吃惊了。我认为，“新政”最初九个年头所揭露出来的事实，乃是美国实业家们深信民主即“放任主义”，一旦民主否认了放任主义的合法性，他们也就对民主的合法性发生怀疑了。强暴行为一直是美国社会关系的特征，要比英国或法国厉害得多。但即使把这种差别估计在内，我仍旧十分怀疑法国或英国的舆论是否就会容忍美国实业家们对公民自由蓄意组织的非法干涉。要对那种干涉的规模有恰当认识，就得细细钻研一些文件，例如参议院附设拉弗勒特委员会有关公民自由的报告。贪污纳贿、密探监视、敲诈勒索、耍流氓手段，从联邦最高法院乃至地方法院蓄意滥用职权，这些仅仅是美国实业界领袖的劣迹的荦荦大端。几乎每一个大企业都有私人军队，配备着机关枪和催泪弹，以防止工会运动侵入他们的工厂。此外，美国还有许多地区(参议员朗当州长的路易斯安那、海格[1]当市长的泽西城、加利福尼亚的英佩里尔盆地仅仅是其中几个例子)，在这些地区内，实业家决心从他们牢牢掌握着的经济权中挤出最后一点点特权来，美国的“人权法案”却无权反对。假使说，到1940年，表面上美国实业家们是承认了各项民主

① 海格(1874—1956)，美国反动政客，在泽西城当了三十年市长(1917—1947)，积极实施反劳工的暴政，悍然宣称：“我就是法律！”——译者

原则，其实法西斯思想已经根深蒂固地盘踞在他们的头脑里，这种看法我想也不见得过分吧。

在美国历史上，这当然并不是一种新的形势。它只不过是一种可以追溯到联邦党人和共和党人之争的现代形式的冲突，在那场斗争中，约翰·马歇尔[①]控制了最高法院，从而使联邦党人获得了胜利，尽管在杰斐逊[②]和杰克逊[③]执政的时代，他们是竞选场上的失败者。当时，未来的趋势已经在卡罗林的约翰·泰勒[④]的出色论断中清楚地预见到了。他看到，在过去的一切经济制度下，人民群众注定要受统治者的剥削。在汉密尔顿[⑤]的保护下，剥削只不过换了一个方式罢了。在“公众信仰、人民廉洁和神圣功劳”的口号下，他为剥削建立了不少机构，借以从财富的真正来源即工人那里敛取财富。实业家没有政治原则；随便哪种政体，只要能让他们稳赚大钱，他们统统赞成，而其他任何政体就都不赞成了。可是，除非取消特权，美国民主是维护不了的。

毫无疑问，约翰·泰勒的思想是以他所处时代的特殊环境为背景的。但是，他十分英明地看到，一个社会不管具有什么样的政体，实权总是操在那些掌握着经济权的人手里，这是绝对错不了

① 约翰·马歇尔(1755—1835)，美国最高法院第四任院长(1801—1835)，联邦党人中一个穷凶极恶的独裁者。——译者

② 杰斐逊(1743—1826)，美国第三任总统(1801—1809)，当时美国资产阶级民主派，曾为争取资产阶级民主权利而斗争。——译者

③ 杰克逊(1767—1845)，美国第七任总统(1829—1837)。——译者

④ 约翰·泰勒(1753—1824)，美国参议员、资产阶级政治哲学家，主张州权，反对中央集权和保护关税，通称“卡罗林的约翰·泰勒”。——译者

⑤ 汉密尔顿(1757—1804)，美国反动政客，资产阶级顽固派的代表人物，拥护奴隶制，反对法国资产阶级革命。——译者

的。他认识到，他们的特权所依恃的体系的内在原则，决定了社会生活所据以形成的一切思想和制度的性质，这样，政权就被用来保护他们的特权，镇压一切想侵犯这种特权的人。他在十九世纪初握笔为文之际，正值杰斐逊胜利的高潮，因此他很自然地看到，只要保持那个甚至在他写文章的当口就已经开始衰退的比较单纯的农业社会，民主就安全了。但是他所牢牢掌握的中心思想，却是研究美国历史的主要性质的线索。它说明了(而任何其他思想都不能说明)美国各阶级夺权的斗争；尤其说明了为什么那些拥有特权的人从来不肯承认民主思想是完全合乎逻辑的，尽管他们所处的社会由于拥有丰富的天然资源，从历史观点来说仿佛非实现民主不可。

泰勒必须同两种形式的反对派作斗争。约翰·亚当斯①之流之所以摒弃民主，是因为他们认为民主只不过提供了一个角斗场，在那儿，富人和穷人之间的搏斗(依亚当斯看来，也就是有才能的人和没有才能的人之间的搏斗)进行得异常猛烈，到头来一定会造成暴虐。亚历山大·汉密尔顿这派人则干脆认为剥削是不可避免的，坚决主张剥削者有资格掌握政权，因为不然就会造成叛乱。亚当斯和汉密尔顿两人都从当时的形势推断出，必须建立壁垒来反对民主所提出的对社会生产成果利益均沾的要求。

大家知道，这两个人对美国的前途都很悲观，承认它的各种机

---

① 亚当斯(1735—1826)，美国第二任总统(1797—1801)，联邦党反动头子之一，曾颁布镇压叛乱法等四项摧残人民权利的法令，被美国反动统治阶级奉为经典。——译者

构十分脆弱。当然,他们所低估了的是两件事。第一,他们没能预见到美国的天然资源有多么富饶,因而也就不知道靠让步来进行剥削还能维持多久;第二,他们没有估计到:剥削者的思想通过美国生产力的发展,几乎能使被剥削者相信财主的利益也就是人民的利益。在美国历史上,危机一次又一次好像要煽动人民群众利用他们的民主力量来反对他们的主子;那就是杰克逊叛乱①、布莱恩主义②和"新政"的意义。但是,迄今为止,美国却提供了一个惊人奇迹,就是它的社会总是能从危机中恢复过来,并且在危机结束时通过改善生活给予人民群众以新的希望。在共和国成立后的最初一个半世纪中,民主制度在美国所以安然无恙,主要有两个原因。第一,它的社会关系的流动性使得机会比哪儿都普遍,它的戏剧性表现分外引人注目;第二,尽管西奥多·罗斯福所谓的"腰缠万贯的坏蛋"经常遭到猛烈的攻击,他们的特权所依恃的制度在他们看来却并没有发生危险。就主仆间的主要关系来说,国家政权给予他们对其性质的想法以充分的法律保障;至于就承认时效在所有权中的地位而言,美国思想的精神实质迄最近为止也决不至于被约翰·马歇尔本人认为不恰当。自从科布登③时代的英国到现在,没有一个现代社会比美国更充分地证实了马克思的那句至理名言,即一个时代的占统治地位的思想也就是它的统治阶级的思想。

① 指美国第七届总统、资产阶级民主主义者杰克逊,他曾代表广大人民利益,厉行政治改革,因而为反动势力所仇视。——译者

② 指美国政治家威廉·布莱恩(1860—1925)及其追随者所奉行的政治原则,尤指白银政策和反对占领菲律宾。——译者

③ 科布登(1804—1865),英国政治家,自由贸易的提倡者。——译者

我认为，那种情况再明显不过地表现在美国没有任何大规模的社会主义运动上面。曾经有过断断续续的共产主义生活的尝试；一些小的集团一直很得势，其中之一在1920年总统选举中获得了一百多万票；另外也有过一些质量相当高的社会主义文学。但是，我认为，迄今为止，社会主义作为一种有组织的学说，对美国人的头脑还没有产生什么影响，也一点没有表现出它在欧洲直接支配工会运动的那种力量。相反，倒可以肯定地说，除了个别例外，美国有势力的工会舆论还没有开始发展一种其性质和资本家的哲学截然不同的社会主义哲学。工会自然争取过较高的工资和较短的工作时间，但他们的学说也就到此为止了。在美国，一个成功的工会领袖的习气和见解之像一个走运的总经理，要比像一个欧洲的工会领袖更甚得多。

那倒并不是因为美国没有无产阶级；南部诸州的“穷白人”、圣安东尼奥的胡桃工、为数众多的黑人，他们全都具有无产阶级的一切特性。其所以缺少规模巨大的社会主义运动，是有许多复杂原因的。第一，它是美国强烈的社会流动性的结果；那就是说，没有欧洲绝大多数国家所存在着的那种深刻的阶级分野。第二是由于颇大一部分美国人是欧洲移民或移民的后裔，他们已在新世界中摆脱了旧世界的种种束缚和障碍。第三是由于，在美国，机会的天地仍然比欧洲任何国家（苏联除外）都来得广阔。这几个原因所造成的结果是：尽管有许多严酷的统计上的事实，绝少美国人以为这些事实会应用在他们自己身上。他们所期望的仍然是威尔逊的“新自由”，他问道：“你不希望你的儿子当一个规模可能很小，但生意却十分兴隆的企业的负责人吗？”事实上，很少人当选了那个职

位，但广大群众却对它“心驰神往”。结果是，这种气氛使得强烈的个人主义人生观永远存在下去，哪怕它实现的可能性早就没有了。那种个人主义的残余始终是社会主义和工人结成同盟的严重障碍，这种同盟在欧洲却很普遍。社会主义仿佛是“非美的”；它否认了每个小学生都耳熟能详的传奇；它是同那个仍旧把自助福音当作普通人的适当哲学的世界毫不相干的各种条件的表现。

事实上，罗斯福时代的特征确凿地表明：资本主义与民主之间所固有的矛盾在欧洲造成了严重的危机，这种矛盾在美国也正在充分活动着，只不过影响迟了一些罢了。欧洲伤脑筋的一切难题，美国也应有尽有，尽管它们的影响范围和重要性有所不同。其所以有这些难题，是因为一个政治上民主的国家要巩固的话，就得有一种膨胀的经济；但是在美国，就像在其他国家一样，膨胀的经济已不再对资本主义敞开大门了。因此，美国的发展已进入欧洲各国早已进入的这样一个时期，人民群众想利用他们的政治权力来改善自己的处境。他们发现，正如他们一向发现的那样，要改善处境，就一定要能够使所有权关系发生根本的变化。但是，他们刚着手想造成这些变化，就发现民主方法已经遭到非难了。因为，正如约翰·泰勒所看到的，他们要从根本上动摇所有权关系，就非侵犯特权不可。特权具有一种旧的传统势力，几乎有一种宗教信仰的制裁。因为特权已经为它的信徒们稳定了一种生活方式，他们根据这种方式创造了一套价值，他们的全部生活就是围绕着这些价值建立起来的。叫他们放弃特权，就好比叫他们的前辈在以前的制度下放弃特权同样的不可能。他们觉得自己被要求同意一次革命，这次革命不但威胁到他们的切身利益，而且还威胁到整个社会

的利益。因为在他们的思想深处必然有着一个信念:他们的利益和社会的福利是一致的。

我认为,就是这种情况说明了美国局面的两个特点,不然的话,局外人是会莫名其妙的。第一,它说明了,为什么罗斯福政府所采取的那样温和的措施不但引起了深恨大仇,而且总的来说,还相当精确地按照收入的多寡把美国的舆论划分了开来。一般地说,支持总统搞实验的是工会、失业者、小农、可能大多数的各行各业的自食其力者,还有就是绝大多数的知识分子,这一点是很值得玩味的。反对总统的是金融界和实业界的领袖、食利阶级、各企业公司的经理和律师。第二,它说明了,为什么法西斯主义的发展引起了第一个集团中的人们的切齿痛恨,却照例在第二个集团中激起了有时简直达到狂热程度的兴趣。当然,这种热情在墨索里尼统治时期,确实要比在希特勒成为红人的时期巨大得多,而且那时的人还一致反对希特勒在宗教和种族方面实行的迫害。但是,第二个集团中的人普遍感到法西斯主义是有产阶级对共产主义威胁的天然反应,使强硬的人上台收服群众是件好事情。尤其是在罗斯福执政期间,不少人认为美国工人“需要有一个希特勒”。在美国实业界领袖中,竟有一小部分人认为对共产主义最有效的回答也许是在社会和经济方面实行改革,这才是咄咄怪事呢。

因此,我的论断很简单,那就是:两次世界大战之间的西方世界普遍存在的情况向民主国家挑战,要它们把民主的边界扩展到经济和社会的领域中去。民主国家的统治阶级不愿意这样做,因为他们认为那种扩展威胁到他们自以为有资格享受的特权。如果他们必须从民主和特权两者当中择取其一的话,那么拿不定主意

还算是好的，最糟糕是，他们甚至不设法掩盖对特权的偏爱哩。这种态度必须联系统治阶级对待共产主义和对待法西斯主义两种截然不同的态度来看。对于共产主义，他们既害怕又痛恨，这就暴露出他们自己的不安全感。他们欢迎每一种可作为苏联软弱或失败的凭据的征兆，不管这种征兆是多么荒唐无稽。一般地说，法西斯主义并没有激起他们这种感觉；相反，他们大多数人还认为它是群众纪律的一种良好形式。他们千方百计在国际方面和法西斯领导人妥协，这种态度同他们对苏联进行大规模干涉比较起来，是触目惊心的。综观两次世界大战之间的年代的形势，不能不使人断定：只有经济复兴才能使统治阶级保持对民主思想的有效性的信仰。

二

战争造成了一种可以名之曰民主思想修辞学的革新，但还没有保证它能够存在下去。战争所以革新了民主思想的修辞学，原因很简单：不管法西斯的胜利会把世界变成什么模样，其轮廓总之是对那些统治民主国家的人所享受的特权的挑战。概括地说，法西斯领导人所提出的解决问题的办法，就是把各民主国家的统治者们所控制的那些财源移交给法西斯国家的人民。民主国家的统治者只有控制了这些财源，才能保持他们和资本主义的微妙关系，而一旦失去这些财源，就前途茫茫，他们的命运只好看征服者的恩赐而定。他们将会失去经济上的独立；从犹太人、奥地利和捷克斯洛伐克的命运可以清楚地看出：法西斯分子无论对传统的地位或者对所有权都毫不尊重。此外，他们还会失去民族独立，并随之而失去他们各自的文化和生活方式；因为法西斯领导人了解得最透彻的莫过于这个事实：民族独立就其固有的含义来说，是对他们的胜利的经常威胁。

我认为，迄法国投降为止，各民主国家的人民群众对法西斯主义的含义的理解，要比他们的领袖们所理解的广泛和深刻得多。领袖们表面上给予民主以形势所需要的赞赏；他们不得不赞扬正在进行战争的民主制度。他们需要人民群众的支持，不光是为了服兵役，而且更多地是为了军队所依恃的武器。因此，他们不得不强调接受民主思想。但同样明显的是，在战争第一年的今年，他们对法西斯主义和民主之间的鸿沟并没有清楚的认识，不愿唤起民主的动力，把它作为一种战斗的信念去挫伤敌人进攻的锐气。这一点我认为可以从三件事上清楚地看出来。第一，他们怎么也打消不了一种信念，就是好歹总能想办法安排一种妥协的和平。第二，他们想把德国式的法西斯主义和意大利式的法西斯主义区别开来。第三是他们进行战争的方法。他们不积极采取攻势，反而让主动权操在敌人手里。他们不设法激起各民主国家人民群众的热情；张伯伦先生对付工会和处理印度这个严重问题的手法便是明证。“姑息”政策始终是他们采取的各种措施的核心——姑息西班牙、姑息意大利、姑息日本。说句公平话，直到敦刻尔克溃退[①]

① 敦刻尔克溃退：第二次世界大战初期，英军在西方战线上的大溃退。1940年5月，比利时沦陷，法军瓦解，英远征军和一部分法军残余部队共三十余万人，被德军围困于法比交界的敦刻尔克港地带，不得不于5月27日到6月4日间由英吉利海峡撤返英国，遗弃军火辎重，损失惨重。——译者

为止，各民主国家尽管的确在进行战争，但至少就它们的领袖而言，还没有认清他们正在进行的战争到底是什么性质。

当然，他们一致承认希特勒是个坏蛋，必须把他打倒。但是，不管他们多么迫切希望把他打倒，他们却并不想去打破被战争扰乱了的社会和经济的平衡。他们唯恐布尔什维主义乘虚而入，坐得其利；他们始终认为希特勒所体现的那种制度只不过把一种纪律搞得过火一点罢了，他们当中有不少人是准备接受那种纪律的。我认为这种情况清楚地见于 1939 年劳合勋爵所作的英国国务报告以及当时的外交大臣哈里法克斯勋爵所撰写的序，他在序文中轻易地同意了劳合勋爵的论断。劳合勋爵写道："意大利天才已在特有的法西斯制度中发展了一种高度独裁主义的政体，不过这种政体既不威胁到宗教和经济的自由，也不威胁到其他欧洲国家的安全……意大利的体系是建立在两个基础上的，其一是政教分离，教会不但在有关信仰的事务方面至高无上，在有关道德的事务方面也至高无上；其二是工人的权利。"[①]我们必须记住，这段文章写于墨索里尼执政十七年之后，他已经干下的事情包括进攻科孚岛[②]、干涉西班牙、扼杀阿尔巴尼亚的独立、侵略埃塞俄比亚以及实施各项反犹法令。这段文章完全无视意大利的社会主义运动和工会运动被用暴力消灭；它完全不理会说下面这些话的人的人生观："战争之于男人，恰如母道之于女人……我不相信永久的和

① 《英国真相》，哈里法克斯子爵撰序(1939 年伦敦版)。

② 科孚岛是希腊的一个岛屿。1923 年，意大利借口几名意籍军官在希腊被暗害而滥炸该岛，并出兵加以占领。后由其他国家斡旋，由希腊道歉，意大利始撤兵。——译者

平……我认为它压制和否定人的基本美德，这些美德只有在血腥的斗争中才大放异彩。”文章轻率地肯定意大利法西斯国家是建立在“工人的权利”之上，这一点应该拿法西斯高级官员奥里万蒂那臭名昭著的话来对证一下。他写道：“认为阶级战争已经最终消灭，是一种错觉……只有对于工人来说，它才已经消灭了。另一方面，阶级战争正在继续进行下去。”

法国的投降有力地说明了民主国家的领袖们半自觉地接受法西斯意识形态已经严重到什么程度。因为法国的统治阶级认为他们的失败是对法国革命的各项民主原则的判决；他们放弃了斗争，负起了从废墟中抢救征服者允许他们保留的随便什么东西的任务。赖伐尔[①]和达朗[②]等人接受法西斯主义思想之快，恰恰和他们无法说服法国人民和他们同流合污成正比。失败迫使法国统治阶级从少数人的所有权和投降以及多数人的民主和继续抵抗之中选取其一。他们毫不犹豫地选择了所有权和投降，这就说明民主出了毛病。

但是，仔细想一想，他们的选择却是战争的真正转折点。因为它所包含着的奇耻大辱唤醒了英国统治阶级蛰伏着的爱国心，使它为支援民主出力。法国的失败表明，法西斯征服者不但要奴役被他们征服的国家，而且要毁灭这些国家的经济。同他们强加于法国的停战条件一比较，《凡尔赛和约》就显得十分宽大了。它对英国预示的屈辱，将鲍尔温—张伯伦时代的种种顾虑和犹豫一扫而

① 赖伐尔（1883—1945），法国政客，法国投降后充当德寇走狗，1945 年叛国审讯后被处死刑。——译者

② 达朗（1881—1942），维希政府重要成员之一，1942 年英美联军在北非登陆后，投靠联军，任北非长官，旋被刺身死。——译者

空。连最盲目的人也清楚地看到,英国有丧失独立国家地位之虞。这种觉悟使得举国一致的重要性比英国历史上任何时期都来得明显。它使得连最保守的英国人也懂得,为了争取胜利,任何代价都不会过高,它的力量胜过十年喋喋不休的辩论,甚至于胜过十万难民的血泪申诉。在 1940 年的夏天和秋天,有一种现象不能不称之为英国民主的再生。斗争的性质被用这样一些字眼来确定,使得人民之间的同一性百倍重要于使人民分裂的各种差别。他们从严重危险的闪光中知道,他们要作出的选择是胜利与死亡之间的选择。

此外,重要的是,这种觉悟的影响并不只限于英国。它影响到了世界上大部分国家。它改变了希腊的立场;它促使南斯拉夫全民起义反对投降。在美国,它造成了罗斯福先生三度连任总统的史无前例的结果,这主要是因为他体现了人民群众坚决反对独裁者的意志。我认为,在法国投降后的一年内,凡是能悄悄表明对自由抱有信心的人们都懂得,维护自由是和民主的胜利分不开的。诚然,当时法西斯国家的实力还十分强大,不能一下子就把他们的征服局面扭转过来。人们越来越明白,走向胜利的道路将是漫长和艰巨的。其次,人们还越来越明白,走向胜利的道路意味着实行社会和经济的改革,这些改革非常彻底,决不可能再恢复战前的平衡。至于新的平衡如何,很少人能预言,更没有一个人能彻底加以分析。但是这并没有什么关系。重要的是胜利,因为胜利已被表明为民族生存的代价。世界各国的统治阶级本来对民主抱着怀疑,裹足不前,现在由于突然了解到战败的意义而只好重新对民主思想表示服从。法国垂死的民主对自由作出了最后的赞赏,因为它的投降暴露出了奴役的全部代价。

三

不过，重要的是，我们一定要弄清楚，这种在法国投降后使国际局势为之改观的对民主的新的服从究竟意味着什么。英国统治阶级被激起的并不是资本主义和民主之间的关系已经陈旧的感觉。被激起的有几分是最强烈的民族主义感情的冲动，也有几分是恼怒，这种恼怒是那些被他们自以为懂得的概念出卖了的人所必然有的。其所以采取了重新献身于民主的方式，是因为民主是国家的政治形式，英国的民族思想就是通过它来表现的。民主之所以获得了新的支持，是因为只有在民主思想的指导下，才能够最大限度地动员人民起来消除法西斯危险。每个人都从本能和从理智确信，消灭纳粹主义是最重要的。但消灭纳粹主义是为了什么，就谁都不能肯定了。在危机的压力下，除了推翻希特勒之外，没有引申出其他固定的目的。

这一点必须着重指出，因为它是研究民主问题中没有获得解决的矛盾的线索，这个矛盾暂时是被事变的压力掩盖了。英国的一切阶级都决心要胜利。全世界所有自由的男男女女都充分了解到，英国的胜利是希特勒奴役下的那些国家获得解放的条件。但是胜利的目的究竟何在，这个问题显然就回答不清楚了。丘吉尔先生的目的是胜利；除此之外，他恕不推测。艾登先生和哈里法克斯勋爵都清楚地知道，一定要给个人以较多的贸易自由、较大的经济稳定以及政治自由和信教自由；在哈里法克斯勋爵看来，这次战争是一次有关他称之为“基督教原则”的多少有点模糊的学说的圣

战。罗斯福总统确定了民主国家必须为其人民实现的一系列崇高目标,并坚决主张这些目标在我们这一代中能够实现。英国工党坚称英国只有实行社会主义改造才能为一种既可防止对内不公平又可防止对外战争的民主奠定基础。英国自由党已重申它对私有企业原则的信心。到 1941 年 6 月 22 日为止,各国共产党尽管强调必须彻底消灭法西斯主义,却极力反对英美政府所体现的那些民主主张;他们奉行一项革命失败主义的政策,这项政策假使成功的话,将会保证希特勒获得胜利。英国独立工党和美国社会党都对战争敬而远之,这一来是出于根深蒂固的和平主义传统,二来是由于不相信互相竞争的资本主义各国之间的战争对于那些只有社会主义药方才最最重要的人会有什么意义。

各民主国家都知道它们的生存决定于胜利,但并没有认真去研究一旦获得胜利后如何利用胜利的问题。曾经给人民提出过一大堆互相角逐的乌托邦,每个乌托邦都提供了永久和平的诱人前景。有一批思想家认为英美联盟能解决一切病症,虽然没有一个拥护英美联盟的人能说明印度怎么能够以民主方式和新的联盟发生关系,或者说明这样两个资产阶级民主国家的结合将如何来解决使生产关系适合于生产力的重要问题。另外一批思想家热烈鼓吹欧洲联邦的理想,尽管他们无论在联邦成员国的问题上,或者在中央和地方之间权力分配方法的问题上,意见都不一致。还有一批人要求恢复国际联盟,有的主张它的权力应该超过 1919 年的盟约,有的主张应该小于这种盟约。其他的人认为今后必须实行大陆联邦制,在联邦上层建筑内实现某些共同的目标。总之,个别发明家的想象力可能有限,改造的计划却是无限的。

对于一个严肃的观察家来说，重要的是把注意力集中在三个事实上。第一个事实是，尽管丘吉尔政府实行了一些可钦佩的甚至是重要的社会改革，但迄今为止，它并没有把英国的社会和经济力量的平行四边形加以任何有效的改变。如果明天就胜利了，那么英国的资本主义民主的难题还会和 1939 年 9 月同样地真实，或许更严重些。第二个重要的事实是，在全世界范围内，战争造成了种种变化（不仅仅是心理的变化），它们就其深刻程度来说是革命性的。全面放弃“自由放任主义”是必须实行计划化生产的直接结果。无论在国内或国外，年代悠久的财产权都受到了侵犯，其规模之大使它们失去了传统的权力。事实证明，国家计划不但能消灭失业，而且哪怕在战争条件下也能使人民的健康维持在比和平时期资本主义民主国家的自由经济所维持的更高的水平上。生产关系并没有重大改变，但是生产单位的改变，国家对财政机构、物价、消费以及产品的管制权的改变，却具有重要的意义。此外，空袭的危险使人民养成了许多新的习惯，这些习惯的意义我们刚开始了解。我们生活中这个新的因素暴露出了地方政府的传统结构的缺点，今后必须在地区和职责方面作出重大的改革。此外，战争的费用使赋税上升到了哪怕在上次大战中也会被认为不可能的高峰。由于工厂是战争的重要前线，工会在国家中的地位也就变得无比重要了；我认为，像 1941 年“英国重要劳动法”那样的条例所以获得通过，一来是由于它是战时内阁的工会会员贝文[①]先生发起的，

① 贝文（1884—1951），英国工党右翼领导人，1940—1945 年任丘吉尔战时内阁劳工大臣；1945 年至死前任工党政府外交大臣，鼓吹冷战，系工党英美合作政策的主要策划人之一。——译者

二来是由于工会把它当作胜利的一个重要因素，这样说并不是过甚其词。政府有权接管那些经营不符合标准的农场或工厂，这种权力比较不明显，但却是完全实在的。

所有这一切都以革命的规模大大破坏了熟悉的习惯。在战争的头两年，特别是在第二年，生活的发展速度，对生活的传统期望的回答，对于绝大多数人民来说已变得完全不同。这些情况反过来又引起了一种实验的心情，使人们熟悉于突然改革的必要，这一点随便怎么强调也不会过分。到处都感觉到开辟了新的天地，承认实验心情的必要，这种心理就其强烈程度来说，是人类从宗教改革和文艺复兴时代以来所从未有过的。这种心情并不局限于民主国家的哪一个阶级，而要广泛得多。它可能受欢迎，也可能不受欢迎。重要的是这个事实：作为一种心情，它已成为我们生活的一个主要部分。到处都感到人类在前进，尽管前进的方向还没有确定。

这两个事实之外，还必须加上第三个事实，那就是 1941 年 6 月 22 日之后苏联和各民主国家的联盟。那件怪事的心理含义不亚于物质含义。我已经指出过，在两次大战之间的年代中，我们的思想受到俄国革命这个巨大事实多么大的影响。它积极反对法西斯列强的活动所产生的影响是十分深远的。它灌输给我们一连串想法，对于这些想法，将来每个政府都非适应不可。第一个，我认为也是当前最重要的一个想法是，政权有能力消灭失业；这就一下子使解决经济稳定的问题重新有了希望。第二个，也是归根到底最重要的一个想法是，生产资料的国有制使我们能够努力实现计划生产，使之为社会消费服务；而这就又一次给社会的营利目的的未来地位提供了新的天地。第三个想法把握起来要慢得多，但它

的影响必然十分深远，这就是：公众捐款和集体组织科学研究以造福社会；科学家无疑会缓慢地但不可避免地在社会上占有这样一个地位，它在公众的想象中，就等于资本主义扩张时期（特别是在美国）成功的企业创办人所占有的地位。第四个想法是：至今被视为资产阶级文明中微不足道的部门中的成就将博得社会的尊敬。一个杰出的工人或农民的地位将会和一个杰出的总经理的地位相仿；他将会被从迄今为止一直默默无闻的境地中拯救出来；而这最终将使体力劳动具有新的尊严，实现莫里斯①的理想，即使实现的方式有所不同。最后，我必须着重指出一个极端重要的事实，即红军就其组织而言，是一支民主的军队，它无论在技术要求上或社会思想上，都是苏联进步主义的先锋。它和资本主义民主国家的军队的传统结构和思想的对照是极其鲜明的。此外，还应当附带说一句，按照俄国对击败纳粹主义作出的贡献的大小，这些因素将会不断影响全世界人民的头脑。

我所指出的民主目的中的矛盾必须放在这样的背景上。它和统治阶级站在一条阵线上反对纳粹主义的地位决定于它和民族思想的结合。如丘吉尔先生所表明，统治阶级并没有想利用胜利来实现一项新的社会制度，而只想借以维护他本人所谓的“传统的”英国，再用一句他自己的话，就是维护一个被“少数切实可行的复兴措施”纠正了的英国。但是人民群众的看法却和统治者不同，胜利意味着把民主的边界从它们目前停留着的政治领域扩展到社会

① 莫里斯（1834—1896），英国艺术家、作家和空想社会主义者。《乌有乡消息》的作者。——译者

和经济的领域中去。我并不是说人民群众想采取一系列具体的社会主义措施,或者甚至说他们已郑重考虑过社会改革的动力。我只不过说,在胜利之后,有几个目标是人民群众所确定了的,而且他们将会利用他们的政治权力来力求实现这些目标。在胜利之后,他们不会容许大量失业继续存在下去,他们已看到可以通过有计划地利用政权来防止失业。他们不会容许"萧条地区"(例如两次大战之间的年代中的查洛、达拉姆、南威尔士等地)重新出现;他们已懂得这些地区是无计划地滥用社会资源所造成的,这些资源根本没有必要为私有制的无情勒索牺牲。他们不会听任、至少不会泰然听任地主和投机建筑商借重建英国之名而从考文垂和普利茅斯、东伦敦和默尔西河畔的苦难中攫取暴利。

重要的问题是:各民主国家反对纳粹主义的斗争究竟是不是如我认为丘吉尔先生所设想的那样为了保全一种民族传统,这种传统的历史性梗概他打算加以维护;或者那个传统中究竟有没有赞同地接受我刚才列举过的那三个基本事实及其巨大影响的余地。仅仅说民主国家中的一切政党都致力于"各阶级间的公道"或"社会安全"等等是不够的。只要目标规定得相当清楚,各种意见总是能取得一致的;就因为不同的阶级赋予那些目标以不同的内容,并且对实现这些目标的方法各持己见,人们才互相残杀。在英国的波兰政府宣称要在战后建立一个民主的波兰;但是它的成员中却有很大一部分属于这样一些政党,它们在当权的时候恣意剥削波兰的工农,而且目前还在进行(尽管是拐弯抹角的)恶毒的反犹宣传。丘吉尔政府的成员们目前所许的愿,绝大多数是上次大战后许过的,而且获得过同一个阶级的支持;那也是一次"使世界

确保民主”的战争，而工人们却不断着重指出：胜利一到手，许的愿也就被忘记得干干净净了。如果强调说：我们目前正碰到和1919年同样的危险，而且它们的后果在我们这一代要比在上一代严重得多，那可不是讽刺，而只是常识罢了。

这就是说，我们必须面对一个事实：政治民主战胜威胁着它的外来危险，乃是过程中的一个阶段，而不是过程的结束。这是一个必不可少的阶段，没有它，就连考虑民主制度的未来也肯定是多余的了。但是，尽管纳粹主义被打倒了，产生纳粹主义的那些难题却仍旧会遗留下来，而且内容复杂得可怕。每一个因为不打算和民主的经济及社会含义妥协而打算和纳粹主义妥协的民主国家的统治阶级的思想意识还会原封不动。胜利本身是个机会，而不是目标的实现。它给予民主又一个机会，但并不保证这个机会一定会被利用。

有常识的人都知道这是事实；只有了解了这个事实，才能实事求是地和意志坚定地对待它。有充分的证据可以认为，当危机被克服以后，我们将开始少记得我们的共同点，而多记得我们的差别。不少人急于给工资规定一个最高限度，他们愤愤不平地抗议说我们的捐税打击了制造商的积极心。丘吉尔先生本人就说过：“有人对我们说，工人的行为是多么恶劣，可自有许多一生从来没有做过一天苦工的人出来随声附和。”[①]劳逊先生在同一次辩论中说：“那些批评工人的人很少注意到社会上有不少人从来不做工作，却有足够的钱去买随心所欲的食物，可以坐了汽车上某些地方

① 《英国国会议事录》，1941年7月29日，第373卷，第91期，第1300栏。

买东西，而且往往可以买到别人买不到的东西。关于那个阶级的事情我们听到得很少。我们也没有听人说起，去年大多数工人为了替国家出力，几乎一个个都干得精疲力尽。”贝文先生对议会说：“假使有人挣一千镑、二千镑或者三千镑，那不过完全是想象出来的，但假使一个工人挣了五镑多，就有人以为世界末日临头了。”

“我们宣告，”贝文先生说，“我们要奋斗到底，消灭纳粹制度及其霸权和侵略野心；我们要在社会上发扬一切人自由平等的精神。”[①]我相信，在这些话中，贝文先生总结了全世界工人的雄心壮志。但是，雄心壮志要实现，就非得有能直接实现它们的条件不可。没有条件，纵有雄心壮志也枉然。现行的经济制度需要保持经常的失业后备；生产是为了使生产资料的所有人赚钱；它根本不去从社会角度上考虑它的生产原则或分配原则；它完全按照真正中立的供求去积累和投资。它使我们的绝大多数制度和思想习惯适应于它的内在需要。它除了赚钱的本领之外，什么生存的考验都不懂。它除了那些强加于它的社会改革之外，什么改革都不接受。它一向最关心的自由是赚钱的自由；它所坚决主张的平等的作用一向只以所有主为限。民主的历史，正如托克维尔和马克思从他们截然不同的立场看到的，迄今为止一直严格局限于为营利目的服务。

当然，在过去的七八十年中，消极国家的确变成了积极国家；它的许多职能被故意设计来减轻资本主义原则所固有的后果。但是，这方面有两个观察到的事实要指出。第一，从历史上看，所有

① 《英国国会议事录》，1941 年 7 月 29 日，第 373 卷，第 91 期，第 1334 栏。

主对每一个让步总要顽抗到底，直到只有以暴力的代价才能拒绝时才不得不让步；第二，还是从历史上看，他们所作出的每一个让步，都没有从根本上动摇他们所掌握的权力的大本营。争取国民教育的斗争、工厂检查制度的确定、普利姆索耳商船安全吃水线[①]的实现、防止工业中流汗的努力、建立一种失业救济标准以创造合理的生活条件、承认工人有权运用集体力量从事劳资谈判，所有这一切都只不过说明了上述两个事实而已。资本主义追逐利润是向来没有良心也没有怜悯的，这又是历史上显而易见的事。在战时被有关罗德西亚铜矿的报告重新肯定了的帝国主义在非洲的劣绩、大城市的贫民窟、由于营利目的而拒绝给予绝大多数农村居民以最起码的水电等便利、两次世界大战之间的年代中查洛市的命运[②]、作为世界第二个最富有国家的我国有百分之三十人口营养不良，所有这些以及诸如此类的事情，就是贝文先生提到的那种雄心大志必须纳入的框框。

事实不仅如此。纳粹主义的失败将会去除对我们安全的一个严重威胁。它使统治阶级确信他们的特权已免除了外来侵略的危险。但是它却使我们的社会和经济结构处于更危险的境地，因为促成举国一致的主要动机不再起作用了。存在着从战时经济变为平时经济的重大问题。存在着和复员同时产生的许多问题，这些问题具有严重的和危险的心理挫折的含义。必须重新安排出口贸

① 普利姆索耳(1824—1898)，英国改革家、议员，由于他设法使议会通过商船载货条例，因此最高载货线就被叫作普利姆索耳载货吃水线。——译者

② 参看威金逊女士附有充分证明文件的报告：《一个城市的毁灭》(Murder of a Town)(1938 年)。

易,不少贸易的对象很可能早已被战争弄穷了。我们已失去在美国的投资,而且已变成美国的债务人。存在着使饱受仇恨和痛苦蹂躏的欧洲大陆恢复正常安定生活的问题。存在着长期处于总体战高压下的男男女女天然希望恢复(哪怕是一个短时期)他们在两次大战之间年代中恋恋不舍的那种特权惯例的反应。资产阶级天生是胆小多疑的。从历史上看,它进行思想革新的能力总是远远落后于它所面临的需要。在两次大战之间的年代中,尽管碰到的问题的规模要小得多,它也不敢壮起胆子来尝试一下。它不但不相信民主,而且只要有力量,能够钻空子,还协力来推翻民主呢。有了这许多证据,我们还能断言统治阶级会帮助或者主动实行一些旨在消灭他们的特权的措施吗?

因为,我必须再一次强调指出,要了解我们时代的特征,就非把它当作宗教改革那样的时代来考虑不可。它是这样一个时代,占统治地位的经济的各项原则已不复能充分发展它们所支配的生产力。它的扩张能力已经耗竭,它的种种矛盾已经压倒了它的目的。那就是为什么它在全盛时代能强加给人的价值不再能博得普遍的信任,因为这些价值和经济上获得成就的事实再也联系不起来了。在资本主义经济的合法范围内,只有依靠牺牲人民群众的福利才能获得利润。由于人民享有选举权,又能组织强大的工会来维护和提高他们的生活水平,这就意味着他们必然会利用他们的政治权力和经济权力在那个合法范围内取得根本性的调整。

这种情况是不可避免要发生的。一旦人们感到社会制度的合法范围妨碍人的力量去充分发展生产力,一个革命的时代就总是迫在眉睫了。把一个时代的革命特性表现得最充分的,莫过于它所经历的道德危机。人们感到传统价值失效了，渴望有一种新的信仰；无数小的集团置身于社会力量的中心运动之外，并扬言真理在它们那边；一句话，为某种特定的经济关系支持的现代文明崩溃了；所有这一切过去是、现在仍然是一种生活方式终于崩溃的标志。正如封建主义被资本主义代替时显示了这些现象；正如封建主义的生活方式被代替不免要发生战争和革命，资本主义社会末日的情况也是这样。资本主义社会所以用民主政治形式表现出来，是因为那些从转变获得好处的人需要人民群众的支持来克服他们遇到的抵抗。但是，他们在获得胜利后所建立起来的民主却在特权的领域前停住了。这种民主是不完备的，因为它认为权力是所有权的作用，没有所有权也就没有权力，只好让步。事实上，资本主义民主永远是件稀奇事儿，因为同盟的每一部分的内在原则是和其他部分的原则相抵触的。但它还是被接受了，因为所有主们能够作出的让步的范围非常广泛，能够满足几乎直到今天还在大声要求让步的人民大众。

这种民主之所以被接受，还因为（尤其在法国革命之后）它获得了民族思想的威望和权力的支持，这种思想支配了民主社会里绝大多数人。我认为的确可以这样说，像列宁那样觉得经济上的不公平比异族统治更坏的人是不常见的。因此，民族主义总是能够使人们在共同的危险前团结起来；如果敌人具有纳粹主义的特性，它促使人们团结的力量就更是完全可以理解的了。事实始终是，当共同的危险消除以后，衰退的资本主义所必不可免的各阶级间的经济问题就又变得迫切了。这些问题使民主处于进退两难的境地。资本主义一定要能够恢复它那扩张的能力和让步的能力，

这样它才能继续维持民主形式，否则就只好放弃民主形式。在后一种情况下，它要么放弃民主，这就几乎肯定意味着迅速向某种法西斯主义形式转化，要么它本身由于承认经济组织中一个新的构成原则而被改造掉。

当然，以上所说是过于简单化了的，事实要比我们能总结在思想范畴内的复杂得多。我所要着重指出的是，我们社会的经济统治者们已经使国家适合于一些目的，这些目的首先在于维护他们的所有权所固有的特权；只有在能够满足人民要求的时候，他们才能把国家作为一个民主国家而据为己有。我认为他们那种满足人民要求的能力已经衰退了，我们所经历的严重道德危机就是衰退的凭证。由此可见，要消除道德危机，就非使国家恢复厉行传统纪律的力量不可；这种力量乃是国家所支持的所有制的经济成就的直接作用。没有这种经济成就，就没有共同的目标，正是这些共同目标使社会成员们感到他们大家都和和气气地共同负担着社会上存在着的不公平和不合理现象。

在这一点上，我们当然遇到了每一个像英美那样各阶级间有着巨大不平等的社会所固有的严重困难。这些不平等，在一个阶级看来分明是无法为之辩护的，在另一个阶级看来却是和公共福利相一致的。索尔斯伯里侯爵[①]不能设想贵族院的主要目的竟会不是阻止社会主义来到英国；工党不能设想贵族院有权阻挠一个

① 索尔斯伯里侯爵，英国一家贵族的封号，姓塞西尔。这里大概指第四代侯爵，即 James Edward Hubert Gascoyne-Cecil(1861—1947)，英国保守党死硬派领袖，曾任掌玺大臣、贵族院议长等职。——译者

在全体选民中获有社会主义多数支持的政府的意志。美国工会把《瓦格纳法》[①]看作保障他们自由的大宪章，美国大老板们却普遍认为它粗暴地侵犯了企业家决定雇用什么人和按照什么条件雇用的权利。在这些对抗的看法后面，往往是年代悠久的习惯势力，这些势力使那些抱这种看法的人对他们敌手的行为前提置若罔闻。经济膨胀时期所以能有和解的余地，是因为它给了人调整的时间。在经济萎缩时期，和解起来就困难得多，道理很简单，因为它不让人有考虑的余地。它迫使人们要么把长期的经验教他们视为基本的东西放弃掉，要么只好斗争。这就是我们目前的处境。只因为在希特勒被打倒以前，还有一个头等重要的目标，它才延迟了，但并没有获得解决。

把民主国家在这方面碰到的问题表现得最清楚的，莫过于丘吉尔先生对复兴所持的态度。希特勒对英国独立的严重威胁，意味着丘吉尔先生担任首相时必须组成一个各党各派的联合政府；因为没有工党的直接参加，他就不可能获得做工党后盾的工人阶级的充分支持。但是，在丘吉尔先生担任首相的整个期间，他的处境显然十分尴尬。就争取胜利的问题来说，一个历史上空前团结的国家在支持他。甚至对胜利必须实现的名义上的目标的看法，也相当一致。所有的人都认为战败的德国必须永远不再能利用侵略作为执行国家政策的工具。大家一致认为，战后必须给予人民群众以较大的经济稳定。大家都同意必须想办法提高全体人民的

① 《瓦格纳法》，奖励工人集体谈判及保证工人有自由选择工会权利的法律，由美国参议员罗伯特·瓦格纳提出。——译者

生活水平;共同的繁荣是国际和平的基础,即使德国和意大利也必须参与那种繁荣。

在宣布这些目标方面,丘吉尔先生没有遇到什么困难。但是对于实现这些目标的方法,他就不能发表声明了,因为对它们根本没有真正的一致。一方面,他作为保守党领袖,不得不坚称他赞成"传统的"英国,并且拥有"少数切实可行的复兴措施",另一方面,他的工党同事们却向全体选民保证过要彻底改造"传统的"英国,并且不安地了解到至少也得实行一项开始改变资本主义基础的复兴计划,否则选民们会深感不满的。丘吉尔先生懂得,当和平到来之后,欧洲的恢复将取决于英国的领导,但英国首先要能够在和平时期在本国保持共同一致的伟大生活目标,然后才能把主要精力用于复兴工作。他表示希望他所领导的联合政府在战争结束后能再维持三年,以便领导欧洲的稳定和复兴。

很明显,联合政府能否继续存在下去,要看丘吉尔先生能够向工党提供的条件的性质而定。无论如何,他不会公开宣布那些条件,工党也不能公开询问,生怕张扬出去会暴露出联合政府各伙伴的种种想法之间的差距,一旦纳粹主义的迫切危机消除以后,这种差距肯定弥补不了。事实不仅如此。丘吉尔先生那样的党旨在维护资本主义,工党则至少形式上承认必须对英国进行社会主义改造,这些党联合起来后所产生的问题,清楚地表现在战时内阁成立头两年中所采取的对内政策的特征上。保守党由于经济制度的所有权或控制权没有重大改变而很满意;资本主义在英国的大本营仍旧原封未动,虽然必须为战争作出种种安排。工党则从一系列社会改革得到了安慰,例如家计调查的切实废除、养老金和抚恤金

的增加、农业工资的提高等等，所有这一切都给旧的经济创伤贴上了膏药，却没有提出更微妙的防止旧创复发的问题。折中方案的每一方面都是个必不可少的过程，因为任何一方都不敢冒险从根本上提出那些可能损害由危机造成的举国一致的问题。工党必须永远记住，法国的有产阶级宁可吃败仗而和希特勒合伙，也不愿放弃特权；保守党不敢忘记，没有工党的支持，他们就不能获得胜利，而没有胜利，他们的特权也就完啦。

我知道，巨大的客观力量正在英国起作用，不管人们的愿望如何，这些力量在和平以后肯定会使社会组织和经济组织马上发生深刻的变化。疏散、工业的巩固、新的征税水平、"重要劳动法"的含义、新的生产技术、生产力潜在来源的巨大扩张、空袭造成的英国新面目，凡此一切都具有莫大的革命性影响。我还知道，到处都渴望有一种新的信仰来据以保持战时的团结，并且愿意从事尝试来发现那种信仰。

但是，这里有三个严重的困难不容忽视。第一个困难是人们被要求为了未知事物的可能性而舍弃根深蒂固的习惯时总是感觉到的。人们多半赞成一般性的巨大改革而反对某一方面的特殊改革；如果哪一群人自以为受到了某种实行特殊改革的具体建议的损害，就会使出浑身解数来把它搁到"战后"再说，而且往往能够如愿以偿。搁置是联合政府的坏毛病。银行的未来、土地的未来、铁路和矿山的未来，凡是有关这些事情的实际决议，全都被搁置起来了。印度自治问题、殖民地人民极度贫困问题、在知识刚开始发挥作用时人民群众就不能再继续受教育的情况下民主能否存在下去的问题，所有这些必须严肃对待的问题也都被束之高阁了。一个

国家决定了它抱持的目标之后，就可以尽量妥协，但如果害怕选择目标，就无法妥协了。

第二个严重困难显然和第一个困难有关，那就是有这样一个普遍的倾向，认为复兴是一件要等到战后才加以筹划的事情，而不把它看作一个过程，这个过程的性质事实上取决于战争所据以进行的那些社会措施和经济措施。因为，事实很明显，如果在人们准备从事巨大的尝试、危机的感觉使他们懂得谁也少不了谁的时候尚且确定不了目标，那么等到胜利使牺牲和妥协显得不复有迫切需要的时候再来确定目标（至少是按照获得多数人同意的条件）就越发难上加难了。在战时畅行无阻的每一种特权、每一项不公平和无能，在和平以后就有了新的自卫力量。既得利益在战时尚且不肯完全服从国家需要，一旦极度的强迫性去除后，是不见得会情愿服从调整的。确凿的证据表明：在这方面有许多好机会已经错过了。我认为，在法国投降那时，丘吉尔政府掌握了对人和对财产的大权，全国人民的情绪能容忍甚至能欢迎大规模的试验，这些试验在确定了复兴的轮廓之后，将为它在和平时的型式奠定必要的基础。但事实上，对人的权力行使得异常激烈，对财产的权力却几乎没有使用过。少数农场主由于使用土地无能而被免职；少数商号由于同样原因而被改组。但总的来说，经济力量的部署到战争结束时仍旧会和战争开始时一模一样；唯一重要的区别是：为了最有效地利用人力而形成的工业的集中，将会使大生产单位对小人物处于占有巨大便宜的地位。由于在战争结束时，大规模的国家干预是不可避免的，因此在没有防免办法的情况下，这就意味着直接大大加强向垄断资本主义过渡的总趋势。

我必须提请大家注意的第三个困难，在英国自然要比在美国明显得多。处于像我们这样的时代，就维护民主这一点来说，再没有比伟大的领导更重要的了，而从最终意义上讲，伟大的领导就在于使可能的事成为不可避免的事。民主要继续存在的话，不但必须在战争中赢得胜利，而且还必须像我已力图说明的那样，在争取胜利的同时，决定赢得胜利究竟是为了什么。但是，战争的努力本身是个非常艰巨的任务，我们的领导们把全部精力都用在它的种种难题上面了。他们把注意力集中在战争上，在演说的结尾才对未来恭维几句。当斗争席卷半个世界时，能够置身于斗争的各种迫切事件之外是最难能可贵的品质。当前的任务迫切需要他们全力以赴，把时间花在他们自以为是将来的问题上仿佛是浪费了。他们至今所不了解或不能据以奉行的是：将来的问题其实已经是眼前的问题；因为他们眼前作出的决定确定了将来的问题的模样。比方说，没有一个英国政治家曾给予我国以任何指导，其性质能和罗斯福总统在 1941 年 1 月 6 日致国会咨文中为美国人民提供的形势图相提并论。的确，丘吉尔先生使我国人民吃苦耐劳以应付任何不测的能耐，是随便哪个国家的政治家都及不上的。但是，丘吉尔先生的作为也只限于强调指出必须为胜利艰苦奋斗而已。他并没有要求全国人民接受他认为艰苦奋斗所必须为之服务的那些目标。他所最最关心的，与其说是组织未来的希望，还不如说是维护昔日的荣耀。

我已经说过，将来的问题其实已经是眼前的问题；其所以没有能够本着这个道理去做，有一个情况值得特别解释一下。这次战争是一次拯救全世界人民的心灵的战争。我们的任务不光是消灭

纳粹主义，而且还要使那些被希特勒征服的人通过参加推翻他的斗争以恢复自尊。那就是说，我们要力图激起对希特勒的权威的反抗，一旦他的失败成了定局，这种反抗将会达到革命的规模。但是，其所以要激起反抗和革命，就是为了重新肯定人民对民主原则的信仰。要做到这点，唯一的办法就是用事实证明民主有力量解决经济问题，解决贫困、不安定、无穷尽的苦工生活和愚昧无知，纳粹主义就是在那样的环境中产生的。我们知道纳粹主义是坏的、丑恶的、残酷的，但我们必须郑重考虑这样一个事实：纳粹主义不光是一种强加于人的思想，而且还是一种它的受害者所抵抗不了的思想，除非我们使受害者对未来抱有希望，从而现在就有勇气去反抗。我们要防止他们死心塌地做奴隶，而目前德、意两国人民的心情主要就是这样。

我们必须记住：每一个损害我们民族生活的弊端、每一项我们制度中可以被利用的不公平、每一个我们解决不了的问题，都是纳粹主义手中的一样武器。我们号召被征服的人民起来反抗，但这个号召有被他们看成拿一个主子换另一个主子之虞。他们不断从纳粹主义的代表人那里听到我们的民主的种种限制；我们必须让他们明白，我们正在努力冲破那些限制。但是让他们明白的方法，就是现在就着手去冲破。我们的一切政治战的缺点在于对未来提出动听的然而含糊的保证，却不把目前的具体成就交代清楚。仅仅答应维护“传统的”英国（尽管拥有少数未详细说明的“切实可行的复兴措施”）不能算是对纳粹思想的有力回答。我们激起反抗使之成为革命，维护自尊使之成为民主，其方法是用榜样而不是用教训，是用重大的措施而不是用动听的演说。

我已经着重指出过当代的心理状况和宗教改革时代的相似，那种相似提供了一个值得玩味的例证。宗教改革时代的显著特征之一，是人们的勇气和坚忍不拔，他们为了信仰而蔑视苦刑和死亡。他们的勇气来源于对某种得救之道抱有信念。我们的问题就在于使我们这一代人具有同样的信念。迄今为止，这一点显然还没有做到。这种信念也不像有些人猜想的那样，只要奇迹般恢复对神的信仰就会产生。那些使得天主教徒和新教徒不顾一切危险而忠于自己理想的条件多半已经不存在了；在今天，关系重大的保证不是来世的酬报，而是今生今世可以到手的酬报。对于人民群众来说，并没有关于这种酬报的保证（也许只有苏联是例外），除非提出那种保证并使之实现，我们所需要的信念是不会产生的。关于那种信念所能够有的影响以及它给予人的勇往直前的精神，我在本书第二章中把清教徒的心理习惯和布尔什维克相提并论时已经谈过了。当然，那种态度所包含的危险不亚于它的优点，但这种品质却是取得伟大成就所必不可少的。

我的论断是，在目前的民主条件下，无论在英国或美国，人民群众是不会有那种信念的。毫无疑问，目前有着无限的勇气、决心、史无前例的坚持到底的力量。但这些品质在其中起作用的环境是消极的而不是积极的。谁要是和我国人民有密切的或经常的联系，一定会相信事实的确如此。争取胜利的决心固然很大，对今后事态发展的顾虑同样也不小。大家都清楚记得 1914 到 1918 年的诺言和希望，也记得它们怎样在两次大战之间的年代中落了空。大家都渴望有经济上的稳定，不断要求政治家们提出这种稳定能够实现的证据。有关“一个战后新世界”的议论获得的是怀疑而不

是信任。大家都担心没有一个政党能胜任摆在它们面前的任务。即使那些确信我国能在丘吉尔先生领导下取得这次战争胜利的人,也不相信它能在和平时期取得胜利。全国人民在盘算他们的种种难题,前所未有地密切注视着领袖们的行动,急于获得他们还没有感到已经获得的保证。人民对行将碰到的问题的性质十分敏感,非常怀疑领袖们会有胆量去创造性地对待它们。

不过,有两件事是可以肯定的。人民由于懂得吃苦是为了什么,就恢复了在"姑息"时期显然失去了的那种自尊。由于恢复了自尊,就对争取自由有了战斗的意志。他们前所未有地把自由纳入平等的范围之内,而且将强迫人家注意那个范围。凡是胜利所需,老百姓都会全力以赴;但任何人只要看见过他们并同他们谈过话,不管是晚上在防空壕里、黄昏时分漫长的队伍开始到乡下某个心目中的安全地带去的时候,或是坐在工厂的板凳上漫谈他们老板的脾气的时候——任何人只要看见过他们并同他们谈过话,就可以十分肯定:人家说的他们正在为之而战的自由,正是他们自己要争取的自由。步兵和水兵、飞行员和商船船员、码头工人和工程师、造船工人和矿工,他们全都知道是他们拯救了英国,而且还隐隐约约感到是他们拯救了文明。他们会索取报酬。他们不愿回到一个存在着大量失业和萧条地区的英国,不愿眼看考文垂和普利茅斯、伦敦和默尔西河畔为了地主和投机承包商的利益而重建起来。他们有权利避免这些事情,他们将为这样的权利而斗争,为防止特权阶级用任何一种恶势力来损害他们而斗争。我并不认为他们肯定以为自己会赢。我只是确信他们不会不经过斗争就被夺去安全和希望。他们说,假使这是一次人民的战争,那它就必须以人

民的和平而告终。

那就是他们向他们的统治者提出的问题，统治者必须对这个问题打定主意。我不以为有根据说统治者会满足他们的愿望。的确，统治者会根据自己的立场作出真正的、甚至于慷慨的努力来满足他们，这是没有疑问的。问题是，统治者的立场是否和人民群众的立场接近得足以使同意的革命成为可能。全世界的人都隐隐感到这个问题是一个根本性问题。从根本上讲，这次战争确实是为了这个问题进行的，因为希特勒的真正意图是要把世界变成一个巨大的奴隶殖民地，为德国人民的利益服务，作为他保持极权的交换条件。也就是这个问题调和了罗斯福总统与美国实业家之间的主要矛盾。很简单，那是民主国家的特权阶级会不会（按照马修·阿诺德[①]喜欢用的措辞说）自愿选择平等而舍弃贪欲的问题。如果它这样选择的话，生产关系就会重新和生产力相适合，民主就能改造资本主义，从而克服目前威胁着要毁灭民主的种种矛盾。如果它这样选择的话，一个陷于困境的民主国家就能使非常的危险时刻成为非常的良机时刻。这个选择，无论从什么角度上去认真分析，总之是个非常清楚的选择。同意的革命能在更广大的地区以更大的力量肯定民主的各项原则。暴力的革命纵使获得成功，也必然会停止民主的程序。纵使它获得成功，我们从1789年和1917年的经验知道，它会引进一个残酷的时代。如果暴力的革命失败，它就会把人们（就像希特勒所企图做的那样）带进一个可怕的丛林，在那里，人的尊严将被对权力的欲望牺牲掉。

① 马修·阿诺德（1822—1888），英国诗人、散文家、文艺批评家。——译者

我认为，这就是我们目前正在决定的问题。必须记住，供我们作出决定的时间是有限的。只有在战争的戏剧使得共同的利益比任何私人的利益都重要的时候，同意的革命的可能性才能保持下去；但一旦和平带来了恢复生活惯例的天然欲望，这种可能性也就没有了。在和平到来以后，人们会强烈地提出要求，这种强烈程度将一方面由于期望，另一方面由于习惯势力而变得分外尖锐。由于挫败的感觉将更加强烈，所以他们的分歧也就益发不能调和。供我们作出决定的时间是有限的。系于这种决定的前景真正决定了下一个时代的文明的性质。只有在我们这个时代中，才有那么多人贡献出那么多力量以使自由获得新生。他们的慷慨会引起什么反应，目前还不得而知。但我们至少可以抱有希望，因为事情还没有定局呢。

第五章　民主的内在条件

一

一个革命时代的混乱使得政治估计中一切简单的东西成为高不可攀的奢求。确定目标是容易的，要对实现这些目标的方法取得一致意见就难多了。口头上说这次战争是为民主和自由而战是容易的，要把民主和自由贯彻到男男女女的私生活中去就难多了。口头上说我们为反对极权思想而战是容易的，要承认战胜极权思想免不了要冒变得和我们敌人一样的严重危险就不那么容易了。当许多国家在为它们的生死存亡战斗的时候，伦理学上的精确性不是它们需要郑重考虑的问题之一。我们坚称这个世界不能忍受一半奴役、一半自由，但却确信有必要“姑息”把西班牙变成一座大监狱的佛朗哥将军。我们向葡萄牙的独裁者萨拉查献殷勤。我们谴责希特勒的罪恶的反犹主义，却包庇波兰临时政府，让它利用我们给的钱来拐弯抹角宣传一种同样恶毒的反犹主义。我们盛赞人民自治的权利，却把一万二千个印度人关进牢房，就因为他们珍爱这种权利。我们谴责纳粹德国的种族自大，却只许“有欧洲血统的人”来担任殖民地的重要行政职务。

要从我们所置身的各种错综复杂的矛盾的迷宫中找寻一条出

路，就不能随随便便接受一张简单的处方，把它作为走向和平以及建立在和平基础上的丰衣足食生活的必然途径。未来中有太多的东西是我们完全莫名其妙的。太多的利益，例如国家利益、经济利益、种族利益，需要我们为它们建立一个共同的福利水平，这些利益都处于不同的权力和发展水平，以致我们不能直截了当地走向我们的目的。这次战争会遗留下太多的宿恨世仇，使必要的合作谈何容易。从我们眼前的一切可能性来看，我们唯一能够做的事情，就是跟着好像在招呼我们前进的黑暗中的一线光明走，尤其要记住：除非我们大胆去试着实现我们想达到的目标，就休想哪怕稍稍自觉地掌握我们的命运。肯定会使我们失败的一个因素，就是缺乏勇气。

但是，尽管我们浑浑噩噩，我们处境中有几件事还是很清楚的。两次世界大战标志着以宗教改革开始的时代的告终。我们愿意也好，不愿意也好，反正非实现计划化社会不可。在这个发展过程中，除非我们能设法重新确定一个共同的众所公认的价值体系，并且拟出一套共同的办法来使它行之有效，那么各国在这个相依为命的世界上的利害冲突必然会导致一次新的战争的爆发。这就是说，要过渡到计划化社会，就得对计划的目的取得一致意见。没有丝毫理由可以认为计划化社会能增进老百姓的福利，除非计划是专门为了增进老百姓的福利而拟订的。诚然，和英美的情况比起来，迄今有过的一切计划化社会的经验只意味着福利的减少而不是增加。这些计划化社会是建立在三个总原则之上的，而这些原则的丑恶却显而易见。第一，它们依靠一支庞大的秘密警察来压制那些反对计划者的人，不让他们的私人经验公开表现出来。

第二，它们不让人民群众自由选择那些掌握政权的人。第三，为了使计划者继续当权，它们在一种可怕逻辑的驱使下，不得不把一切严重的反对看成叛国。因此就有了墨索里尼暗杀马特奥蒂事件、1934年6月30日希特勒实行的清洗以及苏联的一连串残酷的叛国审讯。

要建立一个计划化社会很容易，只消牺牲个人自由而让社会的统治者来共同行使政权就得了。为了同极权主义斗争，我们自己也不得不计划；这样就有在击败极权主义的同时，把极权主义的习惯因袭到我们自己生活中来的危险。因为我们知道，击败极权主义的代价，是不能保持过去的传统文明。战争意味着一次经济革命，其全部动力是牺牲小生产者的利益来发展大工业；这种发展是不会走回头路的。它意味着某种程度上的国家干预，这种干预使全部社会的和政治的习惯为之改观。如果我们要为民主和自由而计划我们的文明，首先就决不能恢复两次大战之间的年代中的基本形式。因为那种形式包含着种种紧张和压力，它们使希特勒和墨索里尼有出头机会，并且使英美两国在严重不景气年代处于经济灾难的边缘。两次大战之间的年代清楚地表明，在存在着大量失业和萧条地区的情况下，民主是生存不下去的。人民指望政权来弥补失业和萧条的后果，假使当权者使他们失望，他们就会听信任何一个保证用政权来帮助他们的人的话。提这种保证的人（就像希特勒和墨索里尼）也许并不认真想履行它。不过，老实也好，不老实也好，保证反正会被强制实现；强制意味着干预，干预就是计划。在某一个关头，我们的历史形势注定了计划的不可避免性。我们要为之计划的是民主和自由；因为不以这两者为目标的

计划一定要发动战争，借征服来获得它不能依靠和平发展获得的利益。那么，我们说要为民主和自由而计划究竟是什么意思呢？

一个民主社会所涉及的既是其成员的精神上的相互关系问题，又是借以统治社会的各种形式问题。统治者必须能够经常对人民履行其实际责任，而不必使用暴力。人民有权选择统治者，对于他们没有宗教、种族、性别、肤色或财产各方面的歧视。民主社会的程序基础是：一种能够定期以和平方式选择统治者的普选制。

但是我们必须明白，这种程序不能脱离一定的条件，只有这些条件才使责任这个概念具有意义。一个民主社会是靠维持一种任何人都不能超越其上的法治而存在下去的。因此，它的存在决定于要能够不断维持对它力图通过政府来实施的各项法律的尊重。归根到底，尊重法律是出于自愿而不是出于高压；一个以秘密警察和集中营为强迫人民服从的主要工具的社会，是不能在其成员之间长久地保持目标的一致的。同样归根到底，尊重法律的习惯之所以养成，是由于人们感到社会使他们和像他们这样的人有力量满足他们认为合理的愿望，而且这种力量是为要求他们加以尊重的法律所支持的。如果有为数不小的或有权力的一部分人，尽管他们是少数，在一定时期内没有这种感受，民主方法就肯定要失败了。

这就说明了，就像我在本书第一章所力图表明的那样，为什么民主取决于理智的力量支配人们的头脑，为什么恐惧和不安定对那种力量是致命伤。此外，这也说明了，为什么只有当人们感到他们具有共同一致的伟大生活目标，而他们力图实现的价值又都相同的时候，民主制度才能继续存在下去。他们每当在被旧的传统

习惯重视的制度下分享到不断增长的福利时，或者就像我们目前一样，他们的差别被他们必须团结起来全力克服的巨大的共同危险置诸脑后时，就总会这样感到。因此，我的论断决定于这样一个前提：在希特勒失败之后，民主将普遍遭到危险，除非它提供一种能给予世界人民以不断增长的福利的经济制度。我已经论述过，在资本主义强加于人的生产关系下，这种福利是再也得不到了。因此，如果我们希望维护民主，就非改变生产关系不可。

当然，实行计划化，主要就是破坏现行的经济关系，这种破坏的困难，甚至于危险，是不言而喻的。俄国的革命、意大利和德国的反革命，这些就是我们时代中破坏的代价。即使在总体战的严重压力下，我们的统治者还是想这样地计划，不让任何强有力的利益方面因蒙受破坏而不满；那些宁愿屈膝投降而不肯破坏经济关系的法国人的榜样，对英国政府究竟自觉和不自觉地起了多么巨大的影响，我们是永远不得而知的。美国不像我们那样惯于把政治关系小心翼翼地隐蔽起来，不让公众知道。在那儿，我们至少已经清楚地知道，总统不得不在美国重整军备纲领的几乎每个方面严格限制计划生产的可能性，唯恐过分破坏现行的经济关系会影响到他所需要的大企业的合作；而大企业的某几个领导人所以进了生产管理局，至少既是为了想促进生产，又是为了决心对破坏经济关系加以限制。最合乎理想的是：我们应该计划最大限度地利用我们的资源以争取胜利，而不去考虑计划对既得利益的影响。但实际上，我们知道这样的计划是会被它所克服不了的心理上的反抗摧毁的。

我决不是说那些反抗是不爱国的。它们是一种其心理气氛使

不同的思想方式无法存在的制度的产物。它们是我们为一个生产为牟利服务的不平等社会所付出的部分代价。一种以三百年成功企业为动力的习惯体系，哪怕在危急关头也不会心血来潮地放弃它的立场，就像一个人在宗教信仰方面突然领悟新的真理一样。习惯是很难革除的，而且也不会轻易听信一番不从它自己立场出发的道理。我们只要把穷人相当容易就能适应疏散时不得不有的住宿地而富人却极难迁就这两种情况对照一下，就可以明白了。对穷人来说，居处的狭窄和费用公摊，以及缺少独处的条件，本来就是习以为常了的；对疏散者的接待只不过是他们生活中一个量的变化而已。但对于富人来说，这却是一些其生活方式和他们迥然不同的人的习惯的侵入；而他们容忍这种接待（哪怕作为暂时的措施）所要花的气力，只不过比他们千方百计想逃避责任所花费的心血少那么一点点罢了。

就英国的民主来说，战争的重要问题是充分动员它的资源和使它的习惯适应于一个目标，这个目标的实现意味着战前生活方式的巨大改变。这主要应该通过同意来实现；假使用高压手段蛮干，就会破坏胜利所系的人民意志的团结。那就是说，我们所从事的计划多半是一种不适当的妥协。也就是说，我们能超越那种妥协所包含的限制多远，是取决于人们所感到的危险的严重程度的。比方说，敦刻尔克溃退后几个严酷的星期内所引起的努力和提供的革新机会，显然要比 1941 年夏天德国集中全部兵力侵犯苏联而进攻英伦的紧急性仿佛消除了的那几个星期大得多。在后一时期内，人们又心安理得地恢复了许多老脾气，这就说明：如果在没有战争的严重强迫的情况下干预经济关系，而又缺乏使人们相信这种干预是必要的和公正的心理条件，那么计划社会将会遇到什么样的困难。

假使我们要为一个能增进福利的社会实行计划，就显然必须大大触动所有权的基础。除非我们重新组织生产关系，改变社会的各种目的，增进福利的能力就会遭到既得利益的抵抗而被打垮。因为这种能力并不是一种在真空中起作用的抽象的善意的作用，而是一种具体的善意的作用，有可能在它在其中活动的社会组织内实现。因为我们必须记住，计划本身是不偏不倚的，它是民主还是不民主，要看它所抱持的目的是什么。在意大利和德国，计划被用来为少数特权分子服务；在苏联，计划被用来为人民群众服务。就我国而言，我们所从事的这种计划的目的是取得战场上的胜利，但胜利究竟为了什么，除了纯粹概念化的方式以外，政治家们就根本没有考虑过。全部努力是一支巨大的即兴曲，所有的政党几乎都暗中约定不提出原则问题，免得这些问题给每个政党所拉拢的选民添麻烦。大家一致认为，总体战的影响是革命性的；但是各政党的首领们却几乎一致同意：革命的目的要搁到胜利之后再加以考虑。

我在本书中所抒发的议论有一个要点，那就是：不能把计划社会的目的问题拖下去，否则到战争结束后就必然会威胁民主的存在。其中的道理是很简单的。战争的气氛允许甚至迫使人们作出种种革新和尝试，而它们在和平恢复后却是办不到的。生活常规遭到破坏使我们适应了威廉·詹姆斯所谓的“打破各种习惯的重要习惯”。我们使自己适应于要求建立一个新世界的主张，对从前置若罔闻的各种要求作出了反应。我们发觉自己有一股劲去作出

努力甚至于牺牲，而以前却不知道自己有这股劲。共同的危险为新的合作奠定了基础，这种合作的未来完全取决于它的基础是暂时的还是永久的。如果是暂时的，那么战争一结束，过去的一切分歧就会重新出现，而且还会被战争遗留下来的严重问题加强十倍。如果是永久的，那我们至少就有可能用和平方法达到我们所追求的目的。我们最最需要时间去研究出怎样在战后的新世界里保持共同一致的伟大生活目标。外来危险的威胁将会去除，对作出迁就和牺牲的主要刺激也会随之而消失。在那个时期，除非已经为一个人们有权抱有希望的世界奠定基础，他们的思想就会各走极端，以致无法用和平手段来解决纠纷。他们的各种看法会有天渊之别，无从通过协商和明智的妥协来弥补。假使情况果真是那样，民主就显然再也保不牢了。

二

只要想一想我们的战后问题所必然会具有的规模，就会承认这既不是歪曲事实，也不是夸大事实。我们的经济从战时基础转到平时基础；军队的复员；广大被轰炸地区的重建；无数疏散者有计划有秩序地重返家园；重建的特性所要求的物质复兴中的那些优先权的确定；对农业在国民经济中的未来地位的意见一致；失业者在等待经济复苏时期中的生计；教育这类事业的恢复以及恢复的水平；仅仅举出所有问题中的以上少数几项来，不过为了说明问题的规模，还没有说明问题的严重性。在处理那些问题时必须明白：在战时，我们所以能够举国一致，是由于承认了罗斯福总统那么激动人心地谈到的四大自由[①]，把它们作为各阶级间的共同立场。它们意味着，在经济方面，我们必须奉行三个原则。第一，必须防止大量失业重新出现。第二，必须防止萧条地区重新出现。第三，必须防止重建英国变成地主和投机营造商发横财的机会。

我们在战争年代中所表明的是：一个压倒一切的社会目标能够按照计划防止这些事情发生。无疑的，我们已适度地使营利目的从属于那个目标的胜利。大家一致认为，要取得胜利的话，那种从属关系是必不可少的；从 1939 年以来，唯一真正的争论是：所实行的从属的程度对实现目标来说，到底够不够。为战争的胜利实行计划，必然使人民群众期望在和平到来后为增进物质福利实行计划。但必须认识到，迄今为止，我们所采取的每一个自觉的步骤都是临时性的。如果战争明天就结束，生产关系不会发生永久性的变化；而我们将失去作出革新的巨大推动力。和 1918 年以后的情况一样，对旧习惯和旧传统的压力将会突然取消。各种老的动机将会悄悄地恢复它们的势力；理智占上风的力量将由于必须在那些动机所规定的范围内活动而受到限制。经验告诉我们，那意味着一种暂时的战后繁荣；而后是繁荣和暴跌交替出现的严酷时期，它导致和民主制度积不相容的政治危机。

我绝对不是说每一个人，不管他的政治立场如何，都希望在战后恢复两次大战之间的年代中的状况。谁都不要大量失业；谁都不要萧条地区；谁都不愿眼看靠重建英国发横财。但是，除非我们

① 1941 年 1 月 6 日罗斯福在致国会咨文中提出四大自由作为当时战争的目的，此四大自由即言论自由、信仰自由、免于匮乏、免于恐惧。——译者

现在就把我们的经济制度的根本性质加以根本的改革，那么，我们愿意也好，不愿意也好，所有这些事情是必然会发生的；因为，在没有计划化管制的情况下，这一切事情是经济制度所固有的。我们之所以现在就可以着手改革，是因为具备着接受这些改革的气氛。如果没有那种气氛，能不能通过同意作出改革，就大成问题了。更其成问题的是：战争所需要的努力会使许多人、尤其是那些同意暂时停止行使特权的人感到疲劳，渴望老一套的生活方式，这种疲劳和渴望是难以克制的。社会上每个阶级都会记住它自己作出的牺牲，却不会相应地记住其他阶级作出的牺牲。对于眼前正在为我们赢得胜利的陆海空战士，今天我们抱一种态度，等他们成了靠社会救济、对社会的生产努力没有贡献的失业者之后，又将抱另一种态度，这两种态度将会有天渊之别。必须记住：我们每个人都会知道贫穷和不安定是我们的过错；而我们的犯罪感会变成对那些遭受我们的犯罪行为打击的人的憎厌。反过来说，那些被制度牺牲掉的人也会感到愤怒，而且由于知道这将是我们在一个世代中第二次宁可要匮乏的经济而不要丰裕的经济而分外怒火中烧。1919年之后的那种悲惨景象将会重演，即要求节约国家开支以降低赋税水平；就像在以埃里克·格迪斯爵士①大刀阔斧地削减经费为代表的那个时期中一样，将依靠牺牲多数人的幸福来维持少数人的穷奢极欲的生活。那条路肯定是灾难性的。

但是，我们肯定会走那条路，除非现在就打定主意走另一条

① 埃里克·格迪斯(1875—1937)，英国资本家和政治家，第一次世界大战中历任内阁要职，1919—1921年任运输大臣。——译者

路。要么现在就采取措施，从匮乏的经济转到丰裕的经济；否则的话，由于我们自己的历史传统所提供的特点，我们将不可避免地趋向于一种我们自己制造出来的法西斯主义。的确，我们必须承认，假使现在不去从事根本的改革，战争所强迫造成的变化必然会使我们走上那条路。因为，一种把生产资料的所有权空前地集中在少数人手里的计划经济，肯定会使政权的目的为这少数人的目的服务。从历史角度看，有产阶级的本性是那些目的中的决定性因素；人民群众只能要么投票改变经济权的所在，要么投票保持它。但是，同样从历史角度看，靠投票来承认一项改革，是历史上极罕见的现象之一。只有在掌握政权的那个阶级觉得它肯定会失败的情况下，这才能办得到。例如：梭伦[①]似乎能取得这样的承认；还有，1832 年英国选举改革法案的通过，也许标志着政权和平地转让给那个经济势力已十分雄厚的阶级——必须附带说一句，这种转让是和十七世纪中二十年剧烈斗争的结果直接有关的。我认为，从当代形势的发展来看，1832 年的先例——如果它称得上先例的话——绝少可能会重演。因为，第一，经济权不是主要掌握在那些坚持要重新确定国家目标的人的手里；第二，到那时候，对和平解决的冲动会远远不及今天那样强烈。在选择和平的时候，可能会要求有产阶级放弃特权，但他们必然不会忘记他们能依靠牺牲民主来保持特权。他们能轻易地恢复战前年代的一切论调，凭着这些论调，他们有好些人在使他们恼怒的混乱局势中几乎深信有许多道理可以提出来为希特勒和墨索里尼辩护。当然，他们现

① 梭伦（公元前 638—公元前 559），古雅典的立法家，希腊七贤之一。——译者

在知道这两个人都是坏蛋。但假使胜利以后，经过几个月或几年剧烈的内讧，一个英国的法西斯首领出来保证他们稳享特权的话，他们会不会觉得他也是坏蛋呢？

当然，口头上说这不是英国方式是挺便当的。许多世纪的政治经验已经使我们有了一种妥协的本领。我们之所以能想出解决办法，是因为我们具有除我们之外也许只有美国人才有的政治本能。民主原则已经在我们的经验中深深扎下了根，决不可能把它随便放弃掉。所有这些说法，我认为都是很有道理的。但是，它们之所以有道理，是由于一系列特殊的历史条件，这些条件目前已经失效了。我认为，这些说法在当时所以合理，是因为具备了三个条件。第一，当时我们的经济优势非常突出，特权阶级能不断作出让步而不致损害它的权力；但现在情况却变了。下一代的经济领导权属于美国，不论根据哪一点来看，我们都挺难保全我们的地位。第二，当时我们的岛国地形是我们不论卷入哪一次战争时的重要保护；那就是说，我们不需要一支征来的常备军（没有常备军是中产阶级在英国获得胜利的真正原因），只要凭借以雄厚的经济力量获得的海军优势，我们就是任何一次欧洲战争中的重要陆上因素。1939 年以来形势的发展已深刻地永久地改变了我们在这方面的地位。第三，当时我们的经济制度的基本条件包含着不断增长的福利。就像我已经论述过的那样，这一点不论对于我们来说，或者对于任何建立在那些基本条件上的社会来说，都不再是事实了。我们正在失去（如果还没有完全失去的话）使我们能够在资本主义基础上维护民主的力量，犹如任何其他欧洲强国也不再有这种力量一样。除了所有这一切特点之外，还得加上这么一点：使我们能

妥协的帝国主义基础在战后年代中肯定会失去(尤其是在印度)它对维护社会安宁所作出过的巨大物质贡献。

一句话,我们能依恃国民性中的某种神奇的特长来克服困难的时期已经过去了,除非我们给予那种国民性以适当的机会,使它再一次显示它的神奇的特长。假使我们要保持资本主义作为我们的经济基础,就必须在资本主义所限定的逻辑范围内实行我们的制度。那就是说,必须保持一个贪得无厌的社会,这个社会是被由营利目的所决定的供求关系支配的;政权的目的必须为那些拥有生产资料以营利的人的需要服务。在这种情况下,我们生产的商品以及分配的原则都必须由资本主义制度所厉行的社会习惯来决定。我们能改变它的结果,使之和民主的习惯符合,但决不可因此而损害资本主义的基本条件,那就是:使资本家值得按照他们赚钱的能力继续生产下去。但如果改变到这种程度,以致资本家失去了赚钱的能力,那我们就只好要么放弃资本主义,要么放弃民主。我们是不能同时充分利用其基本原则相互抵触的两个世界的啊。

就因为这个缘故,所以丘吉尔先生所坚持的他对一项新的经济制度不感兴趣,他企图保全一个只服从于少数切实可行的复兴措施的“传统的英国”云云,完全是胡说八道。他不可能做到这点,其故有二。第一,他所理解的那个“传统的英国”已经被战争所促成的各种变化报废了;第二,企图保全它的人,实际上就是企图使一种制度永久存在下去,这种制度的内容至少有三分之一的选民是坚决反对的。建立“传统的英国”的条件已不复存在了。处于像丘吉尔先生那种地位的人所必须回答的问题是:新英国的基础将是什么?就像我已经试图说明的那样,新英国已经很明显会遇到的新问题的性质,使得有了所谓“少数切实可行的复兴措施”就能

解决这些问题的想法显得荒唐透顶。我们的处境所固有的性质使我们现在非改变社会的基础不可;而我们必须作出的重要决定就取决于充实那些基础的目的。

如果我们同意目的是在英国维护真正身体力行而不是徒托空言的民主,那么它所提出的问题是双重的。第一,它是恢复增进福利的能力的问题,第二,它是选择适当时机来开始恢复那种能力的问题。我已经说过,恢复增进福利的能力决定于改变社会的基本生产关系。资本主义已经发展到这样一个阶段,它所保护的既得利益使它不可能再适当地发展生产力。这种不可能性由我们制度中的四个根本缺点表现了出来。第一,资本主义意味着雇工的数目不断增加以及它所雇用的那些人的工资相对降低。第二,资本主义不断提高物价而不相应地增加工资,结果它就解决不了分配问题。第三,资本主义将绝大部分社会收入分配给富人,结果财富越来越集中在少数人手里,因而经济权也就越来越集中在少数人手里。第四,资本主义不再能不断扩张,从而不能向多数人不断作出福利上的让步。由于这些根本的缺点,资本主义社会的生产关系是同它的生产力相矛盾的,正如封建主义的合法关系同十六世纪的生产力相矛盾一样。我们不克服这种矛盾,人家就会用暴力来调整它,而那正就是 1789 年之前的三个世纪的特点。

我讨论这个问题时特别提到英国的情况;但必须知道,同样的倾向也存在于美国,尽管影响产生得稍微慢一点。[①] 经济大萧条,

① 美国的情况在刘易斯·科里所著《美国资本主义的没落》(*The Decline of American Oapitnlism*)(1934 年)和 J. M. 布莱尔所著《毁灭的种子》(*Seeds of Destruction*)(1938 年)两书中有精彩的描写。

还有大萧条所直接产生的“新政”警告我们：随着边疆的消失，美国资本主义的历史已经碰到了和我们差不多的局面。正因为这个缘故，罗斯福总统的政策所导致的改革才被美国资本家看成和复兴背道而驰；也正因为这个缘故，美国的地平线上才出现了对由多数人进行统治这一原则的深刻怀疑，而这总是标志着在过去使资本主义能够适应民主的坚决要求的那种活动余地的完结。意味深长的是，在全世界范围内，国家举办的公共工程纲领竟是维护民主所必不可少的。在法西斯国家里，那个纲领具有向军事征服猛进的特征，希望从各个帝国的掠夺物中谋求一种新的均势。但是民主国家却遭到了法西斯威胁的危险；它们不得不进行军备竞赛，其结果是导致了战争的恐惧和不安全。我们已处于资本主义制度下这样一个荒谬的地位，必须用战争来造成全部就业，以谋求国内安宁。

很明显，这并不是一劳永逸的办法。显然，到某一个时期，我们必须研究出那些能够用和平方式恢复日益增长的福利的经济条件和心理条件。目前我要着重指出的是心理条件。我认为，当人们的头脑适合于革新的意念时，就是从事革新的大好时机，这一点是很清楚的。如果错过了时机，就失去了作出调整的机会，那时人们心理上是需要并且准备接受这种调整的。这种时机一去不再来。我们不能老是劝人牺牲而不及时明确规定牺牲的特殊目的。敦刻尔克溃退后那几个史诗的星期内的情绪不能保持一辈子。它可能在同样严重的情况下复活；但是这种情绪，从它提出的纯粹物质方面的要求来看，是暂时性的而不是永久性的。

因此，我主张，我们所需要的革新，可以在目前这种时候用同意方式实现，因为目前的条件使人们记得他们的共同点而不是记得他们的差别。这样的时机会不会再来，至少是非常成问题的。像目前这样以妥协为继续生存的主要条件的时代，能造成不少机会，而一旦战败的危险过去，机会就不再来了。在这样的时代里，人们能够超越他们的经济地位强加于他们的思想的种种限制。和解的趋向十分重要，不容忽视。谁都不会认为，在希特勒垮台以后，党争还能够服从于国民的需要。假使国民的需要是像我提出的那样，要求重新确定阶级关系以便增进福利，那么，重新确定阶级关系的大好时机，就是当人们能够毫不费力地进行试验的时候。坐待危急关头过去，也就是坐失使历史的可能性变成必然性的有利时机。这种时机是一去不复返的。

这也可以换个方式来说明。今天，任何一个政党的民主政治家都许愿要创造一个为国际和平以及经济福利和稳定而组织起来的世界，借以维护那些正在与纳粹主义作战的人的士气。那个诺言在两次大战之间的年代中是兑不了现的，因为当时的世界没有按照实现那个诺言所必不可少的条件组织起来。战争的燃眉之急把一切既得利益投入了熔炉。我并不是说，为了争取胜利，人们对任何牺牲都在所不惜；但我确实说，为了争取胜利，他们准备实行的改革，要比胜利已经到手后所情愿接受的改革多得多。现在不去从事改革，也就是说，不去创造使我们的民主社会安然无恙的必要条件，就等于让导致1939年战争的那一切条件继续存在下去。除非现在就消除这些条件，否则它们就会和过去一样使我们争取和平和幸福的愿望落空。它们甚至会使这种愿望落空得更快，因为诺言和实现诺言之间的差距在第二次失败后会远比第一次失败后来得巨大。我们不能叫人们再次为民主和自由送命，除非采取

措施，为民主和自由奠定一个稳固的基础，使人们在这个基础上有希望的权利。

我决不讳言，即使在战时，要奠定那个基础也是困难的；我只不过认为，如果在战时尚且困难，那么在和平时就益发困难十倍了。我认为，目前对于协商的刺激对人们提出的要求，要比它在将来可能提出的要求迫切得多。同心协力驱除严重危机的人们懂得宽宏大量这一概念的创造性的内容。那种经验中天生有一种相互了解的力量，这种力量在其他时候是难得有的。大家都争取中间立场；极端行为不再那么有吸引力；历史包袱不再那么沉重地压在我们身上；我们不再像先前那样可怕地是传统的俘虏。危险使人们情绪激昂，容易接受革新。它使人能够暂时容纳试验，而任何其他情况都不行。但那种情绪并不持久。人的情绪只能偶尔保持紧张状态。每次革命的历史都是向一种新的均势上升的历史，而经历过巨大事变后的疲劳总是威胁着要破坏这种均势。十七世纪的英国的情况如此，1789 年的情况如此，1917 年后苏联的情况亦复如此。进行革新的政府如果要大家有情愿接受改革的情绪，就必须经历一个非常时期。只有紧急事件才能说服旧的习惯势力降低它的要求。

目前就是去建立一个基础的有利时机，在这个基础上，我们至少有机会保住民主社会的各种条件。再没有比目前更有利的时机了。当政权的威信如日中天，各政党一致谋求团结的药方时，那些反对尝试的人仿佛就是为了个人利益而牺牲公共的需要。在敦刻尔克溃退之后，没有一个工会能把它的特权置于国家的需要之上而不受到反对；同样地，在敦刻尔克溃退之后，银行假使不老老实

实服从财政大臣的命令，就会引起公愤而被清算掉。那种情绪的潜力有待伟大的领导人去发掘。它们并不是一样永久性的东西。我们已经看到过，在 1942 年夏天，一种坚定的意志是多么容易地变成了踌躇满志。如果在任何现实的分析告诉我们离胜利还有十万八千里远的时候，情况就已经如此，那么等胜利成了定局之后，这种情况就更不知要真实到什么地步了！我们不可避免要作出选择。要么现在就在我们社会中为民主和自由创造必要的条件，要么坐失创造这些必要条件的良机。历史给予我们机会；它揭示出可以利用机会的条件。但是要利用这种机会，就只有靠我们自己的智慧。

三

假使我们希望来一次同意的革命，那么现在就是采取行动的大好时机。革命的目的很清楚，就是重新开辟日益增长的福利的前景；因此就要设法维护我们文明社会里的那些民主过程，并且用这些过程所包含的价值来与我们的敌人企图强加于人的新秩序对抗。承认那些价值要有两个先决条件：第一，人本身是目的，而不是达到另外什么人的目的的手段；第二，个性实现得越深刻，个性在其中起作用的社会也越富裕。

在我们时代中，正是这些包含着的价值——通过同意实行有秩序统治的能力就靠这些价值——在崩溃着，这一点是不辩自明的；当代的幻灭、悲观和反理性主义都起因于那种崩溃。有些人坚称不革新信仰就恢复不了对我们企图建立的那些价值的信心，我认为他们这种看法是完全正确的。还有些人强调说，归根到底，那些价值是基督教获得承认以后初次获得了普遍地位的社会生活原则，这种看法也是完全正确的；尽管我们必须记住，它们的起源并不特别是基督教的，它们的力量多半要归功于每一个时代有势力的基督教会一直与之斗争的那些人和运动。

但是，我并不认为革新信仰就一定要恢复教会在我们文明社会里的权威。这种见解是由于相信教会的历史性要求是正确的，教会的革新是可能的。我们拥有的一切证据都断然反对这种信念。它叫人恢复对某些教条的信仰，这些教条对于绝大多数人来说早就没有精确意义了。作为教条，它们没有能够顶住四个世纪的历史性批判的冲击；而宣扬这些教条的教会也已经失去了势力，因为它们到头来总是使它们的需要适应于世俗的考虑，而不是去设法改造社会，这个社会的绝大部分作风和习惯是与教会所应当做到的行为相矛盾的。这就是为什么每一个改革教会的运动总是要求恢复原始的纯朴，为什么每一个教会从反对派变为当权派之后，都和它理当反对的现实妥协了。

要恢复教会在现代生活中的权威，就必须把国家重新并进教会，把教会所不能成功地开拓的地盘交给它。这样来颠倒历史进程是不行的。社会的还俗是人类进化中最后的一个成就。它的力量会增强而不会削弱。我们必须建立的信仰是对今世的价值的信仰，而不是对来世的价值的信仰。我们必须建立的要求是人对他看得见的同胞的要求，而不是看不见的上帝对人的要求。那无疑是一个重大的问题；它意味着一个日益以人类为中心的宇宙的德化。但有一点至少是肯定的：假使我们建立不起要求，就休想使合

理的社会伦理在社会上占有重要地位。

我们现在碰到的问题，是卢梭在他那论公民宗教的著名篇章中锐敏地看到了的，这一章是《社会契约论》的核心和精华，绝非他著作中的事后聪明。他认识到，没有一种异教提供过使人们牢不可破地团结在一种共同信仰周围的价值；他看出，基督教的缺点(至少在它的市民方面)就其新教形式而言，是过分强调个人的得救，从而使它的那种控制人的公共行为的能力的表现失去了意义，这种能力对十七世纪的英国共和政治的需要来说是十分重要的；而就其天主教形式而言，是就管辖权挑起无穷尽的冲突，使权力而不是使美德成为宗教组织的主要目的。他自己的救治方法——成立一种由“少数简单的教理”构成的公民宗教——未必会有他自以为有的那种魅力；这一来是因为这些教理事实上并没有他附加给它们的单纯，其次是因为它们意味着用一种高压机器来把它们强加于人，而这对于心灵的自由活动是致命伤。

虽然如此，我还是认为，卢梭在这一章中接触到了我们问题中的一个重要因素。一种纯粹建立在物质力量增长上的文明会崩溃，就像我们的文明正在崩溃着一样，除非它能使它的成员们相信它所奉行的制度是公平的。概括地说，它过去之所以能说服他们，是因为大部分人相信今世吃苦，来世会得到补偿；那种信念养成了忍耐和谦让，许多世纪以来，这两种品质一直是社会制度的接合剂。这种接合剂在不断崩裂；而且即使有了它，还是几乎没有一个世代不暴露出有秩序统治的脆弱。有秩序统治的真正基础无疑和人的头脑一样复杂而没有条理。但是，我认为下面这种说法并不是违背事实的，那就是，真正的基础总是在于一种社会制度能够使

成员们有权希望改善自己的处境。只要他们抱有这种希望，就会负起工作和服从的义务；法律和秩序是扎根于同意的。但是，一旦虽属少数但绝对数并不少的意志坚定的人失去了这种希望，他们就相信法律和秩序所依据的基础是不合理和不公平的。那时，在他们看来，权力就失去了道德上的依据。一种斗争壮大起来，它使那些体现着社会礼法的准则显得不配作为行为的制裁。

在 1914 年之前的时期中，当权派的主张一直部分地赖以维持的宗教制裁慢慢地销蚀了。但是，宗教制裁消亡的重要意义，却被同时代中巨大的物质发展所掩盖。在西方文明中，物质发展的成果被一切阶级和极大多数国家广泛地、虽然不是平均地分享了去；受惠最少的是东欧，最多的是英美。但是，到了上世纪的九十年代，尤其是在美国的边疆开拓完以后，这种发展的速度便慢了下来；而 1914 年之前的武装休战、第一次世界大战、两次世界大战之间的年代暴露出经济制度由于其本质决定而保持不了作为它早期特征的发展率，凡此种种，简直使千百万人失去了改善处境的希望，而正是这种希望才使他们能不假思索地承认社会部署的公道的。这就引起了几乎全世界范围内人口出生率下降的现象，值得注意的是，没有一个宗教组织能真正制止这种下降。另外，还引起了各项限制迁移自由的禁令，由于这种禁令使文明社会中最穷苦的分子深受苦难，而这种苦难又必然导致种族迫害和变本加厉的民族主义，因此这些禁令就显得分外严重和苛刻。大量失业、影响到千百万人的日益加剧的经济不稳定、还有在早些时候曾给予许多苦难中的无权者以希望的那种神秘慰藉的消失，所有这一切必然会促使希望破灭，这种破灭就是我们的时代特征。胆小和生活

优裕的人对应该重新审查基础这种主张怀着恐惧心理，而胆大的人则下定决心要重新建立基础。所有这一切都被一种不安的感觉加重，即我们行将进入一个时代，在那个时代里，只要能够冲破心理上的障碍，就能重新获得希望。

假使这个论断是正确的，那么，我们的价值体系之所以受到挑战，是因为我们保持不了希望的权利；而所以保持不了这种权利，则是由于我们的生产关系使我们不能恰到好处地利用我们所支配的生产力。在这样的时候，精神上的价值总要经历巨大的变化；这种时候所引起的失败感使人们或者变成圣人，或者变成魔鬼。因为这种时候中断了理智的力量，正是这种力量给予人们勇气，使他们能满怀信心地安排今后的生活。在从宗教改革到法国革命的四百年中，把这一点表现得最明显的，莫过于每个危机时代教派的盛行；它们的独特的见解和强调，是众所公认的价值崩溃的标志。它们已对那些价值失去了希望，尽量想从新的泉源汲取希望。克伦威尔时期的浸礼派、喧骚派、求正派、教友派和马格尔吞派，全都表明要谋求一个基础来据以和世界妥协，这个世界的秩序他们不是公然反对，就是置之不理的。所有这些教派要么消灭了，要么就是迁就文明社会的物质力量，同它们言归于好。我们可以从乔治·福克斯[①]或约翰·班扬这些人身上探索出一种对生活的秘教式的满足，这种满足来源于强烈感觉到同正常环境不调和，并且在别人身上点起火，只要不调和以及原来的妙想存在一天，火光也存在一

① 乔治·福克斯(1624—1691)，英教友派创始人，著有《日记》多卷，发表于1694年。——译者

天。一旦社会重新处于平衡状态,希望的权利又告恢复,这些教派也就跟十八世纪的浸礼派和教友派一样,逐渐退而遵守旧的一套行为习俗,这就表明,对于它们来说,不调和已经变为调和了。

现代宗教信仰的改变了的关系,是和国家范围日益与社会范围连接这种形势相一致的。因此,对感觉到的不调和的抗议,绝少以教派的形式表现出来;比方说,像集团运动(Group Movement)这种发展,特别由于它率直承认各项世俗的价值以及它的社会无为主义,是断难和十七世纪英国共和政治时代各种教派的复活相提并论的。真正的相似还在政党方面。在这方面,各种先知和学说的提倡者企图像福克斯或班扬那样,通过他们的发言来改变人们的生活方式。一个党派可能像列宁、希特勒或墨索里尼那样,在使它掌握政权的环境中发展起来;不管它的命运如何,它的见解值得注意的地方在于它不得不系统地阐明一种学说,这种学说对行为的各方面都能适用。它发展它的诡辩和异端;它有它的仪式和信条。社会生活的还俗意味着国家日益具有教会的性质。而这反过来又意味着:一个国家中各主要政党满足其成员需要的能力的削弱,要么导致政党数目的增加——宗派主义司空见惯的现象——要么就需要一个独裁者来保卫老一套的生活方式以维持社会现状。

这就是现时各民主国家两中取一的抉择。它们必须设法为它们的人民谋求一个团结的基础,否则就只好向一种能给予广大群众以希望的权利的政体屈服。他们要找到那种团结的基础,就一定要能够恢复日益增长的物质福利条件。不恢复物质福利条件,统治者发号施令的权利以及他们使人民死心塌地服从的能力就成

了问题，就会阻碍重重。如果那种权利和能力在一个相当长的时期内发生危险——就像在魏玛共和国时代的德国——人们就会接受独裁，因为它表示要解除局势动荡不定的痛苦；而在一个以利润为生产主要目的、保证将来生活安定的资本主义社会里，这种痛苦就益发深了。因此，我们的问题是：除非民主能创造出一种可以使它恢复日益增长的物质福利条件的生产关系，否则它就没有力量去建立一套对人民行之有效的价值体系。

关于这一点，我认为必须注意这样一个事实：在从第一次世界大战结束到第二次世界大战的年代里，西方文明中只有两个社会有过日益增长的物质福利的特点，而且只有两个社会有过乐观主义的时期。在通称柯立芝时代[①]的美国有过日益增长的物质福利；那的确是个昙花一现的物质发展的黄金时代，它以 1929 年的经济总危机而悲惨地告终。很明显，它并没有留下深刻的心理影响，最多只引起了没有根据的希望，从而使人民群众在经济崩溃后所感到的幻灭分外强烈。另一个社会是苏联。在那里，就像最公正的观察家们所一致同意的，文明中某种崭新的东西正在发生，就像在十六世纪或 1789 年之后所发生的一样；它的标志是：广泛的试验、热烈的希望、对未来的信心，这一切不但经受住了四分之一个世纪的惨痛牺牲的考验，而且，更重要的，还经受住了在战争的威胁下以及在战争的实际危机中保持团结的那种能力的考验。俄

① 柯立芝为美国第二十七届总统。在他执政期间（1924—1928 年），美国经济转入表面繁荣，因而被垄断资本家歌颂为“黄金时代”。但在这个“黄金时代”之后，紧跟着就是空前严重的经济危机。——译者

国捍卫其成就的经历和法国的对比是十分突出的，但是以俄国人民及其独裁者为一方、以德国人民及其独裁者为另一方之间的关系同样也是很突出的。

我已经试图阐明过俄国革命的意义。这里只消着重指出一下，它在受到挑战的时候能够和各民主国家结成联盟，并且能够使人相信：随着国际安全的出现，它的专政性质只不过是其发展中的一个过渡阶段罢了。此外，它还能向本国人民和国外的群众强调发言，对这种发言的反应既自发，又热烈。重要的是，德国独裁政治仅仅为了生存，就不得不企图征服世界。要征服世界，它就只好采取反理性的立场，也就是蓄意摒弃在它出现以前一直仿佛是西方文明传统的行为准则和习惯。它靠恐怖活动为生；对于它本国以外的各国人民，它只提供永久的奴役的前景；即使对于本国人民，它也不敢提供自由的前景。这是因为德国独裁政治是以否定人性所固有的尊严为基础的，而承认人性的尊严正是西方文明的精神发展所依恃的原则。耐人寻味的是，俄国革命是以承认这个原则为基础的。同样耐人寻味的是，随便哪个国家同希特勒德国妥协之后，摒弃这个原则——不管多么勉强——就成为它的政策的重要部分了。

我认为，造成这种对比的原因是：纳粹主义本质上是反革命的礼赞。它的目的是维护一种目前与日益增长的物质福利相矛盾的生产关系，因此它不得不设法用它从别国人民那儿掠夺来的东西去满足本国的人民。因此它必须使社会的各项价值适应于那种立场；这是每一种不肯克服其先天矛盾的制度所应得的惩罚。但必须强调指出，除非我们肩负起希特勒统治下的德国所不愿承担的

任务，那么我们自己也要受到这种惩罚。一种文明的价值总是由它的生产力与生产关系之间的比例决定的。一旦利益的壁垒不让那种比例保持下去，衰退就开始了。衰退意味着希望的破灭；希望一破灭，人实现自己目的的能力也化为乌有了。他不再觉得自己是目的；他成了一件工具，最终成了一件盲目的工具，被用来达到某些目的，由于不许他审查这些目的，因此他就被挫败了。既然进步是自由审查的作用，我所谓的希特勒反革命便直认不讳自己是进步的敌人。

这个见解同德国今天在战场上所能发挥的巨大力量是并不矛盾的；那仅仅说明它的统治者把所积累的共同科学成就使用了出来。德国的问题并不是它今天的知识水平和组织能力的问题，而是经过一个世代的纳粹主义以后，那种水平和能力将会如何的问题。如果我们把现代的西班牙，无论在物质福利方面或者智力成就方面，去同英国、法国或者战前的德国作一比较，就可以对它们的前途有所了解。在西班牙，经过十六世纪一个强盛的时代以后，它的生产关系的落后造成了与智力上或精神上的发展积不相容的物质贫困；除非我们认为精神发展就是反复背诵一些历史公式，而这些公式对于把它们提出来的人当中的绝大多数来说，已经没有可以了解的内容了。从法国革命以来，西班牙历史上每一个伟人都是传统制度的反对者，这并不是偶然的现象。希特勒要是得胜的话，德国这一代的历史也会产生同样的结果。罗马帝国不能把思想的园地变为一片荒漠而后管它叫和平，我们也不能这样做啊。

由此可见，要维护我们文明的各项价值，把它们当作信念和行动的活的原则，就必须创造出一个环境，在这个环境中，那些有决

定权的人承认，让这些价值起作用对社会是有好处的。那并不是说不让现代社会还俗；自从十七世纪科学革命以来，这一点就办不到了。那也并不是说只要消灭纳粹主义就够了，尽管消灭纳粹主义是取得这种承认所必需的过程中的一个重要事件。简单地说，要使人们恢复对各项价值的信仰，就得创造出促使福利日益增长的条件，就得把社会的生产力从目前束缚着它的桎梏中解放出来，另外还得有意采取一种丰裕的经济来代替限制的经济。这个世界的毛病不光在于贫困，更在于那种贫困使千百万人希望落空，使他们感到那是不必要的因而也是不公平的，对于他们来说，现制度的不合理常常使他们转而对理智本身不尊重，意大利和德国的人民群众就是如此。我们已进入社会发展中这样一个时期，过去的传统与未来的权利发生了冲突。因此，即使我们在军事上战胜了纳粹主义，仍旧存在着更进一步战胜我们自己的问题。我们面临着的最严重危险是把比较容易的军事上的胜利看成最重要的胜利。实际上，我们应该关心的却是那个更进一步的问题。

因为那个问题并不是纳粹主义象征的危机所产生的；它是从封建文明崩溃以后就慢慢地形成而达到决定性关头的。我们可以从早在十六世纪莫尔[①]的《乌托邦》、德国的农民起义、拉提默[②]的讲道、克劳利[③]和李维尔的愤怒的抗议中看到它的一部分要求。

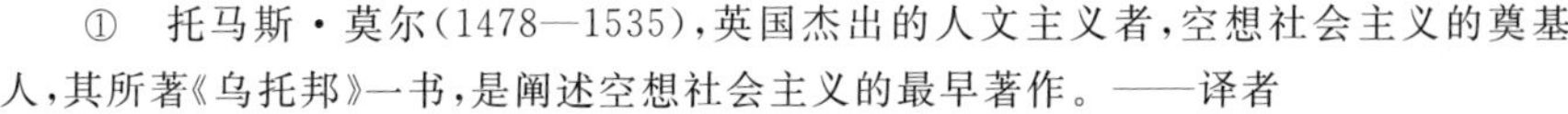

① 托马斯·莫尔（1478—1535），英国杰出的人文主义者，空想社会主义的奠基人，其所著《乌托邦》一书，是阐述空想社会主义的最早著作。——译者

② 拉提默（1485—1555），英国主教和殉道者，因拒绝取消新教而被处火刑。——译者

③ 克劳利（约1518—1588），英国印刷家、社会改革家，著作中抨击当时统治阶级的等级制度，曾受监禁。——译者

问题是，就像托克维尔所提出的，我们是否愿意使自由普及。通过法国革命，我们已经使自由对那些拥有生产资料的人以及所有主们为了本身利益而豢养的那些人有了具体的意义；对于人民群众，则让他们在封建主义崩溃后解放出来的生产力所开辟的日益增长的福利广大天地中也分享了一杯羹。我们还给了他们一种安慰——它的表现往往是高尚的，而且在精神上往往是真实的——就是信仰死后灵魂进入天堂，在那里，永久的超生将会补偿今世的痛苦；谁要是读了乔治·福克斯的《日记》或班扬的《神恩无疆》，一定会感到他们对那些“将在彼岸为他们奏鸣的喇叭”的信念给予他们无穷的内心喜悦，这种喜悦是那些把重心放在现世的人难得有的。

但是，把人世只当作暂时受苦受难之地看待的权利甚至习俗，是一种越来越不能令人信服的安慰；那些企图恢复这种安慰的人，充其量只能空口宣告恢复所能带来的复兴，却不能提供它所依据的信条。无论宣扬革命的基督教的价值也好，劝我们从一种神秘教——它本身是个人逃避社会生活责任的表现——的狂热中寻求安慰也好，事实始终是：没有一种价值（无论是基督教的还是其他宗教的）能在像我们这样俗化了的社会里被真正承认，除非它同时被国家承认，或者它夺取了国家。不论哪一点都意味着希望在人民群众中复活；而希望的复活是决定于自由的普及的。

自从十六世纪自由被纳入个人所有权范围以来，这种情形就屡见不鲜。它表现在克伦威尔主持的军人会议的热烈争辩中、约翰·李尔本的愤怒的断言中、杰腊德·温斯坦莱那杰出而早熟的见解中。它还在法国革命中由“疯人派”[①]以及由这样一些人表现了出来，这些人和巴贝夫一道，作出最后一次绝望的努力以挽回友爱，这种友爱是在1789年伟大的时日里，当那些被伯克[②]极端轻视的“小律师和领地管家”建立起一个新世界的时候，人们所对它寄予希望的。我们又在1848年的广泛的梦想中，特别是在那种使得马克思和恩格斯能够在一本一百页的书中探索人类进化的过去和未来的全部样式的那种至高无上的乐观主义中，听到了同样的最强音。它还表现在当俄国人民砸碎沙皇专制政治的锁链时全世界人民突然感到的解放中。1919年创立国际联盟的热情中有它的苗头；我们必须永不忘记欧洲人民热烈欢迎威尔逊的含义。我认为可以正确地说，在敦刻尔克溃退之后，英国人民抵挡住了纳粹主义的侵犯，1941年6月，俄国人民又一次顶住了这种侵犯，从那时起，自由能够获得更广阔的范围的念头就开始在人们的头脑里占据了新的阵地。

四

要了解那种更广阔的范围的意义，必须注意到什么是社会所需要的但却是被拒绝的。我们社会的伟大文化遗产一直是为少数

---

① 疯人派，十八世纪法国资产阶级革命中代表城市贫民利益的极左派的绰号。主张制裁投机商人，颁布包括土地国有化在内的“土地法”，实行日用必需品的最高限价等。1792年开始活动，1793年7月被镇压。——译者

② 伯克（1729—1797），英国反动政论家和政治家、哲学家，著有《法国革命感言》，疯狂攻击十八世纪法国资产阶级革命，获得英国和欧洲其他国家反动派的热烈赞许。——译者

人占有的，大多数人连理解遗产所需要的最起码的知识也被剥夺了。我们必须注意，这种剥夺在很大程度上是故意的；不让人民大众获得知识，一直是不义的权力的主要手段之一。从美国和苏联教育机会的发展可以知道，扫除文盲是一件多么需要有坚强意志的事；我们有资格作出结论说，今天有些地方教育之所以没有发展机会，是因为那些不肯这样做的人拥有既得利益，而知识将会损害这种利益。

此外，在重要性上仅次于此的，是物质方面的不平等，是穷人和富人在健康、居住、营养、旅行等方面的差别。一个社会按照其成员所履行的社会职能而给予略有不同的报酬，这是可以理解的；但是，在一个社会里，假使人们的需求是按照他们利用与社会需要无关的利欲心理的本领来满足的，那么从道德上说，这个社会就很难被认为是合理的了。对富人滥加谄媚；构成社会威望的各种令人难以置信的因素；慈善变成一种有组织的职业；凡勃伦[①]所谓的“明显的浪费”与尊严的关系；“伟大的国教信徒”不是指一个伟大的基督徒而是指一个地位重要的基督教士；顽固地认为体力劳动从某种神秘的意义上讲没有脑力劳动来得高尚；所有这一切都从不同的角度说明这个社会的基础出了毛病。事实上，这种病症是在知道不再能把它的各种价值强加于人而不遭到反对的情况下造成的。它的财富可能会继续养成狂妄自大的心理；但重要的事实是(对这个事实必须越来越重视)：它的价值和不安定结合以后，在群众中引起的不是屈服而是反抗。当人民大众以原告身份出现在

① 凡勃伦(1857—1929)，美国资产阶级经济学家。——译者

历史的法庭上时，它就要像一切文明那样受审判。

处在这种审判的当口，特权阶级的唯一出路不是斗争便是让步。如果它选择斗争，那么，俄国和德国的那种截然不同但却无比明确的经验清楚地表明：不管斗争的结果如何，在今后一个很长时期内，民主和自由的前景将被消灭。如果特权阶级让步，就有可能获得时间去调整，换言之，有机会试验一下能恢复日益增长的福利的各种条件。那些条件可以用一句话来概括：它们需要我们把自由的观念纳入平等的范围之内。我们不能像过去所做的那样，把平等和自由当作两个对立的名词，而必须想办法使它们的作用融会贯通。因为，那些在经济萎缩时期逍遥自在的人的特点是：他们的自由似乎是以别人的不幸为代价的。的确，在某种程度上就是以别人的不幸为代价；因为，在目前这样的时代，有钱人的可怜亦复可笑的处境是，即使他们慷慨大量，也无法彻底减轻人们所遭受的不幸。我们面临着的问题的规模意味着必须追究根本原因，我们所要改造的是历史的巨大客观力量。

这就是说，在国内方面，必须承认有些权力的来源是极其重要的，不能信托给私人。必须了解到，有些生活标准社会一定要负责加以维护，这样才能使劳动报酬之间的差别被认为公平合理。这就是说，信仰或财产、种族或肤色所造成的对个人发展的限制必须取消。这就是说，要建成这样一个社会，它的成员们的生活决不那么悬殊，所以思想也不必悬殊了。柏拉图在《法律篇》中坚决主张对财产加以限制，我们越充分考虑他的这种见解的历史意义，就越觉得它英明。因为，任何一个社会，其中少数人那么富，多数人那么穷，以致他们不得不老是在穷富上面转念头，这样的社会实际上

是在斗争,不管是明争还是暗斗。一旦社会的扩张能力遭到遏制,就不能按照共同的利益来考虑问题了,因为取自一个阶级的,必然要给予另一个阶级。这不可能是个自由的社会,因为内部的紧张状态使它失去了安全;因此它心怀恐惧,丧失了理智力量所赖以存在的气候。无论劝它做些什么尝试,都由于确信这种尝试标志着一种结果必定倒霉的过程的开端而告失败。尽管需要重大的改革,甚至于有时候明晓得需要什么样的重大改革,它还是在这种必要性面前动摇不定。它面对着挑战而没有勇气应战。从历史角度看,一个逃避这种挑战的社会是注定要衰退的。因为人们只有在准备为进步付出代价的时候才能前进。

我主张必须把自由纳入平等的范围之内,但首先要把那种平等的意义弄清楚。平等并不意味着同一性;我们没有理由要求对不同的人给予同样的待遇,就好比不能要求身材不同的人穿同样的衣服或口味不同的人吃同样的食物。但平等确实意味着人们对满足同样的需要具有同样的权利,任何一个公民都没有特权可以剥夺别人满足那种需要的权利。它意味着在社会组织中承认一些使大家获得普遍满足的标准,使对同样需要的最低限度的满足达到能够使个性日益获得解放的水平。它主张:如果给人以不平等的权利,那么其结果总是为了那些享受到权利的人的利益而牺牲享受不到权利的人的利益,不管不平等的根据是什么。它认为这种不平等是过去使自由只限于那些其特殊要求获得认可的人享受的原因,所以它把任何作为这种特殊要求的根据的原则或制度视为无效。既然在我们时代,这种特殊要求主要来源于生产资料的私人所有制,那么,要把自由纳入平等的范围,自然也就非实行生产资料的社会所有制不可了。

因为，在一个社会里，任何一样东西在统治过程中破坏了人民利益的一致，最终必然会引起仇恨和暴虐，换言之，必然会毁灭民主和自由。我们的经验清楚地表明，目前的生产关系就有着这种结果。它妨碍我们安排丰裕产品的能力，因为它认为满足个人的利欲心能导致一个有良好秩序的社会。我们知道事实并不是这样。相反地，我们知道，在所生产的商品为公共福利必不可少的任何领域内建立这些私人经济帝国，都会使共和政治的目的归于泡影。无论是银行业或运输业也好，煤或石油也好，地产或电力也好，私人所有制意味着既得利益，而既得利益就意味着社会的需要被抵押给了少数人的欲望。

约翰·泰勒说过："人类可以被金钱或武力所统治。"我们已经防止了封建主利用他所拥有和控制的私人军队来敲诈勒索而造成的无政府状态。我们还必须防止银行家或煤矿老板、石油大王或钢铁大王利用他所拥有和控制的经济权来敲诈勒索而造成的无政府状态。因为，只要这些人对他们那种同社会机能隔离的经济权的机能感兴趣，就必然会使政权为他们的经济权的目的服务；归根到底，经济权决定着国家的真正面貌。因为，我们当前的金融寡头政治与早期封建贵族政治之间的相似是明明白白的。前者以生产资料所有制为权力的基础，后者以土地为基础。在每一种情况下，表现着制度特征的社会立法的性质是社会立法从属于统治阶级的特权。法律只能在那些利益感到满意的范围内活动。从历史上看，只有当某种巨大的变动暴露出统治阶级的特权与多数人的福利之间的对抗性的时候，这些范围才被超过。因为，从根本上讲，

私有制意味着决定分配的既不是需要也不是劳力，而是法律的强迫手段。到了一定的时候，强迫手段和生产力之间的矛盾被那些享受不到好处的人看出来了，于是他们就着手去重新制定法律了。

我认为，那种矛盾已经被我们这一代人看得很清楚了。看到战争造成了全部就业，并且至少暂时削弱了牟利目的的权威；看到战争迫使政府去组织它所掌握的科学人才；看到战争限制了富人发号施令的权力；看到战争实现了一种过去不可想象的大规模的赋税；看到战争打破了一个国家预算不平衡就灭亡的古老传说；简言之，看到资本主义一向强加于人的我所谓的法律强迫手段必须在很大程度上暂时作废；所有这些情形在二十五年中看到不是一次而是两次，这就至少有理由可以认为，人民大众仍旧盼望把战争的部分教训应用到和平时期的经济方面去。否则就会造成那么广泛和严重的经济困难，它显然意味着社会的灾难。假使我们不抱定宗旨去重新建立基础，就会马上陷入这样一个危机：由于人们不再抱有共同一致的伟大生活目标，除了为新的关系打开一条出路就没有其他办法了。

我们不妨来拟一张一个普通工人能对英国统治阶级提出的诉状。这个阶级在 1918 年的胜利后，其权柄之大，威望之高，是历史上任何其他阶级望尘莫及的。它拒绝把经济制度加以任何重大的改革。在国际联盟中，它破坏了战后年代一个大有希望的试验。它明明拥有大量证据，知道经济民族主义为患无穷，却偏要执行保护贸易制和关门的帝国制度。它对俄国仇恨到那个地步，竟听任意大利和德国在欧洲胡作非为，甚至以它的政策增强了这些国家反对它的实力。尽管获得过有关德国和意大利政策的真正含义的

警告，它却缺少勇气把它遭遇到的危险告诉本国人民；领导的责任“封住了它的嘴”，使它回避统治阶级的首要义务：面对事实的义务。甚至当它从迷梦中醒来后，还是不了解总体战的规模或强度。直到大难临头，它才和人民携手合作；尽管它强调总体战是一次革命，全体人民必须将他们的身家财产作孤注一掷，它的纲领的绝大部分却仍旧是原封不动地保持它的权力，以便在胜利后又可独揽大权。它夸夸其谈牺牲的平等。但是，除了那些在军队中打仗的人以外，这种平等是完全和所有权关系的正常作用相一致的。疏散的主要负担落在穷人身上；主要的教育上的牺牲落在穷人子弟身上；至少在战争的头两年，粮食供应不足并没有严重影响到有钱人；空袭的打击对于穷人要比对于富人严重得多。富人并没有在地下铁道和公共防空壕里一连睡上好几个月。他们并没有参加哈耳和默尔西河畔[①]的恐怖的黑夜转移，向郊外山腰里的几丛树木求得庇护。

我绝对不否认，没有一个政治家曾经比温斯顿·丘吉尔先生更充分地体现了一个团结一致的民族争取胜利的意志，或者更出色地体现了这种意志。但是，必须记住，第一，统治阶级有八年之久轻蔑地拒绝了丘吉尔先生对它的错误所作出的诊断，直到火烧眉毛才不得已而请他帮助；第二，统治阶级接受他的领导是以不得破坏资产阶级民主的基础为条件的。他被允许给伤口贴上膏药，例如提高军属的津贴、增加养老金、提高农业工资等等。我决不小看这些措施的好处，但我必须指出，它们丝毫没有触及生产关系的

① 以上两地为英国重要港口，1941 年曾遭德机滥炸。——译者

一切重要问题。如果有人说，这项政策是工会和工党的领袖们同意了的，那我必须再次指出，他们是不得不同意，因为假使反对的话，就会破坏民族团结，而这种团结，就像法国的悲惨经验所不幸地证明了的那样，是胜利的基本条件。工人阶级的政党当时的处境很为难，假使不接受丘吉尔先生的追随者准备作出的让步，就会吃败仗；而他们知道，如果被希特勒打败的话，他们所关心的英国工人阶级也就没有前途可言了。

我认为，以上便是今天英国最有政治头脑的工人正在对英国统治阶级提出的诉状。当然，绝大多数英国工人的确都是没有政治头脑的。他们最关心的是私事而不是公事。他们已决心在这次战争中赢得胜利，为了这个目的，赴汤蹈火在所不惜。但是，在任何一个社会里，有政治头脑的人毕竟是少数；他们的影响取决于能使他们获得公众舆论支持的各种条件的存在。我的看法很简单：我们将会制造出使我所描写的那种诉状深得民心的条件，除非立即采取措施来防止这些条件产生。不采取措施，就会有成百万失业者，就会有巨大的战争工厂所造成的新的萧条地区，对复员和供给新房等问题的愤懑就会发展成暴动。如果不采取措施，我们国内就会陷入困难，从而使欧洲大陆失去对它的有秩序复兴所必不可少的领导。这可能意味着许多年的骚扰和混乱，而且经常为革命和反革命所加剧。如果那些年头的特征果真是这样，就会使像我国那样主要依靠出口数量的工业国失去任何复兴的希望。

假使我们不采取措施，未来就可能是这样的。但是我们现在还有可能采取措施。我国的舆论是准备接受根本改革的。我国的传统习惯已经受到严重的破坏。它知道自己已失去岛国地形的安

全。它也知道它的未来决定于维护一项它独自保卫不了的和平。我国的统治者们，不管多么小心翼翼，总之已通过大西洋宪章的签订而承认了免除匮乏和免除恐惧是任何有秩序世界的两大支柱。它开始认识到，要充分动员它的资源，单靠在某种突如其来的危机的压力下突然精神百倍地埋头苦干是不行的，而必须进行一项百折不挠、始终如一的组织工作，并且准备超出旧制度所满足的原则和速度。它了解到，我们的运输体系将不能充分发挥它的潜力，如果五十个既得利益集团不但要考虑今天的胜利，而且还得考虑胜利后他们的股东的利益的话。运输方面如此，我们资源中其他每一个重要因素也无不如此。很明显，如果战时的种种管制，特别是金融方面的管制，在战后撤销的话，经济危机就会紧跟着军事胜利而来。大家都明白，如果情况果真那样，英国就无社会安宁之望了。

另外有两件事也必须注意到。我已经着重指出过我国统治阶级对两次世界大战之间的年代中的各种问题处置失当，指出过他们在1918年的大好机会以及他们没有能够利用机会的原委。那种失败不光是工人阶级感觉到。它的复杂内容至少有一些已经普及到整个社会。我认为，那就是普里斯特利先生早期的广播对舆论产生的影响的意义；他那要求有更广泛的民主的主张获得了远远超出工人阶级以外的人的响应，那些人从战争认识到旧的思想方式再也行不通了。魏南特[①]先生和哈里·霍普金斯[②]先生之所

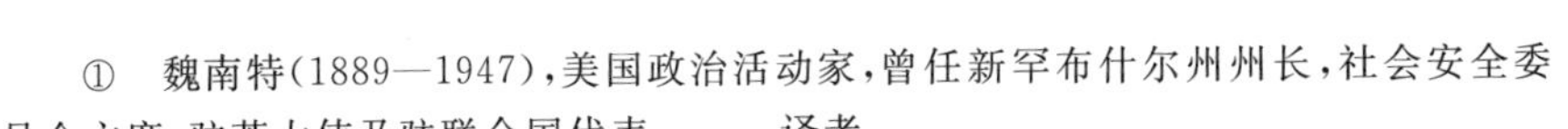

① 魏南特(1889—1947)，美国政治活动家，曾任新罕布什尔州州长，社会安全委员会主席，驻英大使及驻联合国代表。——译者

② 霍普金斯(1890—1946)，美国官员，在罗斯福总统任内曾任联邦紧急救济署署长、商务部长，访问英、苏的总统特使等。——译者

以迅速获得了舆论的支持，至少一部分原因就在于此；他们不但体现了振奋人心的美国援助，而且还同样令人振奋地体现了美国人从事大规模社会实验的意志。我们也不能忽视在工会努力下公民身份的提高；他们在张伯伦先生统治下的地位和在丘吉尔先生统治下的地位的对比的确是很突出的。我认为，说至少英国的传统思想方式已被打破也不为过。科学家已开始理解到他们的实验室并不是象牙塔，供他们在那里研究某种所谓客观真理的幻想的抽象作用，而是一些堡垒，这些堡垒按照他们的工作所具有的社会意义的程度或则存在下去，或则崩溃，这个事实是具有极重要意义的兆头。像约翰·奥尔爵士在营养方面的著述，斯特普尔顿和鲁塞尔在农业方面的著述，塑料方面新发明的可能性，只消举出这三个例子，就可以说明我们这一代的科学家会开始主张：社会方针和政治方针决不可阻挠他们对提高生活质量作出贡献。他们会开始断言，而且事实上已经开始在断言：他们的贡献包含着一种社会秩序，在那儿，目前的生产关系必须彻底改变。

第二个重要因素，即俄国以英国的盟国姿态出现，我已经着重指出过了。我认为它的重要性在于三方面。第一，它使英国胜利的前景同苏联的胜利连接了起来，从而使莫斯科不可避免地成为和平的一个基本因素。由于莫斯科主张为社会消费实行计划生产，更由于它从战争创伤中恢复过来后会在更大甚至更强烈的程度上实行计划，英苏合作就会给我们自己的复兴速度作出榜样，其重要性是无可限量的。第二，谁都知道，我国战争努力的理想，至少就工人而言，已因我们同莫斯科联盟而达到一个新的水平；工人对原来的革命的希望已显著地复活了。当然，我不讳言这些希望的复活已引起旧秩序信徒们的猜疑；穆尔-布拉巴宗事件（Moore-Brabazon incident）不是没有意义的。但是，同样不无重要意义的是：即使丘吉尔政府也经受不住一连串这种事件的打击；只有丘吉尔先生的无上威望才得以挽救一个处于穆尔-布拉巴宗上校的地位的大臣。俄国以英国的盟国姿态出现的第三个要点是：在纳粹主义灭亡以后，法国和东南欧诸国（说不定德国和意大利也在内）的社会主动精神很可能会迅速转到极左方面去。那些国家里不见得会出现稳定可靠的政府，除非把那儿现有的阶级关系破坏得干干净净。在这种情况下，除非英国的统治者从事大规模的社会实验，我以为英国的舆论是不会满意的。但是，假使不彻底改革我们社会的生产关系，我可不相信统治者能从事这些实验。

的确，另外还有一个可能性也必须提请大家注意，尽管那是有点叫人扫兴的。希特勒的失败，特别如果战争旷日持久的话，将会使美国名副其实成为世界上首屈一指的经济强国，特别因为它参战是势在必行的。在美国经济力量的平行四边形下，它在战后的影响可能是反动的而不是进步的。绝大多数美国实业家都痛恨"新政"，而且势力越大就恨得越厉害；他们把社会改革看成经济复兴的对立物。罗斯福先生到 1944 年就要卸任了；种种迹象表明，他的继承人主要将是美国大经济利益的代表，就像哈定[①]和柯立芝那样的人。这样的美国帮助欧洲迅速复兴——这种帮助必不可少——的条件，必然是设法维护欧洲的生产关系，使它与被约瑟夫·肯尼迪[②]

① 哈定（1865—1923），美国第二十九任总统。——译者

② 约瑟夫·肯尼迪（1888—1969），美国大资本家，1937—1940 年出任驻英大使。——译者

先生之流视为民主的自由放任资本主义相适应，这一点至少是可能的。当然，在战后的清算过程中，美国的势力将大得无以复加，现在来预言这种势力会用在哪方面未免过早。

但是，有两种情况却是不难预言的。如果希特勒在1943年倒台，罗斯福总统就会把他的全部权力和威望用来在全世界范围内巩固自由主义民主的基础，这是谁都不能怀疑的。还有，如果英国在战争结束前的那段时期内从事于深刻的社会实验，它们在美国引起的反响甚至就可能在罗斯福总统的第三次任期届满时，使一个反动的候选人失去进白宫的可能。在第一种情况下，到1946年，美国承担的义务多半会使欧洲确信美国的势力依然既是自由主义的又是国际主义的。在第二种情况下，也会有同样的结果，因为我们的行动会使“新政”的威望所系的美国的那些力量获得新的权威。的确，“新政”的命运是与我们据以决定我们的未来的那些原则休戚相关的。

从这个角度看，我认为，不论在哪一种情况下，欧洲的命运都取决于“新政”的美国继续当权。其次，还是从这个角度看，新政继续当权又意味着目前是在英国开始根本改革过程的有利时机。因为，对我们的未来最有利的，莫过于当罗斯福总统还待在白宫时就把胜利争取到手；而对于胜利最有利的措施，又莫过于提高生产力。但是，要提高生产力，就必须改变生产关系。不改变生产关系，就没有那种任何既得利益都阻挠不了的坚定而持久的手腕。即使德国与我国之间的实力的差距不能在这样一个时期内弥补，目前仍不失为从事基本改造工作的有利时机。因为这种改造会向美国提供一个天大的奇迹：一个资产阶级民主国家居然能通过同

意而创造出能恢复日益增长的福利的条件。这件事在美国引起的心理影响是断难估计过高的。它会使美国人民以无比坚强的力量要求进行同样的试验。它会驱除大企业利用战争紧急状态来扼杀“新政”谋求继续生存的斗争的危机，这种危机在目前条件下的美国是普遍存在着的。它会使英苏两国的努力获得有组织的美国工人的全力支持；它还会消灭所谓英国富豪政治用民主外衣掩盖其真面目这样的纳粹神话的宣传价值。我认为，就我们方面来说，这种政策的效果是给予在美国的民主朋友们以新的力量，欧洲的未来多半就仰仗这种力量。

因此，我们必须了解清楚，尽管美国人热烈赞成打倒希特勒，美国利益与欧洲利益之间的关系却仍旧是个复杂的问题。这个问题在很大程度上决定于战争结束的日期；另外也有很大部分决定于，当战争结束时，美国卷入实际斗争的程度有多么深。斗争持续越久，那么，从我们拥有的日益增多的证据来看，美国大企业就越可能对它的援助勒索昂贵的代价；种种迹象表明，它会利用一次“射击战争”的机会去弥补它在罗斯福先生头两任总统期内所受到的损失。前大使肯尼迪之流的见解居然在美国实业寡头中大为吃香，是很值得注意的；同样值得注意的是，美国的青年由于完全不同的动机久久地激烈反对参战。归根到底，美国的孤立主义情绪要比肤浅的观察或宣传所愿意承认的强烈得多。

当然，造成这种情况的原因是很多的。对于其中有些原因，例如美籍意大利人和美籍德国人对他们祖国的态度，我们是无能为力的；至于那些赞成肯尼迪先生的屈辱和平见解的人的顾虑，看来只有到战争直接打到美国海岸上的时候才会消除；在那以前，他们

认为“姑息”是理所当然的，就好比当初英国同样的利益方面也认为“姑息”是理所当然的，直到它的无用由于1939年3月布拉格被占领而大白于世为止。我们所能够做的事情，是去影响美国舆论中由于本质决定而能够响应一个伟大思想的那部分人。激起那种响应的方法不是允诺将来做这做那的好听话，而是要脚踏实地去实现我们目前所作出的那些诺言。唯有这样才能真正打动美国青年的理想；再没有其他办法能使他们消除上次战争遗留下来的巨大的幻灭感了。也唯有这个办法才能真正打动美国舆论中的那部分人，这些人在罗斯福先生执政期间曾全力谋求加强美国民主的基础，并且认为四大自由是达到那个目标的唯一途径。除非我们能把美国舆论中的这一部分人争取过来，否则在胜利到来后就会发现我们已经给美国舆论造成这样一种气氛，在和欧洲的关系方面，要比上次大战所造成的气氛更加冷淡。这样一种灾难的严重性是用不着我来强调指出的。

五

所有这一切是为了说明两件事。除非我们使创造一个更公平合理的社会的思想成为胜利所赖以取得的实际政策的一部分，就不能在这次战争中取得最终意义的胜利；而现在要建立一个更公平合理的社会，就非得使特权势力愿意在那项工作中和我们合作不可。我不敢预言这种合作到底有没有可能。我完全承认那是历史上最罕见的现象之一；我也承认，即使从法国崩溃以来，也很少迹象表明英国的统治阶级已认识到我们处境的复杂性。丘吉尔政府的立法并没有触动社会生产关系的要害。它没有宣布过一项令人看到胆识或勇气的有关英国复兴的计划。在教育、公共卫生和住宅方面，人们看到既得利益装模作样，袭用故技，和 1918 到 1919 年的经验如出一辙。同上次大战中一样，工人被要求作出牺牲，特权阶级则照例对那些毫无怨言地挑起他们所强加的担子的人摆出一副仁慈和关怀的姿态。

我绝对不是说英国的统治阶级胆小，不敢充分担负起战争的军事义务；仅仅皇家空军的辉煌战绩就是它的勇气的不朽凭证。我毋宁是说，它想象不出一个世界，在那里，统治的权利不是天然地归属于门第和财富，这两者从十七世纪内战以来，一直掌握着决定英国命运的权力。英国统治阶级的思想在那种权力的传统里陷得那么深，以致不了解对新的基础的需要。甚至连最杰出地体现了全国人民争取胜利的意志的丘吉尔先生，也摆脱不了那种传统的纠缠。活像马尔巴罗[①]再世，他“叱咤风云，气吞山河”。但他脑子里想的与其说是征服一个新世界，倒不如说是维护一宗优厚的世袭财产。他重新进行着反对大皇帝[②]企图称霸欧洲的古老战斗；在他指挥的战斗中，他看不到可以利用他自己所确定的任务来实现的新的巨大可能性。考文垂或默尔西河畔、伦敦东郊或格拉斯哥贫民窟的老百姓的勇敢会使他热血沸腾。他的想象力会被人民自动组织起来实行民防的辉煌奇观所吸引。他谈起敦刻尔克一

① 约翰·丘吉尔·马尔巴罗(1650—1722)，英国名将。——译者

② 大皇帝，法国路易十四的称号。——译者

些小船的英雄业绩时所用的词句，修昔底德[①]也会自叹弗如。希特勒对苏联的进攻使他十分激动，克制住对自己过去的一切感情。然而他却没有去研究一下造成所有这一切事情的巨大的客观力量。他像一个大贵族那样作战，由于已经应战，就非打胜仗以保全荣誉不可。他不像一个大政治家那般作战，除了胜利之外，看不到胜利可能造成的机会。

我所以这样说，是因为在所有生活在传统英国的政治家当中，没有一个人在战前年代中比丘吉尔先生更清楚地或者更果敢地了解到希特勒意味着战争；没有一个人比他更真实地注意到希特勒备战给英国带来的严重后果。但是，很明显，丘吉尔先生一贯不了解那些以希特勒为代表的经济力量，也不懂得为什么他党内的大多数人一直到最危急关头还是“姑息者”。下列事实说明这个推论是正确的：直到意大利参战以后，丘吉尔先生才恍然大悟墨索里尼原来和希特勒一样，代表着同样的力量的结合。他在1933年就懂得希特勒是对英国权力的威胁，但对于意大利法西斯主义的含义却无动于衷，因为墨索里尼除了替希特勒为虎作伥外，从来不是对英国权柄的威胁。丘吉尔先生无畏地出色地进行着战争来保全英国的权柄。为此，他任何精力都不吝惜，任何牺牲在所不计。一个既有雅量和法国联盟又有雅量把一代人对苏联的误解一扫而空的人，是不会缺少贵族阶级适应形势的那种传统能力的。丘吉尔先生不仅给了英国人民而且还给了全世界自由人民以巨大的鼓舞。

---

① 修昔底德（公元前460—公元前400），希腊杰出的史学家，其所著《伯罗奔尼撒战争史》为世界名著。——译者

对于这一点，我的佩服是决不后人的。

但是，我认为，丘吉尔先生对这次战争的真正性质的盲目无知，就好比伯克对法国革命的性质盲目无知一样。正因为如此，他力图发动总体战，却不想使我们的生产关系的体制适应于战争的后果。正因为如此，他能够一方面扬言为民主和自由而战，一方面却使我们和印度的关系问题悬而不决。这也就是为什么，他坚称他所关心的是维护“传统的英国”，为什么他不了解 1927 年的“劳资争议条例”的修正——他自己在这方面应负的责任是非常严重的——对数百万工人的意义。丘吉尔先生的思想前提是被垂死的旧世界所决定的，就跟 1789 年伯克的思想一样；伯克看不出，他也看不出那个挣扎着要诞生下来的新世界的轮廓。

如果天赋过人、敢于冒险、不甘失败的丘吉尔先生尚且从旧习惯中为他的见识寻找根据，那么他手下的一帮人目光比他短浅，也就更没有什么好奇怪的了。哈里法克斯勋爵按照教会已宣扬了两千年而始终实行不了的基督教管理的学说讲话；他好像并不了解一种已适应于奴隶制、封建主义和资本主义的学说的意义。艾登先生复活了托利民主主义思想，和写下《西比尔》的迪斯雷利①如出一辙；但他似乎不知道这种思想徒然使一个特权阶级长期存在下去，从历史上说，这个阶级念念不忘于“位高则任重”的要求，并且自以为能担负这些要求而不必过多地牺牲使一个阶级保持特权

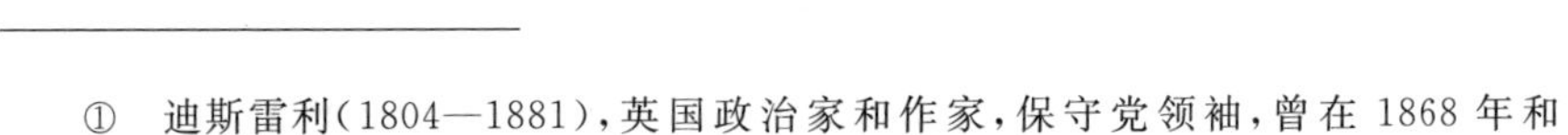

① 迪斯雷利（1804—1881），英国政治家和作家，保守党领袖，曾在 1868 年和 1877—1880 年任首相。其长篇小说《西比尔》出版于 1845 年。——译者

的那些东西。金斯莱·伍德爵士[①]那么长时期地顽固地无视纳粹主义的含义，他代表着企业家保守主义的正统见解；到期的票据一定要支付，因为破产是不体面的，而通货膨胀是危险的；但是金斯莱·伍德爵士没有一句话说明我们已进入一个迫切需要新的经济概念和社会概念的时代。

一句话，联合政府的主要政党向计划化社会迈进，却不认真努力去系统地阐明计划的性质或可能性，以为丘吉尔先生所谓的"少数切实可行的复兴措施"多少能解决问题。但是这个政党不安地明白，尽管它奉行着历史性的"敷衍"政策，实际上仍旧面临着各种具有革命意义的伤脑筋事儿。事实当然是，它奉行的这项政策使得共产党坚称一次暴力革命是不可避免的。除非能通过同意方式来调整，使用暴力就是理所当然的了。

共产党的预言很可能是正确的，尽管这方面有两个重要的情况必须指出。第一，没有理由认为工人阶级能在一次暴力革命中获得成功，除非存在着有利于成功的条件。我想象不出我国有这些条件存在，除非是有过长时期的专制统治经验，但关于这种经验迄今还没有明显的迹象。第二个理由要追溯到共产党的历史哲学根源。那种哲学没有注意到，资产阶级直到在社会上掌握了经济大权，并且能够以它的经验和能力直接担负起管理国家的重任之后，才终于战胜了封建贵族。它支配了所有权关系；它改造了文化。直到这两个过程都完成以后，资产阶级才最后夺取了政权。

① 金斯莱·伍德(1881—1943)，英国政治活动家，历任内阁阁员，1940 年起出任财政大臣。——译者

这两件事，英国的工人一件也没有做到。经济大权仍旧操在中产阶级手里；我们社会的文化才刚开始受到我们文明中生产力的改变的影响。我们面临着的危险是：苏联的榜样——这个榜样的性质始终是独一无二的——会导致早熟的冒险主义，它主张停止民主过程，其动机和国外颠复民主的动机并无二致。

我一刻也不否认彻底改革我们社会的生产关系的迫切性；相反，我已经论述过，那是恢复日益增长的福利所必不可少的条件，因此也只有在这个基础上，才能维护英国的民主政体。但是我也认为，除非这种彻底改革是在充分同意的情况下作出的，使得剧烈的反抗对统治阶级来说是种不正当的冒险行为，那么，在我们的特殊情形下，它就工人方面来说也很可能是种不正当的冒险行为。由此我得出两个结论。第一，只有在这样一个时期中，当严重的危险在广泛的舆论范围内粉碎特权阶级的种种压迫时，才会有从事彻底改革的心理条件的存在。第二，如果错过了眼前的机会，工人阶级就只有在通过宪法程序成为国家的合法政府之后，才能成功地保卫它从事这种改革的权利。

我已经探讨过这两个结论中的第一个；我已经说明，为什么保守党——它主要是英国的经济和社会特权的政治工具——由于它的本质，未必能够洞察事物的性质而放弃它所掌握的权力。第二个结论假定：在这次战争结束时，我们将会碰到三种可能性。[①] 第一，保守党可能继续执政，以否认有彻底改革必要的心理从事复兴工作。在这种情况下，它很快就会表明它创造不出日益增长的福

① 这里原文是“三种可能性”，但下文只谈了两种可能性。——译者

利条件。到那时候，它要么只好让位于工党，要么以这种或那种形式结束我国的议会民主。假使它让位于工党，那么工党至少就有机会去从事基本改革；同时根据假定，因为舆论会站在工党一边，工党就能在它的对手采取守势并且名誉扫地的有利条件下从事种种试验。第二，也可能在战争结束时，人民的情绪促使工党直接获得胜利。在这种情况下，工党就有宪法上的权利去从事试验，而它的对手的抵抗力，虽然决不至于完全崩溃，也会因其所处的战略地位而严重削弱。

这两个可能性，从我们维护社会安宁的能力方面说，都取决于工党对其任务的智力上的和精神上的准备的质量。它必须精确地知道它要做些什么。它必须准备以勇敢和坚定的意志去做。它必须具有能实现这些伟大目标的男女党员。我们能够在什么程度上相信这种必要的质量将要具备呢？

这个问题是很难回答的。不论从哪方面看，英国工人运动的成就是非常巨大的。经过不到一个世纪的努力就建成了合作社和工会，真是了不起的成就。在地方政府里，包括在伦敦，工党在上一个世代中显示了一种至少和它的对手同样伟大的品质。在两次执政期间，工党在某些方面，尤其是在国际事务方面，表现出对现实的理解，如果它的任期没有在 1931 年突然告终的话，很可能会使欧洲免掉目前的这一场战争灾难；值得注意的是，在 1939 年和 1940 年的两次危机中，它给国家树立了榜样，事实证明，这种榜样是国家的独立和安全所依靠的。它博得了它的成员们自愿的信仰和忠诚，这是国内没有一个政党能够匹敌的。

我认为，所有这一切不论从哪方面来估计，都是真实和重要的。但是，不可否认，工党也有着严重的弱点，每一个公正的观察家看到了都会着急。党员干部取得权力的道路是艰巨而漫长的；因此担任工党领导的人多半垂垂老矣，除了少数杰出人物以外，大多数人的精力已经不济，脑子也不灵活了。伟大的社会改革一般出于青年政府之手，在革命性的时代尤其如此。自从 1919 年以来，工党的缺点是不能使它的形式适合于青年人当代表的要求。它的成员中极少年轻人是下院议员，而按照比例来说，年轻的候选人就更少了。它倾向于把下院的稳可当选的议席当作长期为工会服务的适当酬报；不少党员当议员时年纪已大得很少希望从事创造性的政治活动了。它也不能指望和它的对手一样，劝告年龄较大的党员光荣退休；经济困难使他们绝大多数人不得不一直干到失败或死亡。谁要是掌握第一手资料，直接了解到在大多数情况下辞职所包含的经济悲剧，就会认识这个问题的严重性。老实说，没有一个政党能希望在战后统治我国，除非它在下院中给予进行这次战争的一代人以充分代表权。工党还没有显示出能解决这个问题的迹象。

无疑的，这个缺点只要通过适当的制度上的改革，就可以纠正过来。但必须强调指出，工党的真正需要却在于另一方面。它必须恢复它的先驱者的信心和热情；它目前主要是依靠工会的各级干部，它必须有能力大大扩大对人民的联系面。它必须使科学家、技术家、经理阶级认识到它所赞成的那种社会能给予他们以现制度下所得不到的机会、权力和稳定。它必须把那些迄今还不了解它的主张的集团争取过来，使这些集团赞成计划化民主，特别是要把计划化民主的成功主要依靠其贡献的那些集团争取过来。

我认为，要争取那些集团，工党本身必须进行一次精神上的革命；而当代最严重的问题之一，就是那次革命能否在我们掌握的时机内实现。那种精神上的革命是不容易下定义的。它意味着要能够培养出一些领导人，他们能把长远的目的置于暂时的目的之上，并且能向他们的追随者着重指出：一项真正恰当的教育制度最终对于工人来说，要比一天缩短半小时工作或日薪多增加一先令有价值得多。它还意味着要善于选择这样的领导人，他们不同意官僚主义者的诡辩，说什么这项革新是危险的，那项既得利益势力太大，触犯不得。一句话，它意味着要乐于培养这样一些领导人，他们有勇气要求工人运动作出建立一个计划化社会所必需的那种规模的牺牲。我认为工党不可能培养出具有这种品质的领导（至少是按照应有的比例来说），除非工人运动具有了那些提倡重大革新的人们为了说明当前各项问题而不得不提供的必要知识。

我认为，英国社会的阶级结构包含着这样一个严重危险。它的帝国的和经济的霸权在那么长的时期内没有受到过挑战，以致直到十七世纪，它才给予知识分子以他们在公共事务中应有的地位。我们目前正在为绅士、律师和实业家的合伙而付出巨大的代价，两个半世纪以来，我们的命运一直寄托在他们手里。他们建立了一个两重性的英国，没有我们目前所需要的那种各阶级间的相互了解。我们有过两种教育制度；我们有过一支军队，在那里，就像劳合·乔治先生所说，门第和风度比智力更重要；我们有过这样的教会，在那里，“举止得体”比崇高的道德或博学多才更重要；我们有过这样的外交，其执行者们甚至不知道和他们打交道的那些国家的十分之九人口的存在。直到上次大战结束为止，一个人要在我国政府中担任要职，就非离开工人阶级的队伍不可。在两次大战之间的年代里，霍姆斯法官先生所谓的制度的“无言的大前提”是：如果工党被允许上台，它的领袖们决不可奉行由于宣扬了它们而使他们上台的那些基本要求。即使工会的领袖们当了权以后，也在很大程度上沾染了中产阶级生活方式的习气，他们的子女也成了他们父母上升到的那个阶级的成员了。

这种制度几乎在生活的每一方面都造就了大人物；直到最近为止，它一直抱有一种安全感，使它能够表现一种在别的国家里绝无仅有的宽容。但是这种制度并没有故意地自觉地抱定宗旨去提高普通人的地位；如果提高了的话，那不过是它的组织的一种偶然的副产品罢了。它的祛除贫困之道在于施舍；祛除愚昧之道在于奉行一项教育制度，对于绝大多数人民群众来说，在知识刚开始发挥作用的当口，教育就终止了。我们已那么长久地依靠我们的优越地位积累起来的果实为生，以致很难适应这样的概念：生存的准则已不再是我们当年据以取得优越地位的那些了。我们已进入这样一个时期，不管大人物的价值如何，我们社会的未来取决于我们提高普通人的地位的能力和愿望，如果我们要保全一个民主社会的话。

值得记住的是，这就是马修·阿诺德向维多利亚时代提出的警告，这个警告多半被置之脑后了。因为这是在两次大战之间的年代里对统治者们提出的一个致命的控诉：当我们的经济制度造成数以百万计的失业者的时候，他们却热衷于自己所享有的特权，根本不想去追究一下经济制度的基础。如果一个社会的十分之一成年工人长年靠失业救济苟延残喘，而统治者却丝毫不觉得自己

负有责任，这个社会就别想维持下去。此外，一个社会如果不努力(就像在两次大战之间的年代里我们没有努力那样)使生产关系和生产力相适应，那么这个社会也别想继续存在下去。时至今日，统治阶级的代表们在战时还没有说过一句话，证明他们已了解有作出那种努力的必要。工党领袖们宣告过这种必要。但我认为他们不可能使我国人民相信他们对自己的各项原则抱有信心，除非他们坚决奉行这些原则。一个活生生的榜样要比一打动听的宣言振奋人心得多啦。

我们必须在下一代建立一个平等的社会，否则就只好放弃民主的实验；二者必居其一，别无其他出路。那是一个巨大的实验。它从来没有成功地尝试过，哪怕是用和平的手段。如果我们现在着手去做，有两点理由可以证明为什么我们大有成功希望。第一，人们的头脑已大大适应于革新；这次战争的心理气氛中充满着对巨大改革的期望。第二，对共同危险的了解使人们能接受试验，而三年以前，这种做法很可能会破坏民族团结。今天，伟大的领导能计划一次同意的革命，但明天就办不到了。

这个道理要反复说明，而且要说得透彻。一次威胁着国家生存的总体战需要有巨大的胜利或者巨大的措施；没有一个民族，就像法国的例子所表明的，能单单依靠漂亮话逃过总体战的难关。当我们面临着各种革命的力量，其影响触及国家生活的基础时，我们就不能忽视它们的存在；而我们目前的领导最大的缺点就在于偏要忽视它们。这就是为什么，正如我已经说过的，工党领袖们的任务在于坚持使它所赞成的各项原则今天就获得实现；如果把它们当作将就的诺言拖到胜利后再说，就只会对它们今天所能够团

结的力量起分裂作用。因为，如果事情很清楚，同意的革命是胜利的代价，全国人民就会坚持要求实现这种革命。革命传统的最主要的遗产是：要么革命成功，要么就是毁灭。

但是，正因为目前是大好时机，假使我们让机会白白错过，那就非常可能受到惩罚。在一切革命中，总会有一个怠惰时期，经过一番努力后所感到的疲劳迫使革新的过程暂时停下来歇一口气。那个时期在停战后肯定会到来的。过惯了紧张的生活之后，人的机体仿佛需要安静和松弛。在歇气时期内硬要人们束紧腰带，踏上一个新的艰难的旅程，特别是踏上一个到未知世界去的旅程，就等于硬要人做办不到的事情；大叛乱[①]之后紧跟着不就是复辟吗？当反纳粹主义的战争结束以后，人们会迫切需要老一套的思想和习惯，这些思想习惯并不强迫他们的头脑去适应叫人烦恼的刺激事儿。有思考力的政府是非常时期的一副特效药。但是在正常关系恢复之后，有思考力的政府却总是被社会的既得利益阶级看成一样它负担不起的奢侈品。

因此，我的论点是显而易见的：我们必须在战争的进程中打下一个基础，使战后民主能在这个基础上发挥作用，否则我们就永远也打不下这个基础了。依我看，这个教训是从两次世界大战之间的年代里的经验得出的明显结论，尤其是从法国的悲惨经验得出的明显结论。在战争的严酷考验下，一个国家能实行那种使战后复兴成为可能的改革；而在和平时期，就像新政在美国所确凿表明

① 指1642—1660年英国内战，克伦威尔推翻斯图亚特王朝，建立军事独裁政权。——译者

的那样，它不得不从复兴和改革之中选择其一。但是我们碰到的问题是：在战前生产关系基础上的复兴已经不再和恢复日益增长的福利相容。这种情况在1939年以前就已经很明显。这种情况说明，一切自以为民主原则的应用威胁到他们本身利益的人对民主原则越来越怀疑。一次保卫民主的战争如果不创造出使民主原则能够生存的条件，就未必能达到目的，犹如1914年的战争没有能够达到目的一样。凡是亲身经历过1918年11月11日[①]以后的那些胜利的日子的人，决不会怀疑人们“使世界确保民主”的真诚愿望。但是，当人们准备接受确保民主的条件时，这些条件却还没有创造出来；徒有愿望而没有实现愿望的条件，这个愿望肯定会落空。任何有关战后复兴的议论都不能给予这种愿望以稳固的基础。除非我们在战争的进程中实现革命，否则革命就会在战争结束后强加在我们头上。但是，在后一种情况下，民主和自由将是首当其冲的受害者。

① 这一天是第一次世界大战结束的日子。——译者

第六章　国际形势

一

在上次大战结束时，强权政治的主要问题终于获得解决的希望是很大的。民主政治好像到处都获得了胜利；国际联盟的建立仿佛提供了一个机构，通过它，裁军与和平解决国际争端都有希望了。对军国主义的反应是强烈的；人们希望从事创造性复兴工作的迫切心情，是政治舞台上的显著特点之一。甚至在史沫资陆军元帅那样冷静和公正的观察家看来，我们也分明已经进入了这样一个时代，“人类已拔营前进”。

在《凡尔赛和约》签订后不到十年，许多事实就使美梦破灭了。我认为，这并不是因为那个条约本来就不行；无论如何，到1929年，它的极大多数比较明显的错误都已经纠正了。倒不如说，那些主持订约的政治家们订错了条约。当时他们已经遇到二十世纪的各种问题；他们解决了十九世纪遗留下来的问题，并且相信国联会处理他们所没有处理的那些问题。他们忘记的是，第一，他们没有创造出国联能据以解决问题的条件；第二，主权国的增加重新肯定了，并且造成了许多既得利益集团，它们随着自己势力的膨胀，必然会加重国联的各种问题，以及国联解决这些问题的力量之间的

不平衡。

因为，在签订《凡尔赛和约》的时候就已经很突出的中心问题，是资本主义社会生产关系的崩溃——如果生产关系必须确定在民主制度范围之内的话——同时由于美国因失望而恢复孤立主义，又加速了这种崩溃。美国不再欢迎欧洲来的移民，并且采取高关税政策，这两者结合起来，事实上把一个经济上互相依赖的世界的安全阀给关死了。战后的感情主义高潮刚过去，就很明显地看得出来，此后要不是调整生产关系，使民主能继续存在下去，那么各民族国家集团之间就会作你死我活的斗争，迟早要演变成第二次世界大战。

在国际舞台上，这是两次大战之间的年代中的主要课题。它是无限的生产潜力与实际的普遍贫困之间的对照。它是热烈的希望与痛苦的挫败之间的对照。谁要是读过那些年代里的文献，尤其是经济方面的文献，必然会注意到：在人们所抱持的期望与政治家在现行生产关系范围内满足这些期望的能力之间，隔着一条多么宽阔的鸿沟。形势的安排仿佛是要实行丰裕经济，而生产关系的既得利益方面却硬要实行匮乏经济。在那个框框里，战胜国迫切希望维护它们那些继承来的利益，战败国或希望落空的国家则处心积虑想克服它们所处的劣势地位。生产关系可以说给可能的调整造成了一种上层限制，这种限制是和各大国的政治家需要解决的问题完全不相称的。

在那些年头里，对这个问题的绝大多数诊断，特别是学究气的诊断，都是隔靴搔痒的，因为它们认为只要有诚意，问题就可以在现行生产关系所规定的范围内迎刃而解。有些思想家，例如吉尔伯特·墨莱教授[①]，认为最要紧的是取消主权，以为国家的主权就像一个水龙头，要开就开，要关就关，却不了解国家的主权实际上是样工具，用来保护一定的生产关系，只有彻底改变生产关系，才能够从政治上取消国家主权。还有一些人，例如莱昂内尔·罗宾斯教授，把毛病归咎于放弃自由放任主义，却不懂得其所以要放弃，正是出于奉行自由放任主义的经验教训。

在两次大战之间的年代中表现得最明显的，是民主制度对经济膨胀的依靠。这一点假使办不到，资本主义的含义与民主的含义之间的矛盾就无法克服了。由于害怕俄国的经验重演，到处的资本主义受益人都警惕了起来；哪儿民主的传统软弱（如同在意大利和德国那样），那儿的民主就相当容易地被颠覆。但是，就像上文已试图说明的，由于民主被法西斯主义取代后，衰退中的资本主义的主要问题仍旧没有获得解决，法西斯国家的缔造者们就只好奉行帝国主义政策，作为他们内部稳定的代价。但是，这样做了以后，必然会威胁到他们的竞争对手们的安全。墨索里尼的实力无疑还不够坚强，不能单独向任何一个主要强国挑战；他只好满足于一些较小的战利品，这些战利品使他的人民开了胃，但并没有使他们满足。希特勒得把他当权的最初五年用来掩盖他的真正意图，在他那反布尔什维主义运动中装作和一切资本主义利益的敌人势不两立。直到他自以为一次闪电战能使他直接达到目的（这倒并不是完全妄想），才出其不意地动起手来。如果西方国家默许他进攻俄国，他就是欧洲的主宰，假使不是全世界的主宰的话。如果西

① 墨莱（1866—1957），英国古希腊文学研究家，曾任国联主席。——译者

方国家反抗，他迅速摧毁它们的反抗以后，就会立于不败之地。

攻势刚一发动，现代战争的技术基础就立刻使它具有一种比1914—1918年的战争更加猛烈、含义更加复杂的世界大战的性质。事实明摆着，法西斯主义不彻底胜利，就彻底失败；两者必居其一，第三条路是没有的。假定法西斯主义失败，国际关系的问题马上会接踵而来，它实际上就是《凡尔赛和约》的缔造者所没有解决的问题——现代世界的生产关系问题。因为我们要明白，法西斯主义的灭亡并不会自行创造出确保民主和自由安全无恙的条件；它仅仅创造出一些条件，在这些条件下，由于民主和自由的主要敌人已经消灭，就可以着手来组织它们的安全了。但如何来完成那种组织工作，仍旧要靠我们自己解决。

再也没有比低估这种组织工作的困难更危险的了。在纸上草拟一些理想国、英美联邦、欧洲联邦、新的国际联盟等等，是容易的。我们最关注的应当是记住：民主和自由只有在经济膨胀而不是萎缩的条件下才能欣欣向荣；在现制度的生产关系下，没有一个主要的民族国家（苏联除外）奉行的原则会容许这种膨胀。我们的关注必须以这样一种认识为背景：到战争结束时，世界的生产力，特别是美国的生产力，将会大大提高，如果所有权原则始终不变，有效需求就不可能随着生产力的提高而相应地提高。换言之，法西斯国家战败，将会使我们面对我们在1918年11月11日所碰到的一切问题，而且程度要严重得多。只有依靠创造出条件，使经济膨胀重又成为可能，才有解决这些问题的希望。

很简单，那就是说，必须提高世界各国的生活水平，特别是在中国、印度、东南欧和南美等地区，目前那儿的生活水平低得可怜。

和平的秘诀在于扩大有效需求；不做到这一点，这次仗等于白打。但是，要扩大有效需求，就必须为多数人实行计划经济；而严酷的历史经验使我们不得不相信，在现有的生产关系下，要做到这一点是不可能的。因此，除非我们能改变生产关系，战后时期的性质已经很明确了：繁荣之后会紧跟着出现衰退；会仓促试行某种局部的和零敲碎打的“新政”，其开支会导致贸易上升。那时，实业家会就国家干预的危险向我们提出警告，进步的政府与所有主利益之间的冲突会尖锐化，这种冲突说明了复兴和改革之间历史悠久的对抗。一种更强烈的经济民族主义会再次出现，专家们会提出形形色色的救治方案，可是没有一个政府有勇气去尝试，也极少政府有能力去尝试。我们建立起来维护和平的各种机构，由于对付不了它们职权范围以外的局势，慢慢地就威信扫地了。人民大众会由于答应给他们的美好新世界第二次落了空而感到愤怒的失望；特权势力则会滋长一种愤怒的恐惧心理，生怕群众的期望会侵犯到他们的特权。在人民大众看来，保卫民主和自由的战争只不过是个骗局；而在特权分子看来，人民大众对骗局所表示的愤怒似乎是对社会安宁的威胁，有造成无政府状态和混乱之虞。我们将再一次发现没有足够的共同点来用同意的方式解决分歧。我们将从各个国家冲突的时代进入各个阶级冲突的时代；一旦特权势力找到一个新的希特勒充当他们的工具，反革命在某一个大国得手至少就暗示着，也很可能孕育着一次新的世界大战的前景。

我所判断的这种情况，可能比我们愿意承认的更加出现得快。因为，假定联合国在这次战争中获得胜利，并没有确凿的证据表明会员国共同抱持的目标能保持下去。战争带来的仇恨和毁灭必然

是深刻的,要把它们引导到建设性道路上去可没那么容易。在德国、意大利和日本有了稳定的政府,可以担负起处理国家大事的正常任务之前,战胜国将在欧亚两洲维持秩序,这一开始就提出了一个重大的问题:维持秩序究竟是为了什么?如果,比方说,在希特勒军事失败以后,德国发生了共产党革命,它所奉行的政策会不会被联合国中除俄国之外的其他国家接受呢?如果德国的榜样扩展到例如法国和意大利,那些会员国的态度又将如何?目前在伦敦的绝大多数临时政府回到本国之后,假使不从事大规模的经济改革,把它们目前主要代表的并且主要依靠其支持的那些旧的特权势力一举肃清的话,有没有希望恰当地处理它们行将碰到的种种问题呢?

事实上,我们今天的处境要比在两次大战之间的年代中同我们纠缠不清的边界、军备和少数民族等问题严重得多。我们一定要学会把这些事情当作我们必须解决的更深刻的问题的征兆来看待。苏联的杰出经验表明,民族问题是可以在经济平等的基础上求得解决的;没有这个基础,边界便是一种威胁,少数民族是一个几乎不可避免的麻烦的根源。单靠联合国对目标意见一致,形式上宣称这些问题已经获得解决,是不够的。徒然宣布伟大的目标而不去创造条件使那些目标得以实现,不过是政治家的漂亮话罢了。我认为,这些条件主要是战后时期生产关系的问题;对于生产关系的性质,联合国中除俄国以外,目前还没有一个国家动过脑筋。说真的,这些国家的政府绝大多数都不敢处理生产关系问题,生怕作出决定后会影响国人的团结。

我认为,两次大战之间的年代中的一个明显教训是:一个共产主义国家(例如俄国)的利益是和平,因为和平是它的试验获得成功的条件,而资本主义各国的利益却受到了它的成功发展的威胁。正因为这个缘故,就像我已经论述过的一样,甚至连资产阶级民主国家的政治家也不把希特勒的反布尔什维克运动看作不受欢迎之事,至少在运动的早期是如此。在经济膨胀时期,各国的制度无论有多大的不同也不成问题;但是在像目前这样的经济萎缩时期,一个消灭特权的国家必然显得是向其他维护特权的国家提出了挑战似的。除非膨胀的条件又告恢复,它们就不见得能够和平共处。正因为如此,任何一次深刻的社会革命,只要其性质是一次学说上的革命,就总会使得全世界的既得利益采取守势。法国革命和俄国革命的结果都是这样;而在 1848 年,欧洲的一切反动势力都纠合起来镇压中产阶级上升的希望,这也并不是偶然的。

从这个角度看,我认为那些没有从一开始就这样处理生产关系,使经济膨胀重又成为可能的国际结构改革纲领,是没有什么价值的。例如,英美联邦的倡议者们即使如愿以偿,但如果两国现有的生产关系不变,那他们充其极只能增强英美帝国主义的实力罢了。当然可以说这种帝国主义比超过去同它竞争过或目前正在同它竞争着的那些帝国主义来没有那么坏,例如比西班牙或日本帝国主义,而比英美两国目前正在与之进行殊死战的希特勒帝国主义当然更是这样。英美帝国主义也许能够在整整一个时代内利用它的资源所提供的巨大力量来维护和平。但没有理由认为它不会碰到一切帝国主义都必然会碰到的历史性难关——在经济萎缩时期,它不是靠在国外剥削的能力混下去,就是在国内遇到资本主义与民主之间的矛盾。一旦现代工农业的生产力意味着一个相互联

结的世界市场，在资本主义基础上的英美联邦就和创造性和平的问题格格不入了。

此外，我觉得欧洲联邦提议者的情况也不见得好些。因为，再说一遍，如果它的生产关系仍旧保持在目前的基础上，就会碰到两个它所克服不了的困难。第一，如果它是建立在欧洲联邦内自由贸易的基础之上，就很可能仅仅使现有的经济权分配在联邦领域内固定下来，这样它就成了对美国在远东和南美市场的潜在威胁。这种威胁如果成功的话，美国就不能充分利用它的生产力，美国提高人民生活水平的力量也就会被削弱。第二，欧洲联邦的主意(还是在目前的生产关系基础上)将会提出资本在联邦领域内自由活动以获得廉价劳动条件好处的问题，这个问题在美国南部和北部之间是极其尖锐地存在着的。在大工业时代，劳动力市场缺乏共同标准造成了越益复杂的问题。举例说，欧洲采矿工业中将实行不实行强制性的工会制度？如果不实行的话，英国煤矿老板为了打击英国矿工要求提高工资而举行的罢工，会不会在英国煤矿中雇用，比方说，波兰矿工呢？这是不是不用暴力就能做到的呢？假使做到了，其结果会不会是英国矿工的生活水平普遍降低呢？还有，作为一个心理事实，联邦内部会不会必须取缔迁移自由呢？人的行动自由尚且遭到限制，欧洲联邦这个概念还算是真实的吗？现代私有企业具有股份公司的特性，尤其是它的分支遍及世界各地，这种特点是否要求建立一个劳工条件的统一标准，假使我们要防止用牺牲发达地区的利益来开发落后地区的话？事实上，从目前的生产关系总的性质来看，欧洲联邦的经济含义很可能是反动的而不是进步的。

也很难设想重新建立国际联盟就能解决我们的问题，除非它的基础是彻底改变过的。因为成立国联主要是为了维护和平，而维护和平的问题只有一部分取决于人们的愿望。因为，归根到底，愿望必须在环境中起作用，所以它们是由环境决定的。假使它们关系到一致的利益，它们就能采取一致行动；但假使利益不一致，那么每种愿望的动力的性质也就各各不同了。我们的思想多半是环境的产物，不同的环境产生不同方式的思想，而这反过来又产生各种各样的目的，其分裂的力量不亚于团结的力量。这不光是一个废除一致同意原则的问题（尽管这个问题十分重要），这个原则在 1919 到 1939 年之间是对国际立法的严重障碍。要使世界性的立法切实可行，卷入这个过程的各国就必须要么对立法的结果有大致相同的利害关系，要么力量不够强大得敢于冒破坏立法的大不韪。如果一个国家确信某种建议损害它的利益，而它的力量又足够强大，它就宁愿斗争而不愿屈服。

对于以上这种见解，仅仅回答说有了这次大战的经验，我们将组织集体安全保障来防止侵略，我认为是不够的。十之八九我们将会这样做。但真正的问题还在于我们建立的组织的持久性。我们所关心的不应当是在胜利后一个短时期内就可能被接受的国际机构的形式，而应当关心这样一种型式，它可能要三十年以后才会成为一种有效的制裁手段。只要存在着这样的条件，它们使世界各大国对运用其权威来反对一个可能的或实际的侵略者感到有直接的和相同的兴趣，集体安全就能够在持久的基础上组织起来。但是，谁要是研究一下中日争端或意大利的征服埃塞俄比亚，就能看出：如果对充分运用原则不感兴趣，那么善意也好，必要的力量

也好，都是无济于事的。在1933年以后，欧洲所有的小国都反对德国侵略；但是就没有一个国家愿意冒破坏中立的危险去维护那项事实上只有它才能使中立具有意义的原则。

其次，我们必须明白，一旦我们建立起一套反对利用战争作为执行国家政策的工具的制裁办法，我们也就是在创造出一些条件，它们不是维持一定时期的现状，就是强行取消国家主权。保持国家主权之所以一定要维持现状，是因为没有一个国家肯平白放弃它认为重要的利益；正因为如此，它才非保持一个主权国的性质不可。正因为如此，举个显明的例子来说，尽管英国在1930年签订了“永久国际法院随意条款”，它却不让这个条款应用在它自以为享有特殊利益的那些地区之内；这事实上就等于说，它要用武力来保卫这项利益，除非现状的某种改变是获得它同意的。

但我们必须弄清楚，如果各国同意取消它们的主权，这又意味着什么。拆穿了说，这意味着限制大国的权力；现代战争的技术和规模所需要的资源已经使得小国不可能保有主权。说丹麦或葡萄牙是主权国，只不过是纯粹从形式上看问题罢了。事实上，今天世界上只有美国、苏联、英国、德国和日本才是真正的主权国；往后中国和印度或许也是，还有法国也可能重新成为主权国。但是，主权的实质，正如波丹[①]所说，在于能够向一切人发号施命，自己却不必服从任何人的命令；从国际方面说，就是在受到挑战之后，能够用武力来强制执行它的意志。任何一个国家的主权都不外是一种高压力量，政府用它来对付想夺取这种力量的内外敌人。但是，一

① 波丹(1530—1596)，法国社会政治哲学家，主权学说的首创人。——译者

个政府的性质，以及它企图用它的高压力量求实现的那些目的，是由它所控制的社会上的各种势力的平行四边形决定的。这个平行四边形中的决定性因素就是社会的生产关系。因此，放弃主权，就等于叫一个国家放弃它的政府用来保持社会上的一定生产关系的权力。

二

我认为，这就是国际问题的症结。除非我们懂得，一个民族国家的政治性质乃是体现在它所特有的生产关系体系之内的经验的结果，而国家的体制总是代表这些关系所包含的利益，我们就不能理解我们所必须回答的问题。英国之所以是一个资产阶级民主国家，是因为在从斯图亚特王朝开始统治以来的三百年中，这种国家体制最适合于我们的生产关系的发展道路。在1642年和1688年之间限制了国王为自己谋利益的权力的一小撮地主和工厂主的寡头政治，在1832年之后让位给了资产阶级民主，因为"革命的解决办法"已不再适合于当时生产关系的具体情况的需要了。实际上，1832年是工业中产阶级在工人支持下征服英国的一年；但为了实际意图的征服刚一完成，工业中产阶级就同被它征服的英国地主阶级、主要是同贵族阶级勾结了起来，行使国家的主权为他们的共同利益服务；工人不管要在新的分配中分享哪一份利益，都必须全力去争取，而仅仅因为生产关系的新的特征恰恰和一个巨大的经济膨胀时期相符合，他们的斗争才没有具有革命的性质，像宪章运动几乎具有了的那样。迄今为止，资产阶级民主所代表的微妙的

联盟在英国之所以一直很顺利，是因为统治阶级在经济膨胀时期积累起来的巨大财富，使它能够满足工人的传统期望，尽管要做到这一点是越来越困难了。英国的问题是怎样在资产阶级民主所许可的范围内继续满足工人的要求；现在要求的标准高了，而在现行的生产关系体制下，膨胀时期也显然已经结束了。

我们不妨从广泛的历史角度上，把英国的情况与德国、美国和俄国作一比较。德国和英法两国不同，它没有发生过建立了资产阶级民主的中产阶级革命；地方分权制度使德国直到 1870 年始告统一，而工业发展的缓慢又使得 1848 年使德国民主化的企图归于失败。当 1918 年战败，革命发生以后，魏玛共和国的形式已经过时了。部分的原因在于它的生产关系已经和生产力发生矛盾；资产阶级民主能够和平地发展的时代已经过去了；无论在时间方面，还是在积累的财富方面，德国的统治阶级都没有能力向工人让步，既满足他们的要求，又不致于严重损害统治阶级的地位。除此之外，再加上战败、外国管制、下层资产阶级的安全被通货膨胀破坏无遗等等严重的心理后果，魏玛共和国显然就无稳定之可言了。它必须要么通过压制资本主义来加强民主，要么压制民主以维护它的生产关系。当它选择了后者，而人民大众也许还蒙在鼓里时，它就不可避免地成了反革命的大本营。

至于美国的经验，尽管它使用的修辞有很大的不同，实际上却是英国的经验的变种。它那无限辽阔的疆域和富饶的资源几乎天生就保护了它，使它免于像欧洲那样遭到被古老的民族对立和深刻的阶级分野蹂躏的悲剧。美国一开始就没有封建遗产的特征，也没有目前作为英国生活病状之一的对社会平等的偏见。它能够

在这样一种规模上提供机会，必然使千百万人觉得它的天地要比在俄国革命爆发之前人们所敢于希望的广阔得多。当然，没有一个现代社会能够比美国在独立宣言发表一个半世纪以来给有才能的人提供更多的机会或更可靠的躲避压迫的场所。

但是，从本质上讲，美国历史发展的结果所产生的资产阶级民主，却面临着和英国一样的问题，尽管它有较大的余裕来解决这些问题。这种情况，托克维尔在正好一个世纪以前就以惊人的眼力预见到了。他预言道，假使美国发展到经济权过分集中在少数人手里，以致如他所说，雇主和工人之间只有劳资关系而没有合伙关系，那么，经济权集中就会造成一种与民主原则积不相容的工业封建主义。说这种工业封建主义已经实现，是不确实的——因为真要是这样，罗斯福总统就不在白宫了——但它至少好像是要实现的。美国的经济膨胀，从传统意义来讲，已经过去了；跟英国一样，生产关系排除了生产力发展的可能性。人民大众的生活水平并没有满足他们的根深蒂固的愿望；国家在民主政治的压力下不得不在各方面实行干预以维护民主。但是这种干预的每一阶段都受到特权阶级的疯狂仇视和疯狂反抗；积极的国家被骂为“非美的”，企图在各方面帮助非特权阶级的“真正的”民主被看作放任主义。与此同时，美国的生产力提高了，但国内市场对所生产的商品的消费力却没有相应的提高。占领国外市场以满足牟利目的——资本主义的生产动力——的传统需要发展起来了。但由于美国和欧洲一样，就像 1929 年后的经济大危机所表明的，已经进入了经济萎缩时期，它那目前形式的民主要继续存在下去，就必须要么成为帝国主义，要么凌驾于它的资本主义关系之上。假使美国今后将朝第

一个方向发展，它就不能放弃主权。因为，假使美国的意愿受到其他国家的意愿的约束，它就不能发展帝国主义了。它将不得不从资本主义和民主两中择一；如果它选择资本主义，那么，美国和希特勒德国一样，就不得不从事于侵略战争。这样，美国就非保持它的主权不可；因为宣战是主权的最高表现。

我的看法是，这些大国的主权对于维护经济利益的特殊布置是必不可少的，主权归根到底是保护经济利益的武器。我认为，从历史上看，资本主义的逻辑使它在其膨胀时期能够和政治民主相结合，因为那时它拥有满足人民大众的要求所必不可少的经济余裕。但我也认为，当经济萎缩时期来临以后，资产阶级民主如果要继续存在下去，就必须成为帝国主义，而这就意味着国际间的紧张和冲突，因此它的生产关系的逻辑就需要保持主权。其次，由于在经济萎缩时期，国家的主权是和国际组织不相容的，因此联合国在这次战争中的目的也就和在资本主义基础上维护民主不相容了。

俄国的近代史证实了这个分析。在腐败无能的沙皇专制政治下，它的经济发展的落后是十分明显的；但是，它要创造经济发达的条件，就必然也创造出对专制政治的既得利益不利的条件。当沙皇制度在腐败和战败的双重压力下崩溃的时候，俄国资产阶级的人数既少，经验也不够，不足以建立一个资产阶级民主国家。那些从懦弱无能的尼古拉二世手里夺得政权的人的游移不定，是他们维持政权的致命伤。列宁既有天才去看出又有决心去实现联合农民和都市无产阶级来反对优柔寡断的克伦斯基政权的巨大可能性。他建立了一个社会主义国家，这个国家本质上是建立在为社会消费服务的计划生产原则之上的。由于苏联拥有无限丰富的资

源，又没有建立在营利目的上的特权阶级对生产的特殊要求，俄国的生产关系与生产力之间就没有也不可能有矛盾。这就是说，俄国不必进入这样一个时代，就像德国今天已经进入和美国明天可能进入的，在这个时代里，资本主义和民主之间的对立意味着在国内实行法西斯主义，而法西斯主义天生非对外侵略不可。如果联合国获得了胜利，国际安全又有了保障，那么俄国的试验将具有美国扩张时代的一切希望和机会，却没有使得扩张时代结束的那些潜在矛盾。

这就是为什么，只要没有外来侵略的危险，苏联就不需要有英国或德国、美国或日本所需要的那种主权。在上述国家中，最高的威压力量是掌握在一个为了自己特权而控制着政府的阶级手中的。放弃主权就必然会损害那些特权。这些国家的全部生活方式都是按照那个阶级认为是保卫它的基本利益的那种模子来决定的。任何改变那种模子的企图都遭到反对；全部法律的目的是防止那种改变。统治阶级常常举出种种理由使它自己或者更多地是使被它统治的人们相信：它用来保护它的特权的那些措施是天经地义的，但这些理由的外衣一剥掉，就暴露出了上述基本事实。资本主义民主国家对外政策的每个因素都触动某种既得利益的重要神经中枢；因此，关税税则的更改对既得利益来说，就可能有生死攸关的出入。如果它的势力足够大，它就会倾全力阻止那种改变损及它的利益，哪怕作出改变是为了共同的利益。因此，举一个绝好的例子：为了不让德国和意大利以外的国家发展合成石油工业，新泽西美孚油公司在战时给了德国化学联营一些秘密生产方法，用这些方法，人造橡胶的生产成本降低了一半，但同时这家公司却

不许美英政府使用这些方法。说真的,美孚油公司几乎已经同美国政府实际上正在与之交战的那些利益结成了联盟。

一句话,主权是样工具,任何一个社会里的既得利益都利用它来发动布雷斯福德先生[①]巧妙地所谓的"钢和黄金的战争";在政府权威的幌子下,既得利益挑起似乎合理的民族主义感情来保持他们在国外的权力。从资本主义社会有既得利益那种意义来理解,苏联是没有既得利益的。苏联的报酬有着不平等,而且我认为是严重的不平等;但那种不平等并不牵涉到生产关系,这些关系,就拿我国来说,无助于对外关系,如果它们能屈从于它们所不同意的行为准则的话。侵略的动机,除非以外部安全为理由,已经被俄国制度的本质排除了;在任何一个已进入衰退时期的资本主义社会里,每个既得利益集团要保全它的地位,就非实行侵略不可。侵略的目的是通过行使主权而达到的。

因此,吉尔伯特·墨莱教授说主权是十九世纪制度的缺点,他是说得对的。但是,仅仅口头上宣称铲除缺点,实际上是消除不掉的。因为它已经在资本主义社会里扎下了那么深的根,以致要有效地铲除它,就必须在社会的政治上层建筑所依靠的那些生产关系中进行一次革命。人们要用谈判来和平解决他们的问题,就必须要么对他们作出的不管什么决定抱有相同的兴趣,要么确信他们会从谈判的结果获得好处。但是,在一个经济普遍萎缩的时代,如果解决的办法实际上决定于各方的武力,那他们就不能这样来解决问题了。主权所要保持的正就是武力解决的办法。也就是

① 布雷斯福德,英国新闻记者。——译者

说，如果不能通过谈判使对方接受自己的条件，就最后有权用武力强使对方就范。也就是在谈判无效的情况下用暴力相威胁，相信用暴力能够达到目的。

说文明的人民不许他们的政府这样做是没用的，因为大部分历史恰恰是这种做法的记录。迄今为止，非洲殖民地的历史一直是这样的；欧洲对待亚洲的历史是这样的；中美洲的“金元外交”也一直以同样的特点为标志。资本主义民主在国内遇到经济困难时，必然要在国外玩弄强权政治，不过有两个条件。第一，它一定要有玩弄强权政治的实力；第二，它一定要能够这样玩弄花招，不至于在国内引起责难。具备了这两个条件，既得利益就能吸引民族感情所能提供的全部感情力量来行使主权了。现在，大家都相信，南非的战争是为了一小撮下流的金融冒险家的利益而发动的；它的错误直到 1909 年才被纠正。可是，在当时，甚至连悉尼·韦伯和萧伯纳那样的费边社会主义者也得出了简单的结论，认为正义一定是在大军方面。那时候，他们似乎没有想到帝国主义的伦理有着更其复杂的根源呢。

三

因此，和平的组织向我们提出了许多问题，其主要重点是在经济方面的。和平取决于经济膨胀条件的恢复。在目前的生产关系范围内，要恢复经济膨胀是办不到的。因为这些生产关系使有效需求不可能扩大，以适应我们的资本结构的需要。经济危机的根源在于生产力与消费力发生了矛盾，这种矛盾是每一个资本主义社会里永远存在着的。这就不但产生了经济周期的无穷悲剧，而且到头来还造成了国内革命和对外战争。如果一个社会的个人收入分配得不恰当，同时在世界市场上竞争的各民族国家的生产资源也分配得不恰当，那么，随便哪一种资本主义的生产制度最后都不可避免要进入一个冲突时期，因为它那有效福利的减少必然会引起战争和革命。自从马克思的时代以来，由于资本的均衡供给价格的传统理论破产，这种情况就更加明显了。尽管至今还没有一种替代的理论在经济学家中——他们当中绝大多数人在凯恩斯异军突起之前，只不过是资本主义社会的巧妙的辩护士罢了——获得同样的地位，至少有一点可以肯定：在资本主义的历史范围内，稳定的和太平的国际社会是建立不起来的。

总而言之，具有十分重要意义的是：在我们的一生中，一共只有过两个充分就业的时期，而每个时期都是在世界大战的进程中。每个时期都实行计划生产，既得利益的要求被压制到什么程度（哪怕只是为了争取胜利的缘故），资源的潜力也就可以充分利用到什么程度。在每一个时期中，就英国而言，它的人民的健康状况都比和平时期好，一般的营养标准比较高，走上生产岗位的人数（武装部队除外）也比较多，这个情况当然也是十分重要的。假定（事实上几乎每个人都这样假定）我们在战后不再恢复自由放任制度，计划经济将以某种形式固定下来，那么，和平的主要问题就很简单：我们到底为多数人计划呢还是为少数人计划？

国际组织的整个未来就看我们如何回答这个问题而定。世界和平意味着普遍扩大经济需求。只要印度的农民和中国的苦力、西西里岛硫磺矿的工人和埃及的农夫跟目前一样穷困和愚昧，只要富裕生活的扩展是对生产资料所有者和控制者的威胁，和平就只不过是一个准备新的战争的时期罢了。衰退中的资本主义由于它的本质决定，必然是帝国主义和军国主义，因为它非实行垄断从而施加限制不可。尽管限制政策所获得的利益也有一部分被力量强大得足以迫使老板让步的工人组织分享了去（就像在英美），这一点仍旧是正确的。无论如何，工人的这种力量是不会持久的；因为任何一个成为帝国主义和军国主义的国家，很快就会由于需要而走上法西斯主义的道路，而法西斯国家的第一个步骤便是镇压那些想迫使老板让步的工人组织。

因此，为扩大有效需求而计划，乃是我们面临的重要问题。从某种意义上讲，这项计划有两个方面，尽管在生活中它们彼此是不可分割的。一方面，计划意味着每个社会内部的生产关系的改变；另一方面，它意味着各国采取联合一致的行动去开发世界落后地区的有效需求。第二方面正是我们要在这里讨论的。但我们必须注意到，走向这种国际开发的道路完全取决于有关各国要能够在避免帝国主义剥削的基础上去进行。如果国际开发成了富有的国家对贫穷的国家重利盘剥、不劳而获的根据，就很容易出现这样一种局面：高利贷者的要求遭到拒绝，结果引起极容易导致冲突的反感。我们决不可忘记外国贷款给俄国的历史以及布尔什维克拒绝承认这些贷款所引起的怒气。我们也不可忘记，假使一个社会，像苏联那样，企图降低眼前的消费水平来开发它的潜在资源，就可能为了一代人的利益而向另一代人勒索骇人的代价。苏联政府已经索取到了那种代价，但是它所造成的苦难和不幸是无法估计的。

从这个角度来看，战后时期的国际组织仿佛首先意味着一个

经济财团。它主张有计划地开发世界，把世界当做一个共同的财富来源，一切国家都有份，而且根据的条件也尽可能差不多。共同财富的管理需要有共同的行动原则。很明显，那些共同原则就是一种新的文明的价值。它们需要一个国际立法机构，在这个机构里，各国政府的代表们代表各国人民就那些价值取得一致意见，并且把它们所牵涉的问题分成轻重缓急，逐个加以解决。为了完成这个最终任务，要作出许多技术上的决定，每一个总的项目都需要专门组织加以监督。原料的分配、主要商品的稳定价格的组织、交通工具的安排、关税和迁移的管制、将国际贷款派这个用场而不派那个用场的决定、帮助不发达地区或解决特殊危机的专家集团的建立，所有这些都只不过是国际范围内必须看到的任务的例子罢了。

战争本身已经使得主要的行动原则显而易见了。就是这个原则构成了罗斯福总统的租借法案的伟大概念的基础。同一切伟大的概念一样，租借法案的要点是十分简单的。美国用它那富饶的资源帮助患难中的联合国，作为对自由获得胜利的投资。这个压倒一切的目的支配着租借法案所追求的一切目标。决定这些目标的不是美国实业家的利润，也不是美国股份公司的权力的扩张。在这个制度下优先权应该给谁，那是要联合国的首脑们根据它们对胜利的关系的大小来决定的。

我认为，我们就是需要这种概念以便在战后的世界上组织经济膨胀。我们必须学会把它看作对和平的胜利的投资，没有和平，也就没有自由之可言。例如，印度和中国的迅速工业化以及这种努力所造成的购买力的提高，它们的明显价值是用不着强调指出的。繁荣要靠相互依赖，这已经是滥调了，但我们忘记的是，假使要使滥调成为活生生的真理，就必须实施它。就像一家银行关心它的客户的兴旺，一个国家也关心其他国家的繁荣。但我们必须记住，这种相互的利益只有在一个经济普遍膨胀的世界上才是真实的。一旦我们由于经济萎缩而陷于匮乏，每个国家就都设法尽量从仅有的福利中为自己攫取最大的一份。这方面最好的例子，是希特勒上台后由沙赫特[①]发展起来的德国物物交换制。它企图使东南欧的经济完全依赖德国，不让任何别的国家能够渗入它所控制着的市场。经济渗入不可避免地导致政治上的统治。要确保它的市场，德国就必须成为那个地区的事实上的主宰，而且要留心使那儿的经济发展方式不致于妨害它自己的生产力的性质。实际上，东南欧必须被保留为德国的原料基地；那就是说，使东南欧的工业潜力为德国的需要服务。任何一个东南欧国家要彻底摆脱德国的羁绊，就必然会打乱德国的经济；从希特勒德国的本质来看，这就有发生战争的可能了。

在经济膨胀的条件下，就不会有这种僵局出现。英国的投资使美国的铁路大有发展可能，但这并没有使美国的经济潜力服从于英国的需要。只要各国的经济关系建立在平等基础之上，交换货物和服务就对大家都有好处；但平等是最最重要的。没有平等，弱小民族就必然会沦于从属地位，就像在非洲的白人优势力量迫

① 沙赫特(1877—1970)，德国大财阀，希特勒的后台老板，曾全力帮助希特勒推行德国重整军备计划。1944年参加谋刺希特勒被捕关入集中营，战后由纽伦堡军事法庭开释。——译者

使非洲土著处于劣势地位一样。没有平等，弱小民族要摆脱从属关系，就只能向强大民族的地位挑战，犹如在目前条件下，肯尼亚的非洲土人只能用起义向白人移民的特权利益挑战。扩大我已经指出过的租借法案的基本原则，是避免这种僵局的不二法门。实际上，其他办法是没有的。

因为，总的来说，我们在这次战争结束时将面临的形势，使我们只有两条路好走：不是扩张，就是限制。如果我们决定走后一条路，造成两次世界大战的一切主要原因就会继续存在下去。如果我们决定走前一条路，那就必须在苏联以外的一切大国中改变目前的生产关系，因为它们已经表明是与这个决定不相容的。我们决不可把我们必须作出的这种选择的意义估计过低。它的意义之重大，就和中世纪末从封建主义经济变为资本主义经济一样。它势必要把我们的各种价值加以同样巨大的调整。比方说，它否认国家政权实际上（不是观念上）一直为之服务的那个目的的历史合法性。它摒弃契约自由的传统概念，断言契约自由的活动不是根据有效需求来确定，而是根据有组织的国际社会决定承认的需要来确定的，这个国际社会为了满足这种需要，并且使用了它的权力。它反对个人自由来源于人民有权在一个道德上中立的竞争市场上发财致富的思想；反之，它一开始就把道德目的的思想应用到市场中去，并且认为个人必须履行一种由那个道德目的所产生的职责，从中去找寻自由。

我并不认为人类关系中这样一个天翻地覆的改变，尤其是经济方面的改变，是一下子就完成得了的。凡是了解像英国这样的古老社会的人，一定懂得旧习惯不容易改变，使一个民族的习俗从

社会学角度上适应于一种新的文化是个缓慢而痛苦的过程。我只不过想着重指出，除非我们创造一种信念，即这种适应事实上正在进行，那么，轴心国的失败就会给我们遗留下一切老问题和一切老毛病，说不定程度还更加严重。因为，很明显，在轴心国失败之后，我们都将受到这些战争年头所造成的三个明确后果的影响。第一，神经紧张会造成极度的疲劳，这种疲劳会诱使我们把实验推迟到我们的精力恢复以后再说。第二，在轴心国占上风时代遭到压制和迫害的愤怒的民族主义将会获得解放；人们禁不住会认为，通过惩罚轴心国来消除这种愤怒，其本身便是一种新的社会秩序的建立。第三，联合国将必须（至少在数年内）提高警惕，防止轴心国再度发动侵略的危险。除非我们这一次比 1919 年以后那个时期聪明，这种情况就很容易使人企图获得战后势力的一种新的稳定局面，而那种局面却是和战争结束后我们将进入的那个历史时期的动力相矛盾的。

这些危险中的每一个都是实际存在着的；而且每一种危险都很可能被战胜国和战败国中的既得利益集团充分利用了去，这些人的特权由于我们实行经济膨胀而遭到了威胁。这一点可以从他们自 1939 年以来的作风中清楚地看出来。例如，美国各大铝公司对独立生产力的发展所抱的态度；英国橡胶业对人造橡胶的发展所抱的态度；英国财阀对印度工业生产力迅速提高所抱的态度；所有这些都是一个警告。值得注意的是，当贝文先生要求下院授权他在酒菜业成立劳资协商会议时，雇主们马上以此举不适合战争努力为理由而加以反对，仿佛给予工人希望和安定以鼓舞作为胜利保证的士气并不是最重要的。同样值得注意的是，在美国参战

的头几个月里，工业方面的辩论好像较少集中于如何把生产增加到最大限度，而更多地集中于如何在战后时期夺取地盘。这种气氛是由议会很快地造成的，从议会的讨论来看，仿佛对美国正在从事的战斗考虑得少些，而更多地考虑的则是他们的决定对其成员在 11 月大选时的命运所产生的影响。罗斯福先生、亨利·华莱斯先生、米洛·佩金斯[①]先生等美国舆论界领袖所宣布的各项伟大目标，并没有获得相应的支持行动来证明它们的优先地位。

四

我们也不可忘记把纳粹德国在战时的行径归因于德国人的本性这种论点所包含的危险。学者们和政治家们一致认为，德国人的头脑和性格的组织是同其他民族的头脑和性格不一样的，等打了胜仗以后，还得采取某种适合于那种组织的差别的特殊措施。对德国人的罪孽的解释言人言殊。他那先天的罪恶有时一直被追溯到有文字记录的历史的起源；有时从大选举侯[②]说起；有时仅仅从俾斯麦的"铁血政策"说起。所有这些议论中最不幸的是，这些德国人天生有罪论者不了解他们恰恰是从反面给纳粹的种族优越主张作了补充，就是这种主张使德国人享有了其他民族所享受不到的权利。

① 米洛·佩金斯，美国官员，第二次世界大战中出任经济作战局局长。——译者

② 大选举侯指布兰登堡的腓特烈·威廉(1620—1688)。选举侯有权选举神圣罗马帝国皇帝。——译者

因为，我们只要认真研究一下，就能清楚地知道，我们所关心的不是一般德国人的性格，而是某些特殊的德国人的行为。这种行为的野蛮残暴至少在现代史上无与伦比，这是无可争辩的；历史将会记住这些年代里的暴行，犹如它记住阿尔巴大屠杀[①]或马德堡浩劫[②]一样。但是我们在分析它们的原因时，一定要小心保持一种分寸感。那些要为里狄斯事件[③]负责的人，也得为从 1933 到 1939 年迫害犹太人以及袭击革尼卡[④]负责；但这些事情当初并没有使那些而今带头痛骂德国蛮子的人说过一句反对的话。代表亚尔市的保守党议员托马斯·摩尔爵士就说过："和平和正义是他的（希特勒的）政策的要旨。"代表希钦市的已故保守党议员阿诺德·威尔逊爵士不但确信纳粹德国没有"军国主义"，而且也以没有一个强国比德国更少同英国打仗的可能性而沾沾自喜。谁要是研究一下英德友好协会——成立这个团体是为了促进英国和纳粹德国之间的亲睦关系——的会员名单，就几乎还以为自己在念一份德布雷特编的《贵族姓名录》和《董事人名录》特刊呢。

纳粹德国的野蛮，从它在 1933 到 1939 年间镇压国内反对派

① 阿尔巴大屠杀指 1580 年西班牙将军阿尔巴公爵征服葡萄牙，占领里斯本，在那儿实行大屠杀。——译者

② 马德堡为德国萨克森省首邑，在三十年战争时代，梯里将军率兵围攻该城两年（1630—1631），破城后将全城房屋烧光，并杀死全城四万人口的一半。——译者

③ 里狄斯为捷克中波希米亚的一个村庄，1942 年 6 月，纳粹德国波希米亚-摩拉维亚监护使海德利希在该村附近被捷克爱国者枪杀，党卫队即把该村夷为平地，将村中所有男子杀死，妇女和儿童关进集中营。——译者

④ 革尼卡为西班牙历史名城，1937 年遭德机滥炸，引起全世界人民的愤慨。——译者

方面暴露无遗;在宣战之后,这种野蛮行为更扩大到国外反对派身上。几乎没有一个大政治家——罗斯福总统、丘吉尔先生和斯大林先生是光荣的例外——觉得它野蛮,直到战争爆发后才恍然大悟。不但如此,当丘吉尔先生叫大家注意希特勒政策的明白含义时,许多赞成英国同纳粹德国亲睦的人还骂他是“战争贩子”。就是这些热烈赞成同纳粹德国亲睦的人——他们认为纳粹德国的野蛮行径并不足以妨碍同德国结成同盟——却把苏维埃制度难以言喻的暴行骂了个狗血喷头,并且在 1941 年 6 月 22 日之前一直把这种暴行归咎于俄国人本性的不文明。

对于这个无疑十分严重的问题,唯一合情合理的处理方法是从历史上去研究。德国人的行为是由德国的形势决定的。里狄斯事件是纳粹统治下干得出来的事情的可怕表现,恰如阿姆利则大屠杀[①]说明了在戴尔将军领导下的英国在印度的统治能够干出些什么来。美国南方诸州对黑人的私刑迫害,表现了由那里的形势决定的美国行为的一个重要方面。葡萄牙人在安哥拉、比利时人在刚果、1871 年法国人在梯也尔主持下残酷屠杀巴黎公社社员,无一不是如此。合理地讲,人的本性是由它所处的历史环境决定的,它总是适应于那种环境;要改变它的行为表现,就得改变它所适应的环境。

这就是说,如果我们根据固定的德国“民族特性”——其特征是极端的侵略性、极端傲慢自大、极端服从强加于它的命令——来

① 阿姆利则为印度旁遮普邦的城市,1919 年 4 月 13 日许多甘地信徒在此举行反英示威游行,惨遭英军屠杀。——译者

看待战后的国际问题，那我们将一无所获。这些特征并不是德国人的天性，就像势利不是英国人的天性、拓荒不是美国人的天性，明睿不是法国人的天性。大家都知道，在十七世纪内战之前，英国人是一个非常喜爱音乐的民族，对这种特征的衰退，清教运动有着深刻的影响。大家也都知道，法国人对英国人的民族特性的见解，在南特敕令[1]废止之前和之后有多大的不同。今天，没有一个英国人认为法国人有侵略野心。但是，还不到七十年以前，历史学家斯塔布斯[2]却问道：为什么英国人和德国人向来是历史上爱好和平的民族？他振振有词地回答自己的问题说："那是因为法国今天证明，一千年来它一直是侵略成性、肆无忌惮、虚伪欺诈的。"我们这代人很难想象今天的老练、勤劳和有科学头脑的俄国人，就是那神秘、梦幻和懒惰的斯拉夫人，他们那种形象是1904年腐败的沙俄的经验为我们创造出来的。

当然，我决不是说在纳粹统治下的德国人的作风没有为战后时期造成了严重而迫切的问题。这显然是有的。很明显，为了全世界人民的利益而惩办希特勒及其同谋，犹如惩办卡彭及其党羽一样，是必不可少的；同样也不能因为国际法有缺点就听任他们逍遥法外。这次侵略的规模使我们必须坚决表明：不能允许人们去组织和指挥他们已经组织过和指挥过的罪行而不受到惩罚，这样就能使德国或其他国家的人不敢学样了。

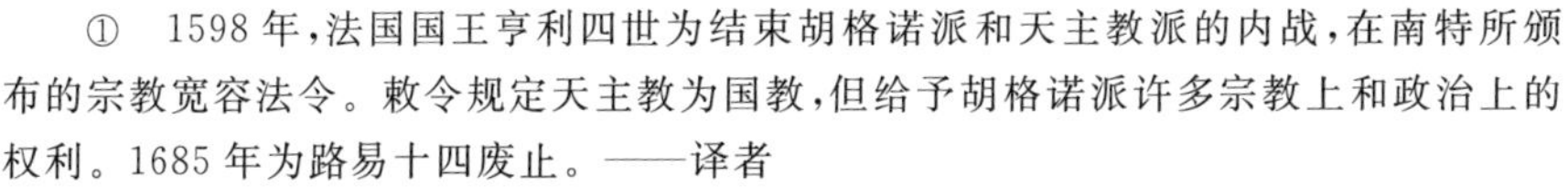

① 1598年，法国国王亨利四世为结束胡格诺派和天主教派的内战，在南特所颁布的宗教宽容法令。敕令规定天主教为国教，但给予胡格诺派许多宗教上和政治上的权利。1685年为路易十四废止。——译者

② 威廉·斯塔布斯(1825—1901)，英主教和历史学家。——译者

但是，惩罚纳粹头子及其同谋，并不意味着我们有权向德国人民报复，更不能认为这种报复对我们自己有什么好处。显然，我们有权防止德国统治者第三次图谋称霸世界。那就是说，要使德国解除武装，并且管制它的政治生活和经济生活，使解除武装成为有效。但是，除非我们了解两件事，我们从两次大战之间的年代的严酷教训中就什么都学不到。第一，对德国这样一个强国实行长期管制，必然会使民族主义变为沙文主义，从而为希特勒那样的恶徒开辟道路。这就是说，采用这种方法对采用者是十分有害的，所以一定要尽速使战胜国与战败国之间的关系成为真正的友谊，这样战败国的心理条件才不至于成为病态。第二，除非一个战败了的大国迅速恢复自尊，它的国内关系就会缺少稳定，从而使它不能在国际社会生活中占有适当的地位。这样就又会为希特勒之流的得势铺平道路。

我认为，如果说这个论据证明《凡尔赛和约》还不够凶——尽管它的确一点都不太凶——这种回答是没有确实根据的。有些人主张，使全世界免于德国侵略的真正安全办法，在于把德国分裂成许多小国；他们说，德国的团结一致的力量才使它成为危险的根源。还有些人设想这样一个德国，奥地利可能包括在内，普鲁士却被分了出去。更有些人一方面打算保持德国领土的完整，一方面却设想某种对鲁尔重工业的国际共有共管制。他们说，真正的危险在于鲁尔重工业成为军国主义的温床，而国际共有共管就能避免这种危险。

我认为，所有这些见解都是无济于事的。把德国分裂成许多小国，是使历史所逐渐赋予德国民族的形式改变性质；这种做法的唯一结果，是使德国人痛下决心把外国战胜者强行扯碎了的东西重新凑合起来；只有潜在的或者实际的战争才能阻止那种决心的实现。此外，把普鲁士从德国本土分出去，我认为也毫无价值，那不过是制造同样问题的另一个形式罢了。从历史上看，普鲁士问题由其人民的内在习性决定的成分少些，而更多地决定于容克贵族所建立的社会关系，这些贵族无论在国内外都需要奉行一项“铁血政策”来维护这种关系。

必须记住，任何一个强国如果抱有非利用战争不能满足的野心，就是对世界和平的威胁。西班牙过去的情况是这样，法国过去的情况是这样，目前德国和日本的情况也是这样。但是我们必须记住，在下一个时代，如果美国的经济制度的特性使它走上帝国主义的道路(这一点是非常可能的)，那么美国的情况也可能如此。但是没有人会认真发议论说，由于存在着这种危险的可能性，所以最好是破坏美国的统一。历史经验告诉我们，仅仅增加小国的数目，并不能真正解决我们面临着的问题。将世界分裂成许多敌对的小国是巩固不了世界和平的。

至少从表面上看，国际共有和共管鲁尔重工业这个主意要诱人多了。像克虏伯这样一个大公司，按照边沁的说法，是现代世界生活中一项“邪恶的利益”，这是谁都否认不了的。但是，克虏伯的情况如此，其他国家中相仿的公司又何尝不是如此；从大量有案可查的证据来看，私人生产军火是助长战争的一个重要因素。因此，很难理解国际共有和共管鲁尔重工业的建议能真正解决问题，除非能同时把它们的生产力引向与战争无关的目标上去。在现有的经济制度下，要做到这一点，就只有使战后的德国不用再把战争视

为满足它的需要的手段；因为，有了战争的需要，国际共有和共管就只不过意味着在战争爆发之后，延迟把鲁尔的机器和人力用于军需品的生产罢了。如果国家政权认为它的存在决定于压倒所有权的性质，它就会去压倒。如果伯明翰一家工厂的大多数股票掌握在国外敌人的手里，这并不能阻止它的机器经过适当的改装以后用在目前的战争努力方面；行政部门拒不履行政府的命令只不过意味着其成员被撤换罢了。因此，依我看，这张药方只不过针对了以这次战争为其结果的严重疾病的一个症状而已。它并没有真正接触到病根。

下面的主张，我认为也是站不住脚的，这种主张断言德国军国主义是德国过分工业化，特别是重工业过分发达的结果，并且断言我们所需要做的事情，是使战后的德国将赖以为生的各种资源之间的比例更加恰当。据说，只要过分工业化存在一天，德国就势必要阻挠东南欧和甚至一部分南美国家适当的经济发展；由于这些国家无法在技术上和它的工业竞争，就只好一直屈居于生活水平低的农业国地位。

过分工业化这个概念，就和"最适"人口的概念一样，失之于笼统。它显然可以牵涉到许多捉摸不定的东西，其中没有一样东西曾被那些企图削弱德国工业生产力的人小心地下过定义。没有一个人真正回答得出德国过分工业化的单位问题。是指德国经济的内部结构吗？如果是的话，我们根据什么标准来决定最适的工业化已经实现了呢？是德国自给自足的能力吗？是每个德国家庭的平均生活水平吗？是工业化水平造成的失业后备军的数量吗？是不断吸收资金来投资的能力吗？或者还是说，这个标准根本不是经济的，而是社会性质的？是指工业生产力的军国主义含义吗？或者指的不光是德国，而是德国和它的邻国？或者，根据现代市场的条件，是不是必须扩大这个单位，使整个世界成为我们所指的单位呢？

十分明显，对以上任何一个问题的企图赋予德国经济各种要素以一种固定性质的回答，都已经在肯定一个计划化的世界。一旦情况如此，评断计划的标准就变得无比重要了。如果计划的目的只不过是为了使德国在今后失去侵略的潜力，那么达到这个目的的明显办法，就是拆除一切可能直接间接用于军备目的的德国工厂，并且把机器设备搬到其他国家去。其结果将会是德国人的生活水平空前降低，却没有相应的福利增长，除非操纵所移交的工厂的新的劳动力至少具有与德国人不相上下的管理和发展工厂的能力。事实上，这种做法是空想，妄图把一种永久性的劳力偿债制强加在德国人头上。总之，这种做法非但绝少成功希望，而且还会重犯《凡尔赛和约》的最严重的错误，尽管方式有所不同。我们不可忘记，希特勒德国在某种程度上正就是那些错误的产物，即使是不自觉的。我们也不可忘记，这种做法不但迫使希特勒德国实行一种制度，纳粹分子今天正在力图把它强加给被占领的欧洲而使我们大惊失色，而且它那基本的假定恰恰就是德国人天性爱犯罪必须严加防范这一理论。我已经论述过，对这种见解所提出的证据事实上是完全站不住脚的。

唯一切实可行的办法是考虑实行经济计划化，以充分利用德国的生产力为提高全世界生活水平（包括德国本身在内）的努力的一部分，并且要这样地加以利用，使德国的生产力有意识地用于和

平目的。如果我们从这方面去着手解决问题,那么,就德国而言,我认为将会有两个阶段,两者各不相同,尽管在某一时候它们也会交叉。第一个阶段是欧洲救济阶段。鉴于俄国和波兰、荷兰和挪威、希腊和南斯拉夫等国的工业结构遭到了德国侵略的破坏,我不明白为什么不可以在一定时期内利用德国的人力和机器资源来赔偿损失。比方说,我不明白为什么不可以用德国的人力和物力在俄国人的监督下重建第聂伯大水坝。我也不明白为什么不可以在一定时期内用德国的人力和物力在荷兰人的监督下重建鹿特丹。这样做能够给这一代的德国人一个重要的心理教训,就是知道他们强加给他们的受害者的强迫劳动也可以强加给他们自己。这样就可以使俄国和荷兰在复兴的第一阶段腾出力量来从事其他建设工作;而且还能使德国人牢牢记住这个重要事实:全世界人民决不允许侵略得到好处。假定战败的德国不得建立一支征来的军队,我认为从德国人民中组织一个民众建设兵团来实现这个目标是合理的。

不过,重要的当然是,这样的兵团决不能加以滥用,以至于再一次使德国人恢复不了自尊。不但任何这种做法必须及时加以严格限制,而且建设兵团的成员离开德国的时期只能以相当于他们的正常兵役期为限。期满就遣返德国,恢复德国平民的正常生活。除此以外,我认为,在考虑德国问题时,主要是应该使德国的经济力适合于在全世界范围内扩大有效需求的计划。没有一个头脑清醒的人会故意使德国那样高度发达的国家在国际经济中永远处于劣势地位。我们所要做的事情是使德国的工业能力从事于直接有关和平的需要而不是有关战争的需要的任务。德国的工厂必须在世界农业迅速机械化的工作中发挥作用。它们必须支援全世界电力的发展。德国工程师和德国地质学家必须在开发未开发的工业资源(例如中国的)方面起作用。有了作为战胜者的我们组织经济膨胀的力量,就不但能充分利用德国机械的可能性,而且还能改变从俾斯麦时代以来就活跃万分的德国人用武力夺取殖民地的习性,使他们养成作为英美经济关系特征的和平合作的性情。

上面说到要组织经济膨胀。值得注意的是,一旦德国人在这样的环境中安居下来,他们的公民美德是十分伟大的。在美国的德国移民,特别是在1848年以后,给美国文明带来了不少卓有价值的品质;像卡尔·舒尔茨[①]这样的人和路易·布莱德斯[②]这样的侨民的儿子,还有像德国人在宾夕法尼亚和威斯康星的那些居留地,都曾使美国得益匪浅。那些在十九世纪中叶定居于兰开夏,尤其是定居于曼彻斯特的德国人的情况也是如此。他们依仗自己的本领和精力,不但成了英国经济生活中——例如在发展棉织品出口贸易方面——一个非常宝贵的因素,而且还带来了许多文化生活方面的习惯(例如在音乐方面),这些习惯对提高他们所在国家的文化水平厥功匪浅。他们一点没有那种暴发户派头,这些暴发户的狂妄的侵略性是俾斯麦当权后德国人的习性的要素。他们老成持重、刻苦耐劳,而且就像贝塞麦[③]和舒斯特、公共卫生学方面

① 卡尔·舒尔茨(1829—1906),出生德国的美国军官、参议员、新闻记者。——译者

② 路易·布莱德斯(1856—1941),美国最高法院陪审推事。——译者

③ 亨利·贝塞麦(1813—1898),英国发明家,曾在设菲尔德建立贝塞麦钢铁厂。——译者

的约翰·西蒙爵士、工业和政治方面的乔治·戈申[①]这些名字所表明的那样，能够使他们自己适应于所在国环境的特点。以和平为主要目标的扩张中的英国轻易地和有成效地利用了他们的特长，恰如它在十四世纪利用了弗兰德尔人，在十八世纪利用了胡格诺教徒，在十九世纪利用了犹太人一样。

这毫无疑问地说明，德国的问题乃是这样一些德国人的问题，他们的行为是由十九世纪下半叶德国的特殊历史经济条件决定的。三十年战争的缓慢恢复是第一个重要的线索，这次战争的结果是德国的经济发展耽误了将近一个世纪。当启蒙运动开始为德国中产阶级的上升开辟道路时，法国革命的影响却使那个阶级成了拿破仑冒险主义的牺牲品，当不了权。德国民族主义是同由军人和行政官从上面发起的各种改革分不开的；十七和十八世纪的财政主义一直展延到了十九世纪，哪怕方式有所不同。德国在三十年战争中的失败，再加上拿破仑战争中的失败，使得德国的工业发展落后于时间，没有法、英、美等国在工业发展中兼有的结构改革。德国的工业发展是由以军人为主的国家政权和资产阶级的联盟推动的，资产阶级尽管在1848年作了一次努力，却既没有获得工人阶级的积极支援，也没有独立行使政权的经验。俾斯麦德国之所以成了一个强国，是因为它的伟大领袖利用多数人来支持“铁血政策”。当1918年那项政策的无用暴露出来的时候，德国资产阶级作为统治阶级，已经企图把它的权威建立在和平的基础

① 乔治·戈申(1831—1907)，英国政治活动家，曾任财政大臣及海军大臣等职。——译者

上——一个经济上的时代错误——而德国无产阶级还没有准备好来取而代之。无产阶级能威胁它的主子，但还不能取而代之。其结果是德国工业不能独当一面，只好和德国军国主义结成联盟，作为保全它的地位的唯一办法；两者由于惧怕布尔什维主义而勾结了起来，就像拿破仑过去使它们勾结起来一样，它们和希特勒合了伙，想借以击败和摧毁本国工人阶级日益增长的要求。但是，要在他们处身的那个历史阶段做到这一点，就必须摧毁德国工人阶级为了自卫而建立起来的机构。要摧毁这些机构，就非得用某种方法来满足工人阶级的要求不可。由于德国生产关系与生产力发展不平衡，他们除了借战争来取得经济优势之外，就没有其他办法做到这一点了。从各方面来看，希特勒主义乃是军国主义与大规模经济组织之间的联盟——德国经济力的迟缓发展使这种联盟必不可少——的巨大赌博。这场赌博之所以成为可能，是因为当1918年这个联盟遭到失败时，接下来的和平所处理了的问题，是十九世纪时全世界所普遍遇到的，特别是德国所遇到的问题。那次和平并没有处理他们所面临的二十世纪的问题，这一点是战胜国的政治家们所不了解的。从根本上说，就是因为没有做到这一点，直接导致了第二次世界大战。

我这样说，并不是原谅希特勒德国的侵略性，而是要说明它。从以上的说明，我得出一个结论：这一次解决的基础，必须针对我们遇到的主要问题，而不是次要问题。因为，同煤和油、铁和钢、食品及其运输等问题比较起来，当年政治家们在凡尔赛处理的边界问题、少数民族问题等等便是次要问题，因为它们的未来地位决定

于生产力的所有权和控制权怎样解决。凯恩斯[①]勋爵在 1919 年写过这样一段充满真知灼见的话:“如果劳合·乔治先生或威尔逊先生明白,需要我们注意的最严重的问题不是政治上或领土上的,而是财政上和经济上的,未来的危险不在于边界和主权,而在于食物、煤和运输,那么,欧洲将会有一个多么不同的未来啊。”[②]各国的边界变得比以往任何时候都更加和民族的边界相一致了,这也许是事实;赫伯特·费希尔[③]先生就告诉过我们,欧洲人民只有百分之三还处于异族统治之下。但是,《凡尔赛和约》的缔造者们为之制定法律的时代却是一个早已过去了的时代。

五

斯特莱斯曼[④]说过:“你不能建立一大批新国家,并完全不去使它们适应于欧洲的制度。”[⑤]但今天,从伦敦到纽约只消十小时飞行时间,现代国家的权利就必须适应于同整个世界一样广阔的经济制度的技术条件。在这种情况下,有两件事肯定是十分清楚的。第一,很明显,从军事意义上讲,小国的独立和中立是完全没有意义的;尽管它们受国际法准则的保护,但是在冲突时期,一个大国只有在认为遵守准则对它本身有利的情况下才会加以遵守。

① 凯恩斯(1883—1946),英国资产阶级经济学家。——译者

② 《和约的经济后果》(*The Economic Consequences of the Peace*)。

③ 赫伯特·费希尔(1865—1940),英国历史学家,议会议员。——译者

④ 斯特莱斯曼(1878—1929),德国政治家,1923 年任总理,1923—1929 年任外交部长。——译者

⑤ 萨顿编,《日记》(*Diaries*),第 3 卷,第 619 页。

第二，很明显，许多小国在经济领域内行使主权，就像旧制度下的法国所实行的内部关税制一样，不利于生产力的发展。统一管理那些其物质特征似乎需要加以统一管理的事物，具有一些要求，在这些要求面前，没有一种主权的概念能长久地保持它的现实意义。

根据这个结论，许多思想家认为明智的办法是建立一个欧洲联邦，或者更经常地认为是，建立若干联邦。我不赞成这种主张。依我看，我们面临的问题所需要的不是各地区的总的相互关系，而是各种职责的局部的相互关系。我持这个看法有几个理由。第一，根据过去的一切经验来看，没有牢固的历史传统的支持，一个硬性的联邦结构就不容易适合于管理一个多民族国家；在这个阶段，就像贝奈斯博士[①]和西考尔斯基将军[②]在捷波协定中明智地看到的，联邦原则在今后很长一个时期内倒也许是安然进行冒险的界限。第二，我认为，在我们能安然建立的较大的经济统一范围内维护文化的民族主义是大有理由的。第三，把世界分裂成一系列单独的联邦，有加速作为我们时代特征的自给自足，从而增加而不是减少军国主义的危险之虞，除非这些联邦的建立是与经济福利的巨大增长相一致的。一个世界分裂成十个或十二个大的联邦体系，每个联邦都处心积虑，比方说，用《斯姆特-霍利关税法案》[③]或限制移民自由等措施来为它自己的人民维持繁荣，这样的世界天

① 贝奈斯(1884—1948)，捷克斯洛伐克资产阶级政治家，曾数度任总统。——译者

② 西考尔斯基(1881—1943)，波兰军人、政治活动家，第二次世界大战中任在法国的波军总司令及波兰流亡政府总理。——译者

③ 《斯姆特-霍利关税法案》，1930年由胡佛政府签署，对八百九十项商品税率提高了百分之三十一到三十四，使得关税提升到了历史最高水平。由于美国采取这个毒辣手段，欧洲各国也相继提高关税，实行报复，从而展开了激烈的国际关税战争。——译者

生就不会比把希特勒拥上台的那个世界好些。

因此，照我看，每一项职责的物质特性必须是解决管理单位的决定性因素。如果我们明智的话，那将是一个地区履行一种职责，另一个地区履行另一种职责。以航空为例，除非在世界范围之内就很难有效地组织起来；同样明显的是，欧洲的铁路需要有单独的计划管理；公路运输的发展似乎需要有一个单独的欧洲委员会来负责计划、建设和保养一个把各大城市衔接起来的大公路网。此外，我认为，公用和工业用的欧洲高压电力的统一供应是行得通的，也是合乎众望的。在较小的规模上，田纳西管理局已为我们树立了一个重要的管理榜样。十分明显，有关稳定战后通货问题的特性，需要实行一项世界联邦准备银行制度。对战后国际关系危害最大的，莫过于各国竞相通过货币贬值使企业家能够占领市场。每个国家可以发行的通货的总额、贴现率以及银行信贷数量的统一规定，是件非常重要的事，特别是现在金本位时代已经过去，决不能让哪一个政府独断独行。

我选择的这些例子，其职责的特征似乎使适当的管理单位要么像整个欧洲那样大，要么就航空和通货而言，像整个世界那样大。同样明显的是，还有许多别的职责，例如先进国家的教育、医疗、无线电等等，在这些方面，管理单位超越民族国家的边界是不恰当的，也是不可能的。当然，不论在什么情况下，统一管理都并不妨碍可能实行的最大的地方分权经营；例如，欧洲高压电力供应委员会非常可能把配电任务下放给一大批较小的团体；恰如世界储备银行会和各国家银行打交道，其性质就和华盛顿的联邦准备局同它的分局打交道一样。地方分权是成功管理的关键，因为再

没有其他办法能获得必要的灵活性了。

这就是说，在我看来，国际政府的问题有两级——有些决定由各国直接执行，有些要么由新国联（society of states）直接管理，要么由新国联中的某个组织管理。因此，我认为，在胜利以后，局势真正稳定一点之后，必须建立国际政府的四个总的机构。第一是成立一个国际法庭，它的成效在很大程度上决定于我们承认各国之间事实上没有不应交付仲裁的争端。第二是成立一个国际立法机关，一切国家都有权以同等资格当代表。关于它的权力范围，是谁都不能肯定地预言的，但是根据过去的经验，它必须既要避免一致同意原则，又要避免简单的多数决定原则。因为，这些事情是只能靠说服而不能靠压服的，例如，由芬兰、厄瓜多尔、丹麦投票反对苏联的意愿是无济于事的。比方说，我并不认为某一个民族国家中政教分离的原则必须成为一个总的法则，其他国家（例如英国）必须一体遵行；最好是让英国的舆论自动赞成这个原则，从而让那些赞成政教分离的人如愿以偿。我也并不认为应该硬要哪一个民族国家接受无限制的移民，特别如果那里的种族问题可能引起特殊的紧张，除非制定移民规章的多数人在质量上和数量上都非常有力。

此外，新的国联还需要一个行政组织。它的成员势必是各大国政府的代表，作为永久性的范畴，另外加上选举出来的小国代表。我认为，当选的代表不宜马上就有重新被选资格，这样就可以通过轮流当选的过程增强责任心和兴趣。这个行政组织也许需要有在新国联所依据的总原则范围之内制定法令的相当大的权力。

很明显，新的国联还需要有属于它自己的永久性文职官员。

必须马上着重指出:不管日内瓦的尝试失败到什么地步,它在行政方面却获得了辉煌成就。直到由于1929年经济总危机而开始的普遍恶化时期为止,它在它的官员中建立了一种国际忠顺的出色传统,这种忠顺超出了国籍和教养的范围。各种不同文化的男子和妇女发现他们能建立合作和行为的高度共同标准。国联卫生和经济部的工作,例如给予中国和奥地利的援助,是真正了不起的成就。同样,国际劳动局的工作也是了不起的;我们可以满有把握地预言说:国际政府的新尝试的成功,将在很大程度上取决于劳动局权力范围的扩大以及劳动局为消除先进国家与落后国家群众福利水平之间的差别而作出的努力。

我认为,新的国联将在其总原则范围之内,鼓励建立一些专门机构来就地处理各地区的地方问题。使构成泛美联盟基础的思想适应于新国联的需要,大大有助于提高它的效率;通过这种性质的机构,就能最好地领导像欧洲铁路联盟和欧洲电力联盟的发展,这两者,就像我已经说过的,是下一个时代的技术特性所不得不有的尝试。我认为,有三个职权范围,新国联的权越大,它能激起的信心和忠诚也越深刻和牢不可破。贷款给任何国家的政府,都必须获得新国联的许可。如果各国之间建议实行大规模的物物交换,在行政组织根据其官员的专门审查并按照它们对总的原料情况的影响加以批准之前,不应使之生效。其次,头等重要的是,新的国联必须能够(不光在危机时期)监督实施一项经常性的国际公共工程纲领。对于使国际政府成为普通男女的活生生的现实来说,再没有比这样的纲领更有效的了。

另外两个职责得着重指出一下。新的国联必须尽最大努力使世界各落后地区现代化。它一定要能够在经济考察、医药和教育发展、工业和行政训练等方面，给予技术上的帮助。例如，湘雅医学院在小规模上所获得的那种医学上的成就，新的国联必须力求在每一个需要它服务的地方做到，而且要在一切部门做到。地质学家必须以国际官员的身份在中国勘探石油，就跟他们过去代表大石油公司勘探石油一样自然。自由印度必须请求新的国联帮助它安排它的水电发展规划或者改革它那陈旧不堪的租佃制度，并且把这看作一件理所当然的事。因为我们必须记住，只有在进行这种发展的情况下，市场的购买力才能开始与生产力相适应。克服落后状态的速度，将决定我们克服使资本主义陷于灾难的经济危机恶性循环的快慢。

第二个职责是清除帝国主义，政治方面和经济方面都一样。在这方面，只要我们愿意，就会比1919年的处境占两个很大的便宜，因为我们现在具有了那时所没有的知识。第一，从在东方的欧洲帝国崩溃之快，以及当地人民不愿承认他们的新主子这一点来看，至少就可以知道它们在那儿的立脚点是多么脆弱，它们据以建立的基础从道义上说是多么要不得。其次，从美国放弃它在菲律宾的政治上的帝国主义以及俄国对它的落后民族所做的巨大尝试，我们可以知道，自治以及认真谋求经济上和教育上的机会，能提供远远超过以前所想象的迅速发展的前景；比方说，俄国人在二十五年内对北极圈和高加索人民——他们在1917年甚至连文字也没有——所做的教育工作，比我们在占领印度将近两百年间所做的工作还要多。非洲和西印度群岛的殖民地对于我们仍旧是一种挑战，如在南非流行着一种白人统治的学说，它正在向北传播，

很难把它跟被我们义愤填膺地谴责的纳粹种族主义区别开来。我们也不能忘记，在美国人占领加勒比海租借地之后，许多坏的兆头表明他们加重了白人和有色人差别待遇的不祥含义，也带来了对外来侵略的警惕。

我个人并不以为帝国主义的剥削，无论政治上的或经济上的，会轻易地终止，如果剥削有利可图，而幕后又有一个强国撑腰的话。但我的确以为我们能大大加快它的末日的到临，只要，第一，我们不但形式上宣布"当地人民的利益至上"，而且还这样来安排当地人民利益至上的成果，使最后仲裁权操在新的国联手里。没有一个统治着异族人民生活的国家有资格担任仲裁，因为它可能对它的责任怀有强烈的感情因素。英国在导致废除奴隶制和取缔奴隶买卖的运动中就有过这种因素。无数证据表明，严酷的调查报告——值得注意的是，它们往往是由于工人闹事而进行的——使得人们极力想清除帝国贫民窟中某些最坏的特征。但如果说，举两个例子，法国的舆论真正关心法属印度支那人民的福利水平，或者今天的英国对殖民地统治标准抱有应有的责任感（极少数专职人士除外），我认为都不是实事求是的。无论如何，值得注意的是，在1942年夏天，当殖民副大臣作年度部务报告时，报纸直率承认他发言时下院几乎空无一人。此外，如果议会对殖民工作一般只限于每年进行一天辩论的话，那么，议会就未必能够恰当履行它对殖民地和保护国当地人民的责任，这种看法我认为也不是不负责任的。这里我们要改变那句著名的格言而坚持：第一，没有议会历史的殖民地是被疏忽了的，第二，只有强烈反对那种疏忽才能获得议会的历史。

我认为，使新的国联对全部殖民地人民的福利水平负责，首先在劳动条件、公共卫生、住宅和教育方面规定最低限度的成就标准，并由公众检查行政当局获得的效果，这样做是决不会没有好处的；甚至连利奥波德二世治下的比利时也不爱当众出丑哩。但是，每年向一个按照旧的托管委员会方式成立的殖民委员会作一次报告，哪怕另外还在议会进行一天辩论，我认为是不够的。我觉得殖民委员会必须有它自己独立的干部，包括驻节官员和巡回视察员，他们在行政方面不用向本国效忠，也不必在他们的报告中粉饰成就。我认为，这样的一个殖民委员会，在发生像特里尼达叛乱或因北罗得西亚产铜地带罢工而产生的暴力行为的时候，必须亲自实地调查；对行政当局来说，一个有教养的土著，特别是一个没有教养的土著，如果有强烈的社会正义感，往往被他的白人雇主错看作一个暴乱鼓动者，而且往往是受莫斯科影响的。从事公开调查的权力是个良好的开端，哪怕只是因为它大大有助于防止热心工作的官员被殖民局里强有力的经济利益方面所施的压力牺牲掉。我并不认为它能终止帝国主义的剥削，但它对于减轻剥削是大有好处的。

任何一种制度，如果主要的经济权属于白人利益方面，而且往往是在外国的白人利益方面，如果种族差别待遇使有色人种在经济、教育和社会方面永远处于从属地位，那么，在这种制度下，我们就的的确确不能终止帝国主义的剥削。确凿的证据表明，在这种情况下，行政当局，不管是英国人或法国人也好，荷兰人或比利时人也好，首先想到的是它必须满足本国选民的利益，好久好久以后才会想到有色人种的利益。这方面有个令人信服的例子：在帕斯

菲尔勋爵[①]决定维护肯尼亚土著的主权的当口，那儿恰巧发现了黄金；有关的土地立刻被卖给了白人的企业以供开采。[②] 的确，这种情况在许多调查报告中，例如莫雷尔关于刚果的报告[③]、尼文逊关于葡属安哥拉的报告[④]、凯斯门特关于普土马约河的报告[⑤]，都已表现得十分明显。此外，像伍尔夫和麦克米伦等调查者有关殖民地发展的记录，也都讲述了他们的无可争辩的故事，而且大部分资料都来自官方文件[⑥]。一次可怕的暴乱把"爱琪士的牛棚"[⑦]打扫得干干净净，至少可以干净一个时期；根据经验，按照我建议的方式对行使权力加以限制，就会使行政当局养成一种强烈得多的责任感，尤其因为这能给予公正的官员以不受任何方面影响的支持，防止既得利益对他的业务横加威胁，这种威胁曾经使得许多本来很高尚的人一直到退休都不敢开口。但我并不骗人说，这能够做到的事情会超出减轻资本主义制度最恶劣的极端行为。只有像俄国人所敢于实行的那种剧烈的改革才能真正地从根本上动摇一种从剥削为其痼疾的制度。

① 帕斯菲尔勋爵即悉尼·韦伯。——译者

② 不过，我很高兴地指出，此举不是没有受到国会的强烈反对。

③ 《红橡皮》(Red Rubber)(1901 年)，并请参阅凯斯门特的报告，国会文件(1904 年)，第 62 卷，第 357 页。

④ 《现代奴隶制》(A Modern Slavery)(1904 年)。

⑤ 国会文件(1912—1913)，第 68 卷，第 819 页。

⑥ L. S. 伍尔夫：《在非洲的帝国和商业》(Empire and Commerce in Africia)(1929 年)；W. M. 麦克米伦：《来自西印度群岛的警告》(Warning from the West Indies)(1936 年)。

⑦ 典出古希腊神话：厄利斯的国王爱琪士的牲口棚三十年未曾打扫，积粪如山，肮脏透顶。大英雄赫克里斯引来河水，只用了一天时间就把它冲洗得干干净净。指难以清除的积弊。——译者

六

在两次世界大战之间的年代里，全世界人民最关心的是取得持久和平；然而最最伤脑筋的是，他们的首脑们偏偏做不到这一点。裁军会议在1921、1927、1930和1932年都曾召开过，但它们所显示的与其说是任何取得严肃协定的可能性，倒不如说是在帝国主义阶段的资本主义的种种矛盾需要用战争来表现其复杂内容。在希特勒当权之后，特别是在1936年他重新武装莱茵区之后，欧洲已谈不到什么裁军了，而1932年日本人占领“满洲”则分明是太平洋冲突的开端。一句话，在1939年第二次世界大战爆发前的将近十年间，唯一的问题是战争将会采取什么形式，东西方哪些势力将会联合起来反对那些准备从事侵略的国家。

形势终于很清楚：没有一种反对侵略的共同保险——所谓的集体安全政策——是可能实行的。除苏联以外，没有一个国家愿意在侵略者动手之前，甘冒用武力对付武力所包含的危险；每个国家都暗中希望能侥幸逃脱一场浩劫。其结果是双重的。第一，侵略者比那些一心要维护和平的国家在军备方面占了几年先；第二，没有订出一个反侵略的共同行动计划。说实在的，甚至迟至1942年秋天，联合国各主要伙伴之间还没有一个按照严格意义来讲的共同计划。战略和物资方面的优先措施只好随着战局的演变而逐步规划出来。三军方面任何一军都没有共同的最高指挥；没有共同的参谋本部；没有共同的情报处；每个盟国甚至于有它自己的宣传原则。海、陆、空军以及战时生产的组织者们全都相互合作；各

国政府都保证拒绝单独媾和；它们在1942年春天的“圣詹姆士宫宣言”中，都接受了一堆冠冕堂皇但却含糊其词的总原则，作为胜利后要实现的目标。但是，所有这一切都不是建立在共同拟订出来的战略上的。各国之间不断进行磋商，但根本没有协调一致的行动。

这次战争结束时，将和上次战争结束时一样，产生一个问题：如何用集体行动来对付一个企图以危害和平的手段达到某种目的的国家。人们提出了许多方案。例如，一定要有一支国际部队；一定要有一支完全归一个国际组织指挥的国际空军，各国的空军则取消；还有人主张，在轴心国战败被解除武装以后，一个强大的英美联盟能够在全世界维持秩序，恰如英国海军在德国海军力量兴起之前成功地在海上维持秩序一样。或者经过相当一个时期，当各轴心国成立了其和平主义总的来说可以信得过的政府之后，就有希望实行全面裁军，那时，也许除了国际部队之外，每个国家的国防军与其说是过去那种规模庞大和费用昂贵的组织，还不如说是旨在维持内部治安的地方民兵。此外，据说取缔私人生产军用品和严格实行国际监督，能使给予侵略者莫大便宜的闪电战和像偷袭珍珠港那样的阴谋将来不可能得逞。

另外还有一件事必须一谈。很明显，空军，尤其是以航空母舰为基地的空军，已经完全改变了战争的性质。从技术上说，它已经使地理上对侵略者有用的小国成为一个基地而不是一个障碍，而且它还意味着横贯大陆的互相依赖，例如在美国和澳大利亚之间，其规模是过去梦想不到的；同时又使每一个有降落处的岛屿能有效地发展其战略上的重要性，只要它接近有利的地域，或者是接近

供应品可能通过的海上航线。此外，我们也不可忘记：随着空中运输的发展，它显然不但在人和物资的输送方面超越来越大的作用，而且还会使突袭因素在战略中占有重要地位。

我认为，从上述一切可得出结论：小国如果要防御像德国在1940年对挪威、丹麦、荷兰、比利时所实行的那种攻击，就不得不日益依靠大国。就像英国占领了冰岛、马达加斯加，以及经过一番周折后占领了伊拉克和叙利亚以保证自己的安全；就像英国和俄国在战时对伊朗建立了共同军事管制；就像英国将西印度群岛的基地租借给美国作为共同保险政策的因素之一；同样地，依我看，小国的重要战略地点将被大国利用和发展（当然是根据国际协定），如果要使小国不致成为侵略者进攻的基地的话。比方说，如果法国在战后将永远被挤出主要强国之列，那么从空军的可能发展来看，美国势必要设法取得保证，使达喀尔[①]不能充当向它的大西洋海岸进攻的基地，而防止这种危险的明显方法，就在于照英国出租加勒比海基地那个方式去做。很难理解，俄国怎样能让芬兰重新被德国利用；同样地，充分防止日本再次侵略马来亚、荷属东印度群岛以及太平洋各岛，包括澳大利亚在内，这种必要性现在是不用强调指出的。很明显，不论从哪方面看，在这次大战后组织反侵略的集体安全决不是一件轻而易举的事。

这件事的原则是从两个出入极大的办法当中选择一个；我认为，这事实上是唯一的一个选择，把它隐瞒起来是没有什么好处的。集体安全之产生，要么是由于某一个国家，或者某几个国家的

① 达喀尔，西非塞内加尔共和国首都，濒大西洋，曾为法国殖民地。——译者

持久同盟,在那么长的时期内是那么强大,以至于能有效地排斥战争这一必不可少的工具(必要的话,也可以开战),使任何一个对手或几个对手的潜在联盟不敢使用这个工具。要么就是新的国际组织能代表其成员维持和行使那么强大的权力,以至于没有一个可能的侵略者敢冒险向它的权威挑战。

依我看,第二个选择是防止以战争为执行国家政策工具的唯一合理方法,这是不容争辩的。假定联合国在这次战争中获得胜利,第一个选择意味着美国或英美联盟立刻在世界上称霸,其他国家只有在迫不得已的情况下才会低头服小。依我看,这种霸权从理论上说必然会被滥用。因为,要使它成为一个难以受到挑战的权威,美国也好,英美联盟也好,必然要控制可能实行挑战的其他一个或几个国家的经济生活。这事实上就是建立一种新的罗马统治权,在这个统治权之下,一切国家的发展都从属于一种和平的主要需要,而这种和平的条件又不是它们自己所能决定的。这样的局面绝对不可能长久稳定下去;比方说,俄国肯定会一开始就对它抱怀疑态度,除非社会目的的同一性要比目前所存在着的近似得多。的确,强行建立这种统治权的企图,会导致其他各国努力有组织地(即使是秘密地)推翻它。为了防止有效的挑战,它就只好实行与近年来作为轴心国历史特征的同样形式的剥削。

因此,我认为,我们必须指望像我在上文所说的新的国联那样的组织来维护和平。由此推论,在最初的阶段,它的性质当然将由联合国各大国的意志来决定;至少要过几年工夫,才能让德国和日本充分担负起维护和平的一份责任。合理的发展方法是记

住：这次战争的经过至少已奠定了一个基础，能据以建立永久性防御合作。英国空军就其性质来说是国际的空军，英国海军和陆军也是国际的海军和陆军，即使程度稍微差一些，两者都获得了重要的国外分遣队的支援。如果我们能在战后保持这个基础，它至少就会发展成为能保卫新的国际联盟盟约的国际防御力量。

但是，那种发展有两个不可缺少的条件，两者也许是不可分割的。维护这种形式的集体安全，就像维护一切进步事物一样，取决于我们恢复一个战后经济膨胀世界的能力。共同的繁荣造成共同的信任；在共同信任的气氛下，认真的裁军努力——它本身是提高福利水平的一个条件——就能够实现。但我们一定要明白，恢复经济膨胀是最重要的。

其次，我们必须明白，这并不是一个自动的过程。它不但必须加以规划，而且我们在进入战后时期之前，还必须对规划的性质取得一致意见，这样才能使它们有成功的希望。比方说，我们得一致同意，这一次将不再像1919年那样，把一切有关粮食、航运、通货稳定、原料等经济资源的现有统筹安排一下子全部推翻。相反地，我们必须保留它们作为样板，来实现下一个时代的计划经济。我们必须利用过渡年代取得某种决定性的稳定，只有在过渡年代结束以后，才能希望给和平画出最后的轮廓，并且实验式地把过渡年代的权威扩充到一个永久的体制内。鉴于我们的文明绝对忍受不了第三次打击，所以我们非这样做不可。

这就是说，我们在碰到战后世界各种意想不到的事情之前，先得对战后世界达成协议。因为，事实明摆在那里，没有这种协议，离心力就会是十二万分巨大的。在胜利以后,不但目前使我们能消除分歧的共同目标的吸引力将失去作用,不但会对美国的孤立主义怀着恐惧、警惕和焦虑的心情(这种心情由于知道美国的优势力量而分外厉害),而且还会有各被解放国家的强烈民族主义,还会有被俄国成就的鼓舞加强了的成百万备受压迫的工人的革命冲动。除此之外,还得加上疲劳,怠惰,尤其是有产阶级的渴望——他们渴望有个松口气的时期,以消除未定之天和不安定所产生的紧张情绪。在一个超乎一切之上的目的达到之后,绝大多数统治者就会渴望有松一口气的权利,要在这样的世界里维持一系列共同目标,那比危急时刻容许我们做到的难多了。

我们必须记住,要在许多本来就意见严重分歧只是因为打仗才勉强停止争吵的国家中维持一系列共同目标;要使"新政"的美国同那个至少在珍珠港事变之前还不能肯定究竟是富兰克林·罗斯福还是阿道夫·希特勒是其主要敌人的美国和解;要治愈一个除维希主义肯定会灭亡之外其他一切尚难逆料的法国的创伤;要保卫一个必须在无数变幻莫测的事情面前设法防止成百万复员军人大量失业的英国;要在远东谋求一个新世界的基础;除此以外,还要设法同一个其社会主义信仰将会作为一个尝试和鼓舞而被胜利加强的俄国和平共处——联合国中的这些主要问题才刚露出苗头,我们一定要把它们弄清楚,才能去面临使轴心国人民恢复文明生活习惯难免要碰到的严重复杂局面。要知道,所有这些问题,即使大西洋宪章最庄严的条文也没有认真地加以处理。要为集体安全打下基础,需要做比政治家的漂亮话更多的事情。在这次战争正在创造着的世界中,需要的是行动而不是雄辩。

我并不怀疑，在纸面上草拟一部新国联的宪法是挺容易的；我们比1919年聪明，甚至可以在它的条款中略去任何有关国家主权的东西。一些热心的预言家，例如H.G.威尔斯先生，可以给我们一个二十世纪版本的人权宣言。我们可以庄严地宣告签订一个新的禁止使用战争的《巴黎公约》。新的罗马尼亚、新的匈牙利、新的波兰可以重申尊重少数民族或少数宗教的决心。佛朗哥将军治下的西班牙可以再次从一个监狱改造为文明社会。工人对相当好的生活水平的要求可以在一个新的国际宪章中体现出来。在停战以后，也许没有一个人不梦寐以求第三次世界大战永远不再发生。

布莱克[①]在他的一篇洞察入微的文章中写道："有愿望而无行动，为患无穷。"我绝对不看轻高度意愿的力量；伟大的目标能锻炼人们，使他们献身伟大的事业，这在历史上是屡见不鲜的。我的不同的看法是，除非给予我们的高度意愿以它们能在其中欣欣向荣的环境，这些意愿就必然要落空。我们知道，战前的制度造成了这次战争的悲剧。我们也知道，如果制度的本质不变，就势必会重蹈覆辙。人们必须用他们所获得的物资来工作，傻瓜才指望他们在物质不许可的条件下获得成就。这并不是一个吸取经验教训的问题，当前的政治家们没有一个不晓得它的教训。我们的问题甚至不在于发现共同的目标；总的来说，对那些目标已经取得意见一致。我们的问题乃是：实现那些目标所需要的方法是和强有力的既得利益冲突的，既得利益不会轻易同意放弃权利。有时候，舆论

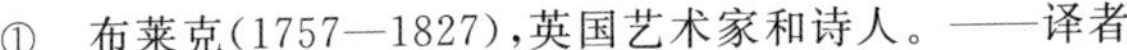

① 布莱克(1757—1827)，英国艺术家和诗人。——译者

的压力迫使它们不得不放弃，例如在 1789 年 8 月 4 日[①]。但这种机会是极其难得的，如果错过了有利时机，就一去不复返了。如果错过了机会，强有力的既得利益很少会不经过斗争就屈服的。

我的论点是以下述见解为根据的：目前是有利时机，如果错过了这个机会，组织经济膨胀——它是持久和平的条件——的一切实际计划就会失败。人们只有在意识到——正如他们现在已经意识到——一个压倒一切较次要求的至高无上的目标时，才可能有从事伟大试验的心情。那时，也只有在那时，我们才能以形势所需要的规模和强度来动员对和平改革的愿望。那时，也只有在那时，形势的动力才能使反对改革的人无法抗拒它的要求。认识有利时机的能力，使政治家能够用和平手段迅速做到他在旁的时候只能以缓慢的速度而且往往只能用强迫手段做到的事情。因为在这种时刻，至高无上的目标仿佛使人们不由自主了。重要的事情仿佛就是正确的事情，也就是合理的事情。挑战巨大，反应就也强烈而且非强烈不可。比方说，敦刻尔克溃退后英国各工厂的情况就是这样；此外，在我们的战斗机飞行员把德国空军逐出英国天空的那些日子里，还有在德国那种似乎不可抵抗的向莫斯科的进军被遏阻后的俄国，情况也都是这样。

但是，斗志昂扬的情绪是不能持久的；没有一个国家能长时期处在巅峰状态。如果让有利时机白白错过，旧习惯就又会恢复它们以前的势力。旧习惯一恢复，至高无上的目的感也就消失无踪

① 在这一天，法国国民会议通过了有名的《人权宣言》。朝廷屈服于民众面前。——译者

了。我们面临的仿佛不是叫人自愿向它效忠的理性本身，而是无数相互逐鹿的理性，各以某种伪装出现，一切利益、陋习、风俗和传统防佛都为它撑腰。那时，我们就开始意识到我们的差别，各国内部的差别以及国与国之间的差别，却忘了使我们克服这些差别的共同点。也就在那时，包围着那些差别的历史性情绪似乎使它们显得无比迫切，而在有利时机，我们却忘了它们的迫切性。把1918年11月11日休战日之前同巴黎和会召开之后全世界人民对威尔逊的各项原则的反应的质量比较一下，把“新政”实施的最初一百天华盛顿的气氛和大企业发现危机已经消除后的气氛比较一下；把魏玛共和国的缔造者在革命——那其实算不了革命——最初激烈的日子里所能够做到的和他们邀请旧世界的势力来恢复新世界的均势时所实际做到的比较一下，我们就会恍然大悟了。

正因为如此，依我看，有利的时机是目前而不是其他时候。利用有利时机所需要的那种情绪不是临时培养得出来的；两次大战之间的年代里的几乎每一天都清楚地证明了这一点。人们如果能够奉行他们所宣告的新信仰而偏偏不去奉行，就没法叫人接受他们的信仰；他们唯一做到的是使支持他们的人产生怀疑，使反对他们的人倒反有机可乘。正因为如此，举个显明的例子，头两届英国工党政府都失败了。他们缺少勇气和眼光来抓住有利时机。他们不用事实表明他们保持着自己成员们早就表白过的信念，反而好像要证明：他们依照社会主义的原则去做，获得的结果却和对手的结果一模一样，尽管这些对手的政策是被他们骂得体无完肤的。他们之所以失败，倒不是因为选民们决心不让社会主义原则发挥作用——选民从来就没看见这些原则试行过——而是因为，选民

以明显的常识决定：如果要实施保守党的统治原则的话，就只有让那些相信这些原则确实有根有据的人来全权实施才是合理的。

我认为，在目前严重的时刻，我们的情况就是如此。单单宣传新世界的好处，除了希望破灭之外，将一无所获；如果我们希望新世界建立起来，就得着手为它奠定基础。向我们提供持久和平前景的膨胀经济，并不是一件当整个形势对它不利的时候我们一下子就做得到的事情。在一段短暂的时间内，联合国各国的既得利益处于守势地位。一个政府宣布战争的需要使它不得不，比方说，在战后保留对一切投资的管制，可能会遭到愤怒的批评；但是，我认为，只要它能使人民深信它相信自己的建议，它就肯定会获得群众热烈的支持。当丘吉尔先生在公众毫无准备、十万火急的情况下，向法国政府提出结盟的建议时，他由于表明能作出和危机相称的果断行动而巩固了自己的地位。有些政治家之所以失败，是因为他们在危急关头认为我们能依靠被危机本身所否定的那些措施支撑下去。

因此，在国际方面，我的论点可归纳为一个双重的呼吁。一方面，我主张我们必须从速组织一个领域，在这个领域内，各国采取一致行动以解放全世界的生产力；另一方面，我认为各国之间的一致行动在某些领域内是不可能的，在极大多数领域内是可能性不大的，除非我们改变各国内部的生产关系，使解放生产力之举成为真实、迅速和有效。我认为，如果我们进入战后世界时还没有开始复兴的过程，就会发现我们干脆没有和平改革的动力。我们将会进入这样一个时代，在这个时代里，争取胜利的努力所引起的希望将会被现实打消得干干净净，以致每个社会里发生冲突的可能性

远远超过达成协议的可能性。这种冲突可能具有两种形式中的一种。在战败或者元气大伤的国家里，它会采取民众骚乱的形式；在像美国那样生产力多半没有受到损害但生产关系几乎原封未动的国家里，它采取的形式要么是上层阶级对在民主范围内维护资本主义发动攻势，要么就向经济上的或者甚至领土上的帝国主义发展，借以使那种民主范围延长寿命，尽管那是大成问题的和完全没有把握的。

我们千万不可弄错这些可能性的意义。它们意味着希特勒的失败，但并不意味着促使希特勒上台的那些条件的消失。正因为它们并不意味着那些条件的消失，它们才意味着过了一些时候，在另外一个国家里，一个新的希特勒会向我们花了那么惨重的代价才得以保全的自由发动新的挑战。不脚踏实地去面对我们可能会陷于这种境地的前景，对我们是没有好处的。相反，也许只有认真考虑这个前景，我们才会知道现在多么迫切需要采取行动。因为，这些年代的悲剧将徒然无益，除非我们从中吸取两个教训。第一，我们必须了解，不为正义服务的权力是极其可怕和讨厌的，它建立的暴政远比过去任何一种暴政可怕，因为它的破坏力要有效和有组织得多。第二，我们必须了解，以利欲为权力根源的社会是理智的敌人，因为它使理智成为追求权力的盲目冲动的奴隶。"统治的欲望是最强烈的欲望，"哈林顿[①]就曾这样写过。它能引起最崇高的抱负，也能引起最卑鄙的野心。它使人堕落的力量不亚于使人高尚的力量。当一国的领导人把实现诺言推迟到全部历史都证明

① 哈林顿(1611—1677)，英国政论家。——译者

实现诺言的条件已不再存在的时期再说时，这种叫人堕落的力量也就发挥到家了。那是我们当前最大的危险，除非我们趁它还可以被克服的时候把它解决掉，我们想实现的那些崇高目的就会落空。

一种文明的被出卖总是一个长期的过程，而且到头来总是一个致命的过程。最可靠的出卖文明的方法，莫过于让人们所赞美的价值与他们容许其起作用的那些价值之间的差距扩大。因为一旦发生了这种情况，人们能靠它生活的那套价值体系就不存在了。老年人变得愤世嫉俗；年轻人失去了希望。世界成了一个活舞台，冷淡的观众漠不关心地注视着争权夺利的把戏，对它的结果无动于衷。作为一个种族，我们从前已经历过这种时代。我们亲眼目睹丧尽天良的野心不顾赋予人生以高贵的自尊品质的一切原则而逐渐得势。因为那些时代使人们习性中一切暴露出他们的野兽本能的冲动都发挥了出来；它们消灭了人们的怜悯和美德、宽容和慈爱。我们也可能进入这样的时代，除非我们以满腔热情来支持我们所宣告的那些原则，使它们生气勃勃。而把我们同这种灾难隔离开来的时期，要比我们绝大多数人哪怕在最最悲观的时刻所肯承认的还要短促得多。

正因为这个缘故，我把本章的重点少放在描写一个可能的国际政府的形式上面，而多放在分析一些重要条件上面，没有这些条件，我认为国际政府的主意只不过是一个概念游戏，人们拿它来玩弄玩弄罢了。我已着重指出国际政府的有效性主要取决于两个条件：第一，恢复一种富裕经济；第二：抓紧有利时机来开始组织这种经济，其他一切就都取决于这两个条件的顺利实现。着手去实现

这些条件就能产生希望，只有自己感觉到是时间的主人的希望才有力量创造信心。如果现在不着手去做，那么我们进入战后世界时很可能仍旧受制于一种传统，它对我们想达到的那些目的是致命伤。现在不着手去做，经济上、民族上、社会上和宗教上的一切冲突的种子还会遗留在文明的土壤里，在短暂的胜利时刻可能会被忘怀，但是等第一阵狂欢的浪潮过去后，肯定又会滋长起来。

可能有人会说，领导人已经被战争的重大责任压得透不过气来，再要他们去考虑和平的问题，未免太过分了。对于这种说法，我认为有两个十分明确的回答。第一，在一次总体战中，各项复兴措施是它的重要战略的一个组成部分，因为作为胜利关键的士气就取决于这些措施的影响。第二，把战场上的胜利同创造使胜利能获得利用的条件割裂开来，是对总体战的一种虚伪和静止的想法，把它的性质完全弄错了。把我们的政策建立在肯定这种割裂的基础上，就会重犯1919年的主要错误，这样政治家们就肯定会缔结错误的和约。

最后，可能有人说，人归根到底是一种有思想觉悟的动物，从大量标志着对我们处境的认识的证据来看，我们大可乐观。对于这种说法，我认为也有两个明确的回答。第一，就我们所有的人来说，觉悟是有限的；一定要有意识地创造出控制激情的条件，觉悟才能压倒激情的力量。第二个回答包含在白芝浩[①]的一句话中："一种新思想的痛苦，是人性最大的痛苦之一，"我认为这句话的成分是悲伤多于讽刺。我们在培养一种新的思想，劝人把力量用来

① 白芝浩(1826—1877)，英国经济学家和政论家，著有《英国宪法》等书。——译者

为和平服务而不是为战争服务。这是一种革命的思想,不容易和我们的传统生活方式协调一致。我们生活在这样一个时刻,现在和将来之间大有取得协调的希望;在这种时刻,思想觉悟能够占上风。但是我们必须牢牢记住,这种时刻不会持久,当它们过去以后,最能促使我们投入战斗的,除了不能博取我们忠诚的大道理之外,就再没有其他东西了。

第七章　反革命的威胁

一

本书的中心论点，从基本上讲，是非常简单的。要了解我们正在进行的这次战争的性质，就非得承认我们是在与反革命势力作战不可。我们的全部见解和战略必须适应于这个基本事实。不用说，我们战斗是为了作为自由的人民生存下去。我们要惩罚敌人的残酷暴行。我们要尽可能使他们的阴谋诡计将来永不得逞。我们所关心的，是要根除他们那种为了权力本身而崇拜权力的粗野原始的观念。但是，除非我们的努力适应于我们正在与反革命作战这一事实，就动员不了胜利所需的各种因素来帮助我们。

我们在与反革命作战。这种说法是什么意思呢？就是说，我们在与一种思想的代表者作战。我们在与这样一些人作战，他们企图革新我们所处的社会，以便使它的那些腐朽的原则和制度适应于我们时代的新形势。反革命分子不是一般的反动派。他们对旧的形式没有留恋。他们同我们一样，明晓得不可能再恢复“放任主义”或贵族门第，也不可能再恢复那个使得杰斐逊能够系统地陈述他那农民民主主义理想的单纯而基本上自给自足的社会。反革命分子也并非保守派。他们丝毫没有伯克那种对传统和旧习惯的

尊重。他们不仅不因为旧事物是旧的所以就赞美它；相反，他们打算利用现代科学的一切最新技术，利用我们的体制的一切实验可能性，来达到他们的目的。那个目的就是使资本主义社会适应于现代工艺条件和世界市场条件，适应于使得社会关系的集体主义的组织在所难免的分工条件。法西斯主义乃是抛弃了它的自由主义起源的资本主义，其所以要抛弃，是为了使它的生产关系适应于一种新的形势，在这种形势下，政治、经济和社会三方面的自由主义思想对于资本主义思想是致命伤。它运用它所能运用的一切力量，特别是民族主义思想，以便在资本主义关系的和平发展暴露出其固有矛盾的致命性的时候，给资本主义思想打强心针。它必然要把一切妨害它达到目的的组织摧毁掉，从这个意义上来说，它是革命的；这就是为什么，它在本身逻辑的驱使下，非采取极权主义的独裁形式不可。但是，和真正的革命——例如十七世纪的英国革命、1789 年的法国革命、1917 年的俄国革命——不同，它并不企图为一个或几个原先享受不到利益的阶级的利益打算而扩大权力的范围。相反，它企图使特权继续限止在那些在它夺得政权之前就拥有特权的人的范围之内。为了成功地做到这一点，它不得不镇压一切政党、教会、工会以及任何其他可能成为它的绊脚石的组织。它力求改造整个社会，使之适合于它的目的。因此，理所当然，它非把社会上可能妨害改造工作的人、思想、组织和程序消灭干净不可。

反革命必然是反民主的。因为民主的目的是通过扩大一个社会的统治者对之负责的那些人的数目，来扩大那些分享福利的好处的人的数目。反革命之所以必然是反民主的，是因为它跃登历史舞台的时候，它所保卫的生产关系恰恰与生产力发生了尖锐的矛盾。正因为它是反民主的，它天生一定要敌视当资本主义生产关系能够不断提高生产力的时候所赋予民主的一切权利。民主社会谋求和平；反革命却一定要制造战争。民主社会是有理性的、立宪的，它的内在逻辑促使它把自出纳入平等的范围之内；反革命是反理性的、反立宪的，它是一切平等主义的敌人，唯恐平等主义破坏了它所保卫的寡头政治在经济萎缩年代所提出的垄断自由的要求。希特勒正在为没落的德国资本主义所做的事情，就是从前克伦威尔的铁骑兵为英国新兴的中产阶级所做的事情，也就是黎塞留[①]和柯尔伯[②]击败了法国贵族封建主义的垂死挣扎，并为法国资产阶级的兴起创造了必要条件时所做的事情。正如战争和革命标志着封建主义的死亡和资本主义关系的兴起，它们也标志着一些人企图在除非使用暴力就不再能留在世界舞台上的时候维护资本主义关系的努力，这种关系对他们来说不啻是种特权。

我们正在与之作战的那种反革命的特点是：它必须使那些领导反革命的人发扬一股锐气，这种锐气很容易被错认为革命的动力。希特勒和墨索里尼，还有日本帝国主义头子们对他们的目的直认不讳，令人毛骨悚然；在我们看来，他们仿佛是对人类的善良本性的污辱。他们赞成暴力反对说服，赞成少数反对多数，赞成奴役反对自由，赞成愚昧反对知识，赞成权威反对自由研究，赞成非

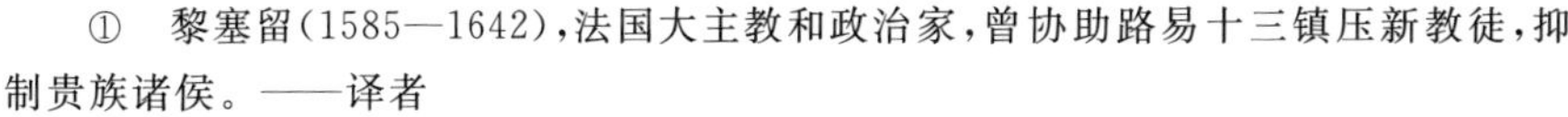

① 黎塞留（1585—1642），法国大主教和政治家，曾协助路易十三镇压新教徒，抑制贵族诸侯。——译者

② 柯尔伯（1619—1683），法国财政家，路易十四的首席大臣。——译者

理性反对理性。唯其如此，他们才抬高种族的要求，使之和人类的要求对抗。唯其如此，他们才不得不把一切反对他们的教义的人的知识之门关死。唯其如此，他们才反对科学的客观发现及其国际有效性，赞成某种狭隘的种族偏见，这种偏见哪怕在十年前也找不到一个饱学之士来为它辩护。最重要的是，唯其如此，他们才否认人民群众的经验以及建立在那项经验之上的要求，妄图使普通的男子和妇女成为一个天赐领袖的哑巴奴仆，不敢过问领袖的意志。他们的权威的式样，是一种浸透了无限权力的寡头政治，对于它的目的来说，普通人只不过是个工具罢了。普通人无权参与确定那些目的，不能把自己看作一个目的；对于他来说，思想是一种被禁止的奢侈品，怀疑是一种罪行。他们的国际秩序的式样，就是由一个征服人的种族把它的意志强加于全世界。它除了软弱之外，什么罪恶都不在乎；除了权力能够勒索到的那些权利之外，什么权利都不承认。它认为斗争是人类一切美德的根源；它把我们视为文明人标志的正义、仁慈、宽宏、想象等品质当作造成失败的那种软弱的象征。

知道了反革命所抱持的目的，对于他们利用的那些习惯或思想也就用不着大惊小怪了。一种腐朽的制度企图重振旗鼓时，总是采取这些手法的。因此，举例说，反对英国革命的人企图使君权神授说复活；格雷戈里十六世[①]和庇护九世[②]也公然抨击反对他们

① 格雷戈里十六世(1765—1846)，罗马教皇(1831—1846)，曾遭欧洲自由主义者猛烈攻击。——译者

② 庇护九世(1792—1878)，罗马教皇(1846—1878)。——译者

的主张的普天下人的心理趋势。我认为，谁要是仔细分析了十七世纪法国耶稣会会员和冉森教徒之间的年代久远的斗争，就会明白，冉森教徒是力图维护一种习惯于封建社会的教会伦理而反对一群战斗的、目光远大的神学近卫兵的伦理，后者已经觉悟到，要保全他们曾宣誓为之效劳的教皇政治的权威是已经办不到了，除非说服教皇去同一种他已经不复能在旧的基础上将其击败的新的社会秩序妥协。从这个角度来看，巴斯卡的著名论战就成了法国旧制度所作努力的一部分，它不让基督教会的行为准则适应由于封建主义的没落而正在形成的世界，尽管这是不自觉的。

反革命必须把暴政的习惯强加于人类，原因很简单：它休想指望人家同意它的目的。它以“新秩序”的姿态出现，是不相干的；它竟能到处说服一班哲学家和学者把他们的学问出卖给它，供它驱使，这也是不相干的。反革命本性的重要标志，乃是反革命分子能用来扩大他们的势力的方法（而且也只有用这些方法）。他们对内实行镇压，对外制造战争。这就是说，他们已放弃了说服的希望，刻意从使人们害怕的力量中求安慰。因此，刽子手和集中营成为他们的制度的象征决不是偶然的；同样，无论他们插足什么地方，首先受害的总是那些想扩大人类知识范围的人，这也不是偶然的。他们知道思想本身是他们的大敌，故而野心勃勃地推行一种谁都逃避不了它的摆布的正统思想。五世纪的野蛮人总算还谦虚，对他们掠夺下的罗马表示尊敬；二十世纪的野蛮人却既不谦虚，也不知尊敬为何物。随便什么东西，只要不合乎他们的口味，他们都处心积虑要把它从人类的记忆中一笔勾销。

有些人以为，下一代人将会煞费苦心去研究，为什么三个大国

竟会代表反革命向世界挑战。他们说,人们是不会轻易为暴君效命的,特别是如果暴君带来了恐怖政治和战争。德国历史上不但有过宗教改革,而且还有过启蒙运动;意大利不但有过文艺复兴,而且还有过民族统一运动;这些诞生过歌德和马克思、伽利略[①]和维科[②]的西方国家,居然接受了反革命,这实在是十分令人吃惊的。这些人总想论证:他们的民族特性中一定有什么东西使他们喜欢做奴隶。我已经驳斥过这种见解。我已经指出过,我们对民族特性了解得实在太少,不能自以为是;其次,每一个民族在某一时候都表现过接受暴政的习惯,就像每一个民族在某一时候都证明过能拼命争取自由一样。除了上述事实之外,我们所要关心的是民族行为。民族是由它们的环境造成的;如果在一定的时候,一个民族走上了反革命的道路,那就是一个需要解决的问题,而不是一种需要谴责的罪恶。

反革命是一国的人民大众不会轻易向之屈服的一种原理。因为人天生要确定他自己的实质,这就需要有一种不断发展的能力,而这种能力是和反革命的原理直接抵触的。因为,一个人要确定自己的实质,就是要宣布坚持他自觉在生活中所具有的意义;反革命偏偏否认常人表现那种意义的权利。它把别人的经验强加于一个人自己的经验,强迫一种出乎内心的信念去服从一种外来的教义。它阻挠个人的心灵和良知的活动,赞成独断独行的命令,个人

① 伽利略(1564—1642),意大利天文学家、物理学家和数学家,第一个证明地球绕日而行,曾遭教会迫害。——译者

② 维科(1668—1744),意大利哲学家和法学家,首创文明周期说。——译者

哪怕对自己不利也非服从不可。它否认自发性的正当合理，因而一口咬定我们是工具而不是目的。但是，正因为在某一个关头，人不光反抗自然，而且还反抗权威，所以他拒绝接受永远从属的地位。在某一个关头，他坚持要有他自己的看法。在某一个关头，他拒绝向别人效忠，除非让他自由选择效忠的对象。在每一个时代里，总是有一些人宁死不愿放弃有自己主张的权利。在每一个时代里，也总有那么一个限度，超过了这个限度，社会的统治者必须向人民让步，否则就会被人民打倒。

当一系列特殊的历史条件牢牢控制住一国的人民以后，反革命就得逞了。人民的根深蒂固的期望落了空；他们的失败感十分强烈；他们不再团结一致，从而丧失了尊重传统政治制度的能力。如果这三个条件同时存在，反革命就大有成功希望；如果缺少第二个条件，革命的形势就出现了。希特勒和墨索里尼上台，就因为有了我所说的这三个条件。无论是就希特勒的情况或墨索里尼的情况来说，他们所控制的国家都今天不知道明天的事情。无论就德国或意大利的情况来说，国家都失去了内部的稳定，恐惧是流行的心情。在这两个国家里，国民的自尊心都受到了严重的损害；在那些大抵决定国家舆论气候的人当中，没有一个人认为它在世界上的地位是合乎要求的。在这两个国家里，内部的对抗都愈演愈烈，以致人们不能容忍和他们的邻人意见分歧所包含着的结果。强烈的分歧总是造成恐惧，恐惧反过来又增强了不安全。一旦人们感到不安全，就巴望传统的国家智慧做靠山，活像一个孩子吃了亏跑到妈妈跟前去讨救兵一样。如果在需要靠山的当口偏偏得不到靠山，制度就必然发生危险了。因为惯例给与人的慰藉，至少和适应

形势的能力一样，是必不可少的；一个国家的成功就在于能够使两者之间维持一个恰当的比例。如果一种政治制度缺乏这种比例，它就没有用处了。人们不会再向一个不能使它的命令获得服从的国家效忠。

在这种情况下，新的政治制度是由一些既有决心去制定夺取政权所必不可少的策略，又有本领去执行这些策略的人强制实行的。我已经在前章中讨论过反革命分子在德意两国夺取政权的经过。他们成功的原因是显而易见的。反革命分子是团结一致和意志坚定的；他们的对手却四分五裂，犹豫不决。这些对手信赖这样一个纲领，其直接结果分明是加深各该国的不团结和不安全；反革命分子却有一种魔力来消除这些观象，使之成为他们的纲领的莫大优点。社会党人和共产党人认为各国历史上的光荣传统俗不可耐，反革命分子却肯定它们的显赫伟大。反革命的对手坦率地坚称他们吃苦至少有几分是咎由自取，反革命分子却编了一个令人安慰的神话，说什么国家是其内外敌人的牺牲品。社会主义的号召意味着长时期的物质调整和精神革新；反革命领导人却提供一种近在眼前的复兴，失去的信仰转眼就会复活。一句话，对于因遭受屈辱而愤慨，由于不断适应形势而疲劳不堪的人民来说，社会主义仿佛提供这样一个未来，在那里，再一次受屈辱至少是可能的，疲劳则是十分肯定的。但反革命分子却许给这样一个未来，在那里，力量马上就会恢复，而常规则会使他们免除思想的痛苦。

无论在德国或意大利的情况下，反革命取得胜利是不难理解的。革命还是反革命，这是两条道路，人民大众却还蒙在鼓里，不知道他们事实上非作出这个选择不可。就革命的信徒来说，他们既看不到一致的目的，也看不到一致的方法；要实现革命，就势必要和他们自己的过去决裂，说不定还会酿成一次欧洲大战，能否获得援助尚属疑问。反革命分子却有巨大的集中力量做后盾，目的只有一个，就是为新秩序创造条件；他们至少可以指望获得一切害怕背离传统制度的人的同情。反革命是以各种势力的联合为基础的，其中每一种势力不但对它的成功特别感兴趣，而且还暗中希望在最后达成的协作中，自己能独占鳌头；每一种势力还都认识到，只有推翻了民主制度，它的特权才能作为合法的权利保持下去。经济力量、军事权威、贵族传统、朝代原则，所有这一切都同希特勒和墨索里尼领导下的落魄冒险家纠合了起来，希望防止人民大众有组织地起来侵犯他们的特权。

实业家认为，推翻了民主，工人阶级就再也不能通过其政治和经济组织来限制他的权力了。军人由于一旦民主的毁灭恢复了战争的历史性地位，新的帝国就能建立起来，因而洋洋得意。贵族相信他不用再害怕有才能的人要求分享在前民主时代简直被他独自包办了去的各种事业。君主主义者希望，天生敌视他所赖以为生的神秘主义的民主一失势，王位就马上能复辟或得到巩固。对于希特勒或墨索里尼及其党羽这帮亡命者来说，反革命是取得政权以及尝到政权甜头的大好机会，却不用承担尊重原则的义务。事实上，那些同亡命者携手起来的传统阶级当中，没有一个阶级曾识破他们的为人。因为没有一个阶级懂得，从历史意义讲，一个以法治为基础的国家是不能在亡命者的保护下建立起来的，因为法律会把亡命者逐回到他们在一个有秩序的社会里所处的黑暗世界去。这些传统阶级都不懂得，正是亡命者决定了一个反革命国

家——它和反动国家不同——的性质。他们摆脱不了亡命者，因为民众拥护的是这些人，而不是旧制度的人。这是只有亡命者才能够答应革新一切事物这个事实的天然结果；和他的传统主义的同盟者不同，亡命者不受任何习俗的束缚，什么关系都不尊重，其残酷无情的程度是任何一个继承传统的集团所望尘莫及的。传统的集团最多只希望限制民主向他们的特权挑战的力量；但他们发现，在他们所处的历史地位上，和亡命者结盟意味着摧毁民主的根本，而这就使他们身不由主地走上了他们休想控制得住的反革命道路。

二

为什么情况如此，我想是不难解释的。人民大众所关切的是安全、自由、平等、知识与和平。这些是他们实现自己理想的条件。人民大众如果要有不断增长的物质福利的机会，就需要有这种环境。因为，只要知识是少数人的专利品，人民大众的愚昧无知就限制了他们获得福利的机会。哪儿发生了战争，遭殃的总是老百姓。哪儿存在着不平等，老百姓就被排斥在利益的圈子以外，就像摒弃自由总是把老百姓排斥在某些机会的领域之外一样。

因此，无论在哪一个社会里，人民大众向来是最主要的革命力量；皇帝、贵族、中产阶级在其上升夺取政权的过程中，都曾求助于人民。从历史上看，他们总是先把人民大众当作同盟者利用一番，而等到权力巩固之后，又一脚把他们踢开。人民大众不是太笨，就是太穷，不能让他们决定自己的命运。诚然，一直到美国革命和法国革命给人民主权原则发了保证书之后，民主思想才慢慢地取得了尊严的地位；慢到什么程度，可以从麦考莱就宪章运动者的请愿书所发表的演说[①]，或者基佐[②]出色地捍卫"中庸"理论的著作[③]中看出来。但是，就坚持国家政权必须以人民福利为主要目标这一点来说，发展就更慢了；而坚持这种观点的政治家能其正采取措施来促其实现的，就益发是凤毛麟角了。所调政府必须在尽可能大的规模上满足人民要求的这种概念，总是以尽先满足旧势力的要求然后再能正当地满足人民的要求为先决条件的。

这是奉行匮乏经济的当然结果，在那样的社会里，需求之所以获得满足，不是由于它从技术意义上说是"有效"的，就是因为它激起了被慈善满足的感情。在匮乏经济下，人民大众是余产受遗者，他们的要求须俟"有效"需求满足以后才能获得满足。政权的真正目的，总是把法律的力量、社会的高压权交给那些据有"有效"需求的人，也就是那些拥有或控制着某个社会的生产资料的人去自由支配。这个事实明显到什么地步，要看社会究竟是繁荣呢还是不繁荣。在景气时期，分配的东西较多，政权的目的就表显得不那么露骨；在不景气时期，维持"社会安宁"就是政权的主要职能了。如果在不景气时期，人民大众对社会安宁的威胁严重得危及它的稳

---

① 《麦考莱演说集》(*Speeches*, World's Classics Edition)，第 184 页。

② 基佐(1787—1874)，法国历史学家、政治活动家，是大资产阶级的代表人物。——译者

③ 《回忆录》(*Mémoires*)(1875 年)，《反对的方法》(*Des Moyens d'Opposition*)(1821 年)。

定,就可能搞一些让步的试验,例如斯宾汉姆兰制[①],诱骗他们同意国家政权所维护的基本等式。选举权的扩大只不过名义上带来了扰乱这种主要均势的权利罢了。

就拿基督教会来说吧,它们的发迹是由于肯定"同样的需要确定同样的要求"这一伟大原则,而且它们一直严厉批评巨额财富对人的灵魂的影响,但就连它们也受了捐款的贿赂而同特权勾结起来;许多世纪以来,基督教会成了劝告人民大众甘心吃苦这一艰巨任务的主要武器之一。它们贬低俗世的知识;它们把服从官长作为得救的一个条件;它们的千年至福原则被用来劝告人们忍受物质上的痛苦。它们甚至打算——就像华尔多和圣芳济等教派的历史所表明的——使那些力图叫它们想起原来的宗旨的人失去法律保护。由于担任了未知的上帝与人民大众——教会阴谋使他们愚昧无知——之间的救世中人,它们许多世纪以来就成了一种社会秩序的代理人,这种秩序的内在原则是靠牺牲多数人的利益而把今世的主要财富限制给少数人。罗马教会一直是西班牙君主主义和法西斯主义的主要后盾,俄国正教会则迎合沙皇专制政治的罪恶前提,这都不是偶然的。同样,没有一种力量比韦斯利[②]更有说服力地劝诱英国人民大众接受新的工厂的严酷纪律,借以报答一种未经证实也无从证实的永恒幸福的含糊安慰,这也并不是偶然的。

① 斯宾汉姆兰制,即济贫税法,1795年5月在英国斯宾汉姆兰地方通过,故名。根据该项法律,按照面包价格上落而发给工人及其家属赡养金,以补助工资的不足,借以平息产业革命后工人因大量失业和生活困苦而产生的愤慨情绪。——译者

② 约翰·韦斯利(1703—1791),英国美以美教派创始人。——译者

可是，任何反革命都得考虑(至少是当它在其中活动的文明社会还能够支撑下去的时候)两个明显的原则。第一，它所建立的任何一种社会秩序，如果不能给予人民大众以一种不断扩展着的天地的感觉，就决计存在不下去；第二，它必须这样地安排，使除了为了他们的利益而进行反革命的那些人之外，别的人也不至于永远得不到获得社会福利的机会。消长无疑是会有的；因为在政治中，就像在自然界一样，作用和反作用是相等的。如果 1789 年产生了 1815 年，那么 1815 年也产生了 1848 年。自从宗教改革以来，特别在我们的时代，生产力以越来越快的速度形成一个世界，在那个世界里，特权的要求取决于人民大众的合作；而要说服人民大众合作，就得不断付出较高的代价。法西斯形式的反革命，就其镇压人民大众这一点来说，是赞赏它灌输给他们的对领袖的畏惧。他们可以使普选无效；他们可以使工人的组织重新陷于非法阴谋的地位；他们可以指望工艺技术进步而不用发展普通教育。但是他们仍旧不得不给予人们以希望这一重要营养；他们的宣传的特征就是承认：除非给予人民以希望，人民就必然要改造政权的基础，以便把政权拿到手。

这就是说，反革命否认一种历史运动的正当性，这种运动的含义不但已深入到西方人的意识中，而且如事态所表明的，也已深入到被西方人征服来为其目的服务的远东。大约从 1800 年开始，更充分地发展生产力需要有自由的意志；经验表明，即使在苦难中，权力也不能最终限制自由的意志要细加考察的天地。其次，从美洲殖民地获得解决那时起，生活中应有一种更平等的机会的思想，开始想从一些人的实验中获得证实，这些人备受虐待和迫害，他们

的正义感被社会所凌辱，在那个社会里，少数人的幸福越来越看得出是靠牺牲多数人的幸福换来的。美国对我们的文明的影响是怎么也不会估计过高的。

因为它给予下述观念以牢不可破的法律地位：任何人都不是一种固定命运的永久牺牲者。从十七世纪的假想的旅行开始，我们能追溯美国怎样把自由平等的观念灌输进普通人的头脑里。从十八世纪的旅行家那里，我们可以知道它怎样打破了曾经被当作天经地义的惯例。美国独立战争对于被它照亮的时代具有一种新的福音力量；它给予民主的基本思想一种地位，反革命领导人也不得不对它表示尊敬。自从华盛顿从一个叛逆变为不朽伟人以来，没有一个地方的特权对自己的基础能够高枕无忧了。不但反抗的权利获得了这样的辩护，永远改变了人们的思想方式；而且这种辩护还以人天生就自由平等这个前提为基础，哪怕这种认识是多么不完全。这被宣布为一个不言自明的真理；以后的全部历史都力求发现能表达那种前提的制度。

自从华盛顿就任美国总统以来，已经过去一个半世纪了。在那个时期中，人们头脑里所发生的最重要的变化，是把重点从形式转移到内容。他们的激情已从政治的变为社会的。他们觉得目前的福利分配得不恰当，就像他们的祖先觉得十七世纪的英国或十八世纪的法国的计划不恰当，并自信有力量有权利打倒它一样。他们不愿承认我们社会的弊病是不可避免的，就和他们的祖先不愿承认旧制度是万世不变的政体一样。

一次革命已经在人们的头脑里形成，它使人们按照每个国家在不断增长的福利基础上给予人民大众以经济稳定的能力的大小来判断国家的好坏。在我们的时代，这一点已经成为自由对全世界人民大众的意义。英国和美国如此，印度和中国亦复如此。以它的名义，一次至少和1789年发生于法国的同样深刻的动乱改变了俄国人民的全部生活方式，并且使新的浪潮在地球每个角落里冲击。

反革命必须安置在这个背景前加以研究。这个背景，就和社会生活基本方式的一切变化一样，成熟得非常缓慢。在明斯特的再浸礼教徒中，我们瞥见了它的势力；在英国内战时期军人委员会的热烈争辩中，它也表现了出来；在罗伯斯庇尔垮台以后，它是产生巴贝夫的密谋的动机；从那以后，它由于不断工业化和都市生活而成熟了，从一种人们不敢公开承认的半隐蔽的见解发展而为一种自觉的行动原则，它的信徒们甚至甘愿为它献出生命。

在最初，希特勒和他的党羽所要破坏的革命主要满足于在纯粹政治的基础上活动。它认为选举权的基础越广泛，公民获得福利的机会也越肯定。它把一切政治机构——立法、行政、司法、官僚机关——都向越益民主的方向改革。但是，慢慢地它也发现，这些改革对情况的改善不是远远不及初望，就是改善得非常缓慢，不能彻底改变人的命运。因此它马上又发现了那条当政治改革不能使人满意时总是十分突出的重要真理：它发现它的不幸的根源在于生产关系。它于是坚决主张，所有权的法律应该是政治考虑的中心问题。那就是说，它要求改变政权的基础。

每当所有权成为社会上的根本的争端时，特权和习惯势力就遭到非难了；历史清楚地证明，那些从特权或习惯势力获得地位的人会想尽办法自卫。由于我们所处时代的基础遭到了非难，那些为了本身利益而不愿使生产关系适合于对他们提出的新的要求的人，就必然会向那些要求所能动员起来做后盾的一切原则和机构进攻。民主思想、人道主义精神、对平等的渴望、对自由的热爱，所有这一切他们都必须摒弃。出于科学发明和哲学见解提高了人们对本身权利的期望，反革命分子不得不对支持那种期望的任何一种科学和哲学抱敌对态度。

但是，那种敌对的态度势必使反革命分子走得更远。它迫使他们向对于他们希望维护的生产关系不利的理论进攻。对原则如此，对机构亦复如此。人民大众在其前进运动中主要建立了三种防御组织——工会、合作社和社会主义政党。反革命分子非把它们镇压下去不可。要成功地做到这一点，就必须消灭使这些组织有生存权利的民主环境。为此，他们必须取消自治过程，因为自治和民主是休戚相关的。一旦自治被取消，他们在一种可怕逻辑的驱使下，就必须否认任何一种未经他们自己批准的权力的合法性；这样一来，谁要反对他们的意志就立刻成了叛逆。在一个以世界市场为基础的集体主义社会里，极权主义国家乃是反革命的不可缺少的工具。

反革命的缔造者们选择了一个有利时机来下手。没有一种反动势力的传统泉源，例如军队或大企业，能指望搞一个群众运动。他们需要一个天才的蛊惑家帮忙，这人能使他们获得群众拥护，没有那种拥护，他们夺权的斗争最多也不过是场胜负未定的赌局罢了。他们收买了那些帮忙的人；他们建立了一个极权主义国家。但是，当他们建成这个国家以后，却发现自己仍然面临着一个反革命想加以解决的难题：如何满足人民大众的期望。在极权主义的意大利或德国国内，除非彻底改变生产关系，就无法解决这个问

题。但是要彻底改变生产关系，就必须剥夺特权阶级的权利，而这就会使反革命的全部目的化为泡影。因此，他们碰到这样一个局面，如同1934年6月30日德国大屠杀所表明的，他们必须永远面临反抗的前景。他们于是觉悟到——这也许是德国参谋本部从一开始就认识到的：只要其余部分的欧洲不受他们的影响，他们就无法把持权力。

当最后一个内部敌人被肃清以后，外部关系仍然是一种潜在灾难的根源。对于他们来说，世界不能一半被奴役，一半自由；征服全世界是他们生存的必要条件。因此，他们一开始就作征服全世界的准备。他们对内野蛮镇压，对外血腥征服，并且把掳获的战利品分一点给国内的受害者们，作为对承认反革命的报答。亡命者们厉行这个纲领，毫不在乎他们的方法需要付出多大代价，就像文艺复兴时代的暴徒把他的私人军队卖给出价最高的人一样。他们采取了在我们所进入的历史时期中唯一可采取的方法，用暴力把生产关系作为一个特权体系而保全下去，这种特权体系通过限制生产力的发展，不让人民大众接近日益提高的福利水平。如果这意味着企图把反革命强加于世界人类，那么那种企图就成了他们所唯一信仰的宗教——他们那个阶级对其传统特权的神圣权利——的祭坛上的必不可少的牺牲品了。

三

这就是我们正在与之作战的反革命；我们必须了解它的实质。但是，在我探讨它的各项原则的含义之前，有两件和它有关的事先得着重指出一下。第一是一种错误的论调，企图把具有各种不同民族形式的法西斯主义和布尔什维主义说成是同一原则的两个方面。这种论调之所以错误，有几个原因。首先，它使表面的东西和根本的东西混淆了起来。尽管法西斯主义和布尔什维主义都是从一种以群众要求的提高为主要现象的形势中生长出来的，但这并不就此使它们等同起来。布尔什维主义无疑是残酷的；它的不少宣传方法都被用来适合于法西斯的目的。甚至连这一点也是确实的：早期布尔什维克运动中的理想主义多少已经丧失掉了，因为它被应用于一个有着半东方文明的国家，这个国家几乎全是文盲，被敌人团团包围，需要迅速工业化以自卫。这个过程中所包含的纪律必然是严格的，甚至残酷无情的。但是，我们要合理地判断它，就得记住：没有这种纪律的话，俄国今天恐怕已经是反革命的奴隶殖民地，而且反革命很可能已在向着所指望的世界霸权前进了。

重要的差别在于：布尔什维克国家的本质同民主理想毫无不同的地方。这种理想之所以没有完全实现，主要是因为它的试验，如我已指出过的，从来没有在安全的气氛下进行过。只有当至今一直包围着它的紧张气氛缓和了下来，它的真正的性质，即真诚谋求民主和自由——必须注意，这种谋求是按照世界历史上崭新的条件进行的——才能在经验中获得证实。

第二件重要的事情是，我们必须了解，反革命决不能被局限在它发源的那些国家里。有些政治家和政论家认为，反革命只要不成为一样出口货，就仅仅和它控制下的人民有利害关系；甚至连丘吉尔先生也曾经把墨索里尼捧上天。当反革命的国际关系成为威胁的时候，民主国家的政治家就费尽心机对它姑息；现在看起来，张伯伦先生在慕尼黑协定签订之后，宣称他已经找到“当代和平”的处方，再没有比这个更有讽刺意味的了。事实当然不仅是反革命的原理需要以战争作为它生存的法则，因此没有一个国家可以对它漠不关心。更重要的是：由于反革命是在一个被国际市场的性质所统一的世界里兴起和衰落的，因此在它准备战争的时期，它的生命就决定于它所能组织的贸易关系。

多年以来，日本对中国的侵略一直受到各主要民主国家的怂恿；这样，它们就等于在为它们扬言要憎恨的那个社会组织原则打气。德国重新武装（其危险性人所共知）是由一些国家供给部分资金并加以声援而告实现的，而这些国家恰恰是德国下决心要消灭的。甚至在希特勒的魔爪袭击了捷克斯洛伐克以后，蒙塔古·诺曼[①]先生，在西蒙子爵的赞同下，竟把捷克在国际清算银行的黄金存款移交给了希特勒，从而彻底断送了捷克国家。艾登先生默许对西班牙采取伪善的不干涉政策，而那时他一定清楚地知道，希特勒和墨索里尼正在使西班牙内战成为他们准备演出的下一出重头戏的彩排；迟至1942年1月5日，艾登在说明他的访苏之行时，还着重指出，如果希特勒的行动只以施加于德国人民为限，他就不至于插手消灭纳粹主义。在那时，反革命的原理当然已在一个足够广泛的规模上应用，丘吉尔先生的政府中的外交大臣总不会不清楚了解它的意义吧？

事实是，反革命的原理势必引起任何一个要对搞反革命试验

① 蒙塔古·诺曼（1871—1950），英国银行家，英格兰银行总裁（1920—1944）。——译者

负责的阶级的兴趣。这一点可以从几乎每个国家都出现法西斯团体这个事实清楚地看出来。另外也可以从美国某些大雇主所采取的方法看出来，这些雇主都有私人的军队、炸弹、催泪弹以及职业的刺客和打入工会的密探。像乔治亚州州长塔尔梅奇或泽西市市长海格之辈，已经在用法西斯手段追求法西斯目的(当然是小规模的)。最令人注目的事实是：在1940年6月，战败的法国政府宁愿选择反革命的原则而不愿一试民主的动力；值得注意的是，这个选择是由大企业、三军头子联合作出的，而以赖伐尔作为未来的希特勒——尽管是冒牌货——暗中为这个悲剧性的阴谋穿针引线。

一句话，当一种经济制度处于最后的没落阶段时，反动的倾向就成了反革命。它的出现要具备两个条件。第一，它必须看出一种形势，在那种形势下，传统的统治者相信他们的重要特权发生了危险；第二，它必须看出一种形势，在那种形势下，那些向现制度挑战的人缺乏明确的领导，以致人民大众无法在一定环境中加以响应。具备了这两个条件以后，希特勒和墨索里尼之流就能一面向混乱的群众高谈自由，一面和特权势力结成同盟。同盟的效果是使他们直接掌握政权；而缺乏明确的领导则表示各左翼政党早在发觉他们的威信受到破坏之前，就已经同他们必须依靠其支持的人民大众脱离了。例如，早在德国的社会党人或共产党人认识到自己处境危殆之前，布吕宁博士就已经利用《魏玛宪法》第48条[①]为希特勒当权铺平了道路。

① 按这一条宪法赋予德国总统以独裁大权，使总统可能在任何时候解散国会，新闻和言论自由等基本权利失效，并凭借非常状态来进行暴力统治。——译者

毫无疑问，这两个条件的出现在很大程度上决定于军事失败或挫折所产生的心理气氛；意大利和德国的传统统治者们都出于吃败仗而声名狼藉。他们和亡命者的勾结，使反革命能够冒充革命，直到目的达到为止。它甚至于使新制度能够继续唱革命高调，而不让大家揭穿它的欺骗。因为法西斯主义一旦牢牢掌握了政权以后，尽管它甚至于不想改变社会的阶级关系，但由于大规模地把它的党羽安插在重要职位上，就给人一种印象，好像这是把事业向贤能开放了；同时，它为了巩固权力而不得不重新部署各种经济力量——因为法西斯主义在作好备战之前，是靠重新武装的公共工程纲领活命的——这样表面上看起来，就又好像把特权给控制了，这种做法很容易（尤其是在国外）被当作是革命的创举。直到巩固权力的大功告成之后，处于法西斯阶段的资本主义才把它的反革命面目充分暴露了出来。

当国家政权重新组织成独裁政权之后，反革命面目也就暴露无遗。它改造秩序的基础，以保持特权的要求。很明显，要这样做，就必须使企业家的作用服从于秩序的需要；因为处于法西斯阶段的资本主义的特征是：它那愈益垄断的性质使得冒险、试验、自由成为它的主要原理的敌人。这是它造成的第一个巨大的从属关系；值得注意的是，它的效果之一是通过高度依靠国家行动，把法西斯主义所固有的资本主义特性掩盖起来。因为，在这一点上，我们是被牢牢盘踞在我们头脑里的资本主义的陈旧定型欺骗了。我们按照属于资本主义扩张时期的范畴来思考决定它的特性的各种概念，它的各种制度的非个人性质在我们的心理气候中甚至还只占一小部分，以致不完全竞争的经济仍旧处于幼年，而且我们好不

容易才适应于这样一种认识，即契约自由的原则已不复能在产生英国的莫古尔轮船案[①]或美国的阿德尔对北美合众国案[②]的判决的那些条件下起作用了。

其次，政权的独裁性质还必须防止人民大众发觉反革命事实上并没有革命的前景可以提供给他们；那就是说，它需要一个计划，凭借这个计划的权威就能够粉碎对它的一切反抗。这个计划只能是备战，最后便是战争本身；也就是说，希望依恃胜利使旧社会力量的新领导人挽回被旧领导人丧失掉的声望。这个计划对于新领导人来说，当然厥功匪浅，它使他们所控制的社会处于紧急状态，在那种状态下，在随便哪一个与他们的利益直接有关的领域内，法治思想是不可容许的，因为紧急状态只有用非常措施来应付才行。

这种独裁政权另外还有一个方面也值得一谈。我已经说过，它由于内在的需要不得不制定战争的计划，因而具有一种类乎集体主义的性质，由国家政权决定生产资料用于什么目的。特权的主要地位没有改变；但是积累的习惯，过去是由无数私人的决议确定的，现在却成了一件由国家决定的事。利率和利润率、投资方向、贸易途径、消费的性质——大炮代替牛油——全都由国家以高于一切的计划的名义加以控制。换言之，它使资本主义适合于保护特权势力防止内部反抗的条件。诚然，这种保护是以必须进行对外战争换来的。同样，对外战争失败必然使整座大厦崩坍。可

① [1892]A. C. 25。

② 208U. S. 161。

是，在战争失败之前，法西斯主义对遭受社会革命威胁的资本主义作出的贡献，是在于创造各种条件来延迟革命的爆发。不仅如此。技术条件使现代世界战争成为极权主义战争这个事实，使迟钝的群众由于害怕战败的代价而和征服者携手合作。要获得胜利无疑是一场赌博。我不以为任何经历过 1939 年以后的岁月的人会低估它几乎接近于成功的程度。

四

因此，法西斯分子向文明进攻所根据的理论，是非常简单的。亡命者企图把其他国家的财富转移到他们本国，借以维持一个腐朽的社会的制度；他们认为战争的胜利会使他们垄断武力，来压服那些被他们陷于经济偿债地位以及道德上和精神上被奴役的国家。没有先验的理由认为胜利不会给予他们这种力量；捷克、波兰和法国这类国家在他们压制下所处的地位，就是充分的证明。历史上有过许多黑暗时期；没有根据认为不会再有这种黑暗时期。

一种在巨大危机时暴露出严重缺陷的制度，总是能够适应那种危机的需要，只要它的敌人是分裂的，而它又随便付出什么代价都在所不惜。罗马天主教会就是这样对付宗教改革的挑战的。反宗教改革运动只不过是成功地调节了罗马原则和组织中的一些要素，如果不牺牲这些要素的话，罗马天主教会就会被打倒。罗马缓慢地、无疑痛苦地使自己适应于十六和十七世纪新的经济制度的要求；历次宗教战争、法国耶稣会会员与冉森教徒之间的论战以及英国就信教自由展开的论战，就是充分的证明。但它到底还是适

应了。适应之道在于放弃它所无法保持的东西，而集中全力组织它还能够保全的地盘。我们也不可忽视，它之能够生存，在很大程度上是由于它的敌人分裂的缘故。

击败轴心国是击败反革命的一个不可缺少的重要阶段；但击败轴心国，并不等于说联合国的普通人民被要求为之奋斗的那些目标已经实现了。击败轴心国只不过提供了一个机会，但并不保证机会一定被利用。在我们给予那种保证以有效的组织形式之前，击败轴心国只不过是击败反革命的一个阶段而已。击败轴心国消灭了反革命原则的一种恶劣表现，但并没有把原则本身铲除掉。

我认为，这一点可以从两方面看出来。第一，可以从分析例如英美两国将会碰到的特殊的战后形势中看出来；第二，可以从研究我们在战后将碰到的国际形势的复杂内容看出来。

资本主义与民主的关系肯定会是战后英美的突出问题，就和它曾经是魏玛共和国时代的德国的突出问题一样。胜利无疑会给予四大自由以具有无限价值的合法地位。但是，除了那种合法地位的力量之外，还有其他许多同样重要的因素的动力也一定要牢记在心。

第一是胜利的代价的分配范围，以及人民大众对自由的要求，他们看待这种自由，首先着眼于经济稳定和物质福利的较大平等。第二，战时生产不免加强了把经济控制权愈来愈集中在少数人手里的倾向；经济结构会产生它们自己的政治制度，私人垄断会迅速制造出破坏民主政治可能性的匮乏经济。第三是英帝国体系中离心力会增强，澳大利亚、新西兰，特别是加拿大会摆脱对伦敦金融市场的依赖；帝国的腐朽性会在马来亚、缅甸和西印度群岛暴露出来；还必须承认（尽管是不愉快的）：在战后世界中，印度要么获得自由，要么就是不可治理的。非洲在一定时期内无疑会提供安全投资和不可挑战的统制的基地；但即使在非洲也会有无限的风波。

我们也不可忘记，在1940年，英国差一点儿就和法国一样一败涂地，这个事实大大破坏了人民对统治阶级的传统主张的信心。人民的怀疑被英国的严重错误与苏联的巨大成功之间的对比大大加深了。从心理上说，俄国革命所固有的原理——为社会消费实行计划生产——由于战争的严酷影响，已经以惊人的速度深深印在英国工人的头脑里，特别意味深长的是，已经深深印在武装部队士兵的头脑里。英国的一些基本机构，例如军队、文官、教育制度、工业领导、议会和地方政府，都明显地需要革新。说它们已表现了危机所需要的先见或灵活性，是欺人之谈。缺少先见和灵活性提出了一个对随便哪一种制度都十分重要的问题：从制度的经济基础来看，所需要的革新的规模究竟是不是它力所能及的。因为，每一种必须加以革新的机构都是我们所维护的特权体系视若瑰宝的。很难理解，不放弃（至少是一大部分）那种特权体系所依恃的基础，又怎么能够实现革新呢？

因为，放弃基础就意味着英国统治阶级改变心肠，而这却是一个统治阶级所愿意表现的最罕有的品质之一。从历史上看，只有当一个新的阶级上升到掌权地位以后，经济制度随之膨胀，那时心肠才会改变。现有形式的英国资本主义民主已不复有发现那些条件的可能。因此，它必须要么迅速改变它的生产关系以恢复膨胀，要么眼看那些促使反革命出头的条件成熟起来。迄今为止，还没

有采取过措施来改变生产关系。尽管国家干预的程度很高，主要的问题始终完全没有解决，也确实多半没有探讨过。这个问题就是：国家干预要不要持续到和平时期，如果要的话，其目的何在？一切重要的生产资料都保留在私人手里；整个制度仍旧建立在为私人利润生产的原则之上；而垄断企业的地位在战后将比战前更加稳固。一旦轴心国战败后，英国的特权势力会不会和工人密切合作，以保持伟大的生活目标的一致，这个问题是无法给予肯定回答的。这个问题必须在这样一个时候回答，其时外来危险的直接威胁已经去除，从一切经验来看，不但这种危险所引起的激昂和牺牲的热烈情绪会低落，而且还会使英国统治阶级从过去的宝贵的安全而不是从未来的未知的风险中寻求新时代的原则。

“传统”的英国于 1939 年 9 月 3 日成了历史的陈迹。要改造英国，使人民大众不至于遭受严重挫折，就不但必须，我再说一遍，在国民生活的几乎每个部门实行大规模革新，而且还必须牺牲作为“传统”英国脊柱的既得利益。只要利用战争给那么多阶级那么多人养成的进行试验的情绪，同既得利益是可以达成协议的。这样，在战争结束之前，就至少可以建立起几个通往新的英国所必不可少的桥头堡。一个国家就这样赢得了希望，因为有了希望也就有了时间。

但是，丘吉尔先生和他的同事们的政策并不打算建立那些桥头堡。相反，它却仿佛故意把一切“引起争执的”问题保留到胜利后再说；而任何一个在战前使各政党严重分裂的问题，都算是“引起争执的”问题。这就是说，如果坚持这项政策的话，生产关系在和平到来前将不会改变，结果大规模社会革新所需要的各种手段当中，没有一种手段将由国家用来达到一致同意的目的。在促使见解和利益一致的主要动力消除以后，我们将必须设法（如果办得到的话）在根本分歧最容易引起冲突的领域内就这些分歧达成协议。

说实话，在这种情况下，我并不相信会有达成协议的现成方法。我知道，我国的民主传统是根深蒂固的。我也知道，没有一个国家作出妥协的能力比我们更强。我承认，英国人对“公平交易”的冲动具有一种道德原则的地位，我们将在胜利后争取达成协议。但是，各阶级间需要弥补的鸿沟将会比宪章运动以来任何时候都更宽阔。那条鸿沟是不能用豪言壮语筑成的桥梁来沟通的。它不能用呼吁在严重困难前保持团结的方法来消除，因为在和平以后，我们的政治制度必然趋向于强调人们利益的差别，而不是强调他们的共同点；那是我们的传统政治制度的正常目的。社会上每个集团都会记住它为胜利作出的牺牲；每个集团都会深恶痛绝地看待要求继续牺牲的呼吁，这种牺牲后面已经没有危机时期的严重压力。每个集团都会满腹狐疑地和不高兴地审查别人的期望以及那些期望所根据的行为前提。向平时经济转变所固有的困难、复员问题、撤退归来问题以及重建英国的原则问题，所有这一切问题都会恶化；而由于那时我们还没有奠定希望的基础，我们就不能掌握时间这个武器。对不安全的恐惧会笼罩在每个人的生活上。如果一个国家的不安全来自内部而不是外部，特权阶级就到了这个地步；恐惧和盲目的愤怒开始玩弄起反革命思想来了。

无论如何，我们的责任是面对这个事实：当社会安宁朝不保夕时，就会出现以上情况。硬说我国决不可能有这种情绪，对我们并

没有好处。1918年的胜利造成了两次世界大战之间年代中希望的破灭；如果我们是老实的，那就得承认，这种希望的破灭在统治阶级的相当多的人当中造成了对反革命的同情，这种同情在绥靖年代不断意味深长地表现了出来。丘吉尔政府拒绝谋求新的基础，以便和平来临后在此基础上组织日益增长的福利，这种做法至少可能意味着比我们现在所能设想的更快和更广泛地离开民主程序，不再承认民主程序是正常的。

归根到底，立宪制度是这样一种学说，我们必须认识它先天的脆弱性；它的存在全靠人们能够对它的目标意见一致。譬如说，当无权阶级的力量还不够强大或不够团结，不能取得对国家的控制，但他们的目标却和特权势力所赞同的目标相差悬殊，以致双方都不愿接受对方的措施，这时就会出现紧张的形势。或者，一个执政的左翼政府会发现，在现有的生产关系下，要实现社会改革，就只有辜负那些保卫经济权的内在堡垒的人的信任。或者，一个执政的右翼政府会像在1928年一样，为了某种国民利益而奉行一项通货收缩政策，这种国民利益非常容易被政府拿来和它博得食利阶级称赞的能力等同起来。无论在哪一种情况下，对反革命的冲动都变得强烈了。有产阶级的恐惧、工会的愤怒和失望、一个没有明确政治信仰的巨大中产阶级的存在，所有这些因素在失败的年代中都会使反革命思想滋长起来。和反革命在欧洲大陆的各种范本一样，它会毫不费力地建立起同它的公开宣言相矛盾的秘密关系。也和那些范本一样，不管宣言标榜些什么，反革命的真实意图总在于消灭政治民主，为一种不复能扩张的资本主义效劳。

我的论证并不预言反革命在英国成功或失败；它只不过假定：

如果我们容许情况发展下去，特权阶级没有其他方法好保护它的利益，那么反革命的倾向就是不可避免的。很可能英国的工会运动会证明比意大利和德国的工会运动来得坚强。甚至法西斯原理对英国中间舆论的影响也可能比在上述那两个国家中小些。但无论哪一个事实都不能改变下面这个见解：当资本主义的利益与人民大众的利益发生矛盾时，反革命的天然祸根就已经种下了，而且从历史上看，种子找到了天然土壤是要萌芽生长的。我们所必须记住的是，一旦反革命运动发展到严重规模，传统的民主程序就维持不下去了。那是德、意两国的一个千真万确的教训。

因为，民主程序不但以反对者有权存在为根据，而且还以反对者有权和平地成为执政者为根据。这种权利只能靠人们抱持共同的伟大生活目标的能力来维持。法西斯党的出现意味着那种能力的衰退。它证明危机和紧急状态的存在；它意味着传统的团结和秩序完了。如果民主范围内的团结和秩序受到了威胁——这是法西斯主义的真正意义——那我们就只好要么用革命要么用反革命来把它们重新建立起来。一句话，我们面临着剧烈动乱的前景，它很可能使我们行将赢得的胜利化为乌有。因为剧烈的动乱必然要摒弃民主和自由，直到社会的统治者认为他们能安然把高压的过程转变为同意的过程为止。一旦反革命分子得逞，那种转变首先就被排除掉，因为它对他们赖以生存的原理是致命伤；那是每一次反革命的经验。即使革命者获得成功，转变也不见得会是容易的。值得记住的是，尽管苏联获得了巨大的成就，但整整一个世代还不足以使它完成从此到彼的转变。

我们不妨从这个角度来研究一下这次大战结束时美国将会遇

到的国内形势。美国的统治阶级不但比无论哪一个西方民主国家的统治阶级更强大，而且也更为敌视根本改革。在胜利以后，美国的生产力将比以往任何时候都高；但是只有彻底改变生产关系，才能使生产力为共同的利益服务。尽管战时经济有巨大的需要，美国还是有数百万流动工人，对于这些人来说，四大自由多半是没有意义的。[①] 迄1940年为止的"新政"的历史就是个坏兆，说明美国的特权势力准备顽固地保卫他们所占领的每一个阵地；直到珍珠港事变前夕，还有不少美国人不能肯定，他们的死对头究竟是罗斯福先生呢，还是阿道夫·希特勒。甚至在美国参战以后，铝的历史，人造橡胶的历史，美国副首席检察官瑟尔曼·阿诺德先生所揭露的例如通用电力公司这类大股份公司的罪恶勾当[②]，福特先生竭力阻挠底特律地区一项适当的住宅政策的发展——凡此一切，都表明边沁所谓"邪恶的利益"的力量仍旧十分厉害。平民的选举权可能使罗斯福先生留在白宫；但是，说他执行胜利所需要的经济纲领的能力取决于极端仇视他所提倡的那些社会目标的势力的合作，却也不算过分。他十之八九必须按照他们的条件取得合作，坦率地说，这就意味着"新政"的原则在战争期间被打入了冷宫。

当然，美国的情况之所以复杂，是由于积极国家的出现在它历史上还是破天荒第一次。它的许多最有势力的分子的社会觉悟还没有适应于积极国家的逻辑。它的政治领袖（例如胡佛先生）和它

---

① 柯林斯：《美国自己的难民》（*America's Own Refugees*），1942年版。

② 1912年头六个月内《新共和》周刊和《民族》周刊的专栏对这方面作过有意义的评论。

的工业领袖(在工会方面和在金融界及制造业方面几乎差不多),仍旧按照至少在本世纪初就已经结束的边疆文明来思考问题。诚然,毫不夸张地说,哈德利校长[①]说过的一段话是美国最强大的利益的主要假设。哈德利说:"一方的民主力量,分成行政和立法,被用来和另一方的民主力量对抗,而以司法为它们之间的仲裁……它允许在和那些导致普选在雅典和罗马灭亡的条件截然不同的条件下从事普选的实验。选举人是全能的——在一个有限的范围内。他能随心所欲地制定法律,只要那些法律不侵犯所有权。他能随心所欲地选举官员,只要那些官员不试图履行宪法委托给业主们的某些职务。"

这实际上就是美国宪法的汉密尔顿理论。它的基础是财富即政权这一等式。麦迪逊[②]从来都不隐讳他的看法,即权力的基础应当是和国家兴亡息息相关的利害关系;他的全部思想体系包含着一种永久性的匮乏经济。他写道:"人类的命运是:在这些过剩人口[无地的劳动者]当中,有一大部分由于争夺工作而必然只好挣得仅能勉强糊口的工资。这部分人既无财产,也没有希望获得财产,所以休想他们会完全同意财产有权作为统治他们的权力的安全保管所。"麦迪逊的这个论调,一个世代后被韦伯斯特[③]据以作了结论。他认为,只要财产集中在少数人手里,人民大众穷苦而处于从属地位,"人民的权力就一定要侵犯财产权,要不是这样,那

① 阿瑟·哈德利(1856—1930),美国教育家和政治经济学家,1899—1921年任耶鲁大学校长。——译者

② 麦迪逊(1751—1836),美国第四任总统(1809—1817)。——译者

③ 韦伯斯特(1782—1852),美国政治活动家,著名演说家。——译者

么财产权的势力必须限制和控制人民权力的行使……在这种情况下，有产者不得不设法限制普选权，否则普选权不久就会把财产瓜分掉”。

事实上，这仍旧是美国的特权阶级所相信的心理气候。它无疑总是遭到伟大的杰斐逊传统的对抗，这种传统是钱宁[①]和爱默生[②]、林肯和富兰克林·罗斯福等人蓄意用各种方法加以维护的。但是，迄今为止，只有大危机的情绪才能使杰斐逊传统执政一个相当长的时期，而且因美国克服不景气的能力使它和汉密尔顿主义的见解妥协了。从1933年开始的时期，第一次使人清楚地看到，这种能力已不复有过去的那种弹性。“新政”搞了七年，作了许多规模巨大的尝试，公共工程开支浩大，但美国却仍旧有好几百万失业工人，经济控制的集中在工农业方面都进行得非常迅速，美国生产力的一大部分由于有效需求不足而没有获得利用。在胜利以后，这些问题中的每一个都会益发变得尖锐。美国将或则选择帝国主义——也就是韦伯斯特预见到的财产和选举权冲突所产生的独裁主义——或则革新它的民主传统，这将决定于把生产关系加以彻底的改变。我必须补充一句，如果它选择了独裁主义——反革命的假名——美国就会迅速朝帝国主义的习性发展。像美国人那样的人民，只有在反革命所需要的纪律能够表明在福利方面取得迅速效果的情况下，才会服从这种纪律。

所有这一切，在我们进一步探讨它的国际含义之前，可以用几

① 钱宁(1780—1842)，美国牧师和作家。——译者

② 爱默生(1803—1882)，美国论文家、诗人和哲学家。——译者

句话来概括。除苏联之外,我们社会的资本主义基础简直是个普遍的现象,尽管水平有所不同。那种基础已不复能提供它的民主内容所包含的日益增长的福利。这就有一个巨大的危险,就是它会企图消灭它的民主内容,因为没有一个资本主义社会里不存在着能够组织起来进行反革命的东西。目前的战争中断了那种能力,主要是因为战争把人们的思想引向他们共有的东西而离开了使他们分裂的东西。当国家的生存受到一个共同敌人的威胁时,国家所共有的东西(在没有吃败仗时)总是暂时比任何其他因素都更为有力。

但必须注意到,虽然战争中断了那种能力,却并没有解决它所包含着的难题。相反,在缺少先见的情况下,战争可能给与那种能力以新的活力,如果那种能力在和平后被释放出来的话。因为战争大大扩大了国家政权的权力和管辖范围;反革命势力就需要这种扩大了的权力来达到他们的目的。危机政府,无论在平时或战时,都使民主体系中力量的均势从选民和立法机关移向行政机关;如果反革命势力强大而坚决,行政方向就会轻易地成为法西斯主义的前奏;这就是从布吕宁过渡到希特勒的主要教训。民主管制手段使强有力的行政权能够和自由并存不悖,而最最可能毁灭这种手段的,莫过于财主们起恐慌的那种形势。其次,最能使财主们起恐慌的,又莫过于必须仓猝作出他们并不认为必要的巨大革新措施,特别如果他们认为这种措施和一个伟大的目标无关的话。在这个时候,谁要是保证给予他们旧条件下的秩序,就等于是救世主。也就是在这个时候,希特勒和墨索里尼这种亡命者有了出头机会。因此,赢得这次战争的一个必不可少的任务,就是尽可能避

免这种仓猝作出改革的做法。要防止打胜仗后使胜利的一切可能的好处付诸东流的严重危险,主要就只有靠完成这个任务了。

五

这种情况,在英苏国际关系中表现得再明显也没有了。每个政府的问题,不光是要在共同危机时期彼此合作以及和它们的盟国合作;另外还必须在当那个使它们团结一致的高于一切的目标给予该项任务以适当的感情支援的时候,奠定永久的合作基础。感情上的支援是不会持久的,这一点在1919年《凡尔赛和约》谈判过程中表现得令人痛心地清楚。永久的合作取决于对合作的结果抱有同样的兴趣。除非我们开始为这种同样的兴趣创造条件,永久的合作是不容易实现的。

尽可以说,《英苏条约》在胜利后还要有效二十年。但我们不必隐瞒这样一个事实,即在那二十年中,将会发生巨大的变化,各缔约国的意愿会适应那些变化对它们的利益所产生的影响。英国如果能够同俄国友好,就会尊重条约,正如俄国假使不感到英国的对外政策威胁到它的安全,也会尊重条约。但假使不是那样呢?归根到底,那些绥靖年代里的主要教训是:当我们应当履行义务的时候,我们是按照我们当时的切身利益来解释我们的义务的。条约的意义不是死的和客观的;无论哪一方,到头来决定条约的意义的,总是赋予那一时刻以其特性的全部动力。如果那时俄国的行为对英国打算维护的利益来说是个巨大的挑战,我们就会设法逃避履行条约,正如我们在西班牙内战时期逃避履行对西班牙合法

政府的国际义务一样。这一点就俄国方面来说，也是确实的。利害关系促使苏联在1936年对芬兰政府抱一种看法，1939年又抱另一种截然不同的看法。没有理由认为1942年的《英苏条约》会有一段由其他考虑来决定的历史。

在苏美关系方面，情况尤其可能如此。值得玩味的是，直到经济大危机使一个“新政”总统上了台，美国才承认了布尔什维克国家。尽管《英苏条约》获得了罗斯福总统的热烈赞赏，但并没有引出一个苏美条约来，这主要是因为美国人不信任共产主义，至少不能肯定能否在参院获得必要的多数来批准条约。就连美国的工会也不信任共产主义；美国劳联就曾拒绝参加英苏工会委员会。我认为可以合理地断定：美国如果继续奉行进步政策，就能比较容易地和布尔什维克俄国合作下去。但如果美国恢复了哈定和柯立芝当总统时的作风，白宫成了华尔街的附属物，那么和俄国合作就难了，特别是如果俄国的社会主义试验获得了成功的话。因为，正如布尔什维主义在战前被视为对资本主义生活方式的挑战一样，在战后，它也会被视为一种挑战，那些觉得自身受到威胁的利益集团会采取措施来抵制。俄国方面的情况无疑也是这样；归根到底，德国的进攻是反革命企图消灭革命思想的主要发源地。在希特勒垮台以后，一个由大企业统治的美国将会迅速成为反革命的主要赞助人，因而也就成为一项政策的制订人，这项政策必然是敌视社会主义俄国所欲促成的世界目标的。

一句话，大国之间只有志同道合，才有安全之可言；但是，追求互相对立的经济目标的大国，是不可能志同道合的。由于没落的资本主义的习性，正如我们在上一个世代中看到的，必然要越来越

变成帝国主义，这一点也就益发肯定了。大国为了保障自己，一定会竭力使那些无法独立的小国受它们的摆布。因为那些小国仿佛是条心理上的边界，大国想把这条边界安插在它们自立的力量以及一个膨胀中的制度使它们遭受的挑战之间。认为根据这些条件就能够继续有效地合作下去，就像巴望罗马天主教会和英国独立教会合作一样的愚不可及。哪怕它们有时使用同样的语言，只要细一研究，就会发现它们赋予字句的意义是各不相同的。

在胜利尚未成定局之前，人们就已经可以从联合国各国的政策的重点和性质中，看出不同的利益争夺战后世界地盘的尔虞我诈的活动。从我们对少数剩下来的中立国以及对敌人和占领国进行宣传的混乱状态来看，这一点就表现得明显之极。我们要鼓舞轴心国的人民起来反抗他们的政府；但我们并不希望这种反抗具有共产主义的形式。我们希望他们起来反抗，但撇开军事失败不谈，能否鼓舞他们起来反抗主要决定于我们能否向他们保证：在战败以后，他们的命运不会像统治者教唆他们相信的我们会给予他们的命运那么坏。但是，要作出那种保证——假使要使人相信的话，就得是权威的和明确的——必须首先就以这种保证为表现的政策达成协议；但现在并没有这种协议，因为联合国各国之间以及每个国家内的既得利益都阻挠达成协议。比方说，我们不能讨论波罗的海沿岸各国的未来，因为俄国对那种未来抱有一种看法，而美国政府却不以为然。我们知道自由的波兰将会成立，但是关于它和走廊地带的关系，还有它和匈牙利及俄国的关系，我们就既不能是权威的，也不能是明确的。俄国极力主张捷克斯洛伐克实行暗中破坏和游击战，我们却劝告捷克人在没有接到命令以前不要

轻举妄动。我们对西班牙的宣传和对法国的宣传极少一致;由于德国人向西班牙人指出了这种矛盾,结果吃亏的还是我们自己。

宣传要看宣传者是谁,这似乎是句老话了,然而这却是一件极其重要的事。例如,我们为了鼓动德国人起来反对纳粹主义而对他们说的话,在很大程度上既决定于我们对这次战争的性质的看法,又决定于我们对德国人的行为及其可能性的判断。如果,像我在本书中所主张的那样,我们认为纳粹主义是反革命,那么我们的宣传方式首先必须是向德国国内那些在适当时机能够采取革命行动的力量呼吁。那些力量特别是工人阶级的力量;德国中产阶级革命的时机已经过去了。但如果我们向德国工人呼吁,那种呼吁所能采取的最好形式,就是用事实证明我们能在自己的社会里公平对待自己工人的利益。那种证明在于法令而不在于诺言;正如霍华德·史密斯先生所说的[①],像军火工业国有化那样的一个行动,抵得过一百篇谈论将来必须以牛油代替大炮的演说,哪怕这些演说出于最杰出的政治家之口。但是,假使我们不以为纳粹主义是反革命,而仅仅把这次战争看作争取均势过程中的一个阶段,那么宣传德国革命就没有什么意义了。任何宣传如果表明我们对这次战争的性质没有清楚的认识,它的效果肯定是微乎其微的。

还有,如果我们对德国人的行为的看法是基于所谓"对德强硬主义"的学说,那么向德国人呼吁就肯定没有什么用处。因为,很明显,如果我们假定全体德国人都是纳粹分子,因而都是野蛮、腐

① 《从柏林来的末次火车》(*The Last Train from Berlin*)(1942 年版),尤其是最后一章。

败和不道德的，是和那些成为他们领袖的亡命者一丘之貉；其次，如果我们认为普通的德国人都把德国军队的行径（例如对捷克斯洛伐克和波兰的行径）看作正当的，认为所有的德国人都对世界霸权怀着无穷的野心，认为他们相信希特勒和卢森堡的愚昧而狂妄的种族主义，那么事情当然很清楚：对德国的任何宣传，除了那些建立在我们使德国人害怕的能力之上的效果以外，不会有其他任何效果。而这就意味着，在德国人战败之后，我们必须实行我们威胁过要实行的恐怖手段，因为再没有一件事比拿我们没有勇气实施的惩罚来威胁一个天生都是纳粹分子的国家，其后果更不堪设想的了。这项政策会碰到三点困难。第一，在任何相当长的时期内对八千万人民实行恐怖政治，是个十分吃力的差事；第二，这项政策是和俄国对德宣传的主要假定相抵触的；第三，一个政府在国外实行恐怖政策，就会养成在国内也推行同样的政策的心理习惯。

把这种情况的全部含义仔细分析一下，就一定能清楚地看出：胜利的用途是被我们进行战争的哲学所决定的。如果我们光打仗而没有哲学，仅仅是一批受威胁的国家反抗奴役，那么这些国家之间的利害冲突意味着它们的团结在威胁被克服之后不见得再能保持下去。如果我们把它作为一种思想的战争，那么胜利的目的就必须是这样一种类型的国际关系，它能使争取生存的团结发展为争取和平的团结。唯一能提供这种持久团结的前景的哲学，是化为行动后能创造出国际经济膨胀的必要条件的哲学。这样的哲学必然是革命性的。果然如此，那么它的主要问题就是运用这种哲学的方法和速度的问题了。

六

我们如果怀着革命的思想与反革命作战，就能战胜反革命；但如果要使我们的胜利成为创造性的，就起码得有这种思想才行。没有疑问，那些已经获得自由的人民会竭尽全力抵抗纳粹主义的侵犯。这一点不但已被我们自己和俄国人无可辩驳地证明；就从希特勒和他的盟国得不到欧洲任何一国人民的有效合作来看，也充分证实了这一点。从某种意义上讲，把这一点证明得最突出的，恐怕要算是菲律宾人了，因为，对他们来说，仅仅给与他们自由的诺言就足够在暴力前面激起勇气和坚毅精神了，尽管这种暴力很可能使不懂得自由的重要意义的人吓破了胆。

但是，证据表明，作为我们军械库中一样重要武器的革命思想，我们还没有认识它的重要意义。那种证据来自两方面。第一，它显然可以从英国在远东的崩溃推断出来。第二，我认为，从我们自己的战争努力的消长可以合理地得出这个结论。

事实有力地表明，在远东，当地人民以漠不关心的态度眼看英国吃败仗；不能不把他们的这种态度和菲律宾人对美国的态度作一对比。在印度，情况严重的是，尼赫鲁之流（他们对法西斯主义的憎恨是无需证明的）情愿采取一些措施，其合理结果很可能是法西斯的胜利。不能不把这种漠不关心解释为英帝国主义不了解它已经老朽无用。英帝国主义有两样东西造成了那些人的漠不关心态度，其一是种族自大，在这方面他们看不出英帝国主义和它的敌人有什么两样；其二是经济剥削，无论想出多少名堂来为它辩护，归根到底总还是剥削。无论在马来西亚、缅甸或印度，英国政治家处理他们遇到的问题时冥顽不灵，任凭怎样加以斥责也不会过分。

因为，我再说一遍，在远东，就像在欧洲一样，他们在与反革命作战；他们没有见识，不懂得必须根据自由原则使当地人以平等的条件与反革命作战。他们直到日本人的攻势几乎已经展开时，还不争取在新加坡的中国人的帮助。他们拒绝了缅甸人在战后取得自治领地位的要求，这就必然使人相信他们打算把实权保持在自己手里。即使我们承认印度问题是够复杂的，他们处理这个问题的手法却一无是处，使批评他们的人大有理由怀疑他们到底懂不懂他们所卷入的这次战争的性质。他们给得太少；即使给那么一点点，也失之过迟；当他们给的东西没有引起他们自以为应当引起的热心时，还死抱住已经过时的威信不放，那种自得其乐的神气，至少叫人怀疑他们吃了败仗倒反心安理得呢。

我们要记住，他们使印度参战，只是英国政府单方面的行动，甚至没有装腔作势和印度商量一下。国大党各邦政府的辞职无疑引起了一些微不足道的让步，其空洞而缺乏实效引起了工党的再三抗议。直到日本正式参战为止，既没有真正努力使印度的人力物力为战争努力而有效地动员起来，也没有促使印度人民大众相信英国事业的诚意。印度总督府参事室扩大了，另外还成立了国防咨询机关，印度人名义上算是进了权力的接待室，但事实上根本没有实权。一切老的论据都搬了出来。印度人不团结啦，国大党不是代表性的啦、战时不可能实行宪法改革啦。英国政府甚至低级趣味到这个地步，竟由于印度王公们的忠诚和慷慨而额手称庆，尽管几乎没有一个大臣不明白，只有区区几个王公配南面称王，他

们没有英国政府撑腰就不能自保，而且他们的慷慨极大部分是由他们的臣民掏腰包的。迄1942年夏天斯塔福德·克利浦斯爵士[①]向印度提出建议为止，根本不可能感到英国曾认真努力同印度和解。令人不能不感到的倒是克利浦斯出使印度，不是由于衷心相信有此必要，而是一来因为日本的威胁迫于眉睫，二来因为遭到了英国的盟国、特别是美国的非难。

克利浦斯访印活动的失败，是这次战争的巨大悲剧之一，特别因为在某些关头，他显然快要获得成功了。我认为，他的失败的重要性在于两方面，尽管两者也许都可以归纳到同一个原则。第一方面是英国政府不了解，只有一个真正的印度民族政府才能使人民产生一种深刻的信念，即日本的失败对于印度就和对于英国一样是必不可少的，也不了解印度总督府参事室的准民族性质——它的成员，尽管出名，除了一个例外，都是些并不代表国民生活中任何东西的官员——是激发不起适合紧急局势的情绪的。第二方面是英国政府一点没有真诚努力去克服克利浦斯爵士的失败所造成的后果。人们也许会跟我一样觉得，国大党以不服从相威胁是个怎么也辩护不了的严重错误，但另一方面仍旧相信：镇压国大党的速度之快——甚至不打算研究一下国大党的要求的实质——证明英国政府对印度行政机构的历史轮廓始终不变感到宽慰。当然，丘吉尔先生1942年9月10日就印度局势发表的声明，其最令人吃惊的地方是他迫不及待地扩大了国大党和英国政府之间的鸿

① 斯塔福德·克利浦斯（1889—1952），英国工党政治活动家，历任内阁阁员。——译者

沟，而那时几乎每一个穆斯林联盟领导圈子以外的非国大党印度人都在力求消除那条鸿沟。

对英国在印度的地位不免要有两点感想。第一，无论在物质领域或精神领域之内，印度人在一个半世纪的英国统治下所获得的进步，还没有苏联那些曾经一度处于从属地位的少数民族在二十五年中获得的进步大。第二，当远东人民、尤其是中国人民清楚地表明，他们和欧美的关系必须以平等合作而不是低头服小为条件的时候，英国政府却硬是适应不了这种形势，这是十分令人扼腕的。因为那是它承认克利浦斯爵士的失败的真正意义。它没有勇气强使印度社会实行形势所迫切需要的实验，而这种勇气却正是它反对敌人的犀利武器。盲目的威信、统治种族的狂妄自大、害怕经济上的损失，所有这一切都对承认那种失败起了作用。因为，即使我们承认印度生活中确实存在着分裂，下述两点却仍然是正确的：第一，伟大的政治手腕能克服这些分裂；第二，这些分裂不断被各种打心眼儿里不希望它们被克服的利益夸大了。丘吉尔先生庆幸国大党的要求没有能够对“好战的”种族的态度起到影响，但那适足以证明丘吉尔先生不懂这一事实，即印度之所以分裂为所谓“好战的”和“非战的”种族，乃是1857年印度大叛乱后英国蓄意制定一项政策来巩固英国权力基础的结果。他把国大党形容为印度商业利益的工具；但是没有人比他知道得更清楚：拿这种话来形容国大党的领导人甘地先生或者潘迪特·尼赫鲁[①]和阿沙德[②]博士，

① 潘迪特·尼赫鲁(1861—1931)，印度民族运动领袖，是贾瓦哈拉尔·尼赫鲁的父亲。——译者

② 阿沙德，印度伊斯兰教政治活动家，数次任国大党主席。——译者

就等于拿来形容他本人在保守党中的领导一样，完全没有事实根据。他的政府处理战时最重大的一个心理问题时怀着那么一种心情，既不懂得问题的性质，又掌握不了问题所提供的机会。因为，一个自由的印度出于自愿在联合国获得充分的地位之后，肯定会给联合国的事业增添一分力量，而当英国一面为自由和民主而战，一面却把甘地和尼赫鲁投入监狱的时候，这一点是绝对做不到的。

反革命只有用革命的手段来对付；一项极端优容传统的政策，是绝对消灭不了反革命的。我们的远东政策的结果是不容怀疑的。那儿正在进行一次革命，我们能够使革命延迟，却没有力量阻止它爆发。它是以这次战争为其表现的世界运动的一个重要因素。要像我们正在做的那样企图阻挠革命的实现，就是使我们在这个战场里站在反革命一边。这样，我们就处于一个自相矛盾的地位：一方面在欧洲与反革命作战，一方面却在亚洲客观地助长反革命的利益。那种矛盾不仅削弱了我们在欧洲获胜的力量，而且还造成了一个悲惨的结局，就是当纳粹主义被消灭以后，我们肯定会奉行一项印度政策，这项政策在那些不得不领受的人看来，是反革命的。我们将成为一种敌视亚洲经济生活所迫切需要的扩展的"社会安宁"的说明者；而我们的说明至少会导致阿木里则事件，甚至比阿木里则事件更可怕的惨案。这是因为我们虽有了合作机会不会选择和一个未来实行合作——目前甚至还来得及作出选择——这种未来的复杂内容是我们所逃避不了的。

说我们碰到的要求是办不到的也好，或者这些要求提得不是时候也好，都不是令人满意的回答。因为它们实质上是要求自治，而自治的原则是我们承认的；至于提出要求的时机所造成的困难，

那么大部分应由我们自己负责。因为，在两次世界大战之间的年代中，印度民族主义运动的动力应当使每一个开明人士清楚地看到，没有一项企图把印度的实权掌握在伦敦手里的政策能有垂诸永远的希望。这些年来，我们企图作局部的解决，从未使对方信服过；相反，这些企图只能使他们相信：我们只要做得到，就决不会放弃实权。谁要是把1935年的印度政府组织法以及英印通过这个法案时所进行的辩论研究一下，就不会对这一点有所怀疑；强调这个法案的条件宽大的是我们而不是印度人。我们注意到的，是它给予印度人的巨大权力；印度人注意到的，是它还保留着更大的权力不给他们。我们瞩目于这个法案开始实行的试验的宏伟；有政治觉悟的印度人却瞩目于他们的期望与我们的反应之间的不相称。

当1939年战争爆发时，我们实际上是远东的一个反革命强国。当我们着手去消灭欧洲反革命的时候，对于我们能否真心诚意担当起那项任务有一个严重的考验，即我们能否使印度自愿为我们的事业同我们合作。这个考验多少是形式上的；是战是和，理当由印度中央立法机关自行裁决。但是，英国政府也没有和印度商量一下，就擅自为它作出了决定，这种缺德的笨做法适足以暴露出我们的统治者不能从正确的角度理解这次战争。我用不着来着重指出那种做法的愚蠢，这业已由国大党的一个文件加以说明——这个文件据说出于潘迪特·尼赫鲁的手笔——它很可能永远是这次战争的一个历史性声明。[①]

① 1939年由伦敦印度同盟印成小册子出版。

但是我们又获得了另一个机会，这是一般国家难得有的。如果我们在方法上犯了严重错误，那我们至少可以从实质上加以纠正。通过同印度和解，坚决自愿地站在未来一边，我们可以向全世界的人表明（对于朋友和对于敌人都一样）：随着战幕的揭开，我们懂得了这次战争的性质。从 1939 年到 1942 年春天，我们提出了一系列微不足道的让步，它们甚至没有博得我们自己人民的普遍赞许。最后，当形势迫使英国政府在新的水平上对待印度问题时，政府的态度却对发展着的历史动力所赋与印度问题的心理背景缺乏了解。克利浦斯爵士极力争取成功。但是他受到了三件事的牵制。第一，时间因素不利于他；第二，上级的严格命令影响了处于他那种地位的谈判者所需要的灵活手段，同时却保护了印度和英国的每一项害怕改变传统关系的既得利益；第三，和他合作的同事当中至少有几个人是害怕他的成功所造成的后果的。他的使命所引起的强烈希望徒然使他的失败所造成的局势分外恶劣。到 1942 年秋天，情况变得活像英国在保护印度防止日本侵略，而印度却怀疑那种保护的诚意。我认为，我们有权断言，这种怀疑至少有一部分是印度人蓄意制造出来的。但是我们无法否认，它大部分是由于我们自己缺乏解决这个问题所需要的勇气和毅力而产生的。就因为缺乏勇气和毅力，我们才和印度的自由力量保持一种关系，这种关系断送了我们在这次战争中昭告天下的那些目标。如果这种情况发展下去，不但必然危及我们自己要达到的目的，而且还会危及战后世界的整个自由形式。因为，最明显的历史教训莫过于下面这个教训：一个国家如果由于害怕自由所包含的危险而否认自由的事业，那它就不能全心全意地为这项事业服务。

七

事实上，像我们目前正在进行的那样的战斗所迫切需要的，是务必使它的中心思想深入到我们的战争努力的每一个角落里去。对自由的要求的信心必须达到宗教信仰那样强烈的程度，不但在领导人的头脑里应该如此，而且在被他们领导的那些人的头脑里也应该如此。如果有一部分人忠于反革命的原则，那么反革命就消灭不掉。我们最严重的也是最现实的危险是：我们正在以民主和自由的名义消灭民主和自由。因为民主和自由的敌人不光是像希特勒和墨索里尼那种抱定宗旨要消灭它们的人而已。那些不了解能据以保全民主和自由的条件的人，也是它们的敌人，而且程度不见得差些。希特勒和墨索里尼就是利用群众的愚昧无知才成了反革命的不可缺少的代理人的。

群众的愚昧无知有被蛊惑家利用了去的危险，正就是这种危险，使得由每一个公民来掌握行动中的社会力量成为民主安全的必要工具。除非我们确信公民不会受好听的口号的骗，不会上谬见的当（如边沁在一百五十年前所表明的，这些口号和谬见是不合理的特权的永久性军械库的一部分），那么反革命就总是能披上革命的外衣而取得成功的。处于我们这样的时代，传统文化已进入一个新阶段，这一点就越发重要了。我们的一个迫切的精神问题是：我们被教导来认为正当的那些主要价值，是属于经济自由主义时代的，而那个时代已一去不复返了。总的来说，我们都明了这一点。我们大家都说胜利后将会有一个新世界。我们大家都坚称计

划化社会将永远存在下去，尽管我们的统治者最怕讨论计划的目的。我们也全都同意，在两次世界大战之间的年代中，各民主国家的教育制度是不恰当的（在英国也完全是如此），它不足以训练公民去适应他们将在其中生活的世界。

就英国方面来说，我们的教育制度的困难是够明显的。对于除少数人以外的全体人民来说，在知识刚开始发挥它的力量的当口，教育就中断了；而在这机会较多的少数人当中，又有不少人中选的理由与其说是因为天赋高，不如说是因为父母收入多。其次，我们的教育制度还受到其他一些特点的损害，这些特点没有一个是说得过去的。教育制度分裂为私立学校（学生几乎清一色是中上阶级的子弟）和公立学校（学生几乎清一色是工人子弟），这说明我们的社会缺少一种真正的共同文化，也等于是为那些进入少数著名私立学校的学生在毕业后开辟了特殊的登龙捷径；比方说，常人很难相信，英国百分之五十的外交天才怎么都被一种神秘的天意送进了伊顿公学[①]这一个学校。

还有一种分裂使情况更加复杂。从 1870 年开始，我国才实行由纳税人负责的初等教育制；在那以前，许多教派为它们各自的利益打算，办了不少学校，从而控制了很大一部分课程和教学标准，哪怕这些学校是受政府津贴的。每个教派都有一项既得利益要保护，因此绝大多数发展教育的尝试都受到下述假定的打击，即取得这些教派的谅解是为进步必须付出的代价；所有的政党都一个鼻

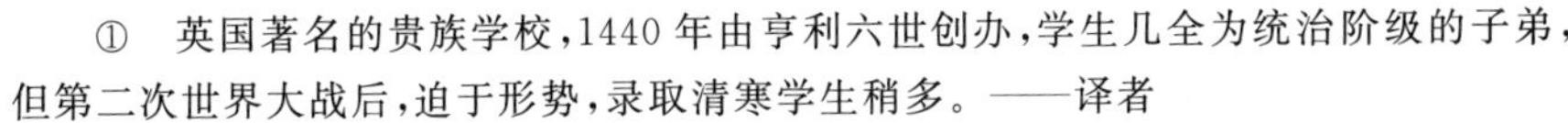

① 英国著名的贵族学校，1440 年由亨利六世创办，学生几全为统治阶级的子弟，但第二次世界大战后，迫于形势，录取清寒学生稍多。——译者

孔出气，同意教会的主张，即宗教的训诲对“个性”有良好的影响，社会如果被剥夺这种训诲，定会自食其果。说这种主张的证据经不起认真的考察是无关宏旨的；重要的事实是，尽管一切超自然的教义越来越不得人心，政治家们却几乎无一例外地相信了这个莫名其妙的神话。在 1942 年的职工大会上，交通工会的一个罗马天主教徒会员向大会提出警告说，和他信奉同一宗教的人无论如何要为他们那个教派的人进隔离学校——当然是受公款津贴的——的权利而斗争。[①] 这当然也意味着，在这些学校里，师资的选择，还有很大程度上课程的内容和标准，都将掌握在牧师手里。

另外两件事也得着重指出一下。在上次大战以后，多半是由于战争的刺激，曾就教育必须力求实现什么目的展开过热烈的争辩。经过几乎二十年的论战之后，教育部的一个委员会（主席是大名鼎鼎的保守党人剑桥大学某学院院长 W. 斯彭斯先生）一致同意学校教育的目的应当是每个学生的“最高程度的个人发展”。那就是说，到战争爆发时，官方政策的明确目标已经是：儿童应被视为一个目的，教育应力求给予男女儿童以作为一个人的最充分的自我发现的机会，尽管这个人是在社会里的而且是属于社会的，可是要为社会的发展提供一项只有他一个人知道的经验，而且他知道他受教育就是为了要在成人生活中证实这项经验。

还有一件事也是十分重要的。大家同意，教育是要培养一个能独立思考的公民，他使生活具有一种他自己在旅程中发现的意义，而旅程的计划是他有权帮助拟订的。他不光是一个在军队里

① 《每日先驱报》1942 年 9 月 10 日。

被严格训练来服从纪律的士兵，这支军队的最高统帅的策略他永远不得而知。这就使得公民权的思想成为一种必须积极对待的思想。如果要使民主方法名副其实，那么公民在国家中扮演的角色就必须决不只是每隔三四年在地方选举或全国选举中在选票上画个十字而已。他必须能够看到他的生活在作出一些决定，这些决定确定了他所隶属的那个社会的性质。对他来说，政治不应当是一个与他无关的过程，对它敬而远之；政治家不应当是些神秘的、往往怀有恶意的人，他们的习性他完全不了解；的确，跟他对自己心爱的电影明星或足球队的兴趣比起来，或者跟他花六便士作集体赌博或上班前和下班后做猜字谜游戏的劲头比起来，他多半对政治家的习性是漠不关心的。民主生活方式的获救取决于他觉得自己必须有机会在当代重要事务中继续不断地发挥主动精神；同样也取决于那些掌握国家大权的人愿意承认他的这种继续不断的主动精神是重要的。

就是这种情况，在两次世界大战之间的年代中，慢慢地使成人教育具有了新的地位。这也许是吃力的，但我认为我们的确是在逐渐了解使我们的文化遗产民主化的重要性。没有一个国家能保持它的文明生活的质量，如果决定它的特性的精神力量和物质力量是正在争取主权的人民大众所不知道的。甚至于当宗教信仰还是我们生活中一个重要因素时给他们准备的那些价值，他们也没有掌握。一旦宗教信仰退化为社会上的例行公事，对行为没有什么影响，就连阅读《圣经》那样一部伟大文学著作的机会也没有了。无论伟大文学作品的意义或科学发明的意义，其影响所及都不超出社会上的一小撮名流。然而，没有它们的创造性影响，文明的一

大部分质量对绝大多数公民来说就很少意义，或根本没有意义。谁要是考虑到书籍在英国的哪怕一个小康之家所起到的微小作用，一定认识到多少文明的大门对他们是关着的。总的来说，英国历史上只有过四个时期是以感觉到思想是件迫切大事为特征的。第一个时期是从十七世纪初到复辟；第二个时期是从法国革命爆发到对一切思想和试验起恐慌，甚至使传布潘恩[①]的《人权论》成为叛逆的那段短暂的时间；第三个时期是反对新工业主义的时期，这种新工业主义产生了工会，引起了消费者合作运动以及在较低的影响水平上引起了宪章运动中的社会主义阶段；第四个时期是第一次世界大战的末两年，主要是通过由俄国革命所引起的无限希望和感情表现出来的。

第四个时期的冲动在两次世界大战之间的年代中一直无力地滞留着，其影响没有达到形势所需要的水平。人们不安地懂得思想是迫切重要的，懂得更渊博和深湛的知识是理解他们处境的能力的关键，却不积极去为思想争取它所必不可少的地位。若干因素使人们不了解这种积极活动是重要的。报纸成了大企业的一个部门；在诺思克利夫勋爵[②]之流手里，它有意祛除了它的主要教育作用。如果我们在上一个世代没有学会什么，至少有一个教训是确凿的，即自由在很大程度上取决于真实新闻的报道。第二个因素是娱乐的具体化——电影、运动和跳舞场既便宜又方便，我们这

① 潘恩（1737—1809），美国独立运动中的思想家、政论家，曾参加十八世纪末法国资产阶级革命。——译者

② 诺思克利夫（1865—1922），英国报纸大王，销路最大的《每日邮报》和《每日镜报》创办人，其权力大到足以左右政局和战争政策。——译者

一代人借以逃避了思想的痛苦。除此以外，我认为还必须加上人们满怀希望步入《凡尔赛和约》缔结后的世界以及现实使他们大失所望之间的鸿沟所造成的幻灭。我还认为，第二次世界大战所引起的疲劳也有相当关系。人们在使劲干的时候是不大会感到吃力的；而一旦紧张形势松弛以后，就只有英明的领导才能使人民重新振作起来。

在从第一次世界大战结束到第二次世界大战之间的年代中，英国从未有过那种英明领导。历届保守党政府主要是急于阻止对国家基础的任何追究；两届工党政府，如果说执政时期较短，却把主要精力用来证明它们的对手不必担心它们会作出任何根本性的改革。1931 年之后，特别是 1933 年之后，接连几任首相的主要精力好像都是用来蒙蔽舆论，不让它知道形势的严重；除此以外，再没有其他东西能恰当地解释鲍尔温勋爵的"封嘴"或者尼维尔·张伯伦先生对捷克斯洛伐克的悲惨命运的漠不关心了。但是，在慕尼黑协定之后，即使对于那些希望装聋作哑的人，也再不能隐瞒这一事实，即我们的文明正处于危机之中。从那时开始，英国人民断然正视危局的传统能力就表现得很明显了。战争爆发后，形势愈危急，人民大众就愈是迫切想了解他们所陷入的那个危机。我认为，自从十七世纪以来，英国从未比现在更焦急地想弄清它的各种问题的根源，更迫切希望实行适应于这些问题的强度的试验。

这个结论是我从许多明显的事实推断出来的。第一，丘吉尔先生继张伯伦先生出任首相时所获得的欢迎，就清楚地说明了这一点；我国人民的领袖没有一个曾获得过如此深刻的信任和如此

广泛的权力。第二,当法国投降,艾德礼先生发表声明,宣布政府受权运用一切人力物力为社会服务时,他受到的热烈欢迎也清楚地说明了这一点;那时,有想象力的政府无论牺牲哪一项既得利益都会获得赞同。第三,它清楚地表现在对战后世界的明确蓝图的强烈要求,以及对罗斯福总统和华莱士副总统努力达到使后者所谓的“平民世纪”有实现机会的局面的热烈赞美之中。第四,这个结论从人民大众对俄国的试验的广泛兴趣中清楚地表现了出来;1917 年以来,既得利益围绕着俄国的思想布置的“卫生防疫战”的缺口是绝对堵塞不住的。第五,它清楚地表现在这样一个几乎世界性的要求之中,即在这次战争结束以前,我们必须为大规模的教育复兴奠定基础。最后,我认为这个结论可得之于下述事实:这次战争中的仇恨贩子没有能够使人民大众中他们的毒,这一点是和 1914—1918 年的经验大不相同的。英国的舆论已认识到危机非常严重,不能让那些疯狂的理论——不管它们有没有以学问武装起来——草拟一份起诉书来反对全体人民;1940 年,舆论迫使政府修改将某个外国的全体敌侨一律予以拘禁的政策,英国历史上绝少事件能比这获得更大的光荣。

我认为,第二次世界大战的头三年教育了英国人民群众:对反革命的回击是在于扩大和加强民主生活方式的基础,而达到那个目的的一个重要手段,就是如此地计划教育活动,使公民权从精神上获得实现。从我们过去所作的努力的规模来看,那是一种革命的思想。这意味着,归根到底,我们社会里起作用的是公民的思想,以及那种思想作为积极的社会因素所给予公民的经验的解释;一个公民是不能按照他所拥有或控制的财产所代表的有效需求来评价的。我所以说这是一种革命的思想，是因为要用这种方式来评价一个公民，就必须改变传统英国的基本型式。这意味着国家政权不是用来保护现有的既得利益形式，而是用来使这种形式适合于需要，至于需要的轻重缓急，那要受到这样教导的人民大众来最后决定。

正因为我说这是一种革命思想，所以就必须把保守党对待它的态度审查一下，因为保守党在政治上代表着传统英国的要求。这种态度可以从保守党教育小组委员会的第一个临时报告知其一斑，这个报告讨论教育的目的，已由保守党的战后复兴总委员会出版。①

整个报告是非常有意思和非常重要的。它不同意斯彭斯委员会给学校教育目的所下的定义，即促进“最高程度的个人发展”；诚然，它认为现代教育思想的主要趋势“亟需纠正”。纠正的目的何在呢？报告说：“国民教育的主要任务必须是使每一个公民发展一种强烈的国民责任感，促使他深刻了解国家的需要，使他能够为那些需要服务。”换言之，个人是工具，国家是目的；教育完成其“主要任务”就在于使个人能够为国家的目的服务。克里克——他也许是纳粹哲学最能干的说明者——正就是这样给他的见解下定义的。“最高程度的个人发展”这种思想已不复能解决反革命的问题。他写道：“私人的宗教、私人的世界观，一句话，一切形式的私人存在已不复具有意义。我们是社会的成员，必须以我们个人的

① 《“向前看”。教育的目的》(“*Looking Ahead.*” *Educational Aims*)，1942 年 9 月由保守党和统一党组织建立的战后复兴总委员会在伦敦出版。

生活为总的社会生活服务，并对它负责。”[①]同样，著名的意大利法西斯主义代表人物罗柯[②]也反对斯彭斯报告中所规定的目的。罗柯写道：“十八世纪完成了把个人从国家手里解放出来，二十世纪将继之以把国家从个人手里拯救出来。”[③]

对于我们绝大多数人来说，保守党的报告所要求的“强烈的国民责任感”的内容，多半决定于我们每个人所涉及的经验的性质；很明显，那种内容对于丘吉尔先生是一回事，对于波立特[④]先生又是另一回事。同样，我们对构成“深刻了解国家的需要”的看法，也可能被我们的经验所固有的行动原则所左右；而一个民主社会的生活是以没有一项特殊的经验生来就正当合理这一假定为特征的。我们不由得不相信，通过思想界对经验进行智力上的理论交锋，某种行为的见解才能从思想转化为行动。没有这种思想的自由活动，自由的本质就危险了。

保守党的报告反对这种见解，它好像不以为政治见解的分歧是非常严重的，或者全体公民对于以他们的名义所做的事情非常重视。委员会写道：“国家的核心包括一大群人，他们最最希望的东西是从来没有给过他们的，也是他们所支配不了的，那就是：国策中的连续性、一贯性和确切性。”据说，就是这个核心是“国家的

① 恩斯特·克里克：《知识、世界观、高等学校改革》（*Wissenschaft*, *Weltanschauung*, *Hochschulereform*）（1934 年版）。

② 阿尔弗雷多·罗柯（1875—1935），意大利法学家，曾任司法部长。——译者

③ 阿尔弗雷多·罗柯：《法西斯主义的政治原理。国际调停》（*The Political Doctrine of Fascism. International Conciliation*）（1926 年版）。

④ 波立特（1890—1960），英国共产党总书记。——译者

最终占优势的部分”。那么，这个核心的目的何在呢？报告振振有词地说，目的不是一种“征服或自利的理想。它包含着比这些理想高尚的概念——任何一个优秀的老师都应该能够毫无困难地把这些概念对一般儿童说清楚。坚强、聪明和大公无私的领袖的性格是大众文学中最容易提供的性格之一；因为所有的大人都希望他们的领袖是这样的人，所有的儿童也都想象他们的父母是这样的人。把这个简单而正确的愿望化为国家的理想——化为在国际上处于领导地位的国家的理想——，使每个儿童都能把它看作自己的未来，这就是联合王国内国民教育所必不可少的首要任务”。[1]

一定要把这种见解的真实含义弄清楚。它明明白白地表示在希特勒论领导的那些演说中。他曾经说过：“领导一个渴望贤明和能干的政治领导的国家，永远只能是少数领导人物的任务。把这种有机地选择领袖的概念置于显著地位的人，是从历史角度考虑问题的。当我们这样做的时候，我们不仅是从目前着眼；我们的目的是：务必使子孙后代承认我们时代的人已经奠定了一些基础，它们将在数百年内保证后代的人所过的生活。”[2]他还说明，如果议会民主继续存在下去，如果有自由批评的权利，如果有独立的工会，这个理想就不能实现。同样重要的是，他还强调说，“过去的历次革命极少例外地都失败了，那是因为它们的领袖没有认识到主要的事情不是夺取政权，而是教育人们。”为了实现这种教育，才实

① 着重点是我所引用的报告原有的。

② 《希特勒演说集》(*Hitler's Speeches*)，贝恩斯编，第1卷，第483页。

行 Gleichschaltung[①] 的过程。[②] 唯其如此，汉斯·弗兰克[③]才说他赞成“完全的思想自由和教学自由——在国家社会主义基础上……但是，一定要维护我们的世界观的统一，使之不受挑战，谁都不应当对这个基础有异议”。[④] 勃罗姆塞解释说：“一个真正的学者……会承认政治领导人的优越，而不会企图用任何无聊的批评来损害他的声名。”[⑤]同样，墨索里尼也曾说过，知识分子的主要任务，是从法西斯的观点无情地批判社会主义、自由主义和民主。[⑥] 这难道是偶然的吗？

反革命分子所宣扬的对教育宗旨的见解，以及保守党报告中所承认的“不对整个教育制度实行比至今无论什么地方所实行过的还要来得彻底的检查”，它的理想就不会也不能实现，这两者之间的直接关系是一目了然的。诚然，报告明白地驳斥把它的理论误解为个人不重要的“极权主义异端”；但是希特勒不也有过五十段文章驳斥对纳粹主义的同样的“误解”吗？为了避免这种误解，报告就强调学校中宗教教育的极端重要性，并且提出一系列行政上的建议，其目的在于“**成功地刺激儿童的宗教意识**”。[⑦] 报告说：“必须为促进一种对宗教的新的、积极的和普遍同

① 德文：行政机关及社会团体等经饬令改组或自动调整的划一革新。——译者

② 《希特勒演说集》，第1卷，第236页及其后各页，特别是参看第261—263页。

③ 汉斯·弗兰克（1900—1946），德国纳粹分子，历任希特勒政府要职，1946年被处决。——译者

④ N. H. 贝恩斯引，见《思想自由和极权主义的要求》（*Intellectual Liberty and Totalitarian Claims*）（1942年版），第27页。

⑤ 见《思想自由和极权主义的要求》，第30页。

⑥ 同上书，第34页。

⑦ 着重点是原有的。

情的态度尽最大的努力。在联合王国里，宗教必须从政治上和行政上总的理解为国民生活中一个基本的和重要的因素，要竭力提倡和奖励。”①

这是为什么？报告极其坦率地回答了这个问题，至少这一点倒是它的长处。报告说：“目前的战争确实使社会妥协遭到非常危险的压力，而俄国制度对我们自己的制度的影响也不能等闲视之。（我们考虑的是感情的和准宗教的影响，而并非“经济”的影响。）我国有很多人很可能会把俄国的榜样看作应当在这里仿效的榜样。对于那些不明了这两个国家之间的巨大差别，而且对超世俗的秩序没有信仰的人来说，这种思想能够发挥非常大的吸引力。我们并不认为社会进步理想和宗教信仰之间具有或者应当有任何对立……但我们的确认为，宗教信仰的式微会使人民失去对自己过去历史的尊重，从而受到激烈的和考虑不周的社会试验的诱惑。这样看来，如果国家合理地关心它自己未来的发展（如我们所设想的那样），它也就必须关心宗教在它的公民中的存在。”这里必须补充一句：在报告的作者们看来，我们所以应付不了战争的危机，是因为“现行的教育制度（我们的社会生活也一样）过分强调了个人幸福的理想目的”。我们被提醒说，由于“疾病、残废、痛苦、死亡；遗传的缺陷；有限的能力、灾难、不幸以及过失感或犯罪感——所有这一切都是每个人生活中必不可免的一部分”，因此教育必须着手使人们变得“强韧”。它必须培养出“冒险性、主动性、乐于面对困难和危险，总之是刚毅的豪迈品质”。我们还被警告说，其他一

① 着重点是原有的。

些必要的品质"正在不断丧失",例如工作的愿望、不计社会或金钱酬报的职业的自豪、因服从纪律而养成的自我纪律,以及从忘我劳动中获得拯救的愿望。最后,报告强调指出私立学校和补习学校在"培养人才和发展领导才能"方面所作出的"特殊贡献",这些学校如果失去了独立地位,成为国民教育制的一部分,这种贡献就会"遭到危险"。

对于这种学说,我要加一个简单的按语:它是建议英国政府在精神上和原则上采纳反革命的全部信条。赞美"强韧"、热烈鼓吹服从纪律、强调最下贱的工人必须把工作当作公民的责任而不计个人酬报、借口私立学校对培养领导人物有特殊贡献而不让它们成为国民教育制的一部分——所有这一切都能原封不动地从纳粹领导人的声明中照抄下来。[①]

然而,报告中最最意味深长的部分,离开了我们所处的这个决定性的时代,而回到一个半世纪以前,那时法国革命使统治阶级胆战心惊,他们刻意要从宗教信仰的纪律中寻求一味特效药来保护特权使之不受侵犯。哈蒙德夫妇[②]在他们的《城市工人》(*Town Labourer*)[③]的著名一章中,扼要介绍了威尔伯福斯[④]的名著《基督教体系的实际考察》(*The Practical View of the System of Chris-*

① 参看《希特勒演说集》,第1卷,第534页及其后各页,特别是第543页及下页。

② 哈蒙德夫妇(Hammond,John Lawrence,1872—1949;Hammond,Lucy Barbara,1873—1961),英国历史学家、新闻记者。——译者

③ 第11章,第221页及次页。

④ 威廉·威尔伯福斯(1759—1833),英国政治家和人道主义者,庇特的好友,曾努力通过废除奴隶买卖的法令。——译者

tianity)，[1]在那本书中，庇特[2]的朋友解释了宗教在社会里的作用。哈蒙德夫妇写道："他在书中解释说，基督教使社会地位的不平等在下层阶级看来少难堪一点，它教诲他们要勤俭刻苦、谦虚耐心，提醒他们说，他们那比较低微的人生道路是上帝亲自给他们指定的；他们注定要忠心耿耿地履行义务，心甘情愿地忍受不便；目前的境况是很短促的；凡人为之勾心斗角的东西是不值得争夺的；宗教一视同仁地给予各阶级人们的精神安宁所提供的真正满足，要比穷人得不到的一切奢华欢乐所提供的来得多；从这方面看，穷人是占了便宜；即使比他们优越的人们过的生活比较富足，但免不了也要受许多诱惑，而这些诱惑下层阶级是侥幸豁免了的；他们'有吃有穿，就应当满足'，因为他们的生活境况，尽管苦不堪言，可还是比从上帝手里所应得的好；最后，人的一切富贵功名都是过眼烟云，而基督的忠实信徒，作为同一个天父的子女，却全都可以享有同样的神圣遗产。这些便是基督教对政治社会的世俗福利的美妙效果。"哈蒙德夫妇指出，威耳伯福斯要庇特注意他的著作中的这一章是"一切政治的基础"。[3]

保守党委员会的报告警告人们提防俄国传染的危险，要信赖国家支持宗教教学来防止这种危险，从它的谆谆告诫中，很难不看出早先打动威尔伯福斯心弦的同一个"一切政治的基础"。两个时期的条件相似得令人吃惊；说不定报告的作者们也像威尔伯福斯

---

① 1798 年初版。

② 威廉·庇特(1759—1806)，英国托利党首领，两度出任首相，为英国资产阶级——新贵族集团——的代表人物。——译者

③ 见《城市工人》，第 231—232 页。

及其友人在 1802 年创立“全联合王国惩恶扬善协会”时那样，惧怕“理智篡夺天启”及其对“不信和反抗”的鼓励——两者是值得注意的结合。的确，从报告的篇幅中，人们听到了附和协会秘书普里查德的感情的那种共鸣，此人在 1817 年对下院的一个委员会说，“在社会的下层阶级中，宗教义务的影响似乎正在日益衰落，作为当代特征的老百姓在法律抑制下的那种不耐烦情绪，也许多半得归因于这种衰落。”①

人们的理智如果不受宗教势力的控制，就会谋求社会基础的巨大改变；因此，为了防止人民大众方面的“在法律抑制下的那种不耐烦情绪”，国家最好给宗教以权力去控制理智的自由运用。那就是法国革命时各统治阶级所得出的结论；俄国革命也使他们的继承者得出同样的结论。手法无疑更迂回巧妙，基本原理却是一样的。此外还必须认识到，这种对理智的恐惧一向是反革命心理的本质；因为，使一项年久失效的特权体系遭到危险的唯一的事情，就是用理智来批判地审查它。希特勒说过，“谁使批评免除了为一个普通的、众所公认和追求的终身事业服务的道德义务，谁就是走上了引向虚无主义和无政府主义的道路。”②对希特勒来说，批评是服从于纳粹的目标的；对于保守党报告的作者来说，批评是服从于在我们当中维持“对过去历史的尊重”以防止“激烈的和考虑不周的社会试验”这一任务的。措辞不同，目的则一。两者都保

① W. H. 威克华引，见《1819—1832 年争取出版自由的斗争》(*The Struggle for the Freedom of the Fress*，1819—1832)(1928 年版)，第 36—37 页。

② 《希特勒演说集》，第 1 卷，第 500 页。

护腐朽的特权，不让它的腐朽性向群众暴露出来。作为一种社会活动的方法，批评最终必然要镇压它驳不倒的思想，这一点无论对于纳粹主义或对于我已经考察过的报告来说，都是真实的。

唯其如此，也许只是半自觉的，报告才把那些至少自法国革命以来就一直受到民主原则反对的事情强调为美德。多数人俯首听命，少数人发号施令；承认物质上的痛苦是人们不可避免的命运；硬说人民大众不关心政治；否认重大的社会改革是明智的或合理的；十二万分害怕革新；疯狂谋求某种奥妙的方法来抵制人民大众从事巨大社会试验的愿望；要求特权阶级的教育机构不受到妨碍；藐视心灵的培养而赞成"强韧"——希特勒保证过："我们的人将被训练成一个结实的品种"；[①]呼吁人们毫无怨言地接受他们在生活中的命运，还说对分配给他们的地位负责就是他们的酬报；我认为，谁要是仔细研究了这个报告，一定会看出它已经等于是在全面地为我们正在与之作战的反革命请命。与反革命作战的人们竟然能把反革命的基本论点据为己有，从这个事实可以得出什么教训呢？

八

这个教训当然是：英国的统治阶级，尽管渴望消灭纳粹主义，却急于根据它自己的条件来消灭。它不安地知道许多严重的问题争论未决；但它下定决心要尽可能去确定解决那些问题所根据的

① 《希特勒演说集》，第1卷，第533页。

原则。正因为如此，战争开始以来无论在措施方面或人事方面都还没有实行过重大的尝试；因为无论哪方面的尝试都会暴露出一个事实，则我们社会的传统基础并不是它所必需的基础。不让人民大众看出破绽，是保守党当务之急，简直和它争取胜利的心情同样迫切。因为保守党的领袖们哪怕在国家的生死存亡关头，也不愿意拿民主的动力做实验。国内生产关系的情况如此，对英帝国在海外的考虑也是如此。民主在法国的覆灭只不过是一系列社会等式中的最后一项而已，这些等式，无论在英国或美国，都不是单单争取到胜利就能解决的。

如果说，丘吉尔先生领导着各种保守势力，他作为首相，已确凿表明他将不惜为胜利付出任何代价，那么我认为这里还有几点重要的保留。第一，必须认识到，至少从希特勒重新武装莱茵区那时开始，欧洲就存在着不宣而战的战争；在那以后的几年中，保守势力既痛恨他下的诊断，又痛恨他开的药方。直到大部分西欧国家都匍匐在希特勒脚下，他们才不得不接受他的领导。我认为，可以确实地说，丘吉尔政府的组成是全国人民的功劳，是公众舆论强加于保守党的，这个党长久以来一直痛恨这样一个政府的可能含义。

丘吉尔先生执政的第一年，无论从哪方面看，都会使他在英国的政治传统中占有显著的地位。在压倒一切的危机前面，他杰出地体现了全国人民求生的意志。勇气、百折不挠的决心、使人民保持对人民自己的信心的能力、永远不承认失败的不可征服的傲气，这些品质他都在史无前例的程度上表现了出来。但必须注意，这些主要都是贵族的美德。它们说明这个人继承了伟大的帝国传统，并决心加以保卫；它们的根源与其说在于适应正在萌芽的未来，不如说在于过去的成就的习性。丘吉尔先生的政策，就他表现适应于紧急形势的革新的能力来看，根本没有胆识；相反，他的政策的基础是要求不讨论任何一个可能引起争执的问题。事实上，情况越来越清楚，在丘吉尔先生的心目中，这次战争和过去历次大战在本质上并没有什么不同；他就是大战路易十四的马尔巴罗或大战拿破仑的庇特。他对战争的社会意义不感兴趣；那是战争的性质的一个方面，正是和他的天才或性格无关的一个方面。他的见解所有的一点点进步性，是贵族的慷慨的冲动所赐予的；一旦他在视觉上被战争的惨祸打动——例如当他亲眼目睹空袭的结果时——就会宽宏大量，但是他对于眼前这场战争并没有能使他的想象从无穷的政治冒险中看出新的远景来的那种哲学观点。因此，他并不要求保守势力根据可能迫使他们考虑从根本上改变社会力量基础的条件来作战。

如果工党要求改变社会力量的基础的话，丘吉尔先生也许会不得不这样做。两件事阻止了工党提出那个要求。第一是，在工党参加政府后的严重危机的月份里，它想到的只是国家的生存（这个事实是为工党大大增光的）；而当英国不再感到孤立时，能够作出巨大革新的现成时机已经失去了。第二是，丘吉尔先生在就职后的几个星期内，已经使他自己在道义上完全胜过工党领袖，以致他们不准备谋求可能使他同保守党下属不好相处的改革。因此，尽管工党提出了一个纲领，坚称如果对纳粹主义的胜利不付诸东流的话，就必须把基本的改革作为战争努力本身的一部分，但当丘吉尔先生借口战时的争端可能危及举国一致而拒绝这个纲领时，

工党领袖们便乖乖地服从了。这种乖乖服从的态度，不但使制定战争政策的主动权落到丘吉尔先生手里，而且还意味着战争的胜利，如同庇特战胜拿破仑一样，不会触及社会力量的根基。这就是说，英国将在胜利后而不是胜利前就战争之所以打起来的那些问题进行辩论。

懂得这一点，另外几件比较重要的事也就很清楚了。第一，英国统治阶级将能保卫它的特权，而不用担心一个强大的外敌迫使它向人民大众（他们的合作是胜利所必不可少的）作出原则性的让步。第二，战时没有能够使议会民主与以同意的方式实现的重大社会改革措施相结合，必然会削弱议会民主在战后时期对舆论的威信；我必须补充一句，这会削弱它在国外的创造性地位，就和削弱在国内的创造性地位一样。这种失败突出了英国作家们从1848年以来极难得划分的区别，即议会政体和人民的政体之间的区别。前者不会是后者，除非它承认：如果人们对福利的权利决定于他们所拥有和控制的财产，人与人之间就不可能有公道。第三，很明显，工党的社会主义基础与其说是实质上的，不如说是形式上的。这一点可见之于下列事实：工党允许它的领袖们从丘吉尔先生那儿接受一系列微不足道的社会改革，所有这些改革不但假定在资本主义衰退时期，福利也永远有不断增长的可能——这是一个工会党的典型假定，这个党的原则与其说是决定于分析世俗的历史发展，不如说是决定于日常经验——而且还假定，尊重宪法程序是英国统治阶级永久不变的习性。

工党的这种态度暴露了两个严重的弱点。它在巨大的世界力量的角逐前面——目前英国卷入这场角逐的程度不小于它的任何

一个邻国——采取了偏狭的岛国观点，天真地以为征诸1660年后那个时期的经验，我们总是能够设法摆脱反革命，不管反革命的力量在别处已经证明有多大。它保卫这种岛国观点的时候，正是世界各地加快了的社会改革的速度要求作出议会民主在过去所做不到的迅速调整的时候。这种态度忽视了一个事实：使英国在过去能克服危机的经济余裕差不多已经消失了。它没有注意到议会政治的典型公式在当时条件下有效，现在这种条件却已经不存在了。它由于议会政治的历史性仪式绵延不断而洋洋得意，却没有注意到这种仪式之所以能绵延不断，是因为它没有应用到当时的根本问题上去；或者不如说，各政党一致同意不提出那些问题，唯恐它们破坏了对议会制的成功所依恃的那些原则的一致。

这就提出了一个问题，它只有英国的未来经验才能够回答。这个问题是：英国议会政体的成功究竟是不是一系列特殊的历史环境造成的，这些环境代表着英国历史上一个相当短促的时期，其性质是独一无二的，而且未必会重复。战前的年代清楚地表明，反革命的气候浸透了我们的统治阶级周围的全部气氛。战争的年代表明：一个大政党之所以声言信仰社会主义，只是因为它的领袖们不想求得他们的各项原则的实际表现。英国人久受尊敬的妥协天才固然已经成了定论，但是关于在战时不应提出任何重大问题的决定至少留下一个未决问题：在战后时代，当那种天才受到一个可能比它至少从宪章运动以来、也许从查理一世在位时代以来所遇到过的任何考验还要严重的考验时，将会发生什么情况呢？这一点反过来又必须以这样一个认识为背景，即如同在拿破仑战争之后一样，英国自力更生的力量将会对英国用它的范例影响欧洲方

面起很大的作用。一个不受国内纠纷牵制的英国，无疑能做许多事情，为欧洲大陆提供模范的改革基础。但英国如果发现国内的大事迫使它把主要精力放在那些战时被束之高阁的原则问题上(事实表明，到那时很容易出现这种情况)，那它就会失去在欧洲和亚洲以仲裁人身份效劳的能力，而欧亚两洲下一代的自由却多半依靠着我们。消灭反革命根源的机会是在我们与它作战之际。我们已拒绝利用那个机会来消灭它；还有待就克服它达成协议。当达成协议的主要心理刺激已不复具有共同的危机所给予的强烈效果时，能否用同意的方式达成协议，至少就大成问题了。

第八章　计划化民主国家中的自由

一

我们目前正处于最严重的危机之中，这一危机是我们的文明至少从宗教改革以来，也许从罗马帝国崩溃以来，所从未经历过的。今后许多世纪内人类的和平与幸福，很可能就决定于我们了解这一危机并从而采取行动的能力。

这一危机不是任何一种简单的或单独的救治法所能解决的。因为我们不光对人与人的关系的根本性质有着争论，而且对那些关系所产生的信仰或价值体系也有着争论。没有一种思想或行为能避免危机的影响。宗教、政治、经济、科学、文化，所有这些相互作用的东西全都受到这一危机的深刻影响。一些老的国家(例如中国)在其前进道路中注定要革新；一些老的阶级(例如普鲁士容克地主)的历史性作用注定要消灭。这一危机引起了战争，其战略意义将会改变交通的习惯，改变得甚至比文艺复兴时期的地理大发现还要厉害。它在远东的特性(尤其因为知道苏联试验结果的人越来越多)，总有一天肯定会将白人和有色人种的关系置于一个崭新的基础上。把科学应用于社会问题，就像营养这个领域已经表明的那样，其情况很可能和我们过去所知道的一切会有性质上

的不同。格劳秀斯[①]的时代已快结束;因为事实明摆在那里:像我们的这样一个合成一体、互相依存的世界,决不能冒险让民族主权国家继续存在下去。这种情况必然意味着,总有一天会出现一部真正的国际法,而且在未来的大社会里,国家的主要意义很可能与其说是在政治或经济方面,不如说是在文化方面。此外,我们好像是在向这样一种社会行动的水平前进,达到了那个水平之后,就能克服过去严格约束一切人类行为的那种匮乏经济了。

在联合国获得了胜利,就是说,世界上那些蓄意为了反革命的利益而制造战争的势力被消灭以后,古典经济学家们的个人主义资本主义的陈腐性就必然会暴露出来。的确,人们早就认为那是一个时代错误:他们眼看工业联合蓬勃发展起来,一方面又看到一个经济管理人阶级应运而生,这些管理人值得注意的地方,主要就在于理财的本领,他们既是股东的主子,又是消费者的主子,而且常常能够甚至向国家勒索。他们的权力不但庞大,而且行使起来往往肆无忌惮。我们已进入这样一个历史发展时期,要么他们的权力必须服从于社会的利益,要么社会的利益只是他们的权力的一个可悲的假名罢了。正如在十九世纪,食利者和贵族的肆无忌惮的特权被民主在政治领域内的发展打倒一样,在二十世纪,我们必须借助民主在经济领域内的发展来打倒食利者和财阀的肆无忌惮的特权。社会上的权力能够对社会起破坏作用,除非它要达到的目的以及掌权的条件是控制在公民手里,承认公民对共同福利

① 胡果·格劳秀斯(1583—1645),荷兰法学家、历史学家、外交家,早期资产阶级思想家,自然法理论的创始人之一,近代国际法的建立者。——译者

的同样的需要享有同样的权利。对权力的责任的任何其他看法，都会使那些拥有权力的人和权力行使所及的人一样地腐化堕落。

拆穿了说，这次战争就是为了在这些条件下使经济权民主化而打起来的。我们必须避免一种容易有的错觉，以为只要打败希特勒和他的同党，这个目的也就达到了。打败希特勒能够创造出经济权民主化所必不可少的机会，但绝对不保证明智地利用这些机会。如我力求在本书中表明的，联合国中差不多所有的国家都存在着使反革命在德、意两国得逞的分子（其情况往往达到危险的程度），这些分子（例如在法国）情愿使本国人民沦于牛马地位，只求纳粹征服者保护他们的特权。我国和美国人民中也存在着同样的分子。我们一定要明白，消灭希特勒主义危机的胜利，很可能就是希特勒所挑起的冲突在另一个范围内继续进行的前奏。

因为，到这次大战结束时，我们将会进入计划化社会时代，这一点是肯定的；但计划的目的何在，就非常不肯定了。反革命已经表明，尤其是在它的纳粹环境里，计划可以用来为少数人的利益服务，现代军备和管理的技术使那少数人能成为多数人的主宰。诚然，这种主宰地位未必能永久保持下去，因为要保持这种地位，最终决定于极权主义与最高形式的科学发明所必不可少的自由思想交锋。这里，我们必须记住：纳粹主义除了它所实施的大规模欺骗和暴行之外，根本毫无独创之处。它的科学只不过是过去遗留下来的；它的军事天才只不过是伟大的普鲁士传统加上以牺牲群众福利换来的军需品而已；它的组织主要抄袭布尔什维克的方法，不过作了修改，以适应反革命的气候。纳粹计划给我们的真正教训是：第一，它意味着战争；第二，它剥夺每一个公民的人格，作为它

不惜一切代价力求保卫统治阶级的特权的一个必要部分。

如果那些拥有和控制财产的人(特别是在大股份有限公司的时代)能够获得特权或独断独行,我们就休想做到经济权民主化。除非重要的生产资料由全社会拥有和控制,直接为其本身利益服务,就很难想象怎么能阻止这些习惯的发展。因为,舍此而外,再没有别的方法能终止匮乏经济,这种经济是大规模资本主义(尤其如果它建立在垄断基础之上)的心理所必不可免的。[1]

我并不以为这意味着一定要把全部工农业收归国有。说正确点,我以为这意味着经济权的几个重要基础应该掌握在社会手里;一旦它们保证为多数人而不是为少数人的利益服务,就可以用议会民主的历史性方法来掌握这些重要基础,并在这样确定的体制内发展经济了。这种基础有四个。其中最重要的一个是控制资本和信贷的供应。这就是说,英格兰银行、各合资银行、保险公司以及房屋建筑协会要国有化。再没有其他方法能保证投资直接地和经常地联系到公众的需要而不是联系到私人的利润。我们必须把这种投资当作一种旨在重新装备我国,使它在战后世界起作用的经济计划的自觉工具。很明显,这意味着在给予商业贷款时实行一项优先制度,根据这项制度,贷款将决定于发起人所抱持的目的对经济计划的重要性。穷人的住房比富人的豪华公寓重要;学校比电影院重要;支援改善农业的贷款比促进一样新的化妆品或新的专利药的制造和倾销的贷款重要。

① 关于这点,请参看1942年9月18—19日伦敦《泰晤士报》刊登的两篇精彩的文章。

国家必须拥有和控制土地。这对于三个目的来说是必不可少的。它是适当设计城市(特别是被闪电战摧毁的地区)所必不可少的。它是使农业在国民经济中占有适当地位所必不可少的。它是取得英国工业的适当布局和保持合乎审美要求的舒适所必不可少的。

国家必须管制进出口贸易。对于任何一种为消费者利益打算的计划生产来说,这种管制显然是十分重要的。它是国家控制资本和信贷的必然结果。很明显,不这样做,就休想使国民经济适应于目前已在所难免的汇兑国际管制。其次,只有用这个方法,才能为了国民利益而组织大宗原料的购买和大宗出口货的销售。那是俄国经验的明显教训,它的重要意义已被我们自己在战时的经验万分强调了。

此外,运输、燃料和电力也必须由国家拥有和控制。这儿我不再来赘述把它们当作民主计划的基础的道理。但是有几件简单的事却值得说明一下。这三项中的每一项就其目前形式来说,都是浪费的根源。航运业不实行国有化,我们就不能使这项业务联系到国家控制进出口所能获得的最佳效果。铁路和公路运输不实行国有化,就不但有不必要的重复和竞争,而且如它们的历史关系所表明的,公路运输(尤其是短程)的可能性还会被铁路所能施加的政治压力牺牲掉。根据战时的经验,再让航空业操在私人手里,显然是不可能的;诚然,它提出的问题是:如果不实行全面的国际管制,到底还有没有其他恰当的办法。否则的话,就几乎肯定只好实行大规模的补助制和减价竞争,结果会产生不愉快的甚至危险的反应。征诸矿工对老板的态度,煤矿国有化是心理上势在必行的,

它为节约特别是在煤的买卖方面，提供了无限的机会；而且，凭经验来看，也唯有这样才能在适当的规模上科学地利用煤的副产品。至于电力国有问题就很简单，市营供电单位对私营供电单位的优越性早已表现得很清楚，而没有国有制所造成的统一，农村地区以及发展农业所迫切需要的农村电力就会落空，如果不给许多各自为政的公司以大量津贴的话。煤气和自来水供应也是如此。尤其是在农村地区，只有国有制下的统一才能使目前享受不到便利的无数人家享受到好处。

在这个基础上，就可以认真地着手使经济权民主化了。很明显，很多地方要依仗这种制度所指望的管理人员。其中不少显然应该是实业家，对所涉及的工业有直接的和丰富的知识；不管我们利用别的什么经验，这项经验是缺少不得的。但是，同样明显的是，目前形式的战时管制主要是对公众的一个严重威胁。万万不能把如此重要的职权委托给这样一些人，他们和目前的不少管制者一样，对自己所管理的工业的现在和将来有着切身利害关系。在新的制度下，管制者的唯一效忠对象必须是他所服务的国家。

我不能在这里讨论国有化工业的形式，也不能讨论对那些还保持在私人手里的企业实行管制的形式。无论如何，据我看来，要使它们符合于任何单一的型式，至少是成问题的；我认为一定要以很大的灵活性使它们适合于与它们有关的那门特殊工业的情况。

更重要的是它们和议会的关系问题。我以为，这必须通过内阁来实现，而内阁又必须成立一个大臣委员会，以管理有关生产部门的大臣为委员。这个委员会需要有一批老练的干部，很像苏联的国家计划局，其任务是准备材料，委员会就根据这些材料作出最后的决定提交内阁，而内阁又为它们取得议会的一致批准。根据我已在别处阐述过的理由[①]，除了这些机构之外，我认为没有必要再设立一个经济参谋本部；管理体系中多一层关系，不但不会增添反而会减损它的明确性，并且肯定还会耽误那些由于性质关系往往需要尽快作出的决定。在议会民主制度下，计划的总的安排是大臣们的明显责任；但如果像威廉·贝弗里奇爵士[②]所设想的那样，经济参谋本部制订一般计划，却无权决定它的计划是否切实可行，这种想法只会削弱而不会增强那种责任。对决定负责的机构越明确，就越能直接判断决定的价值。

很明显，这些建议并不假定在战争结束时建立一个社会主义国家；它们仅仅是个基础，只有在这个基础上才能建立起一个社会主义国家，如果选民们将来这样决定的话。这些建议的目的是不同的，尽管也是有关的，那就是保卫我们的民主政治，反对那些存在于我们中间而且在战争爆发前日益猖獗的反革命势力。诚然，如我已在本书中主张过的，不保卫民主政治，战争努力的需要所造成的垄断资本主义就会使反革命势力重新猖獗起来，尽管哪怕是半自觉的。因此，我认为，除非在胜利后有效地实施这样的纲领，使英国的经济权民主化的可能性是非常小的；同样的原则也适用于联合国中的其他国家，特别是适用于美国。两者必居其一：要么民主政治战胜经济垄断，要么经济垄断战胜民主政治。

① 参看《我们敢向前看吗？》(*Dare We Look Ahead?*)(1941 年版)中“战时的政府”一章。

② 威廉·贝弗里奇(1879—1963)，英国经济学家，所谓“福利国家”的鼓吹者。——译者

这里的原因是很简单的。经济形式总是倾向于产生最适合于它们目的的政治结构；我们的经验确凿地表明，垄断资本主义所实行的限制经济好不容易才适应于民主社会所需要的经济膨胀主义的政治。宗教改革之后，新兴的中产阶级强使一切社会制度都适应于他们所获得的经济权，只不过是这种倾向的最引人注目的现代表现罢了。我们的文明已发展到这样一个阶段，它重又需要根本的改革。战争给予我们一个机会，可以不经过剧烈的内部冲突就实行改革；如果人们不肯正视他们的问题，在还来得及就和平解决这些问题取得一致的时候采取行动，这种内部冲突就会应运而生。

但是，这种机会未必会持续到战争结束之后。牺牲的戏剧性气氛会消失；疲倦会代替激昂；政策会与其说产生于人们想达到的共同目标，不如说产生于他们希望保持或克服的分歧。从英美各大政党的关系来看，这一点已经十分明显了；比方说，把工党对战后教育的看法同保守党的看法隔开来的那条鸿沟固然很大，而"新政"拥护者对所有权的看法同亨利·福特先生或汤姆·格德勒先生那种"经济保皇党人"的看法之间的鸿沟也并不小些。但是，国内情况如此，国际情况又何尝不是如此。各大国之间的强权关系，尤其是以英美为一方，以俄国为另一方之间的强权关系，必然将由它们所维护的国内生产关系来决定。如果这些国内关系把膨胀当作目的，那么和平就会是膨胀的自然结果；但如果这种关系仍旧像目前一样包含着限制，那么各种行动中的势力就不可避免地会导致战争，就像在两次世界大战之间的年代一样。我们的处境是：胜利的需要与革新所需的机会相一致。没有一种局部的利益能压倒国家的利益，这种心情是难得有的，现在却正存在着。但是这种心情不会维持到战争结束之后；领导者如果不能利用这种心情的可能性，就会断送掉它企图实现的目的。

二

据说，计划化社会是自由的否定。它会破坏人作为独一无二的人的个性。它意味着一个专制国家。我们所有的人势必被大批官员集中管理。据说，我们能从纳粹德国、法西斯意大利和布尔什维克俄国看到计划化社会的代价。它的实质是独裁。我们的任务是恢复一些条件，使得公平的、非个人的并且由法令维护着的市场机构成为我们每个人都在其中从事毕生冒险事业的范围。我们重新需要被亚当·斯密赞扬备至的有名的“无形的手”，据说，靠了那个从未向普通人充分解释过的奇迹，利己和社会美德不知怎的庄严和谐地融合在一起了。[1]

很明显，这种见解必须把许多问题解释清楚。它必须说明，为什么自由市场的机构日益被那些巨大的联营所代替，这些联营几乎成了独立王国，很难不把它们同国家政权本身混淆起来。它必须说明，在议价权不平等的情况下，契约自由还能有什么意义；诚

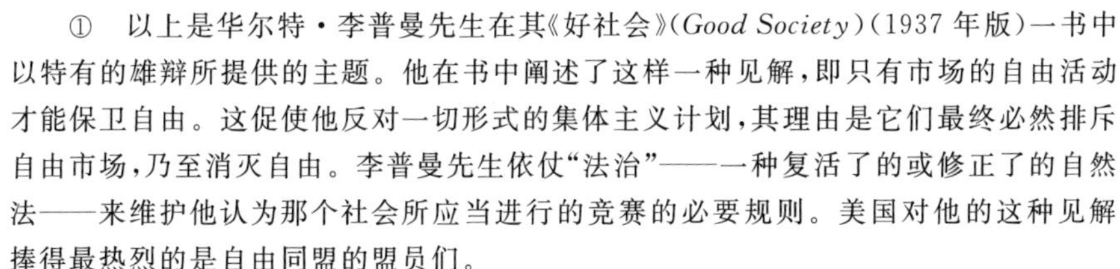

① 以上是华尔特·李普曼先生在其《好社会》(*Good Society*)(1937 年版)一书中以特有的雄辩所提供的主题。他在书中阐述了这样一种见解，即只有市场的自由活动才能保卫自由。这促使他反对一切形式的集体主义计划，其理由是它们最终必然排斥自由市场，乃至消灭自由。李普曼先生依仗“法治”——一种复活了的或修正了的自然法——来维护他认为那个社会所应当进行的竞赛的必要规则。美国对他的这种见解捧得最热烈的是自由同盟的盟员们。

然，它必须说明，为什么在制度的全盛时代，在全世界范围内，自由除了对于所有主以外很少意义或简直没有意义，就像它今天很少意义或简直没有意义一样。它必须为一种制度辩解，这种制度难得同意任何一种社会改革，到最后迫不得已才同意时，已经没有宽宏的气度了。尤其是，它必须提出证据来，证明以生产资料私有制为基础的政权能够维持大公无私的法律统治。在放任主义的成就达到顶峰的时候，这一点无论在英国或美国当然都没有能够做到。爱默生和钱宁的警告，卡莱尔、狄更斯和罗斯金的指责，都不如说是有力地批评了普通人的堕落，这种堕落是一个以深信自由市场的客观机构为基础的社会所造成的。[①]

在这个社会的一切成就的末尾，它仍旧使少数富人和多数穷人之间的分歧成为文明社会中的根本分歧。它仍旧在人民大众接近文化遗产的道路上设下重重障碍。它仍旧不敢冒险实行李普曼先生本人认为自由的一个不可或缺的条件——供给真实的新闻。[②] 它仍旧利用每一种有关肤色、种族和信仰的偏见，力图保卫它所据以建立的贪得原则。它仍旧在很大程度上使长寿、健康、安全、闲暇从属于所有权。它那帝国版图的统治者收买了立法机关和一班贪官污吏，他们除非行为被拆穿，根本不自觉有罪。国家的武装部队始终是样工具，用来强行维护它的特权，而不问社会后果如何；1937 年美国发生静坐罢工，当斗争达到严重程度时，总统没

① 有关李普曼先生及其他和他见解相同的人所急于恢复的这种自由主义学说的历史，请参阅拙著《欧洲自由主义的兴起》(*The Rise of European Liberalism*)(1936 年版)。

② 参阅他的《自由和新闻》(*Liberty and the News*)(1928 年版)一书。

有以社会安宁的名义代表所有主横加干涉，这是内战以来第一次总统没有干涉的劳资冲突。它仍旧使社会科学（至少在其学院表现方面）主要在一个框框里活动，这个框框假定：谁要是怀疑所有主享有特权的资格，就不配担任在学院里讲学的职务。在英国，值得注意的是，在1832年的选举法改革案颁布后的一个世纪中，保守党竟找不到十个以上工人在议会中充当它的代表，尽管在那个时期内，工人已建立起诸如工会、互助会和合作运动那样规模巨大的组织，它们全都证明工人至少具有一般的政治和经济能力。在所有资本主义民主国家中，主持由政府发起的社会和经济调查的所谓“大公无私”的人，总是从那些在很大程度上依靠私有财产主的职业（例如吃法律饭的）当中挑选出来的；如果他们像桑基勋爵[①]在1919年所做的那样，出乎意料地报告说，一种像煤那样的重要物资掌握在私人手里，就不复能为国家好好工作，那他们就被当作辜负信任的人对待了。

以自由市场机构为基础的社会的固有缺点，如卡莱尔所看到的，是它使人与人之间的主要关系仅仅建立在现金交易之上。当它推翻了作为特权基础的门第原则而代之以财富原则的时候，就在其根部土壤中分泌出一种致命的毒素。这种毒素亦即下述思想的确立：人的真正目标是取得财产作为权力的主要泉源。道德、修养、友谊，这些都不是重要的信条。按照亨利·梅因爵士[②]的说

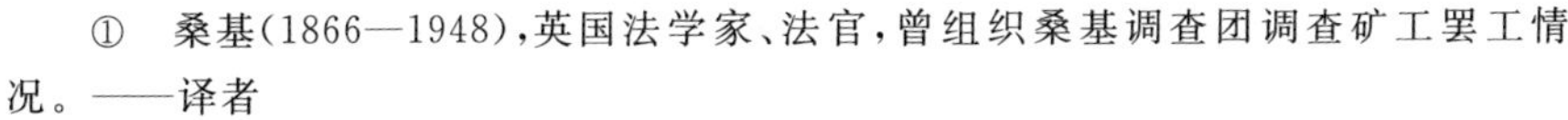

① 桑基（1866—1948），英国法学家、法官，曾组织桑基调查团调查矿工罢工情况。——译者

② 亨利·梅因（1822—1888），英国法学家和史学家。——译者

法，社会生活是一场“仁慈的非公开战争”，在这场战争中，由于适者生存，个人的命运对于宇宙是无足轻重的；而难得了解到，在一定的前提下，适者生存仅仅考验了作为给社会组织打气的原则的贪欲。这种贪欲总是不得不忍痛付一笔赎金，如果要保持社会作为一家兴隆的商行的话。它总是想把它的权力扩大到它与其说是知道不如说是觉得对它的要求构成威胁的各方面，例如宗教或艺术方面。它总是必然把它的各种价值标准强加于它们不适用的东西；由于人生短促，它总是一定只顾眼前的利益而不顾长远的目的。谁要是看到过西北太平洋各州森林地区被遗弃了的居留地，就能从物质意义上看出社会为了把贪欲擢升为我们这世俗宗教的主要教义而付出的代价。如果它促进了科学的发展，它同样也阻挠了科学的发展。如果它有助于文化的提高，它也一贯认为教育可能受得太多，故而千方百计不让人民大众分享创造性想象的成果，而享有这种成果才真正满足了他们的人性。贪欲社会的末一个罪名是将艺术家排除在它的生活外面，因此艺术家非但没有成为证明它的伟大的凭据，反而成了它的闲暇时间的玩物。意味深长的是，即使作为玩物，以画家为例，对他的作品的评价也不是取决于它所体现的美，而是取决于时尚迫使富人付出的代价，富人则纯粹出于虚荣，巴望博得个艺术保护者的美名。

我绝对不是说贪得无厌的心理是件新的东西——它分明和世界一样古老——也不是说我们没有足够的男子和妇女来反对这种心理的权威。我只不过想说明，作为社会组织的主要原理，它必然会导致像目前的战争那样的惨祸。对于古雅典的文明无疑可以草拟一份严厉的起诉书；但如果把修昔底德借伯里克里斯之口为全盛时代的雅典所作的辩护，与麦考莱对萌芽时代的贪欲社会所作的著名颂扬[①]作一比较，就很难说判决一定对古雅典不利了。而我们必须记住，麦考莱所谈到的社会，总算有半个世纪引人注目的扩张还在前面哩。我们的问题却要严重得多：当一个以贪欲原则为基础的社会进入衰退阶段时，它就委托希特勒、墨索里尼和赖伐尔之流来为它的原则辩护。他们只能依靠对外发动战争，对内实行独裁，来把这个原则贯彻下去；因为它已经达到这一阶段，非和一切赋予人类精神以尊严的东西对立不可。

事实上，任何一个代表财主利益的政府都必然是腐败的，如果那些利益以一种腐朽的贪欲制度为基础的话。法西斯制度已向我们表明，一旦民主的要求被当真作为一种生活方式而不是作为形式上的政治程序提出来，企业家马上就会反对；而且甚至在战时，当国家处于生死存亡关头，实业家也害怕民主的动力。无疑的，当危机使得财主们不得不依靠人民大众的合作时，他们总是会宣称自己非常愿意宽宏大量；但战争总是暴露出他们唯恐人家要他们守信用，从而把他们的漂亮话揭了底。

每当一个处于衰退阶段的贪欲社会里的财主们受到挑战时，对福利没有被承认有平等权利的民族和民族之间、个人和个人之间就显然谈不到公平了。因为这样的挑战总是引起恐惧，它在社会上到处泛滥。官僚阶级无论如何要想避免犯错误；殊不知人们如果老是怕犯错误，就会什么都做不成。他们当中太多的人会从

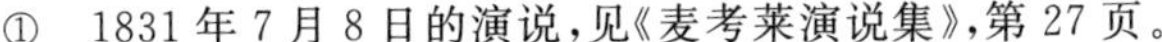

① 1831 年 7 月 8 日的演说，见《麦考莱演说集》，第 27 页。

这样一种可怜的谬想中求安慰，即文件的大量增加便是工作卓有成效的明证。他们会坚持一种虚构的大公无私的见解，从而无视这个事实：没有观点的人决不能使他们的行动具有哲学。他们不肯硬着头皮去扩充办得到的事情的范围（每次大战总是使这成为可能），唯恐失去稳健的名声。他们不了解，在一项腐朽的制度下，战争重又使原来以为已经忘掉的不满复活，因为它创造了以前没有料想到的可能性。财主们的这种怯懦一和官僚阶级的谨慎相结合，政府就难以在行动中争取或保持主动了，因为主动精神总是来源于大胆的思想，这些思想由于吸引了群众的想像，就创造出一个环境，伟大的领导者在那里获得充分和自由的响应。一个民主国家能否把全部力量用来打仗，要看它的统治者是否愿意从事巨大的改革；如果没有这些改革，就只有迅速的和空前的成功，才能使人们对一种其目标日益和人民大众想证实的经验背道而驰的教义保持信心。

因此，我认为，那些像李普曼先生一样把一切形式的集体主义都视为对自由的威胁的思想家们，是忘记了两件事。第一，他们忘记了，在每一种新的历史环境中，自由的实质都需要重新加以确定，因为这些环境给予它的影响以不同的强调。消费者从花色繁多的货物中挑选的自由，对于一个从未吃过贫穷苦头的著名新闻记者来说，似乎要比对于一个“搭白车”从乔治亚的棉田旅行到圣华金河河谷辽阔的果园，担心能否找到活儿干的季节工人来说，重要得多了。国有制包含着的官僚政治的危险所给予福特先生的印象，要比它可能给予福特先生的一个职工的印象强烈得多，这职工一心想避免一场横祸，因为福特先生雇用的工业密探报告说他已参加了工会。人民大众觉得自由的范围内缺少平等和安全，这就说明，一个不熟练工人和一个走运的学者是从完全不同的前提来判断自由的实际情况的。他们生活在不同的环境中，彼此绝少接触，因而自由的共同解释对两者不能生效。

我认为，李普曼先生那样的人所忘记了的第二件事，也是很重要的。自由是在法治的作用下实现的，而法治归根到底是一种具有相当悠久的历史的原则。如果那种历史有一个显著教训的话，那就是：就整个社会过程来说，法治只能平等地应用于那些对政权的权利被公认为相等的人——无论是个别公民或法人团体——之间。首先，在危急关头，行政官认为关系重大时，法治必然要停止实行；就连林肯在内战时期也停止执行过人身保障法。其次，法治不是一种无意识的行动原则，可以不择时间和地点，也可以不问执法者（例如法官）是谁。它很可能对乔治亚的黑人是一回事，对乔治亚的白人又是一回事；而在马萨诸塞则对于黑人和白人几乎是同一回事。美国法院在劳资争议中运用禁令的历史；第十四次修正案[①]在霍姆斯法官先生和麦克雷诺兹法官先生手中可以有完全不同的解释；在英国，海登勋爵和萨姆纳勋爵根据简直不可调和的前提来审查托付给行政官的司法权；奥斯本对铁路侍者混合协会案[②]中的"公众政策"原则或罗伯茨对霍普伍德案[③]中法官们所提

① 1868年，美国通过对其宪法的第十四次修正案，保证每一个公民都受到法律的同等保护。但事实上别的不说，仅在处理美国黑人的人权问题时，美国政府就完全不顾这种保证。——译者

② [1910]A. C. 87。

③ [1925]A. C. 578。

出的法定解释的标准；像“叛乱”和“叛乱阴谋”这类视所谓的犯罪行为发生的时代、主审官的意见以及陪审团的社会成分而异的概念的伸缩性；在德雷福斯案[①]、穆尼和比林斯案[②]、萨柯和范齐蒂案[③]等著名案件中法治同政治的关系的明白含义；所有这一切应当警告我们：如果真像李普曼先生所主张的，法治反映着一种自然法，在它的保护下才找得到自由，那么这种自然法的内容就从来没有不变地和平等地应用过。魏玛共和国之所以声名狼藉；多半是由于它的法官们用一种尺度的证据和刑罚对待纳粹犯罪分子，却用另一种严厉得多的尺度对待抱有社会主义或共产主义信仰的犯人。[④]

事实很简单：法治的内容是由各种社会力量的活动想在一定时间和地点使之占优势的那种核准了的用法所决定的；生产关系的历史无可辩驳地证明：在决定哪种用法会被核准时，生产关系起着最重要的作用。在像我们的这样一个几乎献身于不平等的宗教

① 阿尔弗雷德·德雷福斯（1859—1935），法国军官，1894 年因被陆军部诬控出卖国防机密给德国而系狱。1897 年，其弟发现真犯，要求复审，此案迁延达十年之久，德雷福斯于 1899 年获释，1906 年复职。此案实际上为以法国军阀、天主教、保王党员为一方，以共和党人、社会主义者和反教权主义者为另一方之间的剧烈政治斗争，它促进了法国的政教分离。——译者

② 托马斯·穆尼（1883—1942），美国工人领袖，1916 年被美国反动派以莫须有的“炸弹案”罪名判处死刑，激起世界人民公愤，1918 年改处无期徒刑，1939 年获赦。——译者

③ 1921 年，美国柯立芝政府掀起反共高潮，以捏造的杀人和抢劫罪名，将马萨诸塞州激进党员鞋匠萨柯和鱼贩范齐蒂判处死刑，全世界正义人士群起为之发出抗议呼声，但美国反动派置之不理，终于 1927 年 8 月将他俩处以电刑。——译者

④ R. T. 克拉克所著《德意志共和国的崩溃》(*The Fall of the German Republic*)（伦敦 1936 年版），是叙述这些年代的最好的英文书。

的社会里，法治的应用对各阶级都有所不同。因此，把法治的作用理解成对于在法律前一律平等(那是自由这一民主概念的精义)的永久性保护，至少就是使很多法律史抽象化，如果不是使之成为毫无意义的话。法律是国家以其最高威压权力来支持的一系列规则。那些规则不是制定来为抽象的概念服务的，不管这些概念的呼吁是多么高尚。法令之所以制定下来，是因为那些制定法令的人无疑相信它们是明智和公正的。但反过来说，那种信念又是由一国的政府决定它必须加以保护的那些利益所产生的；把政府的绝大多数决定仔细研究一下即可明白：如同阿宾杰勋爵对于普里斯特利对福勒案的判决一样，它们只有根据生产关系来考察才是可以理解的。

一句话，李普曼先生和那些与他所见略同的人还必须像杰里米·边沁那样弄明白：法律能被轻易地用来为边沁所谓的“邪恶的利益”服务，而那些这样利用法律的人还真心以为这种“邪恶的利益”事实上是和社会福利相同一的呢；边沁正是发现了这一点，所以才从一个仁慈的保守党员一变而为激进的改革家。社会越不平等，这种把两者视为同一的看法也越可能。一个贪欲社会里的征服者难得有想象力去从被征服者的立场看待社会问题。在不是从概念而是从实际应用方面判断自由思想时，必须记住：对自由的分析和叙述自由的历史绝大部分是由征服者或他们的附庸写的。在资本主义民主国家里，中产阶级首先建立了不受国家干预的权利，当它的安全遭到危险时，又建立了受国家保护的同样权利，以防止那些从外部威胁安全的人的侵犯，这个国家里的自由的历史由麦

考莱或基佐来写是一回事，假使由一个像贝洛克[①]先生那样信仰君主政体的天主教徒或者像路易·勃朗[②]那种雅各宾出身的社会主义者来写，就又完全是另一回事了。每个社会无疑都有一些男子和妇女能跳出个人利益的小圈子，懂得为了人民的利益而牺牲个人利益；他们拒绝接受他们那时代的常规俗套，这一点是令人感恩不尽的。但是，一个时代的社会哲学照例总是通过学问这一适当的工具企图为那个时代中走运的人的生活方式辩护的。我们都记得洛克，那些攻击他最力的批评著作却都尘封在书架上，偶然才有一个好古家来扰乱它们的宁静的颓废状态。英国早期的一些杰出的社会主义者，如霍尔、汤普逊和布雷等人，一直不受人注意，直到社会力量的发展使工会运动成为一种重要的历史力量，而马克思和恩格斯等人又为工会运动提供了一份对其敌人的严厉起诉书，使它相信未来是属于它的，那时他们才开始受到注意。

李普曼先生极力反对计划化民主的问题，或者不如说计划和民主不相容的问题，一定要放在这个背景前加以研究才行。正如米塞斯和罗宾斯教授的著作一样，它具有为一种快灭亡的制度辩护的一切历史性特点。它重新提出了（就像在这种时期总是要重新提出的一样）在制度初创时期所提出的支持制度的热切主张。制度早期靠它所实现的扩张来解放人们的力量受到了热烈的讨论，仿佛这是制度的现代特点似的。它在其杰出成就时代的精华

① 贝洛克（1870—1953），英国作家，写了不少为罗马天主教辩护的著作。——译者

② 路易·勃朗（1811—1882），法国空想社会主义者、历史学家、政论家，因与资产阶级妥协而堕落为工人阶级叛徒。——译者

被从它进入衰退阶段时所产生的丑态中摘取出来，这些丑态则被解释为与事情本身无关。我们被敦促去重新创造制度诞生时期的条件，并且被警告说，唯有在这种条件下才能避免灾难。

但是，在实际历史上，从来就没有过这种重新的创造。李普曼先生和罗宾斯教授那么渴望重新建立起来的亚当·斯密的“天赋自由的简单体系”，只不过像一切社会理论一样，概括了他那时代的各种特殊条件。那当然是一个出色的概括，它想象丰富，得到许多精选出来的证据的有力支持。它的要点被应用之后，至少给了英国许多好处，这些好处是亚当·斯密断定会有的。由于特殊的理由，它在别处就不那么有效，而在美国这样一个新的国家，或者像德国那样到俾斯麦时代还没有发现有效的经济统一条件的老的国家，则最没有效力。它对知识分子的掌握，哪怕在十九世纪上叶，也比它那最虔诚的信徒们所乐于承认的有限得多；因为另外一种由李斯特[①]输入欧洲的亚历山大·汉密尔顿的概括，更好地适应了日益加深的民族主义气候，尽管效果较差。亚当·斯密的观念恰恰适合于“商业国民”[②]，他们的主顾就是一切。这就不难了解，为什么一个南斯拉夫的代表能够在 1927 年国联经济会议上坚称，这项体系所根据的条件只有一个强大的经济国家才够得到，这个国家的工业强大得足以忍受国际竞争的压力而不用国家帮忙。

事实是：“天赋自由的简单体系”在十九世纪中叶就行不通了；

① 李斯特(1789—1846)，德国出生的美国政治经济学家，曾任美国驻德公使。——译者

② 英国人的绰号。——译者

有限责任公司的发展，技术发明的发展，还有旧世界中上阶级的联盟以及新世界的财主发现他们能利用政权（对内对外都一样）来保护他们的特权免受侵犯，这种种情形把它扼死了。体系就像在狄更斯时代一样，巩固得足以从下层社会补充新手，犹如英国贵族社会在其全盛时代做惯了的那样；但是，狄更斯后期的作品中清楚地表明，这种自信已经开始衰退了。体系已经需要愈益增强的国家干预来加以保卫。公共卫生、学校教育、工厂条件、工人权利，全都需要愈益摒弃放任主义。在美国（那儿在内战以后才有了民族自信），在二十年多一点的时间内很明显地看出，国家政权必须出面干涉，对西奥多·罗斯福所谓的“财富的恶魔”的勾当加以限制。狄更斯在1869年说过：“我对人民统治的信心，总之是极小的；我对人民被统治的信心，总之是无限的。”那是因为狄更斯感到“人民统治”本来是社会上一种“邪恶的利益”，仅仅由于奥斯特勒和舍夫茨别利等善士的成就而有所缓和。

早在1843年，狄更斯就不复对英国的统治阶级抱有信心了。他在写给功利主义改革家索斯伍德·史密斯[①]的信中说道：“我清楚地看到有实行巨大改革的必要。”直到第一次世界大战时，文明社会的重要经济问题和社会问题与资本主义民主的继续存在相矛盾表现得再明显也没有，这种见解才流行了开来。在大战结束时，各国人民大众不愿再承认索尔斯伯里勋爵的主张：“富人的富足对于改善穷人的处境是必不可少的”。[②] 索尔斯伯里勋爵也许是想

① 索斯伍德·史密斯（1788—1861），英国医生、社会改革家。——译者

② 《战后的保守党政策》（*Post-War Conservative Policy*）（伦敦1942年版），第5页。

说：一个国家要能够发展它的财富，生产出来的东西就必须多于消费掉的东西。他所不了解的是，这种发展所需要的资本积累，如俄国的经验所表明的，可以是国家政策的一个有意识和有计划的行动，就像它过去曾经是许多个别的人的努力的副产品一样。他也不懂得，正如李普曼先生不懂得，在资本主义民主国家里许可一个适宜于国家采取行动的有限区域，这样做仍旧假定国家政权的中立性质，并且隐瞒下述事实：国家政权的行使是掌握在那些其权力决定于所有主的善意的人手里的。

一句话，计划反对者们所设想的资本主义民主的无意识的议事日程，实际上是以两个没有仔细考核过的假定为根据的。第一个假定是：由于现代各大国是建立在普选权基础上的，因此在作出政治决定方面，每个公民事实上都以一人而不多于一人计算；第二个假定是：一般的公民和个别的政府成员能超越他们私人经验的含义而达到一个有利地位，在那个地位上，和他们有切身关系的实际考虑是不受那项经验的限制的。

当然，这两个假定都是错误的；即使每个社会都提供许多能超出私人经验限度的人们的杰出例证，也并没有使这两个假定就此变得正确。事实是：在一个现代民主国家中，个别的公民是无能为力的，除非他有特殊的权力，或者有出身或财富所赋予他的特殊地位；没有两者之一，他对于他迫切想做的事情的影响，就只能靠与他合伙的那些志同道合的人的力量来衡量。由于极少人有特殊的权力或者巨额财富或出身所赋予的特殊地位，民主制度的作用就取决于第二个假定有效到什么程度。即使我们承认绝大多数民主政府中的绝大多数成员都真心诚意想竭尽他们最大的努力，历史

上也有无数事实证明这种最大的努力远远不足以使李普曼先生所谓的“好社会”对其广大成员来说就是好的。

约翰·斯图亚特·密尔在其《自传》的感人的一页中告诉我们，他和他的友人们“虽然完全承认无私德行和热爱正义的无上优越……却并不把人类新生的希望寄托在这两种感情的直接行动上，而是寄托在开导自私心理的有教养的智者的效能上。”[①]但是，对这种见解必须加上两个注脚。第一是拿破仑以后时代的经济学家们对于人类未来所抱的严重悲观主义。凯尔恩斯[②]写道：“任何人研究了政治经济学早期栽培者的著作，都会震惊于它为人类揭露出来的前途的凄惨。这仿佛是李嘉图的肯定的意见：显著地改善人民大众的处境是不可能的。”[③]这种见解是马尔萨斯人口论和工资铁则的共同结果，它被英国政府以及 1870 年前后也许除普鲁士以外的每一个行政部门的严重缺陷分外强调了；那时的舆论一致认为，经济学家们已几乎在一切事实上证明国家采取积极行动是荒唐的。所能期待的最好的结果，不是恢复迪斯累里奇妙地从“爱国国王”和伯克那里混合起来的位高任重，就是当轻率者和奢侈者败北时继之而起的适者生存。狄更斯在自由贸易主义的坚固堡垒后面看出了波斯奈泼[④]先生油滑的自得，可一点也没有错呢。

但是，第二个注脚是和我们现代有关的。我们不妨从 1933 年罗斯福总统就职后所进行的大量调查，来研究一下有史以来最丰

① 《自传》(World's Classics 版)，第 94 页。

② 凯尔恩斯(1823—1875)，爱尔兰经济学家。——译者

③ A. 贝恩所著《约翰·斯图亚特·密尔》(1882 年版)一书的附录，第 197 页。

④ 狄更斯的小说《我们共同的朋友》中的人物，是个典型的英国市侩。——译者

富多彩的文明的征服者们的“有教养的智者的效能”。没有人会当真以为议会对华尔街的调查[①]所揭露出来的东西说明“自私心理”已受到“开导”。道理很简单：在资本主义民主国家里，那些拥有或控制资本的人的行为前提，是和那些除了出卖劳力就别无长物的人的行为前提不同的；当后者把一个厉行改革的总统送进白宫以后，前者要么对民主原则的合理性变得完全没有把握，要么坚称背离放任主义原则就是排斥民主。1940 年秋天，前美国驻英大使肯尼迪从伦敦返回美国时，在一次著名的记者招待会上说“英国的民主已经完蛋了”，他真正要说的是，就和李普曼先生一样：民主是“天赋自由的简单体系”，[②]在这种体系下，成功者能充分利用自由市场的机构。那种充分利用意味着什么，裴柯拉法官在议会的布莱克委员会面前传讯华尔街一个又一个证人时已有力地说明了。

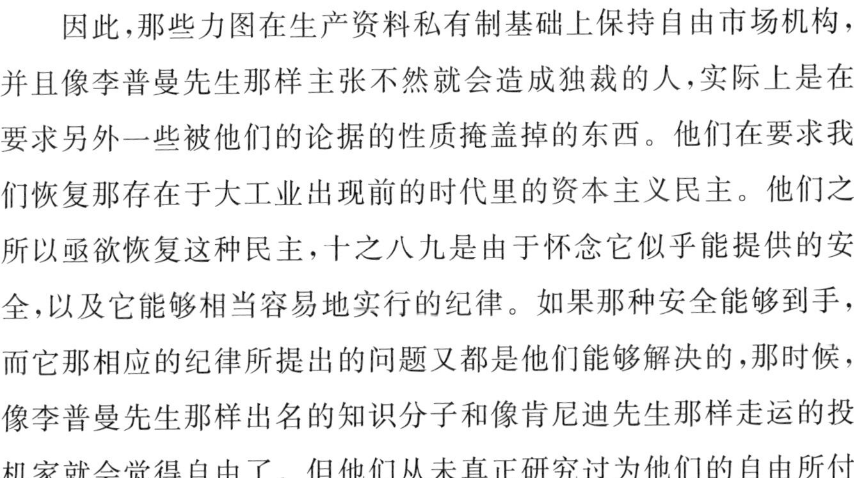

因此，那些力图在生产资料私有制基础上保持自由市场机构，并且像李普曼先生那样主张不然就会造成独裁的人，实际上是在要求另外一些被他们的论据的性质掩盖掉的东西。他们在要求我们恢复那存在于大工业出现前的时代里的资本主义民主。他们之所以亟欲恢复这种民主，十之八九是由于怀念它似乎能提供的安全，以及它能够相当容易地实行的纪律。如果那种安全能够到手，而它那相应的纪律所提出的问题又都是他们能够解决的，那时候，像李普曼先生那样出名的知识分子和像肯尼迪先生那样走运的投机家就会觉得自由了。但他们从未真正研究过为他们的自由所付

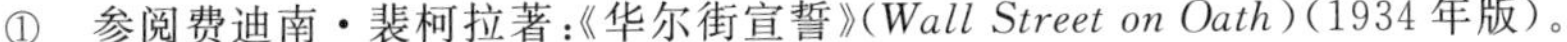

① 参阅费迪南·裴柯拉著：《华尔街宣誓》(*Wall Street on Oath*)(1934 年版)。

② 参阅 1940 年 11 月号《哈泼斯》杂志所刊拙文。

出的代价。他们只看到国家政权没有干涉他们的活动。他们发现,别的国家中如果有这种干涉,那些和他们身份相同的人就享受不到他们所享受的自由了。他们因此得出结论说,国家政权干涉的范围越大,公民自由的程度一定越小。

这就是为什么企业家能够把他的专制看成自由,为什么他的下属们不这样看使他真正感到惊讶。就是这个缘故,企业家能够莫名其妙地确信,美国电话公司的私有制是起作用的民主,而田纳西管理局的公有制则是共产主义,因而是违反健全的"美国"原则的。瑟尔曼·阿诺德先生引用了前全国制造商协会会长 J. E. 埃杰顿先生在参议院委员会所提供的富有启发性的证词,当时该委员会正在听取有关美国工业中工资及工作时数规定的布莱克-康奈雷法案的讨论。埃杰顿先生解释说,"他从来没有想到在工人需要什么的基础上给钱……他是为效率给钱的。就他个人来说,他照料其他一切事情,社会福利、教会工作……那是生活的感情一面,教会捐献和教会工作。那不是业务。"[①]埃杰顿先生的见解,也就是伯克写下"政治和讲道坛是两个很少一致的名词"那句话时的见解。他认为,当工人的需要开始影响到企业的习惯时,民主的逻辑就危险了。他没有想到工人会相信:一种使他的需要获得满足的制度同自由和民主有着密切的联系。

我们的处境是很简单的:我们所服从的制度的哲学使我们不可能满足我们面临的需要。我们的处境之所以特别困难,不光是

① 瑟尔曼·阿诺德先生引自 1937 年 6 月 12 日的《华盛顿邮报》,见他的《资本主义传说》(*Folklore of Capitalism*)(1937 年)一书,第 361 页。

因为那种哲学使最强大的利益方面的需要能够获得满足，而且强烈的传统感情还为它撑腰，这种感情一听说它将被替换就吓得要命；这种感情在那些接受它们的人的心里深深扎下了根，以致它们所代表的社会价值的任何改变都仿佛是对固有的自然法的侵犯。就因为这个缘故，李普曼先生才把他所喜欢的美国生活方式同民主和自由等同起来。他然后拿它和德、意两国的反革命社会相比较，拿那个还没有从混乱和内战中解脱出来的苏联去同两次世界大战之间的年代里（我们现在看到，那时第二次世界大战的阴影已经逼近）的极端不安全相比较，并且宣称：计划化社会是和自由民主水火不相容的。

但是，李普曼先生当然没有注意到他的议论中所忽略了的东西。实际上，他已经假定：概念式的"好社会"总之已经在我们生活在其中的社会里实现了；他对那种式样的社会的各项原则的爱慕使他能够不顾或轻视这些原则对另一些人的意义，这些人埃杰顿先生付给十六块钱一星期，每年平均四十二个星期，因为埃杰顿先生所看重的是他们作为利润来源的"效率"，而不是他们作为人类的"需要"。其次，李普曼先生还假定联想和因果关系是一而二、二而一的。晚近各主要的计划化社会是独裁；他由此推断，我们只能按照独裁的条件来计划。独裁者取得权力的历史环境的重要意义被忽视了；他硬要我们相信正是实行计划的决心把自由毁了。李普曼先生和属于他那学派的人始终把他们那"天赋自由的简单体系"建立在下列基础之上：国家政权是一种制定客观法律的中立力量，这些法律靠一种没有解释过的、莫名其妙的魔力对人们起着同样的影响，尽管他们对共同福利的权利是不一样的。

当一种社会制度趋于没落的时候，人们当然不免要推荐这种制度当初据以获得胜利的原理。因为，首先，我们对未知事物的恐惧，对大规模试验的风险的厌恶，总是使往事富有魔力，而危险重重的未来却休想有这种魔力；其次，由于大多数的社会哲学著作是使已经得胜的主张合理化，而不是使正在争取胜利的主张合理化，因此，它们从为当权者辩护的角度来写的可能性，要比从那些力图消灭当权者千辛万苦建立起来的东西的反对者的角度来写的可能性大得多。唯其如此，积极国家中官员数目的增加，在交运的人（这些人除军队、警察和邮差之外，简直不需要国家）看来，要比那些开始从全国劳工关系局发现被承认的联合权能使契约自由处于更平等的议价权范围之内的工人看来，是一种更加危险得多的对自由的进攻。也唯其如此，说服纽约股票交易所的一个会员，使他相信田纳西管理局使他的历史性自由遭到威胁，要比说服管理局服务地区一个破天荒第一次享受到廉价电力和自来水供应的居民容易多了。唯其如此，不平等社会里的非个人的市场机构依靠牺牲弱者的利益而增加强者的权威，使弱者感到挫败和无能为力，这是强者的自由感和轻松感实际上怎么也补偿不了的。在目前这样的战争时期，行政上不可能真正致力于牺牲的平等化，这个事实我认为就是对李普曼先生所推荐的那种自由策略的最严酷的批评。

但是，李普曼先生等人所推荐的"天赋自由的简单体系"的致命伤，我认为是双重的。第一，它意味着工业制度形式的历史性倒退，要么像薛尔曼反托拉斯法案一样，从来没有恰当地达到过恢复"健康的"竞争的目的，要么导致向既得利益进攻，而鉴于资本主义民主国家中这些利益同政府的关系，这是国家政权所不能容忍的。

从这个角度看，谁要是衡量了副首席检察官瑟尔曼·阿诺德先生为摧毁美国垄断资本所作的努力与他哪怕在大批官员（他们人数的增长在李普曼先生等人看来俨然是对自由的威胁）协助下所获得的成就之间的不相称，就不免会作出结论说，政府想出办法来恢复竞争有多快，足智多谋的律师们想出对策来也会有多快；问题的规模是一个处于资本主义民主的正常政治压力下的政府力所不及的。[①] 同样必须了解到，“好社会”要给我们的消费者的主权，如果在关系重大的事情方面没有受到民主基础上的国家计划保护的话，事实上就会遭到资本主义计划的对抗，它在生产和分配方面都会想出许多花样来剥削消费者，建立私人帝国向消费者的主权挑战，乃至把那种主权的任何希望消灭得干干净净。1919年托拉斯调查委员会写道：“英国的合并和联营中值得注意的，不是它们的稀有或软弱，而是它们的谦逊。橱窗里陈列的东西不多，里面货色却不少。”在四分之一个世纪后的今天，这种说法已经是估计不足了。在它们的势力之外，还得加上零售商同业公会权力的日益庞大，它从保护咖啡摊主扩充到保卫殡仪馆老板的利益。[②] 后一发展中值得注意的地方，是这些公会中被名之为“礼法”的制度的发展，当它们的画皮被剥掉以后，就原形毕露，原来往往是“同类不相

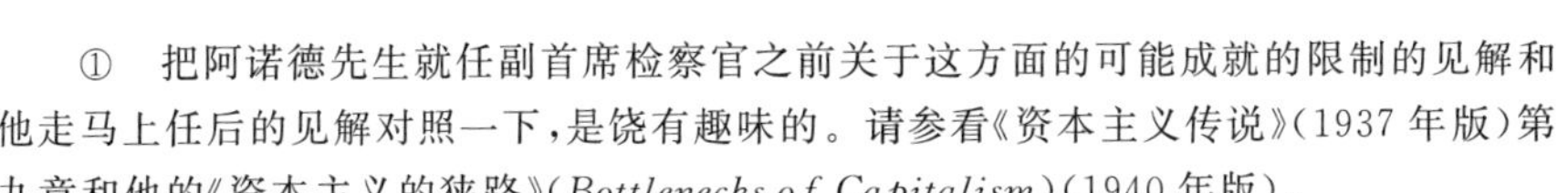

① 把阿诺德先生就任副首席检察官之前关于这方面的可能成就的限制的见解和他走马上任后的见解对照一下，是饶有趣味的。请参看《资本主义传说》（1937年版）第九章和他的《资本主义的狭路》（*Bottlenecks of Capitalism*）（1940年版）。

② 参阅赫尔曼·李维教授所著《零售商同业公会》（*Retail Trade Associations*）（1942年版）。值得注意的是，在该书的末一章中，李维教授赞成改变习惯法所采取的自由的态度，建议成立一个具有“训练有素的文职官员”的新的政府部门来领导这些公会。

残”这句老古话的主题的变种。

但另外一方面也很重要。无计划社会就是不平等社会；而不平等社会还可以进一步公正地划分为马修·阿诺德所分的三大类，即“蛮子、市侩、老百姓”。它的悲剧在于一味依赖经济学家所理解的“有效需求”的占有，从而使贪欲成为它的主要原则；生活的其他一切方面都从属于这个原则。这个原则的影响已令人痛心地写在英国教育史上；它对科学研究在国民生活中的地位产生过有害的影响；它限制了中央政府和地方当局认识发展美术、戏剧、学问和文艺是自己责任的能力。由于把那些发横财的人当作主要的赞美对象，它永远摆脱不了一种信念，即贫穷不但是失败的凭据，而且甚至是罪恶的凭据；那种见地的结果是：穷人——特别如果他失了业——仍旧被视为在道德上不及有固定工作的人。甚至于随着形形式式的社会保险的出现，在狄更斯和卡莱尔时代纯粹是令人作呕地保护财产防止革命的那种慈善事业被生计是权利的思想代替之后，它仍旧保持着 W. R. 格雷格在批评“青年英国”社时所陈述的那种思想：“对同辈施恩泽……对同胞讲义气”。[①] 我们仍旧生活在马尔萨斯和李嘉图用来使对穷人厉行严格纪律成为自然法一部分的那种严酷的悲观主义阴影之下。由于专业化了，也就管理得更好了，但是“有功劳的”和“无功劳的”穷人之间的区别仍然是一切救治方案的基础。也许正因为“有功劳”是个道德范畴，所以埃杰顿先生才以为他必须以教士身份而不是以雇主身份来考

① 《威斯敏斯特评论》1845 年 6 月号。引自汉佛莱·豪斯先生的杰作：《狄更斯的世界》（*The Dickens World*）（1941 年版）。

虑"社会福利"这件事；而划分那种界线的，又岂止埃杰顿先生一人而已。[①]

我认为，这就是趋于没落的社会制度的根本弱点。由于以贪欲观念为基础，它就在人民大众中贬低了人性的尊严；由于贬低了人性的尊严，它就用一条恐惧的鸿沟把成功者同失败者隔离了开来。它只知道用慈善来弥补这条鸿沟，它的统治者总是不安地感觉到：在一个公平的社会里，慈善可以是最崇高的美德之一，而在贪欲社会里，却带有不公平付给恐惧的赎金的一切痕迹。一旦它使发财的本领成为衡量成功的正常标准，它就失去了对能够合理自卫的价值体系的掌握。它的最高标准，正如凡勃伦出色地表明的，[②]是成功者用铺张浪费的能耐来证明他们的成功。由于权力主要是财产的作用，社会组织没有一个方面能逃避这种经济渗透；那些行使权力的人不敢拿一种否定其重要主题的信条的可能性来试验。在他们看来，有价值的东西是那些扎实的、可以买卖的物体；很明显，它们的价格越昂贵，价值也越高。

这种哲学以匮乏经济为背景，它只有在两种情况下才能使人们团结一致，和衷共济。第一是在它的扩张时期，因为那时它实现了人民大众的希望，使他们也能分享福利。第二是在危机时期，例如地震或战争那样的灾难，那时人们共同经历到的危险的强度使他们能够从一个超越其正常价值尺度的目标中看到彼此的实际情

① 参阅1942年10月1日《泰晤士报》所刊前圣保罗大教堂教长英季和牛津大学罗得学院院长C.K.艾伦先生的信件。

② 《有闲阶级论》(*The Theory of the Leisure Class*)(伦敦1904年版)。

况；因为尤其是在共同体验一个高于一切的目标时，人们发现真正有价值的东西是不能买卖的。

可是，第一种情况有着一个严重的缺点。为一个贪欲社会的固有逻辑付出的代价是巨大的，即它的统治者们把安全错当作自由了。他们只要觉得安全，就不会压迫人民大众；但是他们只有在确信军队和警察的力量足以保护他们的特权免受侵犯的时候才觉得安全，然而这种确信是极难得有的，而且也只能保持极短一个时期。在危急时期，危机持续多久，共济的感觉也只能维持多久；危机一过去，就像上次大战所表明的，恐惧的深渊就又把人们互相隔离开来了。安全可能重又出现，如同它在 1794 年热月之后、1848 年 6 月之后、1871 年春天巴黎公社被镇压之后、1905 年俄国革命失败之后重又出现一样；但这种安全完全没有力量满足对创造性冒险的渴望，这种渴望对自由的气候是十二万分重要的。

事实上，所谓好社会可以是无计划的和贪得的这种主张有两个致命伤。一方面，在资本主义民主的形式后面，它总是实实在在成为富豪政治；另一方面，它最终总是敌视任何一种企图使诸如真、善、美等抽象价值比物质财富更值得想望的目的。历史证据表明，谁要是为这样的目的辩护，谁就使一个无计划社会的安全遭到危险；正因为如此，绝大多数企图实现基督教福音的运动，都和早期的教友派一样，不得不和他们所欲改变的世界妥协，或者要么就像圣芳济会一样，被物质力量的车轮辗碎了。

因为，我们从来没有牢牢地记住：我们的贪欲社会对大多数成员是把握得多么不牢，这些成员表面上服从它的习性，骨子里却隐藏着多么深刻的愤怒。然而那却是我们在历史上每一个革命时代所必须重新学习的真理。具有决定性重要意义的是:这种时代的最初阶段总是一个欢欣鼓舞的时期,而且友爱的光辉理想甚至往往重新被强调。一切事物都必须更新的信条总是能使人产生希望的信条。那无疑是一种危险的主义。但是,人们在努力克服危险时总是感到真正的解放,这一来因为冒险本身就是自由,二来因为克服恐惧是真正的自我满足。现制度赋予少数人以具有宗教价值的所有权,也就给了他们安全,这种安全对绝大多数人来说,意味着一种单调乏味的呆板生活,偶尔才有解脱的机会。现制度使人民大众沦于微贱地位,因为它害怕自我满足的号召对他们的影响,深信一响应那种号召,它的安全就完了。一个如此地贬抑其成员人格的社会之不能激起一种制度用来延长其寿命的那种感情,事实上也就没有什么好奇怪的了。

附带提一句,这也就充分说明了为什么反革命在其开始阶段能使不少人为之倾倒,而这些人的利益作为一个阶级来说,恰恰是反革命所要消灭的。他们穷途末路,灰心失意,反革命却以冒险、危险和希望的姿态出现。他们响应反革命的号召,因为它仿佛能使他们摆脱衰退的资本主义民主所给予他们的微贱地位。反革命领袖们无疑是宣扬冒牌福音的冒牌救世主。但是希望破灭的群众听了,却由于它是福音而分外感动,不去理会它是冒牌的。

我认为,这就是那些企图以我们传统制度的名义去打败反革命的人的致命错误;他们忘了,反革命正是我们的传统制度的特性所造成的。希特勒主义的野蛮残暴可能给予他们足够的力量来克服挑战。但那种力量所引起的忠诚不会持久。那是一种消极愤怒的忠诚,而不是积极信心的忠诚。普天下的人民大众越来越懂得传统制度所推行的信仰的虚伪,价值的空虚。那是当代人情绪不稳定的根源;这种不稳定由于和俄国革命结合而变本加厉。对希特勒主义的胜利很可能使旧制度获得暂时的喘息——尽管就连这一点也成疑问。但是,胜利的威望也好,教会组织的情绪也好,都不能使对那种制度的恢复了的信心稳固一个相当长的时期。未来的社会如果想避免对外革命战争继之以国内革命战争的悲剧,就必须下定决心在平等的范围内谋求自由。要抓紧时机确立那个范围,这就必须为计划化民主奠定基础。

三

一个社会被内战弄得四分五裂以后,由国家政权厉行计划化,那么这个社会在很长时期内就不见得会容许自由气氛存在,哪怕像俄国一样,计划的目的是造福全社会,这种情况是无需苦心制作的论据来证明的。积重难返;历史性的猜疑经久不消;如果拿破仑从棺材里还能使他的侄儿坐上法国皇帝的宝座,那么,直到战争爆发为止,苏联的缔造者们还觉得难以承认反对党的权利,也就不足为奇了。甚至在二十五年之后,俄国还只有一个政党享有合法存在的权利。从资本主义民主国家的传统政治习惯观点来看,反对计划的人把自由看作和计划势不两立,也就没有什么好奇怪的了。

但是,我们一定要小心避免某些明显的错误看法。苏联是在战争惨败、经过四年内战和外国武装干涉、人民绝大多数是文盲,而机器工艺所必不可少的精确纪律经验又等于零的情况下,在一个敌对的世界中建立起来的，因此如果我们从苏联建国的经验得出结论说，自由和计划化社会是两个对立的名词，那是不对的。同样，说资本主义民主国家的统治阶级把什么东西当作自由，我们也就只能唯马首是瞻，那也是不对的。如果像计划化民主批评者们所主张的那样主张：计划的最终决定是先验地极权主义的，因而是和自由不相容的，这只不过是诡辩，把问题的一切重要因素抹煞了。如果像批评者们所坚称的那样坚称：计划化民主意味着社会上充塞着官员，因而浸透了一种同自由的心情格格不入的官僚气氛，这不是像萧伯纳曾经说过的那种把警察当作对个人自由的挑战的无政府主义，就是完全误解了我们社会里除少数人以外几乎全都受其牵制的那种对常规的永久驯服。把莫斯科或塔什干的合作商店里的消费品供应的相对缺乏，去同第五街[①]或庞街[②]琳琅满目、美不胜收的商品相提并论，首先就是忘了苏联必须从两条可怕的道路中选择一条——不用说也讨厌苏联所作出的选择对我们自己的影响，其次是忘了，美国也好，英国也好，事实上只有一小撮人才有资格享受那种琳琅满目、美不胜收的商品。如果像计划批评者所极力主张的那样主张：计划毁灭了我们自己的制度所提供的自由而多种多样的事业的巨大机会，这种说法在南威尔士一个退休矿工看来，一定是荒诞可笑的，如果他把自己亲身经历到的机会去同1917年以来计划化社会为俄国每一个有精力和个性的男子

① 第五街，纽约一条著名的街道，为大企业及大商店的集中地。——译者

② 庞街，伦敦的一条街道，十八世纪到十九世纪初原为富人住宅区，现以豪华的商店驰名。——译者

或妇女所开辟的那些机会作一对比的话；这种对比，我敢说，对于铁木辛哥[①]那样一个农民的儿子说来，当他想到如果十月革命没有获得胜利，他的遭遇会如何时，就一定甚至更加突出了。

但是，有人告诉我们，[②]经济学意味着从有限资金的各种用途之间作出决定，如果放弃了以客观价格为供求标准的非个人的市场机构，而由政权横加干涉，决定应该生产什么和以什么价格出售，那就一定要丧失自由。另外还硬说有两个危险。其一，据说人们调度不是属于他们自己所有的资金，就会对效率和创造性缺乏刺激，而牟利动机不管有哪些缺点，却能提供这两样东西；其二，统治集团可能利用他们的职权为自己获得特权，这些特权与他们履行的职务不相称，与他们掌握的权力倒相称。除此以外，甚至还有这样一个危险，即生产者对政治的不正当势力，可能使民主的均势偏向于一个或数个处于重要战略地位的集团。

第一个论点拒绝面对它所提出的重要问题。事实上，政权在市场机构中并不是中立的；它早已决定偏袒那些从经济意义上讲能使他们的需求成为有效的人。政权所制定的法律并不打算（除非在危急关头）用有限的资金来供应迫切的社会需要；可以说，政权早在用途还没有决定之前，就已经出面干涉，以保证有效需求获得满足，只要企业家认为他能从满足有效需求中获得利益。在资本主义民主国家中，统治者的主要目标是保护所有主。有限的资

① 铁木辛哥（1895—1970），苏联元帅，卫国战争时期保卫过莫斯科及斯摩棱斯克。——译者

② L. C. 罗宾斯：《经济学的性质和意义》（*The Nature and Significance of Economic Science*）（1932 年版），第 15 页。

金主要就用来为他们的利益服务。如果政权出面干涉(例如战时的定额配给),那不一定就是丧失自由,除非我们是指所有主们随心所欲地运用他们的经济权的权利而言。

对于第二个论点,从理论上和经验上都可予以驳斥。事实上,这个论点——它由冯·米塞斯教授首创成功[①],而后被一大群门人热烈地重复[②]——已被证明是建立在一个谬见之上的;[③]而苏联的社会主义经济利用价格机构,就像英国或美国的资本主义经济一样地卓有成效。[④] 有人说,掌握在拿薪水的官员手里的公有制必然不及以资本私有制为基础的体系,这种理论分明是一种特殊的人性论和贪欲社会用来保护自己免受公有制原则侵犯的宣传,是这两者的混合物。一个真正有才能的人经营他的私有企业,显然会比一个二流角色经营一家公营商店强;但问题并不在于此。真正的问题是:在一个计划化社会里,为公众服务到底会不会提供一种发奋有为的刺激,就像为私人利润服务所引起的那样灵验?

答案当然是:这既要看有关的人的品性,又要看社会赋予处于这种地位的人的身份。假定有合理的酬劳,就没有丝毫根据认为

① L.冯·米塞斯:《社会主义》(*Socialism*)(1936 年版),拜请参看 F.冯·海耶:《计划经济学》(*The Economics of Planning*)(1935 年版)。

② 例如:美国的李普曼先生,英国的罗宾斯教授、普兰特教授和海耶克教授。表现得最热烈的可参看 W. M. 赫布:《经济学家和公众》(*Economists and the Public*)(1936 年版)。

③ O.兰格和 F. M. 泰勒:《论社会主义的经济原理》(*On the Economic Theory of Socialism*)(1938 年版)。

④ M. H. 罗布:《政治经济学和资本主义》(*Political Economy and Capitalism*)(1940 年版),并请注意庇古教授赞成社会主义计划:《社会主义对资本主义》(*Socialism Versus Capitalism*)(1937 年版)。

人们在公家企业工作会不及在私人企业来得巴结，只要工作使他们感兴趣，而对于所做的工作又一律看重。如果在一个社会里，谁收入最多，谁身价就最高，那么，有野心和有才能的人很可能都去干那最容易赚钱的差事。如果像我们一样，统治阶级的迫切任务是要保卫附属于财富的权力和特权，他们当然会尽一切可能来贬抑威胁他们的权力和特权的社会活动的原则。甚至可以合理地假定：如果人们是按照他们的财富来衡量的，而他们又可以指望从私营企业获得比公营企业优厚的酬劳，那么在私营企业里工作完成的质量一般会比公营企业高，因为在其他一切条件相等的情况下，私营企业的人才很可能会得到源源不绝的补充。但如果公众判断的标准不仅仅决定于获得财富的本领，那就没有丝毫证据来支持这个论点。在这方面，至少苏联的经验是驳不倒的。

统治阶级可能利用其地位来获得特权，借以有别于其余部分的公民，这当然是个和历史本身一样古老的危险；每一种权力都有腐化堕落之虞。同样明显的是，在反革命原则占上风的一切国家中，制订计划的官员们都曾利用机会（至少是只有极少数例外）来积聚他们私人的财产；这方面的例子不胜枚举。但是，就这一点来说，资本主义的领袖们并不见得能采取高明些的态度。归根到底，美国和加拿大财阀们的发家史、法国“两百家族”的手法、瑞典的克雷格尔[①]和西班牙的胡安·马区搞的那些投机倒把勾当，所有这一切都是立法者和官员为富人的特权服务而贪污纳贿的严酷记

---

① 克雷格尔（1880—1932），瑞典火柴大王，以投机倒把起家，曾获暴利五亿美元，后终于破产自杀。——译者

录。自从宪章运动以来，英国中央政府这种明目张胆的贪污行为是极少的，尽管在地方当局，要比我们所愿意承认的多得多。但是，即使在英国，我们也切勿忘记荣誉册的重要意义，它是各历史性的政党获得财政支援的主要来源；它们的政策有不小一部分是由这个来源的特性决定的。

下面这个事实至少是鼓舞人心的，即迄今为止，在苏联的历史上，这种贪污行为不但极其少有，一经发现立予严惩，而且官员的职位越高，他们的生活标准也越严格，他们都对这种生活感到满足。列宁的纯朴的特征已深入到制度的习惯；一般地说，不管计划地行使权力容易产生哪种形式的贪污，至少这种形式的贪污（尤其是和资本主义社会相比）是没有的，这是它大可引以为荣，也是值得我们注意的。

批评家们硬说，计划化民主使强大的生产者借行使工业上和政治上的权力而获得比弱小的生产者为大的利益，这种说法我认为是极不真实的，与其说是来源于可靠的历史经验论据，不如说是吓唬小孩子的怪物。首先，我们要注意，在现代国家的历史上，再没有比它的官员们（行政的或工业的）串通一气利用职权自肥更罕见的了；英美两国文职官员的经济情况就是明证。警察的情况也是这样；有些地方之所以发生罢工，例如 1919 年在波士顿，乃是多年不满而政府一直不加以补救所造成的。在波士顿罢工中，正如同年在英国发生的罢工一样，只要那些负责处理的人头脑稍许灵清一些，就有充分理由相信罢工压根儿不会发生。非常重要的是，如果一国的军队干预政治的话——除了在实际的革命环境中，军队干预政治一般总是发生在战争失败之后，例如 1917 年发生在列

宁格勒和1918年发生在基尔[①]——干涉的冲动总是来自军官阶级(例如1914年的乌尔斯特事变[②]和随后的法西斯发展)而不是来自士兵;即使那时,干涉所要助长的利益也是一般性的,而不是针对哪一项个别的经济利益的。

在资本主义民主国家的经验中,更常见的情况是一个集团企图从政府那里获得特殊的保护;1929年减税法案通过时英国农场主的情况,战后的美国工人对移民法的态度,就是这类行为的实例。但是,在研究这种经验时,必须记住:政府所以给予特殊的保护,往往不是向多数人的力量让步,而是向该集团帮助或阻挠各政党实现比集团本身所抱持的更其广泛的目的的那种力量让步。英国保守主义对农场利益的关怀是同保守党和地主阶级的总的关系分不开的,地主阶级使保守党仍旧能够充分控制英国的农村选区。在上次大战之后,美国各工会之所以能够取得对欧洲移民的严格限制,是因为他们的要求符合下列两点:一、普遍希望同欧洲隔离;二、怀疑欧洲移民是革命传染的媒介(主要由于俄国革命的缘故,美国对于传染非常敏感);假使不符合这两点,他们的要求到底能否实现,就是个疑问了。一项特殊的经济利益所获得的保护,照例是对舆论的普遍气候的指标,政府给与这种保护,相信能获得舆论的赞同。极少数几家英国银行竟能阻止我国市营银行的发展,这

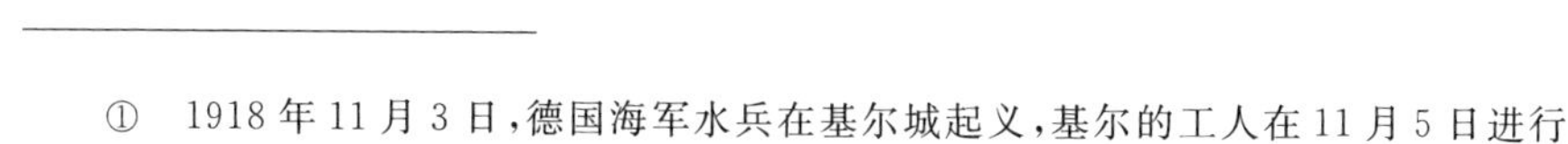

① 1918年11月3日,德国海军水兵在基尔城起义,基尔的工人在11月5日进行总罢工支持水兵的行动,占领基尔,成为德国十一月革命爆发的信号。——译者

② 1912年,英国自由党内阁提出爱尔兰自治法案,给予爱尔兰以独立权利,但遭到王权党的反对,王权党并在爱尔兰东北部乌尔斯特地方成立义勇军,进行叛国活动。1914年3月,自由党下令科拉驻军进攻义勇军,被贵族军官拒绝,自由党遂对哗变的军官让步,撤销攻打乌尔斯特的命令。——译者

不是根据原则——原则几乎一个世代前在惊人地成功的伯明翰银行事例中就承认了——而是因为实业家们普遍感到市营银行的任何巨大发展可能为社会化信贷制度最终不可抗拒的要求奠定基础。1919年以来对英国煤矿业进行的每一次调查，都揭露了现行的所有制所固有的浪费、无效和居心不良；但是，即使在战时，国有化也遭到拒绝，因为远在煤矿业之外的各种利益都认为：从国有化获得的任何好处都抵偿不了承认这件初看渺小而结果重大的事所造成的损失。罗斯福总统在“新政”创造性时期强使议会通过的引人注目的立法，与其说是对工人在美国政治中的实力的直接赞赏——虽然这当然也是一个重要的因素——不如说是美国小人物由于深信大企业不受拘束的领导使他们在经济大危机时期吃足苦头而强行取得的罚金。像证券和汇兑法案、成立田纳西管理局的法案以及《瓦格纳法》等措施，都是小人物用来防卫“万恶的个人主义”旧病复发的危险的。

为什么俄国的经验只能局部解决这个问题，当然是有其特殊原因的。大权始终操在布尔什维克党手中，尽管有一项与非党舆论协商的复杂制度，特别是在工业事务方面，最后的决定却总是党的决定，没有一种有组织的手段能取消它们。各种利益的均势按照党认为有效的样子维持着，党内清洗的历史清楚地表明，要打破这种均势是谈何容易。但我看不出有什么根据可以认为，俄国实行计划的经验证明计划和自由或民主水火不相容这一推断是正确的；它仅仅证明，在俄国革命从中发展起来的相当特殊的环境里，共产党为计划规定的目标不可能在英国代议制政体所允许的反对党体制下实现。

但这就牵涉到对于一个社会里对反对党的限度的看法，这对于理解自由是必不可少的。马克思说过："自由就是承认必然。"每一个社会都是建立在一系列基本要求之上的，社会成员们必须一致尊重这些要求的继续存在；也只有在那种尊重的范围内，他们才有自由之可言。比方说，英国是一个君主立宪国；如果选举风水的转变往往有可能使它成为一个共和国，那它的生存就不可设想了。同样，接受计划化经济，势必要按照订计划的决心受到普遍尊重这一假定来看待自由。举个例子，如果每逢共和党上台，私人就把田纳西管理局接收过去，而等到民主党得胜，又把它交还给政府，如果这样的话，社会关系就不能合理地解决。在任何一个社会里，反对党的权利只有在它尊重社会的各项基本原则的情况下才有效。要改变这些原则只有两种可能，要么大家一致同意作出这种改变，要么那些反对改变的人力量不够，不能用暴力阻止它；就是说，这种改变容许民主方法继续存在下去。如果不是大家一致同意，或者反对派决心用暴力斗争，这个社会就既没有自出，也没有民主之可言了。

综上所述，我认为显然可以得出两个结论。第一：如果一个资本主义民主国家要实行计划而又要使计划和维护自由相容，就一定要有人民的一致同意；如果还有怀疑的余地，怀疑实行计划的决定，作为国家生活的重要因素，到底会不会被选举结果的意外转变推翻，那么自由就保不牢了。自由的实质是善于不断发挥主动精神，但如果对社会的基本原则意见不一致，主动精神就发挥不下去了。如果没有这种一致，一切政治和经济关系就会趋向于公开的冲突，也必然意味着某些主动精神必须受到限制或镇压。这种情况在对外战争时期可以看得清清楚楚；高于一切的胜利目标给反对党可以容许的活动范围规定了限度，这种限度被危机的严重性交代得非常明确。

这个情况使我得出第二个结论。当一个社会接受了实行计划的决心之后，就为自己提供了一个高于一切的目标，对于这个目标的总原则，人民大众必须一体遵从。他们的自由受制于为实现这个目标所需要的各种事项；他们那种可以允许的主动精神的范围是由目标的固有逻辑所确定的。很明显，计划意味着优先权；要决定这件事比那件事更重要，社会的资源必须先派这个用场然后再派其他用场。一旦有了优先权，那么自由的内容就显然和无计划社会不同，在无计划社会里，各种资源的利用是由市场的供求决定的。例如，有本钱投资的公民犹豫不决：究竟选择安全可靠而无暴利可图的政府公债呢，还是冒险吞下南美银矿这块肥肉。公共控制社会上全部信贷机构，是安排优先权的必要基础；资本主义历来所理解的那种投资自由必然要消灭。同样，有些经济活动地盘会被形形色色的公有制所垄断，公民不能自由进入，除非作为占有那个地盘的公营企业的雇员。经济界中活动的公共地盘将扩大到什么程度，当然难以逆料；不过如我已在前章中指出的，为群众福利而计划这个概念使得某些重要的地盘非被占领不可。

由此可见，计划与自由的相容性首先是一个政治心理学问题。它意味着我论述过的那些作为经济权的主要钥匙的东西从私有变为公有。它意味着私人不复能利用那些钥匙来开启通往特权地区的门户。这一点能够在普遍的赞同下做到吗？

老实说，我个人的回答是不知道。它多半要看这件事是在什么时候做的，另外还得看作的方式如何。我已在本书中极力主张过，如果要使这种转变最有成功希望，那么目前就是最适当的时机。我已经说明，其所以这样，是因为战争的影响已创造出一种情绪，到处的人们都愿意接受巨大的改革。但我已经指出过，从一切历史经验来看，这种情绪决不可能保持到战争结束之后，因此，等到被严重危机引起的激昂情绪低落以后再来试图改革，就是坐失行动良机。因为，在胜利以后，压力没有了，人们就会重新追求经验使他们适应了的那种生活规律。在从敦刻尔克溃退到英伦战役结束那段时期内，我不信有哪一方既得利益会以自己的要求去和战时内阁实行我所主张的作为控制未来的手段的那种规模的改革对抗；如果它竟敢这样做的话，愤怒的舆论会把它的反对一举打垮。但是，英伦战役之后的每一个月都给予既得利益以日益增强的力量来阻挠改革。丘吉尔先生拒绝在战时讨论“引起争执的问题”，唯恐如他所设想的那样破坏国民团结，如果我们追踪他的这项政策的必然结论，我认为那些占领着那块将被移交的地盘的人一定会说，如果在国家生死存亡处于千钧一发的关头，尚且不必作出这样大的牺牲，那么当希特勒主义的威胁消除以后，就更加完全没有必要了。在这种情况下，我认为既得利益保卫现行社会制度的诱惑一定是很大的，决不能保证它们不会屈服于那种诱惑。

由此可见，这多半要取决于许多因素，每一种因素的影响都是我们目前所估计不到的。拥有无限力量的美国对战后世界的态度；轴心国失败的方式以及革命热情在欧亚两洲自由奔放的程度；战争结束时俄国所拥有的军事和经济实力以及它的统治者们利用其实力来支持革命热情的程度；以上各点对英国工党的影响以及工党到底会不会懂得：不实行计划化社会，它应付战后主要问题的能力将微乎其微，以致很快就不能支配它所满足不了的选民；所有这一切因素都是我们目前所无法估计的。我只把自己的信念记下来：鉴于这次战争所代表的各种势力(因为战争既是它们的因又是它们的果)，假使我们到停战时还没有为一次同意的革命奠定基础，我们就马上会陷于这样一种境地：由于人们不复抱有共同一致的伟大生活目标，他们就不能对社会改革的方法取得一致意见。在那种情况下，就不能用和平方式来改造我们的各项基本原则了，各种势力的最后配置将不决定于协商而决定于暴力。无论哪方面获胜，这个结果都意味着自由和民主暂时告终，一切先例都无可辩驳地证明了这一点。在现代，只有西班牙共和国才信任它的敌人的诚意。它的榜样不见得会鼓励那些决定战后时代的特征的人。

我用英国的情况说明了这个问题，因为英国的情况我最熟悉。同样，英国的情况也是一个背景，在那个背景前，过去的社会力量的关系为以和平方式建立计划化民主提供了最好的机会。我已经说过，时间因素固然重要，方式方法也十分重要；因为有苏联的经验可资借鉴，就必须对方式方法加以全盘考虑。我首先注意到，所有权的要求必须多少服从于高于一切的胜利目标，这一事实对我国绝大多数公民来说，并不使我们作为公民的人格扫地。我们争取更多的限额配给而不是更少。从比例上讲，逃避履行政府认为应当叫公民履行的那些责任的人，是比较少的。当我说战争由于使人们担负重要的任务而使人感到满足时，我是指大多数英国人说的。而且，我认为，在这些可怕的年头里，由于完成任务而获得真正解放的男子和妇女的数目，要比在从 1919 到 1939 年那些怀

疑和幻灭的年头里获得解放的人的数目多得多。全国人民发现：派给他们的任务越重，他们也越自由，而五年之前，他们却会痛骂这些任务非法侵犯了他们的自由。战争是样可憎的东西，它丑恶、野蛮、残酷，但如果战争是实现一个伟大目标的手段，那么从正确的观点看，为战争服务就能导致尊严和喜悦。

这种貌似矛盾的说法奥妙何在呢？我认为在于这个事实：公民们参与他们所一致同意的伟大目标，就能从为这个目标服务中获得自由，因为它使权利和义务成为两个相互为用的名词。有了这个伟大的目标作为至高无上的社会目的，就能建立一项优先权制度，这项制度确定了个人活动的范围。自由市场机构暂时作废；代之而起的，至少是向计划化社会接近。极端重要的是：我们为了促使那个目标实现而建立起来的优先权的规模要产生一些结果，它们在衣食等方面，似乎没有在自由放任世界的非极权主义市场里来得专横。当然，我同意这种计划是不完备的。它显然会遇到阻力，尤其是从战前世界的心理习惯那儿继承来的阻力，它们使计划变得零碎、片面，缺乏广泛性。但是，我认为不妨强调指出，在物质供应缺乏的情况下，政府决定所得的基础是人的存在的事实而不仅仅是有效需求的经济原理，无疑是对社会福利有好处的。

一个简单的比喻也许能加强我的论点。优先权的作用意味着我们生活中一个很大的计划因素，而这反过来又意味着缩小个人对共同福利的要求之间的差距。恰如从一种以收入决定投票数的制度过渡到这样一种制度：尽管天平两端差距还很大，却接近多了。我们已经承认自由消费者的选择会破坏我们所抱持的高于一切的目标；我们已经规定一个地区，不让它再在其中活动。我并不

认为国家政权厉行的平等因素被普遍觉得是丧失自由。

把这个问题归纳起来说，至少在三种情况下，计划化民主反对者推荐给我们的自由市场是和社会的福利没有必然的联系的。在自由市场里，主动权操在生产者之手；消费者只能从两样东西当中择取其一。而生产者的主动精神是否成功，又仅仅用商业的标准来衡量。南威尔士矿工村的一个矿工，在市住宅计划开始实行之前，并不表示他需要哪一种房子；他只能从这所房子和那所房子中挑选一所，而这两所房子在我们今天看来，根本就都不应该造。消费者从一大堆商品中选购，其中好些东西，例如专卖药，只要他对它们有一点点专门知识，就根本不会买。父母把子女送进由刘易沙姆先生当副校长的那类私立学校而不把他们送进公立学校去和“普通”儿童混在一起，自以为这样做就是在为子女购买社会出头机会，这种父母的情意是需要消息灵通的当局加以保护的。

即使计划化民主反对者也承认，有些事业必须撇开自由市场，而由全社会来搞。公共卫生、教育、防止犯罪行为和防火，就是明显的例子。关于这些事业的范围的看法，无疑既有时间的差别，又有空间的差别。在 1942 年，我们绝大多数人都认为免费中等教育是理所当然的；但四十年前却并非如此。现在，英国每一个自治市都认为公立图书馆是项不可缺少的社会服务，但仍旧有些农村地区把它当作浪费纳税人的金钱。其次，这类事情分明还包括一个范围，在那里，为了公共的利益，个人买东西的时候不得不遵守某些规章；他必须把他的住宅计划送请地方当局批准，还得在汽车上装一个遏声器。

第三种情况的性质就不同了。它关系到这样一些商品，由于供应的品种花色繁多，价格就势必比标准化商品高。这里，消费者的爱好决定产品的丰富这一假定设想高度的满足，而不管它往往会造成多大的浪费；而且那种丰富往往只不过是不必要地响应凡勃伦所谓的“明显的浪费”罢了。要了解我的意思，有着一个很好的例子，就是和平时期一艘横渡大西洋邮船上对头等舱客人供应的膳食。在李普曼先生看来，点菜是一种自由，而限制较严的客饭会破坏这种自由。实际上，食物的等级跟旅客的日常习惯并没有什么关系；它只不过标志出一个社会所要求的奢侈的标准，在那个社会里，挥霍的能力被作为某人事业成功的证据。这种例子不胜枚举，特别是在像化妆品工业那样的奢侈品行业中，一方面标准化释放了生产资金，一方面又靠便宜扩大了市场。

一句话，计划化民主的特征是市场服从于其成员们一致同意的目标或价值体系。但是，由于那是一种需要加以计划的民主，那个目标或价值体系，就必须由男男女女以公民的资格来决定，而不是像经济学家们所理解的那样，以一捆捆“有效”需求的资格来决定。一种计划体系的民主特性能够使自由普及到什么程度，并且使其成员的自由感发扬到什么地步——总的来看，从历史上可以正确地说，只有少数人才能够继续不断地享受自由——这十之八九将决定于计划是怎样产生的，以及它是如何获得各阶级人民的充分合作来实行的。

很明显，如果计划不是以同意为基础，甚至如果一个计划体系虽已产生，却处于内部威胁的阴影之下——无论是像纳粹主义之于魏玛政权那样的直接威胁，还是从美国“新政”引人注目的蜜月结束后既得利益一直对它实行的阴险顽固的破坏——那么，这种计划的开头能成为民主的可能性，至少是微乎其微的。没有一个政府会允许向国家政权的基本权力所系的各项法令公开地或秘密地挑战；如果竟然允许了，那么，历史上无数证据表明，这个政府的寿命也就不长了。负责作出最后的社会决定的人容忍对那些决定的批评，只以批评者没有严重威胁到那些决定所依恃的一致赞同的价值为限。说实话，唯其如此，各资本主义民主国家中的社会主义政党才被允许存在。那些政党所进行的斗争，与它们企图传播的思想不同，是为某种定量的社会改革而斗争，实际上，这些改革他们的对手能够接受，而并不感到他们天生要维护的重要原则已遭到危险。一旦他们有了这种感觉，就像在法兰西第三共和国的最后几年，接受社会主义政党的宗旨的能力就迅速削弱了；在恐慌时期，例如在 1919 年美国"红色歇斯底里"那几个月中，那种能力也迅速地削弱了。

在这一点上，没有理由认为一个建立在计划原则上的政府会和一个醉心于自由放任原则的政府有所不同。另方面，我也看不出有什么证据可以认为：从资本主义民主过渡到计划化民主，就势必要暂时地或永久地丧失自由。但是，要为这个假设辩护，就得把自由的内容加以精确的分析。我已经援引过马克思的那句至理名言，即自由是承认必然。做不到的事情就没有必要硬去做。世上有不少事情，例如死亡和必须付出代价（往往是痛苦的代价）以获得赋予人类个性以独特性质的经验，我们必须使我们的头脑适应于这些事情的不可避免的结果。自由的实质在于我所谓的不断创新的感觉，在于确信我们每个人，哪怕卷入一个超越我们的私人目标之上的社会目标，也仍然能够为它作出独特的贡献。简言之，自

由是知道我们每个人既是工具又是目的,知道社会上有着使我们能够作出自己的选择、拿自己做实验的余地。因此,我们的自由来源于感到我们有权加以细察的广阔天地,感到能使我们出人头地的无限机会。社会上各种制度的作用使一个人抱有一种创造性的希望,鼓励他去完成一项使他感到有重要意义的和欢欣鼓舞的事业,那么这个人在社会上就是自由的了。

我认为,这一点就说明了,为什么尽管苏联的领袖们觉得不得不颁布种种禁令,苏联却仍旧有着符合于我给自由这一名词所下的定义的那种真正的自由。如果苏联的工人不能像英国工人批评丘吉尔先生或罗斯福总统那样地批评斯大林,他却能批评自己工厂里的工长或经理,其方式方法不是英国工人轻易做得到的。即使他收入少,居住条件差,他的事业却不受他出身的限制,他不用害怕失业或老年。他的健康受到全民的关怀,他的子女的幸福是国家最最关心的;他为社会利益贡献出的劳力给予他尊严,因为劳动力不再像资本家所理解的那样,是样可以买卖的商品。一个世代以来,他感到从事伟大冒险的热情,感到欢欣鼓舞,这种热情和欢欣鼓舞,我们绝大多数人感到自己是历史性试验的一部分时必然会有。工人的情况如此,妇女的情况就更不用说了。共产党专政可能为公民的个性发展订计划,它可能严厉地惩罚那些想逃避计划的基本规则的人。但是,共产党专政事实上为千百万人造就了一种能够发展的感觉,这一点却好像是无可否认的。这种能够发展的感觉——它使得有这种感觉的人能够肯定自己作为人的存在——就是自由的秘诀。

这里就必须注意到,一个社会实行一种计划体系,是以生产资

料公有制为基础的。如果体系的目标，像俄国那样，是社会消费，如果它不是像资本主义民主国家那样着眼于一小撮所有主阶级的经济安全(在资本主义民主国家里，所有主的特权只受两方面的制约，其一是一种难得普及的人道主义，其二是民主从那个阶级争取让步作为其安全代价的能力)，那么这个目标就必然会引起对各种价值的相当彻底的重新估价，而这种重新估价就为自由的概念开辟了新的个人的和制度的前景。由于这些前景是新的，我们就必须按照它们所据以建立的前提把它们细加分析，而不要一口咬定它们的结果是否定自由。

这种重新估价的最浅显的例证，也许在于这类计划化社会里的工会的作用与资本主义民主国家里的工会运动方法之间的对比。英美的大工会保护会员利益的方法，是由无计划社会——在那里，所有主赚钱是生产的主要动机——的私有制性质决定的。结果是，第一，没有一个工会能考虑它为会员争取到的工资或工作时数方面的改善对于社会的总的工资结构或总的消费标准的影响。像美国妇女服装工人工会那样关心与它有关的工业的雇员的效率的工会是少有的。而能够认真进入资方主管的领域的工会，就更少了。一般地说，除劳资双方的正常经济关系之外，还得从社会角度考虑问题，这样才能使工会积极促进会员的技能或提高产量。英美的工会几乎只完全关心两件事：一、保障工人的职业；二、为工人从工作中取得最大限度的物质利益。同时，雇主所关心的主要只是：一、购买他能从中获得利润的劳动力；二、只给予工人以他慑于工人的有组织的力量而不得不给的物质福利条件；给的范围以他能够继续赚钱为限。劳资双方谈判的最终武器是罢工或关

厂;这种手段所达到的激烈程度,尤其在美国,常常威胁到社会安宁,使国家政权不得不加以干涉。既然在资本主义民主国家中,政权的目的是维护私有制的最终主题,亦即为所有主阶级获取利润,这种干涉就难得采取给予工会以有组织支援的形式。相反,那些行使政权的人的思想前提恰恰与此背道而驰。

英美工会为其会员取得的利益是十分巨大的,而且具有重要的社会意义,这一点我认为是不可否认的。但是,我认为同样也不能否认:这些利益既不和国民经济中任何一项工业的社会重要性相称,也不和某一个工会中任何一个会员的工作相称。我们的经济制度使集体议价成为不可避免;但是,社会对其结果的关心与其说是直接的,不如说是间接的。从 1926 到 1939 年,像采矿、造船或土木工程等工业中的数十万熟练工人眼看自己的技术逐渐荒废,或者想放弃威尔士矿工的工作而改做伦敦一家饭店的侍者,而国家政权却袖手旁观,结果它就由于信任市场不受限制的讨价还价而获得了报应,在受到反革命挑战时付出了惨重的代价。

我当然绝对不应该硬说俄国的尝试已经真正令人满意地解决了工会运动在计划比社会里的地位。俄国的工会会员只能在一定范围内就他获得的工资进行谈判;实际上罢工的武器是不能使用的;像约翰·梅纳德爵士那样一位友好的观察家也记下了他的信念:"苏联的工会运动并不保障个人免于工作过度。"[①]我认为必须

① 《俄国农民及其他研究》(*The Russian Peasant, and Other Studies*)(1942 年版),第 341 页。我必须向约翰·梅纳德爵士的杰作致谢,它是我所知道的关于俄国试验的最深刻和公正的研究。

由此推断出：俄国工会的主要作用是提高产量多于保卫会员的利益。为什么苏联的各种特殊因素造成了这种情况，当然有很多原因，尤其是国防工业赶时间的大竞赛；而很明显的，共产党在工会中的领导地位，意味着工资生活者的情况多半是由单方面的议论决定的。决定性因素是政治局在考虑了它认为必要数量的适当证据之后，从国家需要出发决定什么是合乎理想的。工会以顾问的资格活动，设法使证据的含义充分有效。他们不能采取制裁手段来强行更改最后的决定。

但是，即使事实如此，我认为俄国关于工会作用的理论在计划化民主国家中，仍然可能比英美的经验所产生的理论有效。如果我们同意，为社会消费而计划生产是社会经济生活中的基本社会原则，那当然可以推断出：一个旨在保护工人利益的组织必须直接地和密切地关心最高产量，因为产量的水平显然将决定工人的酬劳。当然，同样明显的是，除了关心产量之外，还必须更进一步关心工业的技术和行政管理的效率，以及保障工人健康所必不可少的卫生和安全等条件。

但是，我认为必须注意到，资本主义社会里工会运动的绝大多数限制手段是建立在匮乏经济以及资本主义制度所包含的失业后备军这个假定之上的，同时也以下述见解为基础：工人在一门工业中获得的条件，可能由他们在该门工业中的议价权的力量合法地解决，而与工人在另一门工业中获得的条件无涉。依靠自由市场机构及其关于完全竞争和劳力完全流动的早期限定为生的社会，除了在短暂的时间和特殊的场合以外，和现实绝少关系。那些假定就是单独的雇主和单独的工人之间的契约自由的基础，其不愉

快的结果导致了工会的发展以及工会企图用共同价格的手段来缓和那些结果。联合的力量被发动了起来，其结果仅仅和双方的比较力量——其最终考验是罢工或关厂——相称，而和给予经济条件以必要希望的社会目的的观念不相干。值得记住的是，撇开新西兰和澳大利亚那些相当小的试验不谈，国家强使"繁重"工业部门的雇主规定合法最低工资的概念主要是一个二十世纪的概念，而且十之八九是对普选权的反应，因此它好不容易才排除万难，争取到了"新政"时代美国最高法院给与宪法上的承认。说一门工业的工会对于在另一门工业中干活的男女工人的生活水平没有责任感，是不确实的；仅仅同情罢工就足以证明事实不是如此。但是，就经济方面而言，自由市场制度使得那种责任断断续续，忽有忽无，这却是事实；工人注意到经济组织中的公民因素，就像一个投票者想改变国家目的，而不像一个工会会员关心他在工业中的地位的意义。工人的那些公民因素感发展得多么慢，可以从下述事实看出来：哪怕在英国，在合并法案撤销七十五年之后，工人才具有政治觉悟，认识到老的政党实际上是假定国家承认那些公民要素是违背原则而不是承认原则；至于在美国，这种觉悟还没有全面发展起来呢。

把这一切情况着重指出来是很重要的，因为它表明工会组织是多么深深地不自觉地浸透了它所隶属的资本主义社会的个人主义。纽约各百货公司女职员的低得不能相信的工资，会引起一个像消费者同盟那样主要是中间阶级分子的公民组织的注意；美国工人贵族的组织，例如四个铁路联谊会，反而对她们漠不关心。在

托普特尔烈士们[①]蒙难一个多世纪以后，农业工人的最低工资被提高到每周三镑，这与其说是工会活动的结果，不如说是出于国家的需要。基于历史上十分自然的理由，决定工会运动的组织策略的，仍旧是无计划社会里使工人彼此对立的那些势力，而不是那些使他们团结一致的东西。在1942年秋天，英国职工大会否决了一项允许其最高委员会调查它的组织是否与它所面临的各种问题相适应的决议；过多的大工会担心对既得利益进行调查的结果会对它们不利。也是在1942年，一个铁路工人的工会拒绝了另一铁路工会成立一个统一的组织来保护他们的共同利益的建议，因为前者认为他们所代表的等级由维持一个独立的工会来保卫较好。即使具有在煤田中采取一致行动的伟大传统的英国矿工联合会，也还是有这样一个执行委员会，它的会议与其说是像一个认识到损害局部就是损害全体的单一的工业的统一内阁，不如说是像一个来自各地区的准独立大使会议。[②] 资本主义民主国家工会组织的潜在的个人主义，表现为它们硬要保卫各组成单位的特有主权，哪怕它们和希特勒主义能逐个加以击败的那些国家一样，面临着同样的集体安全保障的需要。把这种态度的含义暴露得最彻底的，莫过于在这次战争期间，它们既不能对决定工资政策的共同原则取得一致意见，又不能坚持派代表参加高级的工业管理，对它们自己的未来有重大关系的决定就是在那一级上作出的。

① 1834年英国统治阶级镇压工人运动，多塞特郡六名农业工人以“教唆非法宣誓”加入工会罪被判处充军。他们就叫作“托普特尔烈士”。——译者

② 虽然我们应该注意到，1942年的年会批准了在英国采矿业中成立一个统一的而不是联合的工会的计划。有关这个计划的谈判尚待认真开始。

基于这些理由，我认为，计划化民主国家小的集体谈判过程会使工人在工业中的自由概念具有和资本主义民主国家中工会运动的习惯所包含的自由不同的内容；我个人的看法是，它会比英美工会运动的领袖们目前所愿设想的更接近于俄国的方式。民主是计划化的这个事实是十分重要的；计划是为了全社会而不是按照少数特权分子的有效需求这个事实是十分重要的；这些变化使匮乏经济能够过渡到丰裕经济的事实也是十分重要的。资本主义社会里的工会主要是一样对付所有主阶级的防御性武器，这个阶级除了在最特殊的繁荣时期，平常非但拥有技术和管理方面的主动权，而且还握有财政上的主动权，因为它使这两者成为它的附庸；工会也是一件对付这样一个所有主阶级的防御武器，这个阶级的权力大得足以（又是除非在最特殊的时候）控制政权，使政权去组织那些维持它的霸权所必不可少的生产关系。因此，在资本主义社会里，工人的自由主要是个消极的溉念。可以说，它企图保卫工人在全部中分配到的一部，但全部的大小却无从断定：而那分配到的一部，对于少数技术高超的头挑人物以外的全体工人来说，又多半基于习惯的生活方式，这种方式使他们只能维持最低限度的生计。唯其如此，就像贝文先生所指出的，[①]一旦一帮工人发现在战争这种紧急关头能大大提高生活水平，雇主们就马上要求国家政权出来干涉，把工资冻结起来。这就增强了每个工会反对实行总的工资政策的决心，并重新突出了工会对自由的态度中的消极因素。

另一方面，在计划化民主国家中，自由的概念成了一个积极的

① 见前引《国会辩论》。

概念。工会可以说是协助发展一宗不复服从于既得利益的要求的财产。生产关系已经调整，使之与生产力相适应。有了那种调整，就可以压倒社会的旧的阶级性，由于旧的阶级性被压倒了，就产生了一种新的消费心理。在过去，我们能从新兴的资产阶级生活习惯的改变看到这种心理的出现；它拒绝再接受它在封建主义时代不得不接受的衣、食、住和家具等方面的传统。作家、艺术家、教师，甚至于教会，都开始使他们的行为方式适合于新的消费者的要求；李洛[①]、贺加斯[②]、非国教派学会会员，韦斯利教派运动，全都是对英国的一种新的心理状况的反应，这种心理在同时代的法国只能渴望表现，并且保持半地下状态；我们切勿忘记，在 1789 年以前，每个反对旧制度的人都生活在巴士底监狱的阴影之下，一个家道小康的农民，如卢梭所发现的，[③]迫切需要把他的财产隐匿起来，不让人家知道。

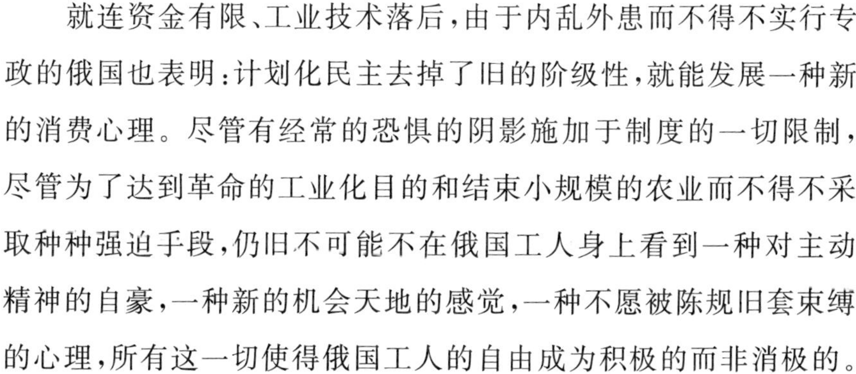

就连资金有限、工业技术落后，由于内乱外患而不得不实行专政的俄国也表明：计划化民主去掉了旧的阶级性，就能发展一种新的消费心理。尽管有经常的恐惧的阴影施加于制度的一切限制，尽管为了达到革命的工业化目的和结束小规模的农业而不得不采取种种强迫手段，仍旧不可能不在俄国工人身上看到一种对主动精神的自豪，一种新的机会天地的感觉，一种不愿被陈规旧套束缚的心理，所有这一切使得俄国工人的自由成为积极的而非消极的。

① 李洛(1693—1739)，英国剧作家、现代闹剧的首创者。——译者

② 贺加斯(1697—1764)，英国画家和雕刻家。——译者

③ 《忏悔录》(Hachette 版)，第 150 页。

工会成了国家政权的合作者，共同提高工人的生产率和效率。约翰·梅纳德爵士曾用两句话形容它的结果，这话怎么强调也不会过分。他写道："革命已依靠俄国工人的劳动为他取得了使人类尊严感满意的体面的身份。没有人会不给英国工人体面的身份——如果他触帽行礼的话。"[1]尽管待遇方面相差悬殊；尽管有不少官僚主义缺点；尽管一般俄国人的生活水平远较英国工人为低，更不用说比美国工人低，而希特勒的侵略又扩大了这种差距；尽管如此，俄国工人仍旧不怕失业，不怕生病，不怕年老。他知道自己的子女能受到最好的教育。他自己假日工资照拿。他被热烈鼓励去断定文化遗产的意义，而一个英国工人假使有这方面的知识，不是去受"长者"的栽培，就是有被当作煽动者之虞；俄国工人也不觉得另外还有一个社会的和物质的世界，那儿的生活水平和他自己的有天渊之别，而他却永远被摒弃在这个世界之外。他感到现在是属于他的，在胜利以后，他的自信心比任何其他现有社会的公民都强：在建立了持久和平之后，未来也是属于他的。事实上，他有资格获得当一个公民觉得他的成就已写进社会目标的基础时就会有的那种自尊。他在物质上是穷困的，但是从这些方面说，他在精神上却是富有的，因为他的希望没有限制，尤其是，由于他是工人阶级的一分子，所以他的身份也没有限制。凡此一切，都是他所隶属的计划化社会——还不是一个民主国家——的结果。当我把这种情况的含义去同西欧和美国资本主义民主国家的情况比较时，我觉得，否认俄国所实现的任何其他社会上的大多数人从未有过的

① 《俄国农民和其他研究》，第 343 页。重点是梅纳德爵士加的。

解放是荒唐的。因为，在战胜纳粹主义和建立持久和平的条件下，俄国工人总是懂得他的世界的进步也就是他的进步。有了帮助那种进步的机会，他就比任何其他社会里的人民大众都更有权利去使他的命运成为实现共同命运的一个要素，而这就使他对他本人具有重要意义。

在漫长的岁月中，俄国工人总是有创造性的事情可做；在漫长的岁月中，他也不用害怕失业。因此他有了地位，也就有了安全。地位和安全是两样好东西，两者都决定于使社会制度适应于一个高于一切的目标，这个目标号召相继出现的无穷尽的先驱者从事无穷尽的冒险事业。但是，在资本主义民主国家靠市场机构为生的无计划社会里，无论地位或安全都是人们所得不到的。正因为如此，我才管它叫积极的自由，而至今绝大多数人类甚至都不知道他们可以敢于要求享有这种自由呢。

四

我认为，如我已经说过的，在经济领域内，计划化民主多半将会为自由确定新的内容。由于人们免除了对匮乏和不安全的恐惧，就可以自由自在去达到一些目的，而过去，就像在我们自己的社会里，很大一部分人类个性是从属于克服那种恐惧所必不可少的努力的。像同业公会、托拉斯或者工会这类机构，一直以保护其成员防止那种从属关系的后果为主，而在免除了这种恐惧之后，它们显然将在一种新的形势下活动，并且适应于新的功能的履行。举例来说，像律师公会和英国医师公会等团体将会发现，它们的保护作用远远不及它们对提高法律和医疗业务水平所能作出的贡献来得重要。像矿工联合会那样的工会，很可能不光是一个设法保护其会员防止为矿业中私人资本主义付出沉重代价的组织，而且还是一个关心使那些组织工会的人为了造福社会而采用最新发明并促进利用其副产品的科学研究的团体。同样，矿工联合会也会开始既在发展采矿工程和燃料化学方面发挥积极作用，又在那个还只开发了一半的地域内发挥作用，在那里，矿工需要什么样的教育来保证他作为矿工的技能跟他作为公民的社会遗产相关联的问题开始获得认真的研究。匮乏经济极难得从这些条件着想，因为它由于本性决定，使生活在它下面的人和机构几乎把脑力完全集中于怎样才能摆脱这种恐惧或那种限制。只有过渡到丰裕经济之后，不安全和贫困被克服了，人们才能思考自由能为之服务的那些积极目的。也只有在有了积极的自由之后，社会才能安全地为表现人的全部个性提供条件。在这一点成为人们全力争取的自觉的社会目标之前，这种表现总是由某些人靠牺牲别人利益获得的。雅典的民主要求有它的奴隶；罗马贵族的财富是建立在劫掠被它征服的省份之上的；美国百万富翁——即使他已经达到了习俗需要他乐善好施的地步——的穷奢极欲并没有掩盖匹兹堡的钢铁工人或罗威尔[1]的纺织工人那种穷困潦倒的生活。当自由的关系决定于只有私有制才能给与的安全时，恐惧就是自由的代价。

正如计划化民主意味着经济自由方面的巨大改变，它也就必然意味着政治自由方面的巨大改变，无论是在其个人方面或制度

① 美国马萨诸塞州的一个城市，为大纺织业中心。——译者

方面。当然，我不能试图在这儿详细分析它们的性质，更不敢妄加预言。我只能作一个总的评述，并举出两个例子来说明我的见解。总的评述是：资本主义民主国家的政治制度——无论是英国及其自治领的议会形式，还是美国的国会形式——都很可能从根本上发生剧烈的变化，如果我们在文明的下一阶段成功地建立计划化民主作为主要的社会范本的话。因为，只消从历史角度研究一下这种政治制度的作用，就能知道它们生来就是一种消极自由的制度。它们的作用素来有二。第一，保护一个特殊的所有主阶级及其附庸的权利，使他们免受其权利并非来源于私有财产的人民大众的侵犯；它们做到这一点的方法，是使权利即财产的作用这一概念成为各种合法思想的支柱。任何人只要研究一下英美习惯法的原则，特别是作为法官从中提取武器来限制立法机关过分的社会推定的个人主义军械库，[①]或者研究一下拿破仑法典对雇主和工人的权利所给予的不同的分量，[②]就会明白情况确实如此。这些政治制度的第二个作用是规定限度，超出了这些限度而还不向人民大众让步，以私有财产为社会力量根本泉源的整个制度就岌岌可危了。

把资本主义民主国家中自由的消极性表现得最彻底的，莫过于其政治制度在教育领域内发展的缓慢；这主要是因为有产阶级一方面害怕公众获得知识，一方面又希望知识的使人文雅的力量能减轻暴民政治的危险，从来就拿不定一个主意。结果是普遍采

① 参阅波洛克著：《法学论丛》(*Essays in Jurisprudence*)(1882年版)，第85页。

② 参阅拙著《欧洲自由主义的兴起》(1936年版)，第226—230页。

取折中办法:尽管在欧洲文明的进步国家中文盲已大部分扫除,绝大多数人仍旧由于受不到高深的教育而几乎注定要在那个只有知识才能实现有效公民权的智力领域内成为某种格雷歇姆法则①的牺牲品。当然,重要的事实是:任何教育制度的目的必然取决于要公民往后在社会上充当什么角色;而资本主义民主国家从来不能在其教育纲领中克服一个似非实是的真理:资本主义目的的动力天生是和民主目的的动力相矛盾的。我们的政治制度忽而使这种动力成为教育活动中的控制因素,忽而又使那种动力成为教育活动中的控制因素,从而使我们暂时不至于面对这个真理。

在各政党的民主制度中,也显然同样着重自由的消极方面。在开头,组成政党的人几乎不是全部直接来自有产阶级,就是来自像律师那样依靠有产阶级的职业;而他们依照宪法必须满足的选民只慢慢地扩大开来(除了在美国),直到包括大部分人民在内。我认为,从各国政党的历史可以得出两个公平的结论:它们只有在不动摇所有主的信心的情况下,才能成功地实行资本主义民主。一旦那种信心发生了动摇,例如在美国的奴隶制问题上,或者1848年2月到6月法国在害怕社会主义的问题上,以及1936年勃鲁姆政府上台之后,制度就瘫痪了,因为当权者和不当权者之间没有共同的语言。当制度行之有效的时候,各政党间的分歧总是对细节问题而不是对重要原则问题的分歧。那确实意味着,在政党制度下,一个原则要成为法令,就一定要使所有主们确信这项法

① 劣币驱逐良币的法则,以英国金融家托马斯·格雷歇姆(1519—1579)命名,谓劣质货币和贵金属铸的良币同时流通,好的货币即告绝迹。——译者

令的通过不会损害他们的利益。因此,经过四十年的骚动,才开始实行一项温和的工厂稽查制度,经过六十年的骚动,英国才规定了国民初等教育制。我们所谓"舆论"在这些问题或类似问题上的胜利,事实上意味着有产阶级最终认为向要求让步是明智的或者是微不足道的。

如巴尔福勋爵所说的这种对基本事物的一致,是政党制度的实质,资本主义民主国家中的社会主义政党的经验证实了这一点。只要它们的行动纲领只不过是那些代表有产阶级的主张的政党所提出的纲领的比较加强了的翻版,就不成问题;但一当它们按照社会主义原则办事,有产阶级就会惊慌失措,社会冲突的阴影就浓了。1943 年英国工党的情形,饶有趣味地证实了这个情况。从理论上说,工党的任务是在战争结束之前在生产资料所有制方面实行巨大的改革;因为工党曾经坚持说,没有那些改革,摧毁希特勒妄图实现的反革命将成为徒劳无益的牺牲。工党领袖们大大许愿要建立一个新世界,在那个世界里,工人们将享受到如工党所说的那种将伴随巨大改革而来的经济稳定和生活水平。但是,工党在丘吉尔政府中的代表们并不要求实行他们和他们的信徒同样承担义务说要实现的任何一项改革。他们没有这样做,是因为相信丘吉尔先生和他的保守党同仁会拒绝他们的要求。

这样一来,工党领袖们就只好默认一项拒不给予他们的学说以"基本事物"地位的政策;结果他们就接受了同自己承担义务去实现的那种社会积不相容的社会组织方法。他们千方百计为他们的态度辩护,说什么为了争取胜利,决不能破坏"国民团结"。事实上,如果他们逃避履行自己的"责任","国民"——其实从来就没有

向国民请教过——永远不会原谅他们；因而他们的“责任”被解释为按照保守党批准的条件来进行战争。他们扬言，在战争结束时，国民可以从保守党政策和社会主义政策之间作出抉择，尽管这种见解忽视了一个重要事实，即战争结束时，那种使协商和赞同具有迫切气氛的冲动已经多半失效了。

要不然工党领袖们就主张，一种“有来有往”的态度是联合政府的内在条件；他们指出一长串社会改革，什么“保证周”啦、增加养老金啦、切实废除家计调查啦，等等，依他们看来，如果没有联合政府的话，这些改革要好多年工夫才能实现。

但是，假使我们认真研究一下工党领袖们业已取得的各项社会改革的性质，就能明显地看出，它们当中没有一项是以在联合政府执政期间改变生产关系为先决条件的；而工党学说的主题却是：如果生产关系在战争结束前还没有改变，胜利的果实就将付诸东流。因此，工党领袖们的行为与他们的党的原则之间，有着尖锐的矛盾。工党领袖们在协助推行一项政策，这项政策毁灭了实现他们形式上抱持的目标的希望。

产生这种矛盾的原因，我认为是显而易见的。社会力量的重要泉源是生产关系的性质；国家的存在，主要就是为了保护这些关系。政治制度必须适合于生产关系的性质；一个政党要想改变那种性质，就要统治阶级（它拥有重要的社会力量）对它提议的改变表示同意。工党领袖们始终得不到统治阶级的同意，所以他们只好要么一般地接受现状，尽量从中获得便宜，要么进行斗争来强行改变现状。后一着势必意味着退出联合政府。由于工党领袖们不敢冒这个险，他们实际上就只好按照统治阶级所批准的条件来进行斗争了。

事实上，这就是说，不管社会上存在着什么样的党争，国家的性质会把和平活动的范围确定在由其生产关系强使实行的体制之内。运动无疑会有伸缩性的；关于税收水平、工农业各自的地位、社会服务的定量、免费教育的总额等问题，意见是可以有分歧的，只要不超出体制的范围就行（除非获得那些确定范围的人的同意）。重要的是，由于资本主义民主国家议会制的本质决定，政党活动是被制约于那种同意的。在行动方面，各政党间的差别总是程度问题而不是性质问题，这是和思想方面有所不同的。唯其如此，约翰·西蒙爵士①才能毫无困难地适应由阿斯奎斯先生、麦克唐纳先生、鲍尔温先生和张伯伦先生那样其政治哲学表面上看来截然不同的人所领导的历届政府。一旦牵涉到行动方面，从哲学中选供法令全书用的，就只有那些适合我已经说到过的那个体制的因素了。

我认为，这种情况在计划化民主国家中显然也将是确实的。一旦它的政权性质决定于重要的生产资料公有而非私有这个事实，政党的活动范围（和党的哲学不同）就必须联系到那种原则所固有的结果。在一个社会主义民主国家里，一个保守党主张放弃社会主义，恢复它所推荐的所谓具有莫大利益的私营企业，这在形式上是可能的；但是它的实际措施永远要联系到政权的社会主义性质所包含的活动范围。一句话，它的思想在社会上起作用，恰如共产党的思想在资本主义民主国家中起作用一样。只要这种思想

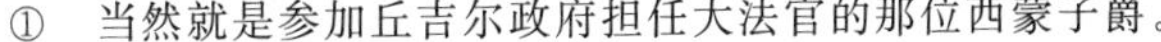

① 当然就是参加丘吉尔政府担任大法官的那位西蒙子爵。

不被当作一种危险，就会被宽大对待；但只要它们仿佛威胁到它的基础，就马上会遭到迫害了。

因为，计划化民主国家中的政党是围绕着一个与资本主义民主国家截然不同的重要的自由原则活动的。在资本主义民主国家中，自由的概念是消极的，它被限定在生产资料私有制的范围内，必须充分保护所有主的权利，使之不受侵犯，因为不然的话，就不成其为资本主义民主了。因此，它的内在逻辑就是：有产阶级可以自由使用它的财产，不受国家政权的干涉；而使干涉合法的条件则是为凌驾一切的和最终的利害关系作出微小的让步。但是，在计划化民主国家里，自由的概念是积极的；它被确定在生产资料公有制的范围内，谋求自由是为了最充分地发展公共财产。就是说，在计划化民主国家里，一个公民能够贡献的越多，他能够获得的也越多，因为产量越高，生活水平也越高。因此，在计划化民主国家中，政府的任务就在于了解：它越是充分地使公民能够作出最大的贡献，就越是使其他公民能够获得福利。因此，计划化民主国家中各政党的差别，多半就在于从他们承认的价值的观点出发，对发展公共财产的最好办法所持的不同意见。

例如，很容易看到，一些公民会持有这种见解，即牺牲少许闲暇时间以换取较高的物质享受水平是值得的。另一些公民很可能宁愿较早从工农业生产岗位退休，特别如果我们侥幸能不付出破坏性革命的代价就从匮乏经济转变为丰裕经济的话，这种可能性就更大了。还有，差别也可能集中在一国的青年开始独立谋生的年龄上。总之，假定了自由的积极性质，一个政党的作用依我看十之八九可能是个别的而不是一般的。它们不会像资本主义民主国

家中的党争那样,是一种不使用暴力作战的方法,因为知道战利品是属于胜利者的,所以就需要有一种永久性的组织来不断组织斗争。

这个含义在积极自由概念中的重要性是毋庸强调指出的。谁要是研究了资本主义民主国家无计划社会里相反的结果,就马上会懂得,党争所围绕着进行的消极自由意味着一个双重的斗争。一方面,它是保护所有主反对无产阶级的要求的斗争;另一方面,它又是有产阶级内部使国家政权的均势偏向于这项利益而不偏向于那项利益的斗争。第一个方面见诸国家对待穷人的态度的演变,随着市场资本主义生产的发展,穷人怎样缓慢地但无情地被训练来适应工厂制度所需要的纪律,以及法律慢慢地承认穷人联合起来自卫决不能视为限制贸易的阴谋。或者把法律对侵犯财产权的重视同侵犯人身权比较一下,也就可以明白了。

第二个方面有那些关于关税及其对于工农业利益的影响的论战的历史为证;就是这种关税使东普鲁士的容克地主得以把持德国主权,反对德国中产阶级上升的力量。它还可以从授与各股份公司以像美国交通系统所依恃的那些特权的历史中看出来。

一句话,消极自由的政治无论对内对外都是强权政治。它是用暴力(无论是公开的或不明说的)保卫某些人靠排挤他人而取得的特权。事实上,消极自由的实质是强行维持那么多的不平等,只要不至于妨害社会的正常运行就行。这当然就说明了,为什么当资本主义不复能按照民主条件来达到自己的目的时,就理所当然地走上了反革命的道路。

积极自由抱有完全不同的目的。它设法组织机会,使个人的目标和社会的目标调和起来。它于是设法创造一个环境，在那里，人民大众能够有完美的个性。在匮乏经济下，不可能有完美的个性；它所统治的社会必然要把那种可能性（除非对于极其特殊的人）让给那些握权的人，因为他们拥有作为权利基础的财产。在一个以匮乏经济为基础的社会里，绝大多数人的命运必然是不安定、贫困和屈从；这种情况意味着，对于这些人来说，自由之门是关死了的，除非他们能够加入所有主阶级。这意味着，如果我们坦白地说，个性得不到发展是绝大多数人的正常状况；因为法律实际上使他们从服从和挑战中择取其一。无论他们选择哪一样，都不可能达到创造出和谐个性的目的。

由此可见，资本主义要能够为人民大众服务，就必须从消极自由过渡到积极自由。要这样做，就一定要能够使它保卫的权利关系到个性而不是关系到财产；而这种关系是和资本主义不相容的。因为，拆穿了说，资本主义使人民大众在经济领域内依靠非个人的市场法则，在经济领域之外则依靠资本主义的特性所需要的价值。那些价值不会表达人民大众自身的经验，而只会表达统治着资本主义社会的有产阶级的经验。因此，人民大众作为个人来说，势必感到自己微不足道；他们不向那些仅仅把他们当作工具看待的制度挑战，就无法肯定自己。唯其如此，就像格雷厄姆·沃拉斯[①]所表明的，[②]所以只有极小一部分工人才从自己的职业中找到幸福。

① 格雷厄姆·沃拉斯(1858—1932)，英国政治科学家和社会学家，费边社会员，以所谓从心理上分析政治闻名。——译者

② 《大社会》(*The Great Society*)(1914年版)，第341页。

也唯其如此，所以工人公然对自己的工作表示不满，就有饭碗敲碎之虞。市场的情况剥夺了从他的工作条件来肯定自己的权利；所购买的不是他的个性，而是他的劳动力，他必须使自己个性的习惯适应于一些条件，在那些条件下，他的雇主才认为购买他的劳动力是上算的。即使工会力图减轻那些条件的影响，绝大多数工人仍旧不得不在他们所履行的经济功能之外找寻主要的自我表现方法。此外还得加上这个事实：在贪欲社会里，只有一小部分工人有财力或修养使他们的闲暇时间富有意义。

我们必须认识到，俄国即使面临着无数严重的困难，即使它的统治者感到不得不实行严厉的镇压，它的社会所有制的心理后果仍然是积极自由的不断涌现，这一点对于我所作的论断来说，是十分重要的。约翰·梅纳德爵士曾说起观察家们怎样经常注意到工人们觉得工厂是属于他们的，注意到周围气氛的热烈以及社会声誉的泉源是贡献而不是消费力这一事实对个性的重要意义。和我们不同，教育、文化或娱乐没有阶级性。要"出人头地"，就得做些什么，而不是有些什么。工人的主动精神对于社会是宝贵的，不像在资本主义民主国家，它可能是对其安全原则的威胁。俄国社会有着巨大的不平等，例如在工资和居住方面。但如果我可以用一个反论的话，这些不平等并不妨害平等思想在苏维埃社会全面传播。总的来说，苏联的公民比目前任何其他社会里的公民更善于为独特的个性找到公共的意义。尽管有种种限制，在其专政阶段，它仍旧真正力图抬高公民的身份，而且事实上的确抬高了。他们的成就有助于它的主要目标的实现，而不是威胁到这个目标。什么地方有这种局面，那儿社会上的自由就开始在积极方面发挥作用了。

这个结论，当然不会迎合那些赞成资本主义社会的人的心意。他们指摘苏联限制言论自由和行动自由，指摘苏联实行清洗，指摘苏联的生活水平比发达的资本主义国家低，指摘苏联对外国人害怕。他们拿批评音乐为“资产阶级音乐”等愚蠢行为，或者作家协会要求作家们遵从每部小说必须是本共产主义小册子、每首诗必须是支对斯大林的成就的颂歌的标准的那个时期，去同法兰西第三共和国的自由巴黎相提并论，或者同马克思和列宁能在那儿找到材料来对资本主义文明提出控诉的伦敦相提并论。积极自由在现代俄国出现，在这些批评家们看来是件稀奇事儿。他们的见解分明是右翼社会主义批评家们所共有的，这些人认为今天的苏联公民的生活和社会主义理想有着尖锐的矛盾。[①]

我认为，这种见解是完全错误的，因为它是违反历史的。苏联在痛苦、斗争和愤怒中所发生的事情，是对一切价值的重新估价，是一种新文明的诞生。这种改变是靠暴力的革命而不是靠和平的同意实现的；因此，它之以种种愚行、错误和罪行为特征，也就没有什么好奇怪的了。但是，批评家们把这些情况和苏联的全部生活等同起来，就好比把法国革命的全部生活和“恐怖时代”等同起来一样的没有道理。这种见解之所以是违反历史的，是因为它不了解：当这种大规模的重新估价发生时，旧的标准如果要合用的话，就必须适应新的原则。很明显，在宗教改革时期从封建社会转变为资本主义社会的时候，发生过类似俄国革命那样的变化；这种变

① 比方我的朋友和同事 E. F. M. 德宾先生在其所著《民主社会主义政治学》(*Politics of Democratic Socialism*)(1940 年版)一书中，就有这种看法。

化的影响在那些以中世纪教会的伦理价值为准绳的批评家看来，分明是荒谬绝伦的。历次宗教战争和清教徒叛乱足以证明十六世纪和十七世纪的差别在于对社会组织的根本大计的冲突。那时候的人们为我们今天不屑一顾的事情苦战不已。像约翰·埃利奥特爵士[①]那样一个了不起的议会党人，也居然在1628年怂恿下院作出决议，说任何企图“推广或传入”阿明尼阿斯教[②]的人应被“视为本王国及其共和政治的头号敌人”，[③]这在我们看来也许是无法说明的。但是，其中的理由当然是可以理解的，那就是因为当时的宗教构成了防御的基础，在这个基础上，这一组利益和原则而不是那一组利益和原则决定了国家政权的目标。温特沃斯[④]曾就普林、巴斯特威克、伯顿[⑤]等人写道：“这些人搞教会工作，只是为了便于掌握政权”；[⑥]就因为这个缘故，他才像劳德大主教劝告最高委员会去解释的那样，借口这些人宣扬敌视英国国教众所公认的教义的宗教教训，而同意处他们以刑罚。从1500到1648年间使欧洲分崩离析的斗争，乃是有关国家将推行的那些最终价值的斗争。那

① 约翰·埃利奥特(1592—1632)，英国政治家，1628年人民权利自由请愿书的发起人，因拒绝向查理一世屈服而死于狱中。——译者

② 阿明尼阿斯教，荷兰神学家詹柯白·阿明尼阿斯(1560—1609)创立的教派，反对命运预定说，赞成威斯莱教派和美以美教派的上帝选民说。——译者

③ 参看特雷佛先生在其所著《劳德大主教的生平》(*Life of Archbishop Laud*)(1940年版)一书序言中的精辟见解，并请参看加廷纳所著《英国史》(*History of England*)，第7卷，第75页。

④ 托马斯·温特沃斯(1593—1641)，英国政治家，斯特拉福德第一任伯爵，1632—1639年任爱尔兰总督，与劳德大主教同为查理一世的参谋。后因被指控利用爱尔兰军队图谋不轨而被斩首。——译者

⑤ 罗伯特·伯顿(1577—1640)，英国牧师。——译者

⑥ 《斯特拉福德信札》(*Letters*)，II，99。

就是托尼教授所谓加尔文在十六世纪为中产阶级所做的事情亦即马克思在十九世纪为工人阶级所做的事情这句话的实际意义。[①] 在罗马或维也纳或马德里看来，加尔文学说所实现的新社会是荒谬绝伦的，正如在朗巴街[②]或华尔街看来，马克思和列宁的学说所促成的新社会是荒谬绝伦的一模一样。那是因为把这种社会当作荒谬绝伦所根据的前提拒绝考虑它正在进行的重新估价的缘故。

反对苏联的人否认那里出现了这些新的价值，他们这样做，实际上是拿一种新文明的初创阶段去同一种较老的文明的成就相比；或者，换句话说，是拿一种概念化的资本主义（其中竞争是完全的，劳动力是无限流动的）去同一个刚开始从国内暴政、外国进攻和暴力革命的可怕创伤中恢复过来的社会的现状相比。他们当然反对计划化民主可以和自由相容这种思想。但是，他们要达到这个目的，首先就得掩盖下述事实：在资本主义民主国家里，他们所赞扬的自由实际上只有一小部分人能够享受得到；其次还要一口咬定，他们所描绘的抽象的资本主义与下述经济形势绝少关系，在那种形势下，巨大垄断的发展不但使个人在它们统治的世界中束手无策，而且要是认真反对这种形势，他的主子们就会雇用像希特勒和墨索里尼那样的亡命之徒来搞反革命，使他不光失去安全，还断送了希望。

无论我们拿资本主义社会——哪怕是民主形式的资本主义社

① 《宗教及资本主义的兴起》（*Religion and the Rise of Capitalism*）（1926年版），第111页，并请参看拙著《欧洲自由主义的兴起》（1936年版），第29页。

② 伦敦著名的银行街，和华尔街齐名。——译者

会——的体力劳动者来举例也好，或者拿脑力劳动者来举例也好，任何一个光明磊落的观察者都会清楚地看到，资本主义社会已经失去了它的朝气和弹性。在劳动时间，它只能为工人大军中的一小部分找到重要意义；即使在像美国那样充满希望的地方，也由于其经济习性所包含的日益加剧的成层现象而限制着获得那种重要意义的机会。在闲暇时间，它必须设法厉行种种常规俗套，防止它的依附者滋生危险思想的危险。因此，资本主义社会的教育制度、娱乐方式、报刊，全都是些巨大的宣传机器，力图强使工人和他们的子女接受一个重要的前提，即任何民主的主张如果破坏了雇主对其权力的安全的信心，都是不正当的。控制自然力的人，反而被一种叫他自行冒险去获得自由的价值体系陷于虚弱和不重要的地位。他充其量只能向他置身其中的监狱挑战，成为一个反抗者，争取解放；最坏就像陀思妥耶夫斯基笔下的悲剧性人物那样，他的“最迫切的需要是找一个人，以便尽快把他这不幸者生来就有的自由交给那个人”。

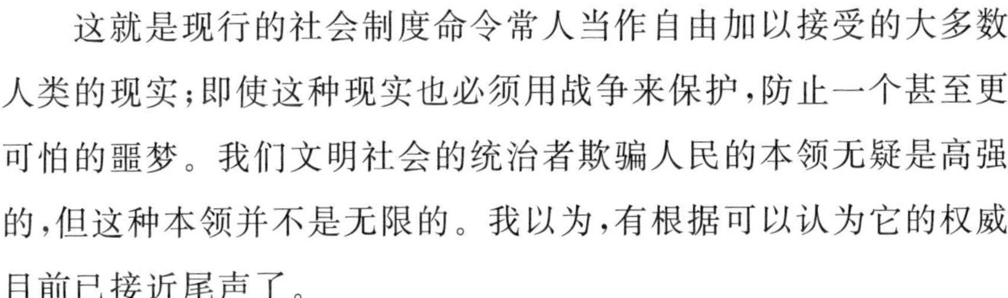

这就是现行的社会制度命令常人当作自由加以接受的大多数人类的现实；即使这种现实也必须用战争来保护，防止一个甚至更可怕的噩梦。我们文明社会的统治者欺骗人民的本领无疑是高强的，但这种本领并不是无限的。我以为，有根据可以认为它的权威目前已接近尾声了。

五

作为过去一百年中社会行动主要线索的经济学，十之八九是社会学的和心理学的概括的成果，这些概括以西欧和美国中产阶级的习性为基础，在一定程度上也基于对宗教改革后日益控制着各国通商的新教徒人民进行的观察。因此，它的各项原则受到了三个因素的深刻影响。第一个因素是它假定商业活动照旧是一种进步中的文明的标志；这不但使人相信商人是这种文明的中心人物，而且还养成了一种我们刚开始摆脱的信念：妨碍商人发迹的立法是进步的绊脚石。就是这种信念说明了，为什么像约翰·布赖特[①]那样一个道德高尚的人竟也会反对“工厂条例”，为什么甚至连林肯那样热情保卫民主政体的人，也居然相信自由社会是这样一个社会，在那里，精力旺盛的工人有希望往上爬，直到他自己也成为一个独立的雇主为止。[②]

第二个因素是它假定（这在它创始时的工艺条件下是十分自然的）：不管我们多么努力，大自然天生的吝啬意味着大部分人类只能有很低的物质福利水平。经济学家难得研究一下变化着的工艺天地；法制的特性使他把绝大多数超越他下意识地为之辩护的个人主义计划的企图视为对安全的进攻，这种进攻甚至对人们已经达到的低水平也是致命伤。唯其如此，十九世纪才不断遭到革命思想的侵袭；它的思想家们鲜有能真正不往 1789 和 1848 年的深渊里看一看的。也唯其如此，他们才倾向于使穷人成为一种道德的而非社会的范畴；并且用慈善来对待穷人，这种慈善从来没有和宗教努力彻底分离而成为世俗的措施。大量穷困的必然性是中产阶级信条的支柱之一；这种悲观主义的宿命论，无论李嘉图那样

① 约翰·布赖特（1811—1889），英国雄辩家及政治家。——译者

② 《林肯文集》（*Writings of Abraham Lincoln*）（Modern Library 版），第 560 页。

严肃的思想家也好，或者像狄更斯和巴尔扎克所塑造的不朽的典型人物那样的人也好，都没有怀疑过。怀疑教条，就是信奉异端，使人要么不能当一个合法的观察家，要么成为一个反叛者，威胁了那好不容易才获得的安全。在这方面，第一国际在全欧洲引起的愤怒和恐惧的心理，也许还没有秣市惨案[①]引起的美国有产阶级的惊慌来得意味深长；这是因为，在上世纪六十和七十年代，欧洲广大地区的资产阶级仍然生活在封建势力要求掌权的阴影之下，而当时美国的资产阶级却没有同它争一日之长短的对手。

在决定国家政权范围的经济学里，跟过去一样，理性是不能同产生那种哲学的历史条件分割开来的。它履行了它的传统职责，就是给那些实际掌权者的掌权资格穿上一件尊严的外衣，并且列举一大堆谬论（一个多世纪前，边沁曾经无情地揭穿了它们的真相），仿佛有了接连许多代人重新给它们穿上的新的外衣，它们就是永恒真理的战士似的。因此，当社会主义者用劳动价值论来反对那些原来为了他们的利益这个理论才制定出来的人们时，边际效用论就以现制度的防御武器的姿态出现了；当新的一代人成长起来，不明白约翰·贝茨·克拉克[②]那么入迷地把现行的所有制和宇宙固有的形式等同起来到底好在什么地方时，整个历史形式的政治经济体系就被抛弃了，而换了一种“纯粹”的经济学，这种经

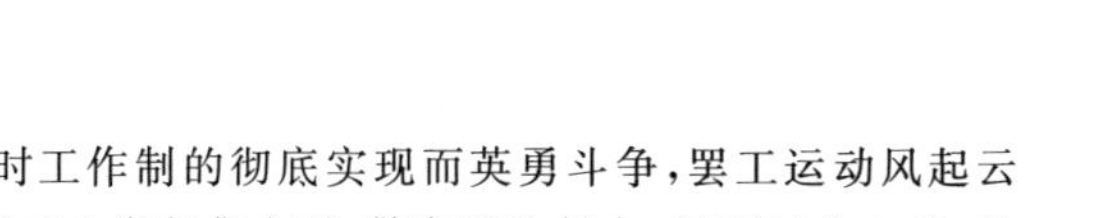

① 1886年，美国工人为八小时工作制的彻底实现而英勇斗争，罢工运动风起云涌。5月3日，芝加哥秣市广场数千工人举行集会时，警察开枪射击，打死工人六名，并逮捕工人领袖多名，以莫须有的罪名处以死刑。——译者

② 约翰·贝茨·克拉克（1847—1938），美国经济学家，边际效用论的首创人。——译者

济学几乎痛恨活着的男男女女的真实宇宙，认为这不应闯进它那圆满的逻辑结构中去，这些男男女女的思想感情使他们只配做经济学家们互相进行的棋赛中的棋子。也许正因为凯恩斯勋爵既坚决强调经济学必须面对各种生活事实，又坚称经济学家之所以得不到正确的回答，是因为没有提出正确的问题，所以他才被当代的学究们看成一个革命人物，其实他从来就不是这样的人。

第三个严重影响了我们的社会哲学的因素，是马尔萨斯召来打扰那些被法国革命激起了乐观见解的人的美梦的怪物。当然，有些社会，例如中国和印度，在目前的生产水平下，人口的数目接近于只能维持最低限度的生计。但同样确实的是，第一，在工业革命之前，贫穷和人口密度之间根本没有关系，第二，自从十八世纪末以来，欧美人口增加，物质福利也多半随之而增加。从查理大帝在位时代[①]开始，到1914年战争为止，西方文明从来没有真正碰到过使马尔萨斯的警告切合实际的环境。

在当时，资产阶级文明只要具备三个条件，就能维护它的价值，压倒一切与之竞争的价值。它需要有扩充市场的能力；它必须能提高它的工艺水平；它需要像美国那样的陆地供其繁殖人口和利用。当它所据以建立的法定关系使这些条件中的第一个和第三个越来越办不到的时候，资产阶级文明也就开始瓦解了。有了那些关系，再加上作为它们的后果的强权政治，它必然会导致战争和革命，就像过去同样形势下的文明导致过的一样，而由于资产阶级文明在其上升时期运用自如的宗教制裁已完全失去了对人们的控

① 查理大帝在位时代是从768到814年。——译者

制力，这一点就越发不可避免了。一个社会的任何一种价值体系的目标，总是在其公民中助长那些能不断扩大福利的习惯。

这些价值可以用两个方法中的一个来推行——用暴力或者用说服。但是，在现代社会这样一个微妙复杂的组织中，要想在长时期内用暴力推行一个价值体系，永远别想成功，这一来是因为它和工艺形势的含义相矛盾——工艺要进步就得有和平——二来是因为它使人民大众吃苦，从而削弱了他们对统治者的忠诚，造成社会变乱。因此，在发生崩溃的当口，就需要找寻一些新的价值，通过推行这些价值来重新发现使福利不断增长的条件。

我们今天面临着的正就是这种需要；本书的论证就在于说明这是一种革命性的需要。或者毋宁说，这是一种革命性的需要，如果我们假定一种社会制度的目的是扩大领域，在那个领域内，文明的价值、真理与和平、美和爱、自我实验，都能在每一个男子和女人身上获得实现。因为，要实现这一点，就得有安全，而一种文明，还有这种文明中的各个社会，只有当它感到有和平发展的手段时，才有安全的信心。现代文明失去了的恰恰就是这种信心。

就因为这个缘故，在德、意等国，希特勒和墨索里尼之流出现了。很明显，如果我称之为文明的价值要恢复它们的说服力的话，就非彻底摧毁希特勒和墨索里尼之流所象征的制度不可，因为对他们来说，毁灭那些文明价值是一种有意的必要方针。但仅仅摧毁那些制度，并不能就此恢复文明价值的过去的权威，要了解这一点就不那么容易了。那种见解的谬误在于它用静止的方法对待我们的问题。一切活的东西都是过程，一切过程都天生是动态的。我们不能设法挽回过去的时光，那是绝对没有成功希望的。首先

我们必须适应于这种了解:努力去挽回希特勒和墨索里尼夺得政权的那段时光,只会徒然产生一批新的同样性质的人;其次必须了解:在组织力量去击败他们的时候,我们已超出了早先被资产阶级文明所限制在其中的制度上和智力上的范畴。

我们的处境既简单又明确。目前的工艺条件能够比人类历史上任何时候都更广泛地满足人们的要求;但是我们利用那些条件的能力却被一个否认它们的含义的国家目标阻挠和破坏了。要么我们利用像目前这样的时期,借打败敌人的需要使我们在一致同意下重新确定国家的目标,不然在胜利以后,我们将发现自己仍旧面临着一种由于我们过于分散以致无法用说服代替暴力来应付的需要。目前到处都有确凿的证据,证明一切国家中都有着从事重新确定目标的任务的愿望,有着从我们的危机的特性中看出采取大胆行动的义务的情绪。极权主义的战争迫使人们生活在高峰上;当他们站在高处的时候,就望得见远景,但一旦挑战被克服,他们重又陷入深谷,远景就又模糊不清了。为了克服挑战,男男女女竭智尽虑,集中全副精力来击败包围着他们的黑暗势力。

伟大的领导人会利用那种情绪;伟大的领导人知道,不利用那种情绪就是怯懦,子孙后代不会宽恕他们。这里有两个缘故。当一代人受到危机的挑战而产生的要超越他们那一致公认的旧目标的激昂情绪过去以后,总是会出现一个疲劳的时期,在那时,领导人如果号召大家再接再厉,往往发现响应的能力已经没有了。就是在那时候,形势所需要的东西和已经过时的制度能够响应的东西之间的不相称激起了愤怒和幻灭,它破坏了社会秩序的稳定。因此,贤明的政治家总是在他的同胞们切望作出最大贡献的时候

要求他们尽最大的努力。这是一个实现希望的可靠办法，也是借以避免灾难的可靠办法。因为，在一个时代中，如果人民日常体验到的是不许他们做曾经邀请他们做的梦，从而对生活失去希望，这样的时代就最容易使用暴力。

另外一个缘故也是够简单的。如今，全世界的青年们一生中已有两度被送到战场上去牺牲生命，他们被热烈地保证说，这样就能使那些还活着的人获得过更美好生活的希望；青年们已两度抱着更美好的生活就要来到的信心走向死亡的深渊。对于成百万人来说，第一次世界大战是一次注定要落空的高度的冒险，由于落空，使得两次大战之间的年代成为卑鄙、冷酷而空虚，谁要是记得这成百万人，就决不会忍心以为青年的信心可以再一次受到欺骗。没有一个政治家敢于要求那种牺牲，除非他在那个基础上作出一番成就，使死者不会觉得自己死得冤枉。“说实话，”富勒[①]在三百年前写道，“说实话，我一向非常珍视和平，但是在它受到阻挠和破坏之前，我们从来没有也从来不能对它作出真实的估价。现在有了昂贵的经验教训，我们才知道和平是种美丽的幸福。”[②]现在我们的确已经知道了，但除非我们使我们所知道的东西成为知识所能实现的世界的活的一部分，我们就永远不会受到饶恕。

① 托马斯·富勒(1608—1661)，英国传教师和作家。——译者

② 托马斯·富勒 1642 年 12 月 28 日在萨伏伊教堂的讲道。

译名对照表

三画

马区,胡安　March,Juan
马歇尔　Marshall,John
马尔巴罗　Marlborough
马特奥蒂　Matteotti,Giacomo
马基雅维里　Marchiavelli
凡勃伦　Veblen

四画

贝文　Bevin
贝恩　Bain,A.
贝奈斯　Benes,Eduard
贝恩斯　Baynes
贝塞麦　Bessemer
贝弗里奇,威廉　Beveridge,William
韦伯　Webb
韦斯利　Wesley
戈申　Goschen,G. J.
戈林　Goring
戈培尔　Goebbels
戈德文　Goodwin,John
巴本,弗兰茨·冯　papen,Franz von
巴当　Bodin
巴尔波　Balbo
巴尔福　Balfour
巴贝夫　Babeuf
巴斯卡　Pascal
巴斯特威克　Bastwick
比林斯　Billings
瓦格纳　Wagner

五画

白芝浩　Bagehot
卢梭　Rousseau
卢森堡　Rosenberg,Alfred
艾伦　Allen,C. K.
艾登　Eden
艾尔顿　Ireton
冉森　Jansen
兰格　Lange,O.
汉伦　Henlein,Konrad
汉普登　Hampden
汉密尔顿　Hamilton
尼采　Nietzsche
尼文逊　Nevinson
尼赫鲁　Nehru,Pandit
尼古拉二世　Nicholas II

边沁,杰里米　Bentham,Jeremy
布吕宁　Brüning,Heinrich
布哈林　Bukharin
布莱尔　Blair,J. M.
布莱克　Blake
布莱克　Black
布莱恩　Bryan
布朗基　Blanqui,L. A.
布赖特,约翰　Bright,John
布莱德斯,路易　Brandeis,Louis
布雷斯福德　Brailsford
布吕纳提埃尔　Brunetière
卡彭,阿尔　Capone,Al
卡莱尔　Carlyle,Thomas
卡特赖特　Cartwright
史密斯,霍华德　Smith,Howard
史密斯,索斯伍德　Smith,Southwood
史沫资　Smuts
丘吉尔,温斯顿　Churchill,Winston
弗兰克,汉斯　Frank,Hans
加尔文　Calvin
加廷纳　Gardiner,S. R.
加利菲　Galliffet

六画

托尼　Tawney
托克维尔　Tocqueville
托洛茨基　Trotsky
汤因比　Toynbee,Arnold Joseph
西蒙,约翰　Simon,John
西考尔斯基　Sikorski
达朗　Darlan
达拉第　Daladier
乔治,劳合　George,Lloyd
伍德,金斯莱　Wood,Kingsley
伍尔夫　Woolf
米涅　Mignet
米什莱　Michelet,Jules
米塞斯,冯　Mieses,von
亚当斯　Adams,John
亚里士多德　Aristotle
华莱斯,亨利　Wallace,Henry
华盛顿　Washington
兴登堡　Hindenburg
邦纳罗蒂　Buonarroti
刘易沙姆　Lewisham
伏罗希洛夫　Voroshilov

七画

李洛　Lillo
李维,赫尔曼　Levy,Hermann
李尔本　Lilburne
李斯特　List
李普曼,华尔特　Lippmann,Walter
李维尔　Lever
李维诺夫　Litvinov
劳逊　Lawson
劳德　Laud
劳希林　Rauschning
但丁　Dante
伯克,艾德蒙　Burke,Edmund
伯顿　Burton
伯里克里斯　Pericles

庇古　Pigou
庇特，威廉　Pitt, William
庇护九世　Pius IX
麦考莱　Macaulay
麦迪逊　Madison
麦克米伦　MacMillan
麦克唐纳　MacDonald
麦克雷诺兹　McReynolds
麦基尔韦恩　Mcilwain, C. H.
克劳利　Crowley
克里克　Krieck, Ernst
克拉克　Clark, R. T.
克拉克，约翰·贝茨　Clark, John Bates
克虏伯　Krupp
克伦威尔　Cromwell
克利浦斯，斯塔福德　Cripps, Stafford
克雷格尔　Kreuger
杜尔哥　Turgot
肖斯塔科维奇　Shostakovitch
狄更斯　Dickens
佛朗哥　Franco
伽利略　Galileo
希姆莱　Himmler
希特勒　Hitler
沙赫特　Schacht
沃拉斯，格雷厄姆　Wallas, Graham
张伯伦，尼维尔　Chamberlain, Neville
张伯伦，奥斯丁　Chamberlain, Austen
阿沙德　Azad
阿宾杰　Abinger
阿诺德，马修　Arnold, Matthew
阿诺德，瑟尔曼　Arnold, Thurman
阿德尔　Adair
阿斯奎斯　Asquith
利奥波德二世　Leopold II
陀思妥耶夫斯基　Dostoevski

八画

林肯　Lincoln
英季　Inge
罗布　Robb, M. H.
罗姆　Roehm, Ernst
罗柯，阿尔弗雷多　Rocco, Alfredo
罗伯茨　Roberts
罗宾斯，莱昂内尔　Robbins, Lionel
罗斯金　Ruskin
罗斯福，西奥多　Roosevelt, Theodore
罗斯福，富兰克林　Roosevelt, Franklin
罗伯斯庇尔　Robespierre
佩利　Paley
佩金斯，米洛　Perkins, Milo
法盖　Faguet
拉狄克　Radek
拉提默　Latimer
拉弗勒特　La Follette
拉罗什弗科　La Rochefoucauld
杰克逊　Jackson
杰斐逊　Jefferson
肯尼迪，约瑟夫　Kennedy, Joseph P.
凯恩斯　Keynes
凯尔恩斯　Cairnes
凯斯门特　Casement
范齐蒂　Vanzetti

范西塔德,罗伯特　Vansittart,Robert
帕累托　Pareto,Vilfredo
帕斯菲尔　Passfield
帕西,尤斯塔斯　Percy,Eustace
庞得贝　Bounderby
波立特,哈里　Pollitt,Harry
波耳查　Borgia,Cesare
波洛克　Pollock
波斯奈泼　Podsnap
孟纳兴　Mannerheim
弥尔顿　Milton
迪斯雷利　Disraeli
季米特洛夫　Dimitroff
舍夫茨别利　Shaftsbury

九画

费希尔,赫伯特　Fisher,Herbert
费希特　Fishte
胡佛　Hoover
胡根堡　Hugenberg
勃朗,路易　Blanc,Louis
勃鲁姆　Blum
勃罗姆塞　Broemser
贺加斯　Hogarth
哈定　Harding
哈里逊　Harrison,W. H.
哈林顿　Harrington
哈蒙德　Hammond
哈德利,阿瑟　Hadley,Arthur
哈里法克斯　Halifax
哈列维,埃利　Halévy,Élie
科里　Corey,Lewis
科布登　Cobden
科格林　Coughlin
洛克　Locke
柯立芝　Coolidge
柯林斯　Collins,H. H.
柯尔伯　Colbert
柏拉图　Plato
修昔底德　Thucydides
威尔斯　Wells,H. G.
威尔逊,伍德罗　Wilson,Woodrow
威尔逊,阿诺德　Wilson,Arnold
威克华　Wickwar,W. H.
威尔伯福斯　Wilberforce
济贝耳,亨利希·冯　Sybel,Heinrich von
查理一世　Charles I
施本格勒　Spengler,Oswald
施特莱歇尔　Streicher

十画

泰勒　Taylor,F. M.
泰勒,约翰　Taylor,John
班扬　Bunyan,John
格斯,汉斯　Gerth,Hans
格迪斯,埃里克　Geddes,Eric
格雷格　Greg,W. R.
格德勒,汤姆　Girdler,Tom
格劳秀斯,胡果　Grotius,Hugo
格雷歇姆　Gresham
格雷戈里十六世　Gregory XVI
莫尔,托马斯　Moore,Thomas
莫雷尔　Morel

唐森　Townsend
海格　Hague, Frank
海登　Haldane
海耶克，冯　Hayek, F. von
桑基　Sankey
埃杰顿　Edgerton, J. E.
埃利奥特，约翰　Eliot, John
索列尔　Sorel, Georges
索尔斯伯里　Salisbury
特雷佛　Trevor
特赖奇克　Treitschke, Heinrich von
俾斯麦　Bismarck
钱宁　Channing
诺曼，蒙塔古　Norman, Montagu
诺思克利夫　Northcliffe
拿破仑　Napoleon
爱默生　Emerson
铁木辛哥　Timoshenko
朗，休伊　Long, Huey

十一画

梅因，亨利　Maine, Henry
梅纳德，约翰　Maynard, John
梯里　Tilly
梯也尔　Thiers
萨柯　Sacco
萨拉查　Salazar
萨姆纳　Sumner
梭伦　Solon
萧伯纳　Shaw, Bernard
基佐　Guizot
康德　Kant
康奈雷　Connery
密尔，约翰·斯图亚特　Mill, John Stuart
维科　Vico

十二画

奥尔，约翰　Orr, John
奥斯本　Osborne
奥里万蒂　Olivetti
奥斯特勒　Oastler
提森　Thyssen
斯密，亚当　Smith, Adam
斯彭斯　Spens, W.
斯摩特　Smoot
斯坦贝克　Steinbeck
斯塔布斯　Stubbs
斯特莱斯曼　Stresemann
斯特普尔顿　Stapledon
腓力，路易　Philippe, Louis
腓特烈·威廉　Frederick William
富勒，托马斯　Fuller, Thomas
普林　Prynne
普兰特　Plant
普里查德　Prichard
普里斯特利　Priestley
雅果达　Yagoda
黑格尔　Hegal
舒尔茨　Schultz
舒尔茨，卡尔　Schurz, Carl
舒斯特　Schuster
塔尔梅奇　Talmadge
葛莱斯顿　Gladstone

葛雷格莱德　Gradgrind
温特沃思　Wentworth
温斯坦莱，杰腊德　Winstanley, Gerard
鲁塞尔　Russell

十三画

裘德　Joad
鲍尔温　Baldwin
蒙田　Montaigne
蒙森　Mommsen, Theodor
赖伐尔　Laval
路德　Luther
路易十六　Louis XVI
福特　Ford
福勒　Fowler
福克斯，乔治　Fox, George
詹姆斯，威廉　James, William
塞西尔　Cecil

十四画

赫布　Hubb, W. M.
歌德　Goethe
豪斯，汉佛莱　House, Humphrey
裴柯拉，费迪南　Pecora, Ferdinand

十五画

墨莱，吉尔伯特　Murray, Gilbert
墨索里尼　Mussolini
德宾　Durbin, E. F. M.
德布雷特　Debrett
德雷伊森　Droysen, Johann Gustav
德雷福斯　Dreyfus
潘恩　Paine
黎塞留　Richelieu

十六画

霍利　Hawley
霍布斯　Hobbes
霍姆斯　Holmes
霍普伍德　Hopwood
霍普金斯　Hopkins, Harry
穆尼　Mooney
穆罕默德　Mahomet
穆尔-布拉巴宗　Moore - Brabazon
薛尔曼　Sherman

十七画

戴尔　Dyer
魏南特　Winant, John Gilbert

图书在版编目(CIP)数据

论当代革命/(英)拉斯基著;朱曾汶译.—北京:商务印书馆,2017

(汉译世界学术名著丛书:120年纪念版:珍藏本)

ISBN 978-7-100-14373-8

Ⅰ.①论… Ⅱ.①拉… ②朱… Ⅲ.①政治—概论—英国—现代 Ⅳ.①D756.10

中国版本图书馆CIP数据核字(2017)第151994号

汉译世界学术名著丛书

(120年纪念版·珍藏本)

论当代革命

〔英〕拉斯基 著

朱曾汶 译

商 务 印 书 馆 出 版

(北京王府井大街36号 邮政编码100710)

商 务 印 书 馆 发 行

北京市十月印刷有限公司印刷

ISBN 978-7-100-14373-8

2017年12月第1版 开本 710×1000 1/16

2017年12月北京第1次印刷 印张 28¾

定价:145.00元